Exilforschung · Ein internationales Jahrbuch · Band 13

I0130487

EXILFORSCHUNG

EIN
INTERNATIONALES
JAHRBUCH

Band 13
1995
KULTURTRANSFER IM EXIL

Herausgegeben im Auftrag der
Gesellschaft für Exilforschung / Society for Exile Studies
von Claus-Dieter Krohn, Erwin Rotermund,
Lutz Winckler und Wulf Koepke

edition text + kritik

Anschriften der Redaktion:

Claus-Dieter Krohn
Mansteinstraße 41
20253 Hamburg

Lutz Winckler
Vogelsangstraße 26
72131 Ofterdingen

Die Deutsche Bibliothek – CIP-Einheitsaufnahme

Kulturtransfer im Exil / hrsg. im Auftr. der Gesellschaft für
Exilforschung von Claus-Dieter Krohn ... – München :
edition text + kritik, 1995
  (Exilforschung ; Bd. 13)
  ISBN 3–88377–501–0
NE: Krohn, Claus-Dieter [Hrsg.]

Satz: Design-Typo-Print GmbH, Ismaning
Druck und Buchbinder: Schoder Druck GmbH & CoKG, Gersthofen
Umschlagentwurf: Dieter Vollendorf, München
© edition text + kritik GmbH, München 1995
ISBN 3-88377-501-0

Inhalt

Vorwort   7

Juan Goytisolo   Der Wald der Literatur.
Wider den kulturellen Ethnozentrismus   11

*

Claus-Dieter Krohn   Die Entdeckung des ›anderen Deutschland‹
in der intellektuellen Protestbewegung der
1960er Jahre in der Bundesrepublik und
den Vereinigten Staaten   16

Jost Hermand   Madison, Wisconsin 1959–1973.
Der Einfluß der deutschen Exilanten auf
die Entstehung der Neuen Linken   52

Lutz Winckler   Mythen der Exilforschung?   68

*

Frank Trommler   Das gelebte und das nicht gelebte Exil
des Peter Weiss. Zur Botschaft seiner
frühen Bilder   82

Josef Helf   »Tout serait à refaire«. Kurt Tucholskys
Reflexionen über französische Zivilisiertheit
und »deutschen Jargon« in den *Q-Tagebüchern* und den *Briefen aus dem Schweigen*   96

Sabina Becker   Zwischen Akkulturation und Enkulturation.
Anmerkungen zu einem vernachlässigten
Autorinnentypus: Jenny Aloni und Ilse Losa   114

Regina Weber   Der emigrierte Germanist als »Führer« zur
deutschen Dichtung? Werner Vordtriede
im Exil   137

Joachim Schlör   »… das Großstadtleben nicht entbehren«.
Berlin in Tel-Aviv: Großstadtpioniere auf
der Suche nach Heimat   166

Thomas Strack   Fritz Lang und das Exil.
                         Rekonstruktionen einer Erfahrung mit
                         dem amerikanischen Film   184

Barbara von der Lühe   Der Musikpädagoge Leo Kestenberg.
                         Von Berlin über Prag nach Tel-Aviv   204

Ingolf Schulte   Exil und Erinnerung. Über den vergessenen
                         Autor Soma Morgenstern   221

René Geoffroy   Veröffentlichungen deutschsprachiger
                         Emigranten in ungarischen Verlagen
                         (1933–1944)   237

                              *

Rezensionen   265

Kurzbiographien der Autorinnen und Autoren   275

Vorwort

»In weniger als sechs Jahren zerstörte Deutschland das moralische Gefüge der westlichen Welt, und zwar durch Verbrechen, die niemand für möglich gehalten hätte.« Das schrieb Hannah Arendt 1950 nach einem Besuch in Deutschland. Während über Europa ein Schatten tiefer Trauer läge, merke man davon im Lande der Täter nichts, nur Abwehr, Apathie, keine Spuren von Einsicht. Inzwischen sind 50 Jahre seit dem Ende des Nationalsozialismus vergangen. Heute gehört das ›kommunikative Beschweigen‹ seiner Untaten längst einer vergangenen Phase der bundesdeutschen Nachkriegsgesellschaft an. Gleichwohl zeigt das Gedenkjahr 1995, wie brüchig der politische Umgang mit dem Thema noch immer ist. Die vor zehn Jahren gehaltene Rede des damaligen Bundespräsidenten Richard von Weizsäcker über die Befreiung vom Faschismus am 8. Mai 1945 ist inzwischen zur Legende geworden. Repräsentanten des Staates suchen in ihren Gedenkreden heute zwar an sie anzuknüpfen, doch dagegen stehen andererseits spektakuläre Verlautbarungen einer überparteilichen Koalition von Politikern, die wieder einmal die Einzigartigkeit des industriellen Massenmordes gegen den »Vertreibungsterror« im Osten nach 1945 aufrechnen wollen. Die Würde der zentralen Gedenkfeier hat durch solche politischen Stillosigkeiten Schaden genommen. In den Medien wird an Auschwitz in gleichem Stil erinnert wie an die Bombardierung Dresdens. Mit ähnlichem Gestus stellt eine ambitionierte Hamburger Ausstellung über die »200 Tage« von der Befreiung des Lagers Auschwitz bis zum Abwurf der ersten Atombombe auf Hiroshima das Unvergleichbare nebeneinander. In den USA andererseits dokumentiert das Scheitern eines Ausstellungsprojekts in Washington über den Abwurf der Atombombe auf öffentlichen Druck von Kriegsveteranen und Kongreßabgeordneten, daß die Auseinandersetzung mit der Vergangenheit dort ebenso wenig ertragen oder gewollt wird.

Die geistig-moralische Wende seit den achtziger Jahren, die Abwehr des intellektuellen Klimawechsels aus den sechziger Jahren, als die Nachkriegsgeneration auch die Auseinandersetzung mit dem Verdrängten einforderte, zeigt Wirkungen. Vom aufgesetzten Tête-à-tête des deutschen Bundeskanzlers mit dem amerikanischen Präsidenten auf dem Soldatenfriedhof in Bitburg 1985 über die mit dem Namen Ernst Nolte verbundene revisionistische »Entsorgung« der jüngeren Geschichte und ihrer Ableitung des Holocaust aus dem stalinistischen Gulag bis hin zu den jüngsten Relativierungen des mit dem Namen Auschwitz verbundenen Zivilisationsbruchs konturiert sich in der Mitte der Gesellschaft eine kollektive Befindlichkeit, der das Gespür für das Unangemessene, für moralische Maßstäbe und historische Proportionen abhanden gekommen ist. Versöhnung als Einebnung des Disparaten ist das Schlüsselwort für 1995. Die überlebenden Opfer werden hierfür kurzerhand in die moralische Mithaftung genommen. Der Ehrenvorsitzende der CDU-Fraktion und einer der Wortführer der neuen Selbstgefälligkeit, Alfred Dregger, etwa verwahrt sich in einem Leserbrief an den New Yorker *Aufbau* (No. 5, 3.3.1995) gegen eine dort erschienene Kritik an den verlogenen Erinnerungsfeiern in Dresden: »Wir müssen lernen, miteinander zu trauern, die Deutschen mit ihren Kriegsgegnern und mit den Opfern der Nazi-Verbrechen; aber auch umgekehrt.« Und mit unmißverständlicher Gebärde: »Ich hoffe, daß die deutschen Juden in Amerika weiterhin zum Versöhnungsprozeß beitragen.«

Die Exilforschung als Kind der Aufbrüche in den sechziger Jahren und auch dieses Jahrbuch haben nicht nur jene Verdrängungen aufzubrechen gesucht und sich dann der sukzessiven Liquidierung der Scham und des Gewissens in den achtziger Jahren entgegengestellt. Ihre Erinnerung an das ›andere Deutschland‹ legte dar, daß die grundlegenden Einsichten in die Barbarei bereits von den aus Deutschland Vertriebenen in einer Weise bereitgestellt worden waren, die von einer späteren Forschung nicht überholt, sondern allenfalls modifiziert werden konnte. Die rettende Flucht in die westlichen Zivilisationen, die Akkulturationszwänge in den neuen sozialen Welten forderten nicht nur zu dauernden Lernprozessen heraus, sondern schärften den Blick der Betroffenen auf die deutschen und europäischen Verhältnisse, in dem sich die nötige Distanz mit einer einzigartigen, interkulturell geformten gesellschaftskritischen Problemsensitivität verband.

Verfolgt man die heute aktuellen Debatten, sei es über den Zivilisationsprozeß am Ende des Jahrhunderts und seine totalitären Gefährdungen oder über die nationalen Sinnstiftungsversuche im Deutschland nach 1989 einschließlich des damit unausweichlich vorgegebenen Rückgriffs auf seine Sonderwegsentwicklung im 19. und frühen 20. Jahrhundert, so fällt auf, wie wenig dabei auf die Analysen aus dem Kreis der Emigranten zurückgegriffen wird, obwohl diese darüber schon vor Jahrzehnten nachgedacht und das Nötige gesagt haben. Nur wenigen sind die Einzelheiten dieser Traditionen bekannt, ebensowenig wie die Tatsache, daß zahlreiche heutige Wortführer der Diskussion, vor allem in den USA, einmal als junge Studenten von den aus Deutschland vertriebenen Gelehrten beeinflußt worden waren.

Schließlich mag die Aufnahme der Verfolgten aus Deutschland und dann aus den europäischen Ländern die Einsicht für die gegenwärtigen Asylprobleme schärfen. Zwar hat es administrative Widerstände, Fremdenfeindlichkeit und gravierende Arbeitsmarktprobleme vor dem Hintergrund der Wirtschaftskrise der dreißiger Jahre gegeben, die vielen elenden Flüchtlingsschicksale zeigen das. Gleichwohl findet man das selbstlose Engagement nicht nur von Philanthropen bis hinein in die staatlichen Verwaltungen, die couragiert nach den jeweiligen Möglichkeiten zu helfen suchten. Auch wenn sich die Wanderungsbewegungen nach 1933 in der Quantität und Qualität mit denen von heute kaum vergleichen lassen, so ist in der gegenwärtigen politischen Auseinandersetzung doch unübersehbar, daß die damit zusammenhängenden, diskussionswürdigen ökonomischen und sozialen Aspekte von vornherein ideologisch überlagert werden, wie die Kontroversen um Multikulturalismus und Ethnozentrismus andeuten.

Die systematischen Artikel des diesjährigen Bandes wollen einmal mehr auf diese Zusammenhänge aufmerksam machen. Juan Goytisolos Rede zur Verleihung des Nelly-Sachs-Preises haben wir vorangestellt, weil er aus einem ganz anderen Blickwinkel eindringlich zeigt, daß die europäische und amerikanische Kultur ohne den ständigen Zufluß neuer Ideen durch Wanderungen und Mobilitäten kaum vorstellbar ist. Die Texte Claus-Dieter Krohns und Jost Hermands stellen in vergleichender Perspektive sowie am exemplarischen Beispiel der Universität Wisconsin heraus, wie wichtig Emigranten für die politische Bewußtseinsbildung und die moralischen Standards der seit Ende der fünfziger Jahre entstehenden studentischen Protestbewegung in der Bundesrepublik und den USA gewesen waren. Diese Rezeptionsgeschichte der Emigration durch die Nachkriegsgeneration, in der sich die Wiederaneignung einer verschütteten intellektuellen Kultur und die Identifikation mit den vergessenen Opfern von Faschismus und Totalitarismus verbanden, versteht sich auch als Beitrag gegen die heute modischen – sogar von einigen früheren studentischen Aktivisten im Chor der konservativen Klage über den zeitgenössischen Werteverfall selbst raunend angestimmten – Verdächtigungen jenes Aufbruchs.

Vor solchem Hintergrund konturiert Lutz Winckler die Anfänge der literaturwissenschaftlichen Exilforschung in jenen Jahren und die von ihr entwickelten gesellschaftskritischen Fragestellungen und Leitbegriffe: Antifaschismus, Realismus und Kultur-Nation waren zentrale historische Paradigmen, deren mythische Funktion erkennbar wird. Mit ihrer Kritik soll der Weg freigelegt werden für eine Exilforschung, die ihre nationalgeschichtliche Fixierung aufgibt und sich interkulturellen Aspekten öffnet. Kontrastierend dazu dokumentiert der biographische Abriß des emigrierten Germanisten, Georgianers und Exilforschers Werner Vordtriede in Wisconsin und später in München von Regina Weber, daß auch kulturkritische Vorstellungen über die Konzeption eines ›geistigen Europa‹ Anschluß an die Literaturwissenschaft der Bundesrepublik suchten.

Frank Trommlers Aufsatz, dem ein Vortrag auf der Tagung der Gesellschaft für Exilforschung und des Goethe-Instituts in Prag zugrundeliegt, analysiert am Beispiel seiner frühen Bilder den Selbstfindungsprozeß des jungen Peter Weiss im Exil und verfolgt die weiteren Etappen bis hin zur

Ästhetik des Widerstands, dem großen politischen Alterswerk dieses universalen Künstlers. Josef Helf zeigt, wie Kurt Tucholskys Kritik an den deutschen Zuständen in seiner Auseinandersetzung mit dem Frankreich der zwanziger und dreißiger Jahre zu einer Neubestimmung seiner gesellschaftskritischen Positionen führt. In Anlehnung an Richard Sennetts Kategorie der Zivilisiertheit kann Tucholskys Position im deutsch-französischen Spannungsfeld von ›Kultur und Zivilisation‹ als die eigentlich vorausweisende und moderne vorgestellt werden.

Die Beiträge Thomas Stracks und Barbara von der Lühes gehen den Akkulturationsprozessen des Filmregisseurs Fritz Lang in Hollywood und des Musikpädagogen Leo Kestenberg zunächst in Prag und dann in Palästina nach, wobei deren jeweilige Wirkungsgeschichte im Mittelpunkt steht. Joachim Schlör skizziert die Wahrnehmungen von Palästina-Emigranten, die in der expandierenden Großstadt Tel-Aviv Heimat und Zukunft nach den aus Berlin oder Wien mitgebrachten urbanen Standards suchten. Sabina Becker und Ingolf Schulte schließlich stellen mit Jenny Aloni und Ilse Losa sowie mit Soma Morgenstern weitgehend unbekannte oder vergessene Autorinnen und Autoren vor. Einmal mehr ist typisch, daß Morgensterns umfangreiches Werk gerade von einem kleinen engagierten Verlag mit erheblichem finanziellen Risiko wieder aufgelegt beziehungsweise überhaupt erstmalig zugänglich gemacht wird. Schließlich gibt René Geoffroy eine detaillierte Übersicht, welche Publikationsmöglichkeiten sich deutschsprachigen Emigranten sogar in einem autoritären Staat wie Ungarn boten.

Juan Goytisolo

Der Wald der Literatur

Wider den kulturellen Ethnozentrismus*

Als Nelly Sachs sich Jahre nach der Machtübernahme der Nationalsozialisten gezwungen sah, dem Beispiel zahlreicher jüdischer und nichtjüdischer Intellektueller zu folgen und ihre Heimat zu verlassen, war sie das Opfer einer sowohl eingrenzenden als auch ausgrenzenden Doktrin, für die deutsch gleichbedeutend war mit arisch, weshalb Juden, Zigeuner und Angehörige anderer, vorgeblich niederer Rassen, die als »nicht assimilierbare« und »fremde« Elemente galten, vor dem Dilemma standen, entweder aus einem homogenen, makellosen Vaterland zu flüchten oder in den Greueln eines gnadenlosen Säuberungsrituals umzukommen.

Nur wenige Jahre später, in einem anderen zerstörten und ausgebluteten Land, unter der Diktatur eines triumphierenden Nationalkatholizismus, lehrten Schulbücher und Werke berühmter Historiker uns Kinder und Jugendliche in allerlei symphonischen Variationen, Spanien sei »eine schicksalhafte Einheit im universellen Sinne«. Was man seit dem frühen Mittelalter als Spanien kennt, war laut den Paladinen unserer heiligen und ewigen Werte beseelt von einem jahrtausendealten Wesen, das bis in die Zeit vor der Ankunft von Phöniziern, Griechen und Karthagern auf der Halbinsel zurückreichte, einem Wesen, dessen Genius die aufeinanderfolgenden kulturellen Leistungen dieser Völker sowie jene der Römer, der Westgoten, der Renaissance und so weiter in sich aufgenommen hatte. Oder, um die Worte eines angesehenen Denkers zu zitieren: »Spanien verstand es ..., sich das Notwendige zu eigen zu machen, die Besonderheiten seines volkstümlichen Wesens indes zu bewahren und zu verfeinern.«

In der langen Liste dieser »Beiträge« kamen der jüdische und der arabische mit keiner Silbe vor, deren »kulturelle Bedeutung und Notwendigkeit«, wie es hieß, »unerheblich war in einem Spanien westlicher Rasse, westlicher Lebensart und westlicher Kultur«. Die Verfolgung und Vertreibung von Juden und Morisken wurden zu einem »natürlichen Phänomen« erklärt: die »schwachen« oder »degradierten« Völker unterliegen immer dem Gesetz und der Raison des Stärkeren!

---

* Rede zur Verleihung des Nelly-Sachs-Preises der Stadt Dortmund. Übersetzung Thomas Brovot. © für die deutsche Übersetzung: Thomas Brovot.

Als ich meinem Land den Rücken kehrte, aus ähnlichen Motiven wie Nelly Sachs, entdeckte ich nach und nach »die historische Wirklichkeit Spaniens« – der Ausdruck stammt von meinem Lehrmeister Américo Castro –, die sich hinter diesem Gespinst aus Unterschlagungen, Ammenmärchen und Mythen verbirgt. Während das mittelalterliche Spanien, symbolisiert durch Toledo, sich sowohl zur Kultur des Nordens, welche die Jakobspilger und die Benediktinermönche von Cluny übermittelten, als auch zur arabischen Kultur mit ihrem reichen Fundus an Übersetzungen aus dem Griechischen, Persischen und Indischen hin öffnete und so zum Sammelpunkt aller kulturellen Strömungen des Westens und Ostens wurde, verwüstete das Spanien, das auf die Regentschaft der Katholischen Könige folgte, in seiner zwanghaften Suche nach einem vereinenden Credo und einem unverfälschten Spaniertum den Boden der eigenen Kultur und verwandelte die Halbinsel in ein Brachland des Pathos: das gespenstische Spanien des letzten Habsburgers.

Eines lehrt die Geschichte sehr deutlich: Kultur wird geschmiedet und gefestigt durch den Kontakt, die Vermischung verschiedener Gruppen von Menschen; in Selbstbespiegelung und Borniertheit verkümmert sie und erstickt. Schon vor etlichen Jahren bin ich zu einer Schlußfolgerung gelangt, die zu wiederholen ich nicht müde werde: Kultur ist letzten Endes die Summe der Einflüsse von außen, die sie empfangen hat.

Ohne die Existenz von Landeskulturen im weitesten Sinne zu leugnen – und vorausgesetzt natürlich, daß diese nicht zurückgewandt und in Nabelschau verharren –, müssen wir uns von der Vorstellung freimachen, sie gingen jeweils auf einen einzigen Ursprung zurück. Wie ich, ausgehend von meiner eigenen Erfahrung, an anderer Stelle einmal geschrieben habe, kann Kultur heute nicht ausschließlich spanisch oder französisch oder deutsch sein, nicht einmal europäisch, sondern allein mestizisch, ein Bastard, befruchtet von den Kulturen, die unserem abwegigen Ethnozentrismus zum Opfer gefallen sind.

Denn gewiß, in den letzten Jahrhunderten haben wir – urbi et orbi – das westliche Modell mit allem Beiwerk exportiert, von seiner Ideologie und seinen Werten bis hin zu seinen Drogen und Gimmicks, aber es gab auch einen Gegenstrom: die »orientalische« Inspiration eines Voltaire, Montesquieu, Mozart, Goethe, Flaubert, Nerval, Schlegel, Delacroix, Verdi und anderer, in unserem Jahrhundert vertiefter noch bei so bedeutenden Künstlern und Schriftstellern wie Picasso, Matisse, Forster, Artaud, Genet etc. Und Nelly Sachs' Rückbesinnung auf die jüdische Mystik oder die Präsenz von Sufi-Meistern wie Ibn Arabi oder Omar Ibn al-Farid in einigen meiner Bücher sollten nicht als das Ergebnis launischer Abschweifung betrachtet werden: ganz im Gegenteil, sie sind Ausdruck einer offenen und dynamischen Auffassung von Kultur, Ausdruck ihrer fruchtbaren und beflügelnden Mobilität.

Der narzißtische Eurozentrismus, auf den wir so stolz sind, hindert uns daran zu erkennen, daß Europa und sein nordamerikanischer Fortsatz das Resultat einer ergiebigen Konstellation äußerer Einflüsse gewesen sind: Der Glaube, wir seien die alleinigen Exporteure der vollkommensten Modelle von Lebensart, Wissenschaft und Kultur – während unsere Importe sich, genau wie in den Handelsbeziehungen mit der Dritten Welt, auf Rohstoffe und exotische Produkte der »eingeborenen« Subkulturen beschränkten –, ist eine Vorstellung des neunzehnten Jahrhunderts, so falsch, wie sie falscher nicht sein könnte.

Dieses kulturell reine Europa, entworfen von einer Handvoll Historiker und Philosophen und heute als Banner unserer ökonomischen und politischen Eliten hochgehalten, hat sich einen Stammbaum gezimmert, ausschließlich – von seinem Kern bis unter die Rinde: Griechenland, Rom, Christentum, Renaissance, Aufklärung – aus dem Holz »unserer« Geschlechter, wobei man geflissentlich übersah, daß alle Ringe dieses Stammes ihrerseits das Ergebnis von Vermischung, Osmose und Kreuzung mit nichteuropäischen Kulturen waren.

Wer von Griechenland als der Wiege der Zivilisation spricht, verhehlt nicht nur, was diese den Kulturen Ägyptens, Assyriens und Persiens verdankt, er verhehlt auch eine so bezeichnende Tatsache wie jene, daß die Kunst vom Nil heute – im Gegensatz zur ionischen, dorischen oder korinthischen – von uns als eine zeitgenössische empfunden wird: die Namen Picasso und Giacometti belegen hinlänglich meine Behauptung.

Das Rom der Kaiserzeit war eine Synthese aus dem Griechischen und Lateinischen, zu welcher mehrere östliche Kulturen das Ihre beigesteuert hatten.

Das Christentum entsprang dem Judentum und entfaltete sich in Kleinasien in unmittelbarer Berührung mit Gnostikern und Zoroastriern. Was die Renaissance betrifft, so hat niemand besser als Alain de Libera formuliert, welche großangelegte Verschleierung mit ihr einherging: »Im Jahre 1492 schuf sich die christliche Gesellschaft eine neue Identität, erfand sich eine Geschichte, erträumte sich eine Abstammung, in der die ›Ungläubigen‹ keinen Platz hatten, eine Geschichte, in der Juden und Araber aufhörten, als Menschen des Abendlandes angesehen zu werden.« Die Modelle des Zeitalters der Aufklärung – seien sie erfunden oder nicht – wurden ebenfalls, wie Jan Nederveen Pieterse überzeugend darlegt, aus Ägypten, Indien, China und Persien übernommen ...

Der prinzipiell eingrenzende oder, besser gesagt, »wesensorientierte« Blickwinkel – denn wie im Falle der spanischen Geschichtsschreibung verweist er uns auf wolkige *Wesenheiten* – schließt die fremden, für »exotisch« erklärten Kulturen von der ureuropäischen Identität aus, welche sich das Fremde allenfalls einverleibt, zu eigen gemacht hätte, ohne deshalb ihre essentielle Identität zu verändern.

Was eine solche Auffassung bedeutet, liegt auf der Hand: In einer Zeit der gesellschaftlichen, wirtschaftlichen und moralischen Krise, wie wir sie heute erleben, muß der Westen seinen grundlegenden Europagedanken den »nicht assimilierbaren« Einwanderungsbewegungen gegenüber verteidigen. Das Leugnen der interkulturellen Natur der Geschichte rechtfertigt das Leugnen der multikulturellen Natur der europäischen Gesellschaft, in der, wie 1492 und 1933, Zigeuner und Immigranten aus islamischen Ländern als Fremdkörper oder potentielle Feinde betrachtet und einer möglichen *Säuberung* oder *Reinigung* unterworfen werden. Das Begleichen »historischer« Rechnungen, im Dienste von Ammenmärchen, Mythen und Legenden geschürt, mündet leicht in einen Genozid, wie er, zur Schande aller, gerade in Bosnien begangen wurde, unter dem Schweigen und stillen Einverständnis unserer Regierungen.

Jede Kultur eines Landes, beharren wir darauf, ist ein Baum mit vielfältigen Wurzeln, und jeder Schriftsteller, der seine literarische Arbeit ernst nimmt, geht von einer unumstößlichen Tatsache aus: der Existenz dieses Baumes, dessen Leben er zu verlängern und, mehr noch, zu bereichern trachtet. Je höher, belaubter und verzweigter er ist, um so größer werden seine Möglichkeiten des Spiels und des Abenteuers, um so weiter wird das Feld, das er auf seinen Erkundungszügen durchstreift.

Die Erzähler oder Dichter, die danach streben, Spuren zu hinterlassen, ihrem Baum einen Zweig oder eine Astgabel hinzuzufügen, werden keinem spezifischen Einfluß unterworfen sein, weil ihre literarische Unersättlichkeit es ihnen verbietet, sich auf einen bestimmten Autor, ein einziges Vorbild allein zu konzentrieren: wie Cervantes oder Borges werden sie alles daransetzen, sich die Gesamtheit des kulturellen Erbes ihrer Zeit anzuverwandeln.

Der wunderbare Dialog mit dem Baum findet unabhängig von den Moden und Meinungen der Zeit statt, er schließt Vergangenheit wie Gegenwart ein – »die Dichtung«, sagte Lezama Lima, »sieht das Aufeinanderfolgende als gleichzeitig« –, und der Autor entdeckt die Saat des Modernen in den fälschlich als finster bezeichneten Jahrhunderten, er schürft an den Wurzeln und Trieben des Stammes und ergründet seine Verbindungen mit anderen Kulturen. Es ist ein erhebendes und verstörendes Unternehmen, das, wie es das Beispiel Cervantes' zeigt, den Wahn der von ihrer Lektüre infizierten Person auf subtile Weise zum Wahn des Autors wandelt, welcher seinerseits durch die zeitlose und allgegenwärtige Kraft der Literatur infiziert wird.

Der Schriftsteller, der sich seiner privilegierten Beziehungen zu diesem Baum bewußt ist, wird in einen Dialog mit seinen verschiedensten Bestandteilen treten, von den jüngsten und zartesten Schößlingen bis zu den Nebenwurzeln, wo zuweilen Ableger und wilde Triebe sprießen. In dem Maße, wie er in die tieferen Schichten des Nährbodens vordringt, in dem jener

Baum wächst, und seine verborgene Verflechtung mit den übrigen Bäumen, Sträuchern und Pflanzen des *Waldes der Literatur* offenlegt, nimmt er die freie und offene Geisteshaltung unserer alten und eigentlichen Modernen an: sein Werk wird auf diese Weise zu Kritik und Kreation, zu Literatur und Diskurs über Literatur.

Ein so stattlicher, verschlungener und üppiger Baum wie jener der spanischen Literatur ist – abgesehen von ihrer düsteren Periode der »essentialistischen« Dürre – ein wahres Fest für den Künstler, der sich mit Leib und Seele auf sein einsames Geschäft einläßt: Die Vielfalt ihrer griechisch-lateinischen, hebräischen und arabischen Wurzeln, ihre tiefgehenden Vermischungen, ihre Umschmelzungen, Metamorphosen, Schleier und Geheimnisse bieten ihm die außerordentliche Möglichkeit, sein eigenes Schaffen gedeihen zu lassen und die Regeln des Spiels in neuen und fruchtbaren Winkeln des Waldes zu erproben.

Kehren wir zum Anfang zurück: Die europäische Gesellschaft wird multikulturell sein, wie es die europäische Kultur selbst ist. Wer letzteres unterschlägt, öffnet einer Logik Tür und Tor, die unweigerlich zur Ablehnung einer multikulturellen Gesellschaft führt. Wir alle kennen die Folgen des ausgrenzenden und rassistischen Nationalismus, der unter einer Maske, die sich Europa nennt, geradewegs zum schändlichen Konzentrationslager namens Sarajewo führt, zu den Pogromen, der Lynchjustiz und den brennenden Wohnungen von Zigeunern, Türken, Arabern und anderen »nicht assimilierbaren« Eingewanderten in diesem uns anempfohlenen Raum der Gemeinschaft, rein und homogen. Die Stimme einer großen Dichterin wie Nelly Sachs war die zarte, aber zeitlose Antwort der Kultur auf die immer wirksamen Kräfte der Barbarei.

Claus-Dieter Krohn

Die Entdeckung des ›anderen Deutschland‹ in der intellektuellen Protestbewegung der 1960er Jahre in der Bundesrepublik und den Vereinigten Staaten

I

In der Zeitschrift *Pläne*, einem Blatt der bündischen Jugend, wurden 1959 zwei Werke besprochen, die den Rezensenten Kay Tjaden zugleich irritiert und neugierig gemacht hatten. Außer ein paar Zitaten nämlich wußte er seinen Lesern kaum etwas mitzuteilen. Die Autoren waren ihm unbekannt, vergeblich habe er versucht, nähere Lebensdaten über sie zu ermitteln, denn nicht nur die Lexika sagten über sie nichts, auch in der ausführlichen Einleitung vom Herausgeber einer der Schriften suche man vergeblich nach biographischen Einzelheiten. Immerhin spürte der Rezensent, daß die Texte »einen lehren können, was man ›vernünftig nachdenken‹ heißen kann« – er hatte die 1955 von Theodor W. Adorno herausgegebenen zweibändigen *Schriften* Walter Benjamins sowie die gerade erschienenen *Spuren* von Ernst Bloch vorgestellt.[1]

Zehn Jahre später hatte sich das Bild demgegenüber grundlegend verändert. Bloch lebte schon seit Jahren in Tübingen und war zu einem mächtigen geistigen Mentor der studentischen Protestbewegung geworden. Ein bedeutsameres Indiz für den intellektuellen Klimawechsel aber war der nunmehr auffallend selbstverständliche und kenntnisreiche Umgang mit Benjamin, der längst nicht mehr der große Unbekannte war, wie ein ebenso zufällig gewähltes Beispiel belegt: Vom Berliner Rat der sozialistischen Kinderläden wurde 1969 ein Raubdruck herausgebracht, der mit der Präsentation einiger von Benjamins kleineren Schriften die Absicht verfolgte, die Verbreitung von dessen Arbeiten »nicht gänzlich den Frankfurter Monopolarchivaren zu überlassen (...) Adorno und seine Speichellecker scheuen sich nicht, die interessierte Öffentlichkeit, und das ist mehr und mehr die politisch bewußte und aktive Intelligenz, mit der Ankündigung einer ehrwürdigen aber unbrauchbaren Gesamtausgabe des benjaminschen Werkes abzuspeisen und die Konvolute einzulagern hinter Tresorwänden.«[2]

Hier interessiert weniger die inzwischen gut belegte Benjamin-Rezeption seit Mitte der sechziger Jahre[3], mit den angeführten Beispielen sollen die beiden zeitlichen Schnittstellen der Entwicklung genannt werden, innerhalb derer sich der fundamentale Bewußtseinswandel in der Bundesrepublik vollzogen hatte. Die Aneignung seines Werkes von der Subkultur der studentischen Protestbewegung dokumentiert, wie sehr diese Generation dabei auf sich selbst gestellt war. Seine Wiederentdeckung geschah nicht allein in Opposition zur Geschichtslosigkeit des Adenauer-Staates, sondern zugleich auch gegen das vom Nachlaßverwalter Adorno einseitig geprägte, philosophisch reduzierte Benjamin-Bild. Die Maßlosigkeit der Polemik gegen Adorno 1969 spiegelt daher nicht allein die enthusiastische Selbstüberschätzung der Protestgeneration wider, sondern dahinter verbarg sich auch ihre Irritation und Enttäuschung über jene doppelte Frontstellung.

Auf der Suche nach Orientierung hatte sie die 1933 vertriebene antifaschistische Kultur für sich entdeckt und damit wesentlich dazu beigetragen, daß viele der großen Analysen von Emigranten, vor allem im Bereich der Sozial- und Geisteswissenschaften, heute zu klassischen Werken geworden sind. Dabei mußte sie erleben, daß sie sogar von deren Repräsentanten, den remigrierten Vertretern des Frankfurter Instituts für Sozialforschung, das wie kaum eine andere Gruppe jene Kultur des ›anderen Deutschland‹ mitgeprägt hatte, nur selten direkte Unterstützung und Ermutigung fand.

Wie anders war dagegen die Situation in den Vereinigten Staaten. Dafür soll ein drittes, ebenfalls mit Benjamin verbundenes Beispiel genannt werden. Zur Zeit, als sich Tjaden mit ihm schwer tat, kam in Madison/Wisconsin das zweite Heft der *Studies on the Left*, einer Zeitschrift der Neuen Linken heraus, in dem Benjamin mit seinem »Kunstwerk«-Aufsatz vorgestellt und die Bedeutung seines Œuvres für die aktuelle gesellschaftswissenschaftliche Diskussion durch den Soziologen und ehemaligen Emigranten Hans Gerth gewürdigt wurde.[4]

So zufällig diese zeitliche und thematische Übereinstimmung gewesen sein mochte, aus heutiger Sicht ist erkennbar, daß das Jahr 1959 in zahlreichen westlichen Ländern zur Bewußtseinsdämmerung bei jenen Altersgruppen führte, die in den fünfziger Jahren herangewachsen waren und als junge Intellektuelle das geistige und politische Klima in der folgenden Dekade radikal verändern sollten. Während diese Aufbrüche in der Bundesrepublik zumeist in tastenden Schritten autonom geschahen, empfing die Nachkriegsgeneration in den USA von Beginn an nicht nur Impulse, sondern häufig auch aktive Unterstützung von ihren akademischen Lehrern, von denen viele nicht von ungefähr ehemalige Emigranten waren. Um jedoch keine Mißverständnisse aufkommen zu lassen: Natürlich ist nicht zu übersehen, daß es neben der Vielzahl von Ursachen, die weltweit zur Entstehung der Protestbewegung führten, ebenso unterschiedliche intellektuelle, moralische und ästhetische Anregungen gab, die von ihr aufgenommen wurden und ihren neuen Lebensstil prägten. Die Botschaft der Emigranten ist dabei nur eine, gerade im deutsch-amerikanischen Vergleich aber erkennbar zentrale Spur.

Exemplarisch sei der berühmte *Letter to the New Left* des Soziologen
C. Wright Mills von der Columbia University genannt, einem Schüler Hans
Gerths. Der Aufruf sollte der Bewegung weltweit den Namen geben; er erschien etwa zur gleichen Zeit in den *Studies on the Left* in den USA, in der
kurz zuvor gegründeten *New Left Review* in Großbritannien sowie als deutsche Übersetzung in der Studenten-Zeitschrift *Konkret* und lieferte die ersten Stichworte zur Kritik am herrschenden Nachkriegskonsens für jene
bisher so schweigsame Generation. Angesichts der antikommunistischen
Staatsdoktrinen in den westlichen Ländern diesseits und jenseits des Atlantiks, ferner der sozialistischen Dogmen mit ihrer Metaphysik des Proleta-
riers aus dem »viktorianischen Sozialismus«, die einmal durch den Stalinismus und zum anderen durch die Integration der Arbeiter in den indu-
striekapitalistischen Ländern fragwürdig geworden seien, und drittens der
liberalen Verheißungen, die in ihrer jüngsten »Mode«, dem Gerede vom Ende der Ideologien (Daniel Bell), jede Utopie einer besseren Zukunft aufgegeben hätten, forderte Mills neue Sensorien und Instrumente für eine kritische Gesellschaftsanalyse, wobei er in der jungen Intelligenz das Agens der
künftigen Neuorientierung sah.[5]

Allerdings verhinderte nicht nur sein früher Tod 1962, daß Mills prägen-
den Einfluß auf die entstehende Bewegung gewann. Er war ein Einzelgän-
ger gewesen, der sich – wie Adorno in Deutschland – den von ihm selbst
genährten Erwartungen entzogen hatte. Enttäuscht sahen die frühen studentischen Sprecher in ihm einen auf Distanz bedachten »loner«, dessen
pessimistischer Zug zudem keine Perspektive aus dem Dunkel der Verhältnisse weisen konnte. Verbindlichere Konturen sollte der Mills'sche Appell
daher erst durch das Werk Herbert Marcuses erhalten. Er war es, der in den
sechziger Jahren zum wichtigsten Theoretiker und Wegbegleiter des intellektuellen Protestes in den USA – und auch in Europa – wurde.[6]

Augenfällig ist, in welchem Umfang die Stichworte der Neuen Linken
vom dissidenten Milieu der ehemaligen Emigranten aus Deutschland kamen und wie sich andererseits viele der Aktivisten auf dem Höhepunkt der
Protestbewegung mit jener verschütteten Kultur identifizierten, womit die
Einflüsse anderer Intellektueller wie etwa Paul Goodman, Michael Harrington, William A. Williams nicht verkleinert werden sollen. Im Unterschied
zu diesen Leitfiguren, die trotz ihres kritischen Blicks dennoch mit typisch
amerikanischem Optimismus die Überzeugung hegten, daß die gesellschaftlichen Probleme in der sozialen Entwicklungsdynamik pragmatisch
zu lösen seien, waren die Emigranten vor dem Hintergrund ihrer biographischen Erfahrungen ungleich skeptischer und schärfer in ihren theoretischen
Schlüssen.

Hinzu kam, daß viele der Jüngeren wohl sahen, wie ungerecht und krank
die amerikanische Gesellschaft war, aber kaum wußten warum. Ihr Protest

speiste sich zunächst weniger aus theoretischen Analysen als aus einem ethischen Radikalismus und philosophischen Anarchismus in amerikanischer Tradition. Angesichts der so anderen Strukturen der offenen Einwanderergesellschaft hatten die emanzipationsverheißenden europäischen Sozialtheorien kaum nennenswerte Bedeutung gewinnen können. Undogmatische geschlossene Theorieansätze, die die Gesellschaft aus ihren materiellen, kulturellen und historischen Zusammenhängen erklärten, existierten daher in den USA nicht. Darüber hinaus hatten viele namhafte Repräsentanten der Alten Linken Amerikas seit den fünfziger Jahren ihren Frieden mit der Gesellschaft geschlossen. Kein Zufall ist, daß die Stadt New York in dieser Zeit ihre traditionelle Rolle als Mittelpunkt der intellektuellen Avantgarde an andere Zentren, vor allem an verschiedene Universitätsstädte des Mittleren Westens und an der Westküste abgab. Und nicht von ungefähr wirkten dort zahlreiche profilierte Gelehrte, die ehedem aus Deutschland vertrieben worden waren.[7]

Zum kollektiv-biographischen Signum der Emigranten gehörte, daß viele schon in der Weimarer Republik sogar in ihrem eigenen politischen Umfeld Außenseiter gewesen waren und darüber hinaus durch ihre Vertreibung nach 1933 gezwungen wurden, ihr bisheriges Denken über die Gesellschaft angesichts des Totalitarismus in Europa und nach ihrem Erfahrungszugewinn in der neuen sozialen Realität der Zufluchtsländer – besonders in den USA, wohin die meisten von ihnen geflohen waren – radikal zu überdenken. Im vielzitierten Bild der »Flaschenpost« haben die Vertreter der kritischen Theorie das zum Ausdruck gebracht; das Bild umschrieb nicht nur die Verständigungsprobleme im Exil, sondern auch die bereits aus der Zeit vor 1933 datierende Abkehr von einer intellektuellen Praxis, die sich als Avantgarde in die proletarische Kultur eingebettet glaubte.

Die Wirkung und auch die Glaubwürdigkeit der Emigranten beruhte zum einen darauf, daß sie frei von aller theoretischen Enge und Dogmatik erfahrungsgeprägte permanente interkulturelle Lernprozesse reflektierten und damit Ideenpotentiale vermittelten, deren disziplinübergreifender und politischer Kern von der jungen Intelligenz in den einzelnen Ländern gleichermaßen verstanden wurde, denn sie entsprachen recht genau deren Erkenntnisinteressen. Zum anderen trafen Marcuse und andere Emigranten mit ihren sozialistischen, jedoch am philosophischen Frühwerk von Marx orientierten Analysen die Stimmung der jüngeren Generation. Weniger die historischen Gesetze kapitalistischer Ausbeutung der späteren Marxschen Politischen Ökonomie bildeten ihren Gegenstand, sondern die subjektzentrierte Entfremdung des Menschen in den anonymen gesellschaftlichen Institutionen. Für die Studenten waren solche Analysen in den neuen Massenuniversitäten der sechziger Jahre mit ihren von den realen Problemen abgehobenen Lehrinhalten direkt erlebbar und nachzuvollziehen. Jene in

Deutschland erst Ende der zwanziger Jahre bekannt gewordenen Frühschriften hatten schon damals die jungen linken Intellektuellen beflügelt, die nach dem Scheitern der Revolution von 1918/19 an einer Neuinterpretation des Marxismus jenseits der von den sozialistischen Parteien auf die Ökonomie reduzierten Theorie und des objektivistischen Determinismus der Zweiten Internationale arbeiteten, wobei ebenso auf das linkshegelianische Erbe wie auf psychoanalytische Kategorien Sigmund Freuds zurückgegriffen wurde. Und sicher nicht zufällig erschienen die Frühschriften jetzt Ende der fünfziger Jahre zum ersten Mal in englischer Übersetzung.[8]

Beobachtern in den USA erschien die Protestdekade nach 1959 weniger als qualitativ neue kulturelle Epoche, sondern auch dank der Anstöße durch die Emigranten als letzte Phase der modernitätskritischen Sensibilität aus den zwanziger Jahren.[9] Nicht von ungefähr sollte während der Reagan-Ära Allan Blooms spektakulärer Bestseller *The Closing of the American Mind* von 1987 die von ihm diagnostizierte amerikanische Bildungsmisere auf den unheilvollen Einfluß der deutschen Emigranten zurückführen. Diese »German connection« habe mit ihren ideologie- und gesellschaftskritischen Methoden die großen liberalen Werte der Gründerväter untergraben und die amerikanische Kultur zu einer Art »Disneyland version of the Weimar Republic« gemacht.[10] Auf kuriose Weise bestätigte Bloom dabei jedoch nur das, was er kritisierte. Der Schüler des konservativen Philosophen und Emigranten Leo Strauss folgte lediglich seinem Lehrer, dessen antimoderne elitäre Botschaft zum Rüstzeug des intellektuellen ›roll back‹ seit den siebziger Jahren geworden war.

II

Die Herausgeber der kleinen hektographierten Zeitschrift *Pläne*, dem Fundort der eingangs zitierten Benjamin- und Bloch-Rezension, Jürgen Seifert, Arno Klönne, Kay Hermann Tjaden und Michael Vester, kamen aus der sog. d.j. 1.11, der nach dem Zweiten Weltkrieg wiedergegründeten Deutschen Jungenschaft vom 1.11.1929 des legendären Eberhard Koebel/tusk. Von der politischen Vorgeschichte dieser linken Abspaltung der bündischen Jugend und von tusk, der nach 1933 als Emigrant in Großbritannien zu den Mitbegründern der Freien Deutschen Jugend gehört hatte, wußten die Jungenschafter ebenso wenig wie von Benjamin und Bloch. Offenbar ohne Kenntnis über die historische Herkunft ihrer Gruppe und ohne intellektuelle Anknüpfungen hatte diese kleine Schar von zumeist Mittelschichtenkindern lediglich die elitäre ordensähnliche Vereinskultur ihrer Vorläufer als Gegenmilieu zur Restauration der Adenauer-Ära übernommen. Und wie schon seit ihrer Gründung um die Jahrhundertwende für die Geschichte der bürgerlichen Jugendbewegung typisch gewesen war, merkten diese Jugendlichen auch nach 1945 lange nicht, daß ihre unklare Empfindung, ›anders‹ oder ›dagegen‹ sein zu wollen, kaum mehr war als ein quietistischer Reflex der Politikindifferenz ihrer Eltern. Ihr gegenkulturelles ›anderes Leben‹ orientierte sich noch Ende der fünfziger Jahre, mit Ausnahme des traditionellen Anti-Militarismus der d.j. 1.11, nur wenig an der Realität der postfaschistischen deutschen Gesellschaft.

Immerhin war dieses Milieu 1959 bereits brüchig geworden. Zu jener Zeit hatten die *Pläne*-Herausgeber als Studenten neuen Anschluß an den Sozialistischen Deutschen Studentenbund gefunden und dort sogar verschiedene Funktionen in dessen Bundesvorstand übernommen. Und sie waren keine Einzelfälle, auch andere Jungenschafter stießen zum SDS.[11] In der Anonymität der Universität mochte das bei einigen dem alten Bedürfnis nach Integration in einem klar konturierten Gruppenleben entsprechen oder gar Hoffnungen auf eine von der Mutterpartei SPD geförderte Karriere beinhalten. Wichtiger aber war, daß die jungen Intellektuellen zu jener Zeit, als das studentische Leben noch von den Burschenschaften dominiert wurde, den kleinen SDS vielmehr als Forum der Unruhe, des intellektuellen Suchens und als Sammelbecken abweichender Kritik verstanden. So ist auch nicht erstaunlich, daß der Verband um 1959 sein Profil grundlegend zu ändern begann. Die von den unterschiedlichen Fraktionen ausgefochtenen Positionskämpfe einschließlich der Verbands-Ausschlüsse – etwa der Gruppe um die Zeitschrift *Konkret* – deuten solche von den neuen Mitgliedern hineingetragenen Erwartungen ebenso an wie der Hinauswurf des SDS aus der SPD ein Jahr später. Gleichermaßen auffallend ist, daß viele der Jüngeren zunächst mangels anderer Orientierungsmöglichkeiten ihr neu erwachtes politisches Bewußtsein an den von der Partei und den Gewerkschaften vermittelten klassischen sozialistischen Traditionen ausrichteten. Als ›Neue Linke‹ wie in den USA wird man dieses Milieu daher nicht bezeichnen können. Während beispielsweise ehemalige Jungenschafter einerseits zu den Aktivisten neuer Interaktionsformen wie der Ostermarsch-Bewegung gehörten und aus ihren Publikationen unter anderem der Pläne-Verlag oder die Zeitschrift *Das Argument* hervorgingen, erschienen andererseits einige von ihnen, so auch Tjaden und Vester, in den folgenden Jahren als häufige Autoren in den ausufernden Ableitungsdebatten über die Marxschen Theorieansätze. Angesichts der Flut antikommunistischer Literatur in der Bundesrepublik während der fünfziger Jahre und des stalinistisch deformierten Definitionsmonopols in der DDR sollte diese konventionelle Aneignung des Marxismus jedoch nicht unterschätzt werden.

Trotz des diffusen Erscheinungsbildes lassen sich hier gleichwohl erste Verbindungen zu jener seit 1933 verschütteten Kultur herleiten. Denn wie diese schon vor ihrer Vertreibung in der Weimarer Republik von Außenseitern geprägt worden war, so kam auch das neue Unruhepotential aus eben-

solchen problemsensitiven Randgruppen. Für sie wurden die geplante ato-
mare Aufrüstung, die antisemitischen Ausschreitungen Ende der fünfziger
Jahre, die Spiegel-Affäre, der Auschwitz-Prozeß oder die Notstandsdebatte
einige Zeit später zu Schlüsselerlebnissen, die ihnen einmal mehr den
brüchigen Konsens und die unheilvolle Kontinuität der bundesdeutschen
Verdrängungsgesellschaft freilegten und den Anstoß für die überfällige Aufarbeitung des Nationalsozialismus geben sollten.

Jene Jungenschaftstradition im SDS steht dabei nur für ein Segment des
Unbehagens und der tastenden Orientierung. Soziologisch faßbar sind weiterhin die Gruppe um die Zeitschrift *Konkret* und die aus dem Schwabinger
Künstlermilieu stammende sogenannte ›Gruppe Spur‹, aus der die ›Subversive Aktion‹ hervorging, um nur einige, für die gesellschaftspolitische
Bewußtseinsbildung gleichwohl einflußreiche solcher kleinen Netzwerke zu
nennen. Die Marginalisierung dieser Minderheiten als Störer durch die
bundesdeutsche Öffentlichkeit – einschließlich der Sozialdemokratie – trug
noch dazu bei, daß sich die verstreuten Zirkel unter dem Dach des SDS sehr
schnell als Avantgarde in der direkten Tradition jenes intellektuellen antifaschistischen anderen Deutschland verstanden. Was der von den Nationalsozialisten verfolgte Soziologe Ernst Grünfeld kurz vor seinem Selbstmord
1938 in seiner Studie über die »Peripheren« geschrieben hatte, galt nicht
nur für die zu seiner Zeit administrativ ausgesonderten Bevölkerungsgrup-
pen, sondern auch – allerdings ohne die existenzielle Bedrohung – für die
neu entstehende Protestbewegung. Ihre Abseitsstellung durch den herrschenden Konsens führte bei den Betroffenen einerseits zu hohen Emp-
findlichkeiten, andererseits als Reaktion auf die Verfemung zu aggressiven
Anti-Haltungen, die zur Voraussetzung kritischer Theorieproduktivität
wurden.[12]

III

Allerdings war diese intellektuelle Anknüpfung in Deutschland alles andere
als ein kollektiver, zielgerichteter und geradliniger Prozeß. Dazu waren die
Ausgangsbedingungen zu dürftig. Eine Durchsicht der größeren Univer-
sitäts-Zeitschriften – besonders in Berlin und Frankfurt, den späteren Zentren des Protestes – zeigt, daß dort bis weit in die sechziger Jahre hinein
kaum Vorstellungen über das ›andere Deutschland‹ existierten. Viel anders
sah es auch in den Publikationen des SDS nicht aus; häufig stieß man nur
durch Zufall oder durch Informationen aus zweiter Hand auf dessen Repräsentanten oder Schriften, wobei insbesondere die Berichte über die Aktivitäten der amerikanischen Studenten wichtige Vermittlungsfunktionen
hatten.

Exemplarisch sei von den großen ortsgebundenen Studenten-Zeitungen der Frankfurter *Diskus* genannt, immerhin am Ort des remigrierten Instituts für Sozialforschung, das sein geistiges Kapital außerhalb Deutschlands gebildet hatte und dessen für die studentische Bewußtseinsbildung bedeutende Schriften alle nach 1933 entstanden waren. Zwar wurden in diesem Blatt des öfteren auch ehemalige Emigranten vorgestellt, zumeist anläßlich neuer Schriften von ihnen oder der Wiederauflage älterer Werke, doch erschienen sie in der Regel als zeitlose, inzwischen klassische Autoren ohne konkreten individuellen oder historischen Hintergrund. Und wenn einmal von ihrer Geschichte gesprochen wurde, bezog sich das meistens nur auf die Zeit vor 1933. Helmut Plessners Studie *Die verspätete Nation* von 1959 etwa, eine Wiederauflage seiner 1935 in Zürich publizierten Vorlesungsschrift aus dem niederländischen Exil über den deutschen Sonderweg und die langfristigen ideologischen Voraussetzungen des Nationalsozialismus, wurde so präsentiert, als ob sie mit seiner damaligen Flüchtlings-Existenz nichts zu tun gehabt hätte. Für den *Diskus* war die von Plessner analysierte Entfremdung Deutschlands von der westlichen Zivilisation inzwischen korrigiert worden, wohingegen seine Schrift für die »Wiedergewinnung eines gesunden politischen und historischen Bewußtseins« allerdings noch einen wertvollen Beitrag leisten könne.[13] Ebenso erschien Heinrich Mann anläßlich der Gesamtausgabe seiner Werke als ein Autor, von dessen Resonanz »nach der Jahrhundertwende« nur die Kenntnis geblieben sei, daß er das Drehbuch zu einem Film »mit Marlene und Jannings« verfaßt habe; wenn überhaupt verbinde man ihn mit der »wilhelminischen Ära«.[14] In dieser Zeitlosigkeit wurden auch andere Autoren behandelt, seien es Hannah Arendt, George Grosz, Richard Huelsenbeck, Karl Otten oder Peter Weiss.

Sogar wenn sich Emigranten selbst in das aktuelle Gespräch einmischten, wurde das vom *Diskus* nicht erkannt. Als 1960 auf einem »Geisteswissenschaftlichen Kongreß« in München über den Aufstieg des Nationalsozialismus debattiert wurde und sich dabei mit René König, Josef Albers, Walter Mehring, Ludwig Marcuse und anderen auch Emigranten unterschiedlicher Professionen zu Wort meldeten, wußte man darüber allein zu berichten, daß die Teilnehmer nicht den genügenden zeitlichen Abstand gehabt und die Diskussionen im wesentlichen vom Erinnerungsaustausch gelebt hätten.[15] Auch von der Vergangenheit des Instituts für Sozialforschung erfuhren die Leser nur kryptisch. Zur Ernennung Max Horkheimers zum Ehrenbürger Frankfurts brachte die Zeitschrift eine knappe Notiz, die augenscheinlich auf eine Relativierung der früheren Vertreibung zielte: Mit ihm werde ein Mann geehrt, »der das Schicksal eines Frankfurter Bürgers verkörpert. Diese Stadt mußten die Gründe, die Max Horkheimer und seine Freunde ins Exil trieben, selbst treffen.«[16]

Lediglich punktuell und zu einzelnen Personen schien im *Diskus* zu Beginn der sechziger Jahre die nötige Problemsensitivität entwickelt gewesen zu sein. Nach der Wahl Willy Brandts zum Kanzlerkandidaten der SPD im November 1960 machte ein Artikel die innere Emigration als »großartigste Erfindung der jüngsten Vergangenheit« aus, von der es nur ein kleiner Schritt zur »Wahlstrategie der Emigrantenhetze« sei. Dabei gehe es um mehr als die Attacken auf Brandt und »unser Ansehen im Ausland«, nämlich um die nach wie vor ausgegrenzte progressive Kultur.[17]

Sogar auf dem Höhepunkt der Protestbewegung nahm sich der *Diskus* aus wie ein Organ, das die Zeit verschlafen hatte. Kaum eine Spur ist von dem durch die weltweiten Aufbrüche hervorgerufenen studentischen Selbstbewußtsein zu finden, die bisherigen geistigen Beschränkungen abgeworfen zu haben. Im Frühjahr 1967 erschien dort zwar Herbert Marcuses programmatischer Aufsatz »Das Individuum in der Great Society« – übersetzt von seiner Schülerin Angela Davis, die zu der Zeit in Frankfurt an ihrer Dissertation über Kants Analyse der Gewalt in der Französischen Revolution arbeitete -, im übrigen aber bezogen sich die Artikel auf die üblichen Themen Notstand, Hochschulreform oder die Deutschlandfrage. Auch die Berufung von Jürgen Habermas auf die jährlich wechselnde Theodor Heuss-Professur an der New School for Social Research in New York, eine Stiftung des ehemaligen Bundespräsidenten als Dank für die dort 1933 gegründete einzigartige ›University in Exile‹, begleitete die Zeitung nur mit dem nichtssagenden Hinweis, daß dort »seit den Zeiten der Emigration deutscher Gelehrter (...) europäische Traditionen stark vertreten« seien. Diese Traditionen bestimmten in jenen Jahren nach wie vor das Profil dieser Institution als Mittelpunkt politischer und kultureller Dissidenz. Habermas' Lehrstuhl-Vertretung durch den 1966 an der New School emeritierten Soziologen Carl Mayer, der vor 1933 an der Akademie der Arbeit in Frankfurt gelehrt hatte, war ebenfalls kein Anlaß für eine entsprechende Darstellung.[18]

In diesem Klima historischer Bewußtlosigkeit sollten es die alten Remigranten sein, die sich etwa nach der Erschießung des Studenten Benno Ohnesorg in Berlin zu Wort meldeten und den Studenten klar machten, was auf der Tagesordnung stand. Mit erkennbarer Fassungslosigkeit nahm sich Ulrich Sonnemann unter dem Titel »Der schnelle Tod und die langsamen Kommilitonen« die barbarische »Horde festbesoldeter Feiglinge« des offenbar unveränderten »Gewaltmenschentums« deutscher Machtstaats-Tradition vor, um die Studenten aufzurütteln, die »das Gesetz der deutschen Geschichte offenbar immer noch nicht begriffen hätten.« Selbst der vom Faschismus traumatisierte Adorno verließ angesichts »der Ermordung unseres Kommilitonen« seine philosophische Nische und fragte konsterniert, wie man in Berlin so schießwütige Polizisten habe einstellen können. Das war aber erst nach mehrmonatigem Schweigen anläßlich des mit einem

Freispruch endenden Prozesses gegen die Beamten. Die Affektarmut und die Sprache der Politiker, die sich zum Tod des Studenten äußerten, erinnerten ihn auf erschreckende Weise an den früheren Umgang mit dem »Wort Jude«, das die Opfer »zu Exemplaren einer Gattung« herabgesetzt habe.[19]

Bis weit in die sechziger Jahre war auch im theoretischen Organ des SDS, der Zeitschrift *Neue Kritik*, kaum etwas von der intellektuellen Aneignung des Exils zu erkennen. Traditionelle Fragen der Klassenanalyse, Gewerkschaftspolitik, Bildungsprobleme oder Strukturdefekte der Ökonomie nach der Automatisierung seit Ende der fünfziger Jahre bestimmten die Artikel. Ein Trendwandel zeichnete sich erst ab, als im November 1963 ein Aufsatz über Karl Korsch, den Erneuerer des historischen Materialismus in den zwanziger Jahren und geistigen Mentor Bert Brechts, erschien, der ähnlich wie Georg Lukács den platten Determinismus der marxistischen Geschichtsauffassung sowie die darin eingeschlossene Annahme menschlicher Bewußtseinsbildung allein durch die ökonomischen Verhältnisse infrage gestellt hatte.[20] Dieser Beitrag öffnete einigen die Augen und führte zur hektischen Debatte über eine Neubestimmung der innerverbandlichen Theorieschulung mit bald erkennbaren Polarisierungen, die schließlich mit zum Zerfall des SDS wenige Jahre später beitragen sollten. Fortan standen sich die unbeirrbaren traditionellen Marx-Exegeten aus der Abendroth-Schule und der sich neu formierende antiautoritäre Flügel, angeführt von Rudi Dutschke, zunehmend schroffer gegenüber.

Zu dieser Zeit begann auch die systematische Aneignung von Herbert Marcuses Werk, nachdem dieser 1964 in seinem Vortrag über »Industrialisierung und Kapitalismus im Werk Max Webers« auf dem Soziologentag in Heidelberg die enge Verbindung von Technik und Herrschaft ins Blickfeld gerückt und dabei auf die Irrtümer des Marxismus hingewiesen hatte, der nicht anders als die bürgerliche Ökonomie im technischen Wandel lediglich ein herrschaftsneutrales Vehikel für Fortschritt und Emanzipation sah. Bei Marcuse dagegen gehörte die Technik zum umfassenderen kulturellen Konstitutionsprozeß der industriellen Zivilisation. Die Originalität seiner Definition bestand darin, daß er in der Technik nicht allein objektivierte Produktivkräfte zur Beherrschung der Natur ausmachte, sondern ihre psychische und sozialpsychologische Funktion enthüllte. In Anlehnung an Sigmund Freud thematisierte er den technischen Wandel als kompensatorischen Ausdruck unerfüllter menschlicher Glücksansprüche, womit er den Antiautoritären ganz neue Horizonte der Gesellschafts- und Kulturkritik eröffnete.[21]

Gegen die »Traditionalisten« veröffentlichte Dutschke im Herbst 1966 eine kommentierte Bibliographie zur sozialistischen Theoriedebatte, hinter deren Kritik am orthodoxen Selbstverständnis des SDS als »mechanischem Verbindungsglied« zwischen Arbeiterklasse und Studentenbewegung sich eine neue Orientierung abzeichnete.[22] In Anlehnung an Marcuse und Korschs 1950 in den USA formulierten *Zehn Thesen über Marxismus* sah auch Dutschke in Marx nur noch »einen unter vielen Vorläufern und Begründern der sozialistischen Bewegung.« Mit dieser Erweiterung der Perspektive drängte er vor dem Hintergrund von Stalinismus und real existierendem Sozialismus, aber auch angesichts des unaufgearbeiteten Nationalsozialismus auf die überfällige Rezeption der Schriften des deutschen Exils: »Erst in der Emigration sind ernsthafte und tiefe Analysen« vorgelegt worden, in denen jenseits des engen ökonomischen Reduktionismus das angemessene Instrumentarium für eine zeitgemäße Gesellschaftstheorie entwickelt worden sei. Unter anderem nannte er dabei die für eine Neubegründung der Theorie »unerläßlichen damaligen Arbeiten« des Instituts für Sozialforschung. Dabei schloß er sich dessen in den dreißiger Jahren nach der geräuschlosen Zerschlagung der Arbeiterbewegung durch den Nationalsozialismus entwickelten These an, daß die Arbeiter nicht die Träger von Veränderung und Emanzipation seien. Es gäbe keine gesellschaftliche Gruppe, die für die Menschheit zu handeln oder eine historische Mission zu erfüllen habe. Stattdessen plädierte Dutschke für eine Kultur- und Bewußtseinsrevolution, die ihre Gegner in den Autoritäten jeglicher Art sah, und mit seiner Devise »Wir machen nicht mehr mit« übernahm er direkt das Strategiemodell der »Großen Weigerung« von Herbert Marcuse.[23]

Daran sollte ein Jahr später ebenfalls Dutschkes theoretischer Kontrahent, der Frankfurter Adorno-Schüler Hans-Jürgen Krahl anknüpfen. Auf der Basis der von Horkheimer 1942 formulierten These vom »integralen Etatismus« des autoritären Staates suchte er eine eigenständige Analyse der modernen Gesellschaften vorzulegen, die jene frühen Ansätze gegen den »Denkverfall« der remigrierten Instituts-Vertreter weiter entwickeln und damit das theoretische Fundament der neuen intellektuellen Gegenöffentlichkeit schaffen wollte.[24] Hierbei zeigt sich auch der Spürsinn, der für die Aufarbeitung des Exils nötig war. Denn die meisten der theoretischen Schriften waren zu jener Zeit kaum öffentlich zugänglich. Erst die um 1965/66 einsetzende Diskussion schuf überhaupt die Voraussetzungen für die folgende hektisch expandierende Subkultur der Raubdrucke, ehe seit Ende des Jahrzehnts die großen Verlage mit solcher Literatur ihre Marktchancen witterten. So war beispielsweise auch Horkheimers Beitrag über den autoritären Staat, der 1942 in der kleinen hektographierten Auflage der Gedächtnisschrift für Walter Benjamin in New York erschienen war, auf diese Weise überhaupt erst 1967 allgemein zugänglich.[25]

In die von Dutschke repräsentierte antiautoritäre Position waren unterschiedliche intellektuelle Strömungen eingeflossen, die zugleich die internationale Vernetzung der neuen Protestbewegung dokumentieren. Zusammen mit Bernd Rabehl, wie er in Berlin ebenfalls ehemaliger DDR-Flüchtling,

Dieter Kunzelmann, dem späteren Mitbegründer der Kommune I, Frank Böckelmann und einigen anderen war er 1965 von dem Mini-Zirkel der sogenannten ›Subversiven Aktion‹ dem SDS beigetreten, um diesen zur Verbreiterung der eigenen Aktionsbasis zu nutzen. In ihren Augen war der SDS trotz Trennung von der SPD kaum mehr als ein dürftiges »Gelegenheitsprodukt der revolutionären Ebbe der Nachkriegszeit«.[26] Mit ungleich breiteren Kenntnissen der internationalen sozialwissenschaftlichen Diskussion hatte sich die Subversive Aktion und ihre Keimzelle, die in der Münchener Boheme Ende der fünfziger Jahre entstandene ›Gruppe Spur‹ schon systematisch mit der kritischen Theorie und anderen dissidenten Positionen der deutschen Emigration beschäftigt.

Ursprünglich hatte die Gruppe Spur zu der 1957 in Paris und anderen europäischen Städten von Künstlern gegründeten ›Situationistischen Internationale‹ gehört, die mit ihren spontanen Experimenten, der Schaffung von Situationen die Hoffnung auf eine Sensibilisierung der Öffentlichkeit zur Überwindung der Anonymität und Entfremdung in der modernen Gesellschaft verband. Sie lehnte daher jede politische Theorie bereits als Manipulation ab.[27] Aus ihr sollten später die Provos in Amsterdam und die Enragés des Pariser Mai 1968 hervorgehen. In der Kunst sahen die Situationisten die einzige Chance zu authentischer kritischer Bewußtseinsbildung, was weitgehend dem kunsttheoretischen Verständnis auch der kritischen Theorie entsprach. Deren Adaption durch die Gruppe Spur führte 1962 zum Bruch mit der SI und ein Jahr später zur Bildung der Subversiven Aktion. Denn anders als die artistische Selbstgenügsamkeit der Situationisten bot die kritische Theorie eine viel schlüssigere und umfassendere Analyse des Emanzipationsgehalts der Kunst, die zugleich Zugang zu weiteren kritischen Befunden über die moderne Kulturindustrie und ihren »Verblendungszusammenhang« gewährte.[28]

Lange vor dem SDS oder anderen Gruppen wurden in diesem Kreis so schon 1962 die Schriften Herbert Marcuses und anderer Emigranten rezipiert. Mit welcher Akribie dabei vorgegangen wurde, mag dessen interne Korrespondenz illustrieren, die die Lesewut, intellektuelle Neugier und systematische Suche auf dem Wege zur eigenen Positionsbestimmung wiedergibt. Zum einen wird von dem Erlebnis berichtet, »in einer verschollenen kommunistischen Zeitung« einen Artikel Wilhelm Reichs über »Dialektischen Materialismus und Psychoanalyse« gefunden zu haben, der »bis in unsere Tage der einzige Versuch (ist), die Psychoanalyse in den Marxismus zu integrieren.« Zum anderen dokumentiert der Schriftwechsel das Selbstverständnis der Gruppe, das »sich immer mehr zu einer Frage der Auseinandersetzung mit der Frankfurter Schule (entwickelt).« Einerseits stimmte man ihr zu, andererseits aber wurde »das Fehlen jeden Hinweises auf aus der Analyse folgende Praxis« kritisiert, woraus die Aufgabe abgeleitet wurde,

»konstruktiv über die theoretische Basis der Frankfurter Schule hinauszugehen.« Schließlich belegt die Korrespondenz, daß auch direkte Kontakte zu Emigranten gesucht wurden, so zu dem Kunsthistoriker, langjährigen Bloch-Freund und zeitweiligen Mitarbeiter des Instituts für Sozialforschung in der New Yorker Zeit, Joachim Schumacher, der die ersten Veröffentlichungen der Gruppe mit bereitwillig akzeptierten »grundlegenden Kritiken« begleitet hatte.[29]

In welchem Umfang sich die Subversive Aktion bereits 1963 die unorthodoxen Theoretiker des Exils angeeignet hatte, zeigt die Selbstdarstellung in einer ihrer zahlreichen, jeweils nur in wenigen Ausgaben erschienenen Publikationen: »Das geistige Niveau des HOMO SUBVERSIVUS resultiert aus der Zusammenschau der Intentionen von Marx, der komplexen Psychologie und der Psychoanalytischen Bewegung (Abraham, Ferenczi, Freud, Pfister, Reich, Rank) (...), der Frankfurter Schule (Adorno, Benjamin, Horkheimer, Kracauer, H. Marcuse) sowie den Anliegen der subversiven Literatur und einiger künstlerischer Bewegungen.« Eine bestimmte »Denkschule« sollte daraus nicht hervorgehen, »durch intellektuelles Tasten« in verschiedene Richtungen habe man sich vom bisher lediglich gedankenlos empfundenen Unbehagen über die gesellschaftlichen Tatbestände befreit, und das entziehe sich jeder Kategorisierung.[30] Souverän verfügte die Gruppe schon zu dieser Zeit über ein wissenschaftstheoretisches und methodologisches Instrumentarium, mit dem sie nicht nur die neuesten Erzeugnisse der Kulturindustrie von der Filmproduktion bis zur Rockmusik analysierte, sondern auch die Entwicklung der »nicht sozialistischen Sowjetunion« oder die »Schimäre der revolutionären Klasse« zu interpretieren vermochte.[31]

Welches Selbstbewußtsein sich dabei herausgebildet hatte, zeigte der antiautoritäre literarische »Vatermord« der Subversiven Aktion an Adorno durch ein im Mai 1964 in verschiedenen Universitätsstädten verbreitetes Plakat, das mit Zitaten aus seinem Werk und seinem fingierten Impressum die Enttäuschung darüber zum Ausdruck brachte, daß er wie kein anderer in Deutschland die Defizite dieser Gesellschaft analysiert, gleichzeitig aber festgestellt habe, daß aktives Handeln unmöglich sei.[32] In jener frühen Phase des Aufbruchs und der Selbstfindung nahmen die Akteure offenbar noch die Rolle des Ödipus ein, erst später wurde daraus die ihnen von Marcuse zugeschriebene Rolle des Narziß, der mit seiner Abkehr von den autoritären Zwängen der väterlichen Leistungswelt zugunsten der libidinösen Besetzung des eigenen Ichs zur Leitfigur der »Großen Weigerung« und zum Träger der kommenden Gegenkultur werden sollte.[33]

Allein in der seit 1957 erscheinenden überregionalen Studenten-Zeitschrift *Konkret* und ihrem Vorläufer *Studenten-Kurier (SK)* seit 1955 läßt sich eine bewußte, systematische und kontinuierliche Aneignung des Exils ausmachen. Ja, man wird sagen können, daß sie wohl die einzigen Blätter waren, die in ihrem Selbstverständnis direkt an die 1933 zerstörte »Weimarer Kultur« (Peter Gay) anknüpften. Die spezifische *Konkret*-Methode übernahm die Collagen- und Montage-Technik John Heartfields und der Dadaisten, lange bevor mit den Erinnerungsschriften etwa Walter Mehrings, Richard Huelsenbecks oder Hans Richters die Dada-Renaissance gegen Ende der fünfziger Jahre begann, die dann von der Fluxus-Bewegung nach 1962 aufgenommen wurde. Und ihre moralisierende Schnoddrigkeit, in der Information, Bekenntnis, Agitation und Mobilisierung eine unauflösbare Einheit bildeten, suchte das Erbe Kurt Tucholskys zu bewahren. Bereits vom ersten Jahrgang des *SK* an wurde deshalb in jedem Semester ein Tucholsky-Preisausschreiben für die beste Kurzgeschichte veranstaltet, zu dessen Jury unter anderem Hans Henny Jahnn und Alfred Döblin gehörten.

Zusammengefunden hatte sich der heterogene Kreis der Blattmacher – die Hamburger Studenten, meistens Germanisten, Klaus Rainer Röhl, Peter Rühmkorf, Werner Riegel, Eberhard Zamory und einige andere – zu Beginn der fünfziger Jahre in der unpolitischen Studentenbühne. Sie einte zunächst nur das diffuse Unbehagen über die »reeducation-Kultur«, die, so Röhl, »keine richtige antifaschistische Bewegung war, sondern nur ein Anbiederungs- und oft genug Abfütterungsbetrieb.« Beispielhaft stehe dafür die Gruppe 47.[34] Immerhin war Zamory selbst zurückgekehrter Emigrant. Sein jüdischer Vater hatte ihn als Kind in den dreißiger Jahren nach Großbritannien geschickt. Dort hatte er am Aufbau der Freien Deutschen Jugend mitgewirkt, ehe er als Sergeant mit der britischen Armee 1945 nach Hamburg kam und dort als Student kurze Zeit später die erste kommunistische Hochschulgruppe aufbaute. Journalistisch trat er selbst nicht hervor, sondern er wirkte zeitweise in der redaktionellen Administration.

Wichtig für die literarische und politische Profilierung der Gruppe, die sich nach der Trennung von der Studentenbühne »Arbeitskreis für progressive Kunst« nannte, sollte das Seminar des Literaturwissenschaftlers Hans Wolffheim werden, der als ›Halbjude‹ den Nationalsozialismus überlebt hatte und als Außenseiter im Lehrbetrieb auch die moderne Literatur vermittelte. Entscheidend aber wurde Kurt Hiller, der von den ersten schriftstellerischen Versuchen in diesem Zirkel, der kleinen hektographierten, seit 1952 erschienenen Zeitschrift *Zwischen den Kriegen* so begeistert war, daß er aus der Emigration in London zurückkehrte und 1955 seinen Wohnsitz in Hamburg nahm.[35] Selbst immer Außenseiter und Verfechter eines unorthodoxen freiheitlichen Sozialismus, gab er dem Lebensgefühl der *Konkret*-Leute – das sie Finismus nannten, weil es die Ohnmacht einer Generation ausdrückte, die den Zweiten Weltkrieg noch selbst hatte mitmachen müssen und die sich angesichts der Wiederaufrüstung und des außenpolitischen Feinddenkens schon wieder bedroht sah – eine aktivistische Perspektive.

Dieses Doppelprofil von ohnmächtigem Zorn auf die politischen Zustände der Adenauer-Zeit einerseits und kämpferischer Opposition andererseits sollte zu einem weiteren Merkmal der *Konkret*-Methode und ihrer »schizographischen« Schreibhaltung werden.

Die Vertreibung der Kultur aus Deutschland, die »in unseren neuen Gründerjahren dann noch einmal verdrängt und vergessen wurde«, gab die unmittelbare Orientierung für die Initiatoren des *SK* und *Konkret*: »Da haben die Nazis schon genau die richtige Vorauswahl für uns getroffen.«[36] Schon die Erwähnung zufälliger Namen ließ sie »ihrer Zeit gegenüber das einzig angemessene Gefühl, den horror vacui nämlich, empfinden.«[37] Mit der regelmäßigen Rubrik ›Im Bücherschrank links‹ begann fortan eine systematische Aneignung dieser Traditionen und kontrastierend dazu in der beziehungsreichen Kolumne ›Leslie Meiers (i.e. Peter Rühmkorfs) Lyrik-Schlachthof‹ auch die Präsentation der postnazistischen literarischen Kultur in Deutschland. Die Wiedererinnerung wurde nicht allein als moralische Aufgabe verstanden, in den 1933 Vertriebenen sah man zugleich nach wie vor originelle Anreger und Wegweiser für eine Gegenwart, in der sich die öffentliche Feindschaft gegen den Geist und das kritische Bewußtsein fortzusetzen oder zu wiederholen drohte.[38] Beispielhaft dafür ist im Januar 1956 der Abdruck von Heinrich Manns Groteske *Hitler bei Hindenburg* aus seinem Band *Der Hass* von 1933. Locker wurde damit nicht nur der traditionelle Autoritarismus und Militarismus der deutschen Gesellschaft im Zeichen des Adenauerschen Patriarchalismus und der Wiederbewaffnung aufgespießt, sondern zugleich auch deren intellektuelle Armseligkeit herausgestellt, die diesen »meistgeliebten Dichter Europas« zu einem der bestgehaßten hierzulande gemacht habe.[39]

Von der ersten Nummer im Mai 1955 an schrieben zunächst mit Kurt Hiller und H. H. Jahnn regelmäßig auch Emigranten selbst im *SK* über aktuelle Fragen. Und je mehr sich zeigte, wie diese Zeitschrift zum Medium der verdrängten Traditionen und Sprachrohr der kritischen Gegen-Kultur wurde, desto größer wurde der Kreis der Beiträger. Neben Erstdrucken von Bert Brecht, Arnold Zweig oder dem inzwischen an Deutschland völlig resignierten Alfred Döblin erschienen dort Arbeiten politischer Schriftsteller wie Alfred Kantorowicz oder von Wissenschaftlern wie Leo Kofler. In eigenen redaktionellen Beiträgen berichtete der *SK* darüber hinaus von Anfang an über den Umgang der Bundesrepublik mit den früheren Emigranten, seien es das peinliche Wiedergutmachungsverfahren Albert Einsteins für seine verlorenen Vermögenswerte, das bis zu seinem Tode 1955 keinen Schritt vorangekommen war, oder die öffentlichen Reaktionen auf eine Rede Fritz von Unruhs an die deutsche Jugend, die wegen ihres Appells an die demokratische Wachsamkeit gegenüber jenen, die schon wieder Wehrbereitschaft forderten, abgebrochen werden mußte.[40]

Diese frühe Würdigung des anderen Deutschland wurde von den Emigranten sehr genau wahrgenommen. Thomas Mann schrieb, welche »notwendige Funktion« der *SK* habe, und er erklärte seine uneingeschränkte Sympathie. Erwin Piscator freute sich über jede neue Ausgabe und bedauerte nur, der »erfrischenden Einladung« zur Mitarbeit wegen seiner Theaterarbeit einstweilen nicht nachkommen zu können. Ebenso begrüßte Alfred Döblin noch kurz vor seinem Tode, im *SK* immer wieder den vertrauten, in der Öffentlichkeit aber vergessenen Namen zu begegnen, besonders aber »den guten, alten, bekannten Ton« zu vernehmen. Welche Bedeutung das gerade bei Döblin hatte, mag ein letzter Brief von ihm an Rühmkorf andeuten, der zusammen mit einem Nachruf erschien und seinen tiefen Pessimismus über die »Bösartigkeit, ja Feindschaft gegenüber den Emigranten« in der Bundesrepublik ausdrückte.[41]

Bis Mitte der sechziger Jahre, als wegen der finanziellen Engpässe das redaktionelle Konzept zu einer marktgängigeren und andere Leser ansprechenden Postille umgestellt wurde, sollte *Konkret* der sensible Außenposten bleiben, der jenes Erbe in die kritische Öffentlichkeit zu tragen suchte. Aber auch weiterhin schrieben dort neben dem unermüdlichen Kurt Hiller noch Sebastian Haffner, Hans Mayer, Ludwig Marcuse, Hermann Kesten oder Robert Neumann regelmäßig über viele Jahre zu aktuellen politischen und kulturellen Fragen. Charakteristisch mag ferner sein – um den Eingangs-Topos noch einmal aufzunehmen –, daß dort bereits 1961 ein Bericht über das Exil Walter Benjamins von Jean Selz, einem seiner Pariser Freunde in den dreißiger Jahren erschien, das heißt lange vor der erst 1966 beginnenden Benjamin-Rezeption und außerhalb des von Adorno bestimmten Benjamin-Bildes.[42]

Nicht erst in dieser Phase war sowohl der Aneignungsprozeß des anderen Deutschland als auch die kommunikative Interaktion der Redaktion mit ehemaligen Emigranten so selbstverständlich geworden, daß dieser Hintergrund von der künftigen Protestgeneration nicht mehr gesehen wurde. Allerdings ist dabei zu berücksichtigen, daß die intellektuelle Reichweite der Zeitschrift selbst im linken akademischen Milieu begrenzt war. Einige der jüngeren neuen Mitarbeiter waren Ende der fünfziger Jahre dem SDS beigetreten, doch dort mit ihrem Engagement für eine offene Deutschlandpolitik sowie Verhandlungen mit der DDR auf den Widerstand der noch SPD-konformen Mehrheit gestoßen. Unter dem Vorwand kommunistisch unterwandert zu sein – Röhl war aus Opposition gegen das KPD-Verbot 1956 der illegalen Kommunistischen Partei beigetreten und hatte einige Jahre auch finanzielle Zuwendungen aus der DDR für die Zeitschrift erhalten –, wurde die sogenannte *Konkret*-Fraktion im Sommer 1959 aus dem SDS ausgeschlossen, ehe der Verband selbst ein Jahr später nach dem Godesberger Parteitag aus der SPD gedrängt wurde. Der eigentliche Grund dafür dürfte jedoch gewesen sein, daß der Kern der Redaktion dem Verband nicht angehörte und damit seinem Einfluß entzogen blieb. Außerdem war die Zeitschrift den jungen oppositionellen Kräften, die zunehmend das Profil des SDS bestimmten, nicht orthodox genug. Auf ihrem Politisierungspfad entlang der traditionellen sozialistischen Dogmen vermißten sie bei *Konkret* die systematische »Analyse des gesellschaftlichen Zusammenhangs«, und apodiktisch erklärte der SDS-Pressereferent: »Wer die ›konkret‹-Linie als ›links‹ empfindet, der irrt.«[43]

IV

Im Unterschied zur Bundesrepublik, wo die junge Generation nach 1959 die Vorbilder und Anknüpfungen für ihren intellektuellen Aufbruch selbst suchen und ihre neue Identität dabei auch noch gegen das traditionelle Oppositionsmilieu der Arbeiterbewegung entwickeln mußte, trug die Bewegung der amerikanischen Altersgenossen von vornherein andere Züge. Wegen fehlender linker Traditionsbindungen konnten sie offener und spontaner agieren. Außerdem hatten die Beatniks bereits ein Stück gegenkulturelles Milieu geschaffen, welches das Lebensgefühl nicht nur der Hippie-Bewegung vorwegnahm. Entscheidend für den Selbstfindungsprozeß der Neuen Linken aber dürfte gewesen sein, daß sie in einigen ihrer akademischen Lehrer direkte Vermittler eines alternativen gesellschaftlichen Bewußtseins fanden. Sie waren es, die mit ihren Analysen der repressiven Uniformität in den fünfziger Jahren das Feld für die junge Generation bereitet hatten. Neben den Amerikanern Paul Goodman, Harvey Goldberg und einigen anderen gehörten dazu vor allem auch verschiedene ehemalige Emigranten. Die von ihnen vorgetragene Botschaft hatte sie selbst zu Außenseitern des intellektuellen *main stream* in den fünfziger Jahren gemacht, was ihre Glaubwürdigkeit bei den Jüngeren nur noch verstärkte. Paul Goodmans später kanonisches Werk *Growing Up Absurd* war von mehr als zehn Verlagen abgelehnt worden, ehe es 1960 erscheinen konnte, ein ähnliches Schicksal hatte auch Marcuses 1955 herausgekommenes und dann noch Jahre unbeachtetes Buch *Eros and Civilization* gehabt.

Nicht nur die *Studies on the Left* beförderten nach 1959 die Formierung der Neuen Linken erkennbar durch die Präsentation zahlreicher Beiträge von und über Emigranten; unter anderem widmeten sie 1966 Wilhelm Reich ein ganzes Heft. Schon zuvor hatte die bereits ältere Zeitschrift *Dissent* Wesentliches zur Verbreitung der alternativen europäischen politischen Kultur geleistet. Dieses unorthodoxe *Quarterly of Socialist Opinion* war 1954 von den beiden in Brandeis lehrenden Wissenschaftlern, dem Soziologen Lewis Coser und dem Literaturhistoriker Irving Howe, einem früheren

Trotzkisten, als Reaktion auf die in den McCarthy-Jahren immer zurückhaltender gewordenen, ehemals kritischen Publikationen wie etwa die *Partisan Review* gegründet worden.[44] Wie bereits der Name signalisiert, wollte die Zeitschrift nicht allein dem politischen und intellektuellen Konformismus in den USA widersprechen, sondern auch der alten amerikanischen Linken, deren Vordenker sich in den fünfziger Jahren immer mehr angepaßt oder gar ihren Frieden mit der Gesellschaft gemacht hatten, eine neue Perspektive vermitteln. Vor allem setzte man dabei, so Coser, auf die Jugend, die von den politischen Verhältnissen abgestoßen wurde und nach anderen Wegen als die alte Linke aus den dreißiger Jahren mit ihrer sterilen Revolutionsrhetorik suchte. Das Profil der Zeitschrift in der Tradition des »demokratischen Sozialismus« trug unverkennbar die Handschrift der Emigranten. Zu ihren Themen gehörten insbesondere die Gefährdungen der individuellen Freiheiten durch Großorganisationen, Massenmedien, autoritären Politikstil etc., kurz: der ›corporate liberalism‹ in den USA, der dann zu einem der Schlüsselbegriffe des Protestes in den sechziger Jahren werden sollte. Ebenso wurde der Kampf der Bürgerrechtsbewegung gegen den Rassismus in den Südstaaten zu einem zentralen Fokus der publizistischen Arbeit. Dieser von basisnahen, spontanen und dezentralen Organisationen praktizierte zivile Widerstand sollte die früheren Emigranten nachhaltig beeindrucken, denn er stand in auffallendem Gegensatz zu ihren an der Kaderdisziplin des europäischen Sozialismus geschulten Vorstellungen von kollektiven Aktionen. Deshalb war 1959 auch der junge Michael Walzer zu einem weiteren Mitherausgeber gemacht worden. Er hatte nicht nur bei Coser in Brandeis studiert und als Forschungsassistent an der von jenem und Howe verfaßten Geschichte der Kommunistischen Partei in den USA mitgearbeitet, sondern auch zu den frühen Aktivisten der Bürgerrechtsbewegung gehört; in den sechziger Jahren sollte er zu einem der bedeutendsten Theoretiker des zivilen Ungehorsams werden.[45]

Zu den Redaktionsmitgliedern gehörten neben Walzer, Goodman, dem Kunsthistoriker litauischer Herkunft Meyer Schapiro von der Columbia University – in den dreißiger Jahren ein enger Freund des dort domizilierenden Instituts für Sozialforschung – und anderen prominenten amerikanischen Linken mit Coser selbst, Erich Fromm, dem Politologen Henry Pachter, oder dem Austromarxisten Joseph Buttinger auch profilierte emigrierte Intellektuelle, von regelmäßigen Beiträgern wie Günther Anders, Henry Jacoby und anderen ganz abgesehen. Ursprünglich war auch C. Wright Mills eingeladen worden, dem Kreis der Herausgeber beizutreten. Er hatte jedoch abgelehnt, allerdings nicht aus politischen Gründen, sondern weil er sich als Intellektueller nicht binden wollte.

Dissent begleitete nicht allein die von den Studenten organisierten Bürgerrechtsaktionen, das Free Speech Movement an den Universitäten sowie deren Engagement zunächst für die kubanische Revolution und dann vor allem gegen den Vietnam-Krieg mit ausführlichen Analysen. Unverkennbar ist die Sympathie, die die Zeitschrift der Protestbewegung entgegenbrachte, entsprachen deren Ideen doch weitgehend den eigenen politischen Visionen jenseits der überkommenen sozialistischen Dogmen. Mit Beiträgen unter anderem von Todd Gitlin oder Tom Hayden und anderen Repräsentanten des nach 1960 als unabhängige Bewegung der Neuen Linken entstandenen amerikanischen SDS (Students for a Democratic Society)[46] wurde die Zeitschrift wie keine andere zum Forum der jungen studentischen wie auch der schwarzen Protestbewegung. Andererseits knüpfte das von Tom Hayden entworfene Aktionsprogramm des SDS, das legendäre ›Port Huron Statement‹ von 1962, mit seiner Forderung etwa nach »partizipatorischer Demokratie« direkt an die Ideen Lewis Cosers aus seinen frühen *Dissent*-Aufsätzen an.[47] Mit weiteren ehemaligen Emigranten, so etwa Bruno Bettelheim, Hans Morgenthau (beide von der Universität Chicago), Carl Schorske (Berkeley), Hans Gerth sowie alten New Dealern, unter anderem Reinhold Niebuhr, zählten die Deutschen aus der *Dissent*-Redaktion ebenfalls zu den aktiven Förderern verschiedener SDS-Aktivitäten, wofür die Unterstützung eines 1966 begonnenen und über mehrere Jahre arbeitenden »Radical Education Project« in Ann Arbor nur ein Beispiel ist.

Daran sollte auch Irving Howe nichts ändern. Wie viele Vertreter der alten Linken aus dem jüdischen Intellektuellen-Milieu war er Ende der sechziger Jahre auf Distanz zu der neuen Protestbewegung gegangen, weil die »fresh and undogmatic young people« mehr und mehr zu »musty authoritarian dogmas« Zuflucht genommen hätten. Auffallend ist, daß jene alten Linken häufig der zweiten Generation ostjüdischer Einwanderer angehörten, die in ihrer Jugend während der Volksfront-Ära der dreißiger Jahre in Opposition zum Faschismus und Stalinismus, aber ebenso zum amerikanischen Isolationismus Anschluß an die Vielzahl der kleinen sozialistischen und trotzkistischen Zirkel gefunden hatten. Die dort erlebten Gruppenkämpfe hatten offenbar bei Howe so tiefe Spuren hinterlassen, daß er jetzt in der Neuen Linken, zumal nach der Fraktionierung des SDS 1969, eine Neuauflage jenes alten dogmatischen Autoritarismus wiederzuerkennen glaubte. Außerdem gewahrte sogar dieser alte Kämpfer gegen den McCarthyismus in der kubanischen Revolution wie in der vietnamesischen Befreiungsbewegung nicht mehr als das Vordringen des Bolschewismus, und deshalb unterstützte er die amerikanische Außenpolitik zeitweise vorbehaltlos – später allerdings behauptete er, immer gegen den Krieg in Vietnam gewesen zu sein. Jedenfalls erstaunt die Desorientierung, in der er das Antikriegs-Engagement der Neuen Linken attackierte, wobei seine entsprechenden Pamphlete interessanterweise nicht in *Dissent* erschienen, sondern in anderen Blättern, so etwa den Wochenend-Beilagen der *New York Times*. Erkennbar unterschied sich diese Haltung von der der meisten linken jüdischen Intellektuellen aus Deutschland. Fairerweise sei jedoch angemerkt, daß er die neokonservative Wende seiner früheren Mitstreiter aus den dreißiger und vierziger Jahren, die etwa bei Irving Kristol, Daniel Bell und anderen schon in der McCarthy-Ära begonnen und dann während des Vietnam-Krieges und nach dem Sechstage-Krieg Israels 1967 weitere Schubkraft bekommen hatte, nicht mitmachte.[48]

Schon vor C. Wright Mills' Aufruf an die Neue Linke hatte Norman Mailer 1957 in *Dissent* seinen bahnbrechenden Aufsatz »The White Negro« veröffentlicht, in dem eine Rebellion der Jugend und Afro-Amerikaner für notwendig gehalten und dabei die Übernahme des ›hip-style‹ aus den Schwarzen-Ghettos durch die weißen Intellektuellen prognostiziert wurde. Dieser Appell zur Auflehnung gegen die Mittelstands-Konformität berief sich neben Henry Miller insbesondere auf Wilhelm Reich, der konzise wie kein anderer das Verhältnis von repressiver Sexualmoral und politischer Unterdrückung thematisiert habe.[49] Darüber diskutierten in *Dissent* auch Erich Fromm und Herbert Marcuse anläßlich seines ähnlich argumentierenden Buches *Eros and Civilization*, das zu einem seiner ersten Schlüsselwerke für die Protestbewegung wurde. Andererseits trug Joseph Buttinger, dessen biographischer Hintergrund – seine frühere Untergrundtätigkeit in Österreich gegen die Nazis – die Studenten ohnehin schon beeindruckt hatte, mit regelmäßigen Vietnam-Analysen zur Bewußtseinsbildung über diesen Krieg bei, der wie kein anderes Ereignis die Generation der sechziger Jahre prägen und die Rigorosität ihrer regelverletzenden Aktionen bestimmen sollte.

Von den Jüngeren wurden jene Denkbereiche und Argumentationsketten in dem notorischen Slogan »Make love not war« zusammengefügt oder wie es der an der Emigranten-Universität der New School for Social Research graduierte Soziologe, Vorkämpfer der Wehrdienstverweigerung, Lyriker und Chef der New Yorker Underground-Band »The Fugs«, Tuli Kupferberg, in beeindruckend präziser Schlichtheit ausdrückte: »Simple ideas. Frustration leads to aggression. Those who will not love will kill.«[50] Symbiotisch verband sich in *Dissent* so die dissidente politische Kultur der Emigranten mit der gesellschaftskritischen Resistenz der Studenten.[51] Wie eng diese Beziehung war, dokumentiert auch die Erscheinungsweise der Zeitschrift, die den Aufstieg und Niedergang der Neuen Linken widerspiegelt: Seit Mitte der sechziger Jahre kam sie während der Expansionsphase des SDS zweimonatlich heraus, ehe sie 1972 gezwungen wurde, wieder zur vierteljährlichen Ausgabe zurückzukehren. Todd Gitlin, der Vorsitzende des SDS in jenen Jahren, sah im Rückblick die Bedeutung der Zeitschrift darin, daß sie »was to represent a dangling ethics, another form of culture, really, but not – not yet? – a movement.«[52]

Nicht zu diesem Kreis gehörend, wurde auch der Ökonom Paul Baran mit seinen Kollegen Paul M. Sweezy und Leo Huberman, den Herausgebern der *Monthly Review*, einer ebenfalls unorthodoxen sozialistischen Zeitschrift, auf anderem Feld zu einem wichtigen Wegweiser der jüngeren Generation, obwohl er – wie C. Wright Mills – bereits Anfang der sechziger Jahre starb. Lewis Coser, ein Bekannter seit Berliner Jugendtagen, meinte, Baran sei zeitlebens wie kein anderer ein intellektueller Außenseiter, ein »Fremder« und suchender »Wanderer« im Sinne Georg Simmels geblieben. 1910 in der Ukraine geboren, war er mit seinen Eltern, die den Menschewisten nahestanden, Anfang der zwanziger Jahre nach Berlin gekommen, wo er sich schon während der Schulzeit in sozialistischen Jugendgruppen engagiert hatte. Nach der Promotion 1932 bei Emil Lederer mit einer Arbeit über die sowjetische Planwirtschaft hatte er als Assistent Friedrich Pollocks am Institut für Sozialforschung gearbeitet, bevor er 1933 zum zweiten Mal flüchten mußte.[53]

Seine empirische Studie *The Political Economy of Growth* von 1957 über die Verelendung der Dritten Welt, mehr noch aber seine nach einem längeren Aufenthalt auf Cuba verfaßten *Reflections on the Cuban Revolution* wurden – jeweils in diverse Sprachen übersetzt und in wiederholten Auflagen – mit ihrer Reformulierung der Marxschen Wirtschaftstheorie und der Ursachenanalyse der ökonomischen Rückständigkeit jener Länder ebenfalls zu Standardwerken der weltweiten Protestbewegung. Sie waren deshalb so bahnbrechend, weil sie sehr früh den Blick auf die Dritte Welt richteten, in der Baran und die anderen Autoren der *Monthly Review* das Erbe des historischen Emanzipationskampfes der inzwischen in das System integrierten Arbeiterbewegungen der Industriemetropolen sahen.

In zahlreichen seiner Schriften wird zugleich die frühere Mitarbeit im Frankfurter Institut erkennbar, denn wie seine ehemaligen Mitstreiter suchte auch Baran seinen marxistischen Theorieansatz mit der Psychoanalyse zu verbinden.[54] Von seinen Kollegen an der Stanford University argwöhnisch beobachtet und ausgegrenzt – er hatte höhere Lehrverpflichtungen als sie bei geringerer Bezahlung – wurde Baran von der Universitätsverwaltung nur akzeptiert, weil er große Studentenzahlen anzusprechen vermochte. Dabei wirkte er nicht nur durch seine ökonomischen Analysen, sondern er vermittelte ihnen auch, wie sie sich als Intellektuelle der von ihnen gesellschaftlich erwarteten Rolle systemstabilisierender akademischer Mandarine entziehen könnten.[55]

V

Unter den universitären Institutionen war die University of California in Berkeley zweifellos die Urzelle und das Zentrum der späteren Studentenbewegung. Die Stadt konnte, in direkter Nachbarschaft zur Industriemetropole Oakland, nicht nur auf eine traditionsreiche Gewerkschaftsgeschichte zurückblicken, die Beatniks hatten in der Bay Area während der fünfziger Jahre auch bereits erste Ansätze einer intellektuellen Gegen-Kultur der Jugend entwickelt. Massive studentische Proteste hatte es dort bereits 1959 gegen die Untersuchungen des ›House Un-American Activities Committee‹ (HUAC) über angeblich kommunistische Einflüsse im Schulsystem Kaliforniens gegeben, aus denen dann das Free Speech Movement gegen die Universitäts-Bürokratie und die Werbekampagnen des Militärs auf dem Campus seit Anfang der sechziger Jahre hervorging, ehe Berkeley, in unmittelbarer Nähe zur Marine-Basis in Oakland, zur Speerspitze der Demonstrationen gegen den Vietnam-Krieg wurde. So wichtig diese Impulse für die Ausbreitung der Protestbewegung wurden, so bedeutungslos blieben die Studenten dort bei deren intellektueller Verarbeitung. Weder gingen aus Berkeley landesweit prominente studentische Führer hervor – eine Ausnahme machte lediglich Jerry Rubin, Führer der Yippies, der Youth International Party, mit seinen komödiantischen Auftritten in Washington und als Bürgermeister-Kandidat in Berkeley -, noch verdichteten sich die dort ebenfalls zuerst praktizierten Teach-ins zu umfassenderen gesellschaftskritischen Analysen. Die frühe politische Mobilisierung der Studenten zog vielmehr eine Unzahl ihrer Altersgenossen an, die in Berkeley vor allem etwas erleben wollten. Aus ihnen sollten sich die Hippies rekrutieren, die die Bay Area weiterhin zum Mittelpunkt alternativer Lebensweisen machten.

Nicht von ungefähr ging von den Studenten in Berkeley der Schlachtruf »Don't trust anybody over thirty« aus, der deutlich machen wollte, daß sie als ›Avantgarde der Tat‹ weniger analysieren, sondern neues Verhalten jenseits der Erwachsenenwelt mit ihrer bigotten Moral erproben wollten. Der Studentenführer Mario Savio sah die Wirklichkeit der sechziger Jahre mit ihren Institutionen, Persönlichkeiten und vor allem ihren Ideen in bruchloser Kontinuität der Welt von 1945. Nicht nur die Napalmbomben auf Vietnam setzten die Bestialität von Auschwitz und Hiroshima fort, für ihn und seine Mitstreiter lag über dem Campus von Berkeley zudem der Schatten des Lawrence Livermore Atomforschungszentrum, in welchem kriegsinduzierte geheime Nuklearforschung mit Regierungsgeldern in einem Ausmaß getrieben wurde wie an keinem anderen Ort der USA. Angesichts dieser unmittelbaren Nähe zur Wirklichkeit des Krieges gehörte die Forderung nach einer »revolution for life« in der modernen Destruktionsgesellschaft zum Kern der Proteste in Berkeley.

Politische Theorien wurden von diesem Milieu als »Gehirnkrankheit« der Erwachsenen abgelehnt. Einerlei, ob Kommunisten, Trotzkisten, unabhängige Sozialisten und »all die anderen einschlägigen Vereine« – von ihnen sei, so Rubin, nicht mehr zu erwarten als der Zwang, fünfmal die Woche an Abendkursen für politische Bildung teilnehmen zu müssen. Daher ist auch nicht erstaunlich, daß einer der studentischen Akteure aus Berkeley 1967 vergeblich einen Band mit Essays der Neuen Linken unter dem beziehungsreichen Titel »Beyond Dissent« geplant hatte, der nicht zustande kam, weil mehr als die Hälfte der vorgesehenen Beiträger ihre Arbeiten nicht ablieferte – woraufhin Irving Howe nicht ohne mokante Provokation eine Sammlung zum Thema »Beyond the New Left« herausbrachte.[56]

Im Unterschied zu seinen früheren Kollegen Adorno und Marcuse konnte der Literatursoziologe Leo Löwenthal aus dem ehemaligen Institut für Sozialforschung, der seit 1958 in Berkeley lehrte, in solchem Klima keine Rolle als intellektueller oder moralischer Stichwortgeber für die Studenten spielen. Löwenthals Beiträge zur kritischen Theorie sollten erst in den siebziger Jahren mit der Wiederauflage seiner älteren Schriften zur Kenntnis genommen werden. Wie darüber hinaus seine Arbeit in den sechziger Jahren von den ehemaligen Freunden beurteilt wurde, mag deren Reaktion auf seine 1964 in Deutschland erschienene Studie *Literatur und Gesellschaft* illustrieren. Adorno hielt das Buch »für das subalternste und niederste Zeug, was jemals von einem Menschen produziert worden ist, der einmal den Anspruch erhob, mit uns irgend etwas gemein zu haben.«[57]

Auf andere Weise allerdings sprach ein Emigrant in Berkeley das Lebensgefühl der Studenten an. In seinen kulturgeschichtlichen Vorlesungen vermochte der Historiker Carl E. Schorske, der auch Berater des Universitäts-Präsidenten Clark Kerr war, am Beispiel der Musik Gustav Mahlers die Endzeitstimmung im Wien des Fin de Siècle so eindringlich darzustellen, daß nicht nur seine Hörer durchaus Parallelen zur eigenen Realität erkannten. Auch eine der Radiostationen in der Bay Area brachte fortan regelmäßig Mahler-Sinfonien, die zu jener Zeit sonst kaum gehört wurden.[58]

Die intellektuellen Anregungen kamen demgegenüber von anderen Universitäten, die wie Berkeley ebenfalls auf ältere progressive Traditionen zurückblicken konnten. Insbesondere galt das für Chicago, Ann Arbor, Madison oder Brandeis, wobei dort nicht zufällig auch ehemalige Emigranten eine profilierte Rolle spielten (über Wisconsin vgl. den Beitrag von Jost Hermand in diesem Band). Die Sprecher der studentischen Neuen Linken Tom Hayden, Todd Gitlin, Alan Haber, Abbie Hoffman, wie Rubin Mitbegründer der Yippies, und andere kamen zumeist aus diesen Zentren. Hier nicht zu thematisieren ist, daß von dem alten Emigranten-Zentrum der New School for Social Research in New York, an der auch zahlreiche der jüngeren ›Radicals‹ lehrten, ebenso die Weichen für die Entwicklung der künstlerischen Avantgarde in den sechziger Jahren mitgestellt worden waren. Dort hatte 1958/59 der Schönberg-Schüler John Cage als Gastprofessor die Kerngruppe der späteren Fluxus-Künstler zu neuen Experimenten angeregt. Wie sehr diese neue Richtung von der politischen Kunst der Weimarer Republik beeinflußt wurde, mag die Tatsache andeuten, daß einer der Teilnehmer, Dick Higgins, in seiner 1964 in New York gegründeten Something Else Press zum ersten Mal seit seinem Erscheinen 1920 den *DADA-Almanach* Richard Huelsenbecks als Reprint herausbrachte, weil er »the most important primary source for the entire movement« der neuen Kunst sei.[59]

Exemplarisch sei hier die Brandeis University in Waltham/Massachusetts vorgestellt. Wie keine andere amerikanische Institution repräsentierte diese nach dem Zweiten Weltkrieg von amerikanischen Juden als Reaktion auf den Holocaust gegründete Universität europäisch-jüdische Kulturtraditionen. Bis in die sechziger Jahre hinein waren die meisten der dort Lehrenden, darunter Herbert Marcuse und Lewis Coser, Emigranten aus Nazi-Deutschland oder in Europa geboren. Die ursprüngliche Idee der Gründer, eine Lehranstalt zur Bewahrung der jüdischen Kultur und Religion aufzubauen, war mit Rücksicht auf die öffentliche Meinung und mögliche antisemitische Tendenzen im nativistischen Klima der McCarthy-Jahre zugunsten eines offenen Curriculums und freien Zugangs für konfessionell nicht gebundene Studenten aufgegeben worden. Anders als die benachbarte Ivy League des konservativen Ostküsten-Establishments vermittelte Brandeis mit seinem europäischen Lehrkörper und seinem politischen Selbstverständnis in der sozialliberalen Tradition des Rooseveltschen New Deal ein Stück progressiver Außenseiter-Kultur. Anstelle der üblichen spezialisierten Ausbildung mit ihren utilitaristischen Absichten und bestimmt von der Detachiertheit der akademischen Lehrer lernten die Studenten dort den Umgang mit abstrakten Denkmodellen und theoretischen Synthesen. Vor allem aber zeigten ihnen die Professoren, wie sie eigene theoriegeleitete politische Standpunkte gewinnen und eingreifendes politisches Engagement lernen konnten.

Dieser ungewöhnliche »hot approach to scholarship« sollte für die Studenten zu Beginn der Protestphase die Wegmarken setzen. Während die Altersgenossen in Berkeley mit ihren Slogans gegen das ›Establishment‹ deutlich machten, daß sie intellektuelle Vorbilder nicht hatten oder nicht haben wollten, wurden die Lehrer in Brandeis zu wichtigen Leitfiguren. Abbie Hoffman etwa berichtete, welchen Einfluß jeder der Professoren mit seiner speziellen Botschaft auf ihn hatte und welches geistige Universum sie ihm zusätzlich erschlossen, als er durch sie die Arbeiten anderer kritischer Denker wie Erich Fromm und namentlich Paul Tillich kennenlernte, von dem er bisher nur als Aktivist der amerikanischen Anti-Atom-Bewegung gehört hatte.[60]

Auch bei anderen Vertretern der Protestbewegung galt Tillich als intellektueller Geheimtip. Seine sozialistisch und existenzphilosophisch begründete Moraltheologie thematisierte das von vielen deutschen Emigranten im geistigen Gepäck mitgebrachte Problem der Entfremdung des Menschen in der modernen Gesellschaft aus einem ganz anderen Blickwinkel. Von ihm lernten sie, wie in einer Welt der abgeleiteten Oberflächenbedürfnisse authentisches Denken und darauf aufbauende Aktionen aus den letzten religiösen Fragen zur Bewahrung der Schöpfung gewonnen werden könne.[61]

Auf dem Höhepunkt der Revolte berichtete ein späterer Mitarbeiter der Zeitschrift *Rolling Stone*, wie er nach 1964 in Brandeis politisiert wurde und welche Wirkung dabei seine Lehrer Marcuse und Coser auf ihn gehabt hatten. Die Ermordung friedlicher Bürgerrechtler während des legendären Martin Luther King-Marsches nach Selma/Alabama sei für ihn und seine Kommilitonen das Schockerlebnis gewesen, das ihnen die Illiberalität der amerikanischen Gesellschaft schlagartig deutlich gemacht habe. Fortan wurde gerade Marcuse zu einem »powerful enunciator of what many were beginning to feel and think.«[62] Fundamentale Bedeutung bekam dabei sein gerade erschienenes Werk *One-Dimensional Man*, das mit seiner Analyse der fortgeschrittenen Industriegesellschaft und der von ihr entwickelten totalitären Manipulationsinstrumente zur Offenbarung für die Studenten wurde, nicht zuletzt deshalb, weil es keine fertigen Antworten oder eindeutigen Prognosen zur Veränderung des Status quo bereit hielt. Die Präzision seiner Gedankenführung öffnete ihnen die Augen für die Mythen der liberalen Ideologie. Darüber hinaus fühlten sie sich emotional mit ihrem Lehrer verbunden, weil er wie sie die Verhältnisse unerträglich fand und genauso ruhelos nach Auswegen suchte: »He was the very antithesis of a demagogue. He was above all a German in the classroom, as he is in his writing. Dry, precise language, ponderous abstractions, and an air of seriousness to everything he did.«

Schließlich beeindruckte die Studenten, daß sich die ehemaligen Deutschen nicht nur in ihrer Lehre und mit ihren Schriften politisch verstanden, sondern auch aktiv in die aktuellen Auseinandersetzungen einmischten. Nach Beginn der Bombardierung Nord-Vietnams im Frühjahr 1965 suchten sie ihre Lehrer für eine öffentliche Protestversammlung zu gewinnen. Die meisten lehnten ab, nur Marcuse, Coser und ein junger Historiker, ebenfalls »German born«, erklärten sich zur Teilnahme bereit, wobei die beiden Älteren – Marcuse stand immerhin an der Grenze zur Emeritierung – den stärksten Eindruck hinterließen. Coser lieferte eine umfassende Analyse des Verfassungs- und Völkerrechtsbruchs der Johnson-Administration und schloß mit den eindringlichen Worten »This war stinks. Let's get out«, während Marcuse nicht allein die Politik der USA für korrupt hielt, sondern ihre ganze Zivilisation, »our society's system of ›democratic unfreedom‹ (...) in its repression of the individual basic human needs.«

Deutlich ist, wie diese Gelehrten das Unbehagen zu artikulieren verstanden, das die Studenten fühlten. In einer Mischung von Verehrung und vage geahnter Wehmut charakterisierte sie jener studentische Bericht als die außerordentlichen Repräsentanten einer anderen Zeit und anderen Kultur, die gleichwohl sensibel für die Probleme der Gegenwart waren. Sie symbolisierten die »vitality of an older tradition, as men unafraid to take a stand and cast their lot with the aspirations of the young.« Wie stark ihr Einfluß von den Jüngeren empfunden wurde, deutet der Schluß dieses Zeugnisses an, der mit dem Weggang Marcuses nach San Diego und Cosers an die State University of New York in Stony Brook Ende 1965 für Brandeis das Ende einer Epoche gekommen sah, bei dem »those who wanted to keep marching were left behind.«

VI

Ende der sechziger Jahre waren die Anstöße der Emigranten und die von ihnen vermittelte Kultur zum integrierten Bestandteil im Denken der Protestgeneration geworden – die Entstehung der Exilforschung als neue Wissenschaftsdisziplin in diesen Jahren sei hier nur am Rande erwähnt. Es gab kaum eine studentische Zeitschrift, die nicht regelmäßig auf jenes kritische Milieu Bezug nahm, wobei insbesondere die Arbeiten Herbert Marcuses und Wilhelm Reichs zu den Dauer-Themen gehörten. Als zufälliges Beispiel sei nur die Zeitschrift *Alternative* genannt, die im Februar 1967 (Nr. 52) ein Heft »Briefe aus dem Exil« herausbrachte, ehe sie kurze Zeit später mit ihren beiden »Benjamin«-Heften (Nr. 56/57 und 59/60), wie man heute weiß, Geschichte machte.

In den USA schien man wiederum einen kleinen Schritt voraus gewesen zu sein. Die sozialwissenschaftlichen Analysen der Emigranten hatten dort zu der Zeit kaum den Neuigkeitswert wie in der Bundesrepublik, dort wurden die Leser der zahllosen, wie Pilze aus dem Boden schießenden Presse der Gegenkultur auch mit dem weiteren Spektrum der sozialkritischen Weimarer Kultur vertraut gemacht; in der Bundesrepublik begann dieser Trend, und dann nur reduziert auf die ›Arbeiterkultur‹, erst Anfang der siebziger Jahre. Der *East Village Other* in New York etwa brachte eine große Hommage an George Grosz, *San Francisco Earthquake* stellte Kurt Schwitters vor, während *All You Can Eat*, das Periodikum einer ›Free Community‹ in New Brunswick/New Jersey, seine Artikel über die soziale Lage der USA mit Bildern von Käthe Kollwitz illustrierte.[63]

Charakteristisch am intellektuellen Aufbruch ist, daß die Protestgeneration trotz aller kreativen Energie ihr neues kritisches Bewußtsein hüben wie drüben mehr rezeptiv als produktiv geschaffen hat. Sie hat keine neuen Themen entdeckt und formuliert, sondern nur die von ihren Leitfiguren übernommenen radikal zugespitzt. Treffend hat Hubert Fichte in seinem Roman *Die Palette* von 1968 über die gleichnamige damalige Hamburger Szene-Kneipe diesen Sachverhalt aus deutscher Sicht benannt: Die »Wörter kommen aus der Emigration zurück.«[64] Nur deren Sprachschatz und die ihm zugrundeliegenden Denkmöglichkeiten erlaubten überhaupt erst das Ansprechen des Verdrängten und die zureichende Analyse dessen, was verändert werden mußte. In der Tat wurden Begriffshülsen der deutschen Emigranten wie ›Emanzipation‹ oder ›Verblendungszusammenhang‹ mit der Trias von Ausbeutung, Entfremdung und Manipulation in den USA oder als Re-Importe in der Bundesrepublik zu Schlüsselkategorien der »68er«. Von ihren zurückgekehrten Mitschöpfern im Frankfurter Institut waren sie, wenn auch nicht aufgegeben, so doch in der ›Eiswüste‹ ihrer philosophischen Abstraktionen des realpolitischen Bezugs beraubt worden.

Dieses Aufspüren des verschütteten Denkens, das nun aus den Exilarchiven wieder ans Licht befördert wurde, und die dabei eröffneten neuen Horizonte führten in der Bundesrepublik zu einem identitätsstiftenden Hochgefühl, in dem sich Traueraffekte mit dem Bedürfnis nach Wiedergutmachung und der Vereinigung mit dem verlorenen »guten Objekt« verbanden.[65] Ähnlich sah es in der amerikanischen Protestbewegung aus. Die wiederkehrenden sprachlichen Bilder, nach denen sich ihre Vertreter als »spiritual orphans« oder als »psychic exiles« im »cultural Siberia« Amerikas sahen, deuten ebenso die starke Anlehnung an jene intellektuellen Mentoren aus der Emigration an wie die optimistische Erwartung »We were still searching for our Weimar.«[66]

Viele der häufig aus dem assimilierten jüdischen Mittelstand stammenden Akteure in den USA entdeckten dabei ihre jüdische Identität, die von ihren Eltern unter dem Druck der melting pot-Konformität aufgegeben worden war. Auf einer der frühen Landeskonferenzen des SDS zählte Todd Gitlin beispielsweise, wer von den Delegierten jüdischer Herkunft war. Für ihn hatte das eine bemerkenswerte Qualität, da sich gezeigt hatte, in welchem Ausmaß die neuen spontanen Bündnisse an den Universitäten von jüdischen Studenten gegründet worden waren.[67]

Dazu gehörte auch der restringierte studentische Jargon, der als kollektiver schöpferischer Akt den Anschluß an das intellektuelle Rotwelsch der vertriebenen und ausgerotteten jüdischen Intelligenz in Europa suchte und die Opposition zum verdrängenden Flachdenken der Nachkriegs-Mentalität zum Ausdruck brachte. Jeder, der verstehen wollte, verstand diesen Code, wenngleich sein Hermetismus andeutet, daß die Akteure mit ihren so vorgetragenen Emanzipationszielen weitere Teile der Gesellschaft nicht gemeint haben konnten.

Vor diesem Hintergrund ist auch die Schärfe der öffentlichen Reaktionen in beiden Ländern auf die Protestbewegung einschließlich der militanten staatlichen Sanktionen zu verstehen. Dahinter stand mehr als die Irritation über den von der jungen Generation aufgekündigten gesellschaftlichen Konsens. Im überschwenglichen Bewußtsein ihrer moralischen Überlegenheit hatten die Akteure die zweifelhaften Werte der Nachkriegsgesellschaften aufgedeckt und damit deren normatives Selbstverständnis radikal infrage gestellt. Vor allem mußte das die nationalsozialistisch belasteten Eliten in der Bundesrepublik treffen. Der berüchtigte Pinscher-Vorwurf des damaligen Kanzlers Ludwig Erhard von 1966 gegen die Intellektuellen, der zuvor durch den Außenminister von Brentano gezogene Vergleich Bert Brechts mit Horst Wessel oder die spätere Behauptung eines CDU-Generalsekretärs, die Protestbewegung habe mehr an Werten zerstört als der Nationalsozialismus, deuten ordnungspolitische Kontinuitäten im neuen bundesdeutschen Konservativismus an, der in jener Aneignung des verschütteten Denkens offenbar eine Wiederbelebung der ein für alle Mal erledigt geglaubten demokratiegeleiteten gesellschaftskritischen Kultur der zwanziger Jahre fürchtete.[68] Die in Deutschland schon immer ausgegrenzte republikanische Linke, die sich jetzt in einer neuen Generation zu Wort meldete, erschien um so bedrohlicher als sie die öffentlichen Tabus und Lebenslügen über die jüngste Vergangenheit zu zerstören drohte. Vergleichbares findet man auch in den USA. Dort suchte die neue radikaldemokratische Kritik der Protestbewegung mit den klassischen Vorstellungen des auf Konsens und Affirmation gegründeten Bürgerbundes aufzuräumen, der seine zivilen Normen mit dem unerklärten Krieg in Vietnam selbst zur Disposition gestellt hatte.

In der kritischen Analyse der industriellen Zivilisation wie auch in der aktuellen Alltagskritik zeigen die sprachlichen Identitäten und politischen Topoi, wie sehr sich die Protestbewegungen diesseits und jenseits des Atlantiks gleichermaßen als bewußte Erben der Weimarer Kultur und des Antifaschismus verstanden. Das bezog sich nicht allein auf den weltweiten »Great Youth Unifier«, den Krieg in Vietnam, der sowohl in der BRD als auch in den USA immer wieder als das »Spanien unserer Generation« angesehen wurde. Der Beat-Lyriker Michael McClure fragte in einem seiner Gedichte für eine ganze Generation »What name for those who accept authority and enter the cockpits [to Vietnam]? No doubt as in the bombing of Guernica!«[69]

Angesichts der staatlichen Reaktionen auf die Protestbewegung einschließlich der Erschießung von Studenten (Berlin 2.6.67; Berkeley 1969; Kent State University/Ohio und Jackson State College/Mississippi 1970) sahen sich viele mit ihren ehedem verfolgten intellektuellen Leitfiguren als Opfer einer fortwirkenden oder neuen faschistischen Bedrohung vereint. Das belegen die demonstrationsbegleitenden »Sieg Heil«- und »USA-SA-SS«-Rufe ebenso wie die symbolische Ohrfeige Beate Klarsfelds für den amtierenden Bundeskanzler und ehemaligen »PG« Kiesinger oder die in den USA kursierende Bezeichnung Präsident Johnsons als »Hitlers uneheliches Kind« und – mit provozierender Anspielung – des FBI-Chefs J. Edgar Hoover als »seine Halbschwester«.[70]

Immer wieder fand dieser Faschismus-Verdacht neue Nahrung, noch war er nicht, wie nach dem Zerfall der Protestbewegung in den siebziger Jahren, zur leeren Hülse des politischen Ressentiments erstarrt. In der Zeit der Großen Koalition unter einem NS-belasteten Bundeskanzler und der von ihr verabschiedeten verfassungseinschränkenden Notstandsgesetze verbarg sich hinter der sprachlichen Aggressivität die reale Furcht vor einer neuen Gleichschaltung. Kaum anders erschien den amerikanischen Studenten der eigene Staat. Das brutale Vorgehen der Polizei gegen die Demonstranten während des Parteitages der Demokraten in Chicago im August 1968 vermittelte vielen Beobachtern erstmalig, wie das Wüten der SA in Deutschland nach 1933 ausgesehen haben müsse. Offizielle Sanktionierung fanden diese Exzesse, als Bürgermeister Daley den Protestierern hinterherrief: »Fuck you, you Jew son of a bitch, you lousy motherfucker go home.«[71]

Während die NS-Chiffren in der Bundesrepublik die Ängste über ein ›Schon wieder‹ oder ›Immer noch‹ zum Ausdruck brachten, fragte man in den USA zu Beginn der staatlichen Gewalt zunächst noch ungläubig »Where is this happening? Is this America?« Nicht nur die durch das Fernsehen in die Wohnzimmer übertragenen Kriegsgreuel in Vietnam gaben der Neuen Linken darauf schnell eine Antwort.[72] Der deutsch-amerikanische Schriftsteller Reinhard Lettau sah nach seiner Ausweisung aus Berlin – weil er an einer Vietnam-Veranstaltung des SDS teilgenommen und dort die versammelten Studenten »gegen die Polizei« aufzuhetzen versucht habe – auch in den USA so viele Indizien für den Faschismus, daß er ihm typisch erscheinende Pressemeldungen zu einer Buch-Collage unter dem Titel *Täglicher Faschismus. Amerikanische Evidenz aus 6 Monaten* montierte.[73] Der Ausweisungsbeschluß vom 22.5.67 war zu einem Zeitpunkt ergangen, als im Sender Freies Berlin gerade eine Fernsehsendung über »Die Vertreibung des Geistes 1933–1945« lief.[74]

VII

Sicher war es für den einen oder anderen Emigranten, wie auch für andere Gelehrte der älteren Generation, schmeichelhaft, als gefragter Sprecher auf den permanent tagenden Teach-ins aufzutreten oder gar, wie etwa Herbert Marcuse, als weltweit angesehener Leitdenker des Protestes zwischen den Kontinenten hin- und herzufliegen. Bedeutsamer aber dürfte gewesen sein, daß die intellektuellen Emigranten in der neuen Generation Sensibilitäten gegenüber politischen Fehlentwicklungen ausmachten, die ihren eigenen skeptischen Beurteilungen entsprachen, und – vielleicht noch wichtiger – jetzt erstmalig ihr lebensgeschichtlich bestimmtes Werk in der Dimension bewußt wahrgenommen und intentional verstanden sahen. Darum sympathisierten viele von ihnen mit der neuen Bewegung, die zugleich die Erinnerungen an das Engagement der eigenen Jugendzeit zurückbrachten.

Von studentischen Teilnehmern wird berichtet, daß etwa Erich Fromm die aufsehenerregende wochenlange Campus-Rebellion an der Columbia University während eines landesweiten Streiks im April 1968 gegen die Militärforschung an den Universitäten, die erstmals auch zu regelverletzenden Institutsbesetzungen führte, als qualitativ neue Form der »revolution of life« inmitten einer »society of zombies« begrüßt hatte. Als einziger sei dieser »große Eierkopf« (»great shrink«) auf den Versammlungen akzeptiert worden, während die Studenten sonst von ihren Lehrern nur »a lot of bourgeois-revisionist drivel« zu hören bekommen hätten.[75] Auch Hannah Arendt sympathisierte mit dieser Revolte, obwohl sie zur Neuen Linken bestenfalls ein skeptisches Verhältnis hatte und von dieser wegen ihres lediglich phänomenologischen Verständnisses von Politik ebensowenig geschätzt wurde; ihr 1968 gerade in neuer Auflage erschienenes *Totalitarismus*-Buch galt mit seiner Gleichsetzung von Faschismus und Bolschewismus, und weil es die Perversionen des Marxismus in der asiatischen Tradition des Stalinismus nicht erkannte, lediglich als Kampfschrift des Kalten Krieges. Wenig später schrieb sie Daniel Cohn-Bendit, mit dessen Eltern sie im französischen Exil befreundet gewesen war, anläßlich seiner Ausweisung aus Frankreich nach dem Pariser Mai 1968: »Ich möchte Dir nur zwei Dinge sagen: Erstens, daß ich ganz sicher bin, daß Deine Eltern, und vor allen Dingen Dein Vater, sehr zufrieden mit Dir sein würden, wenn sie noch lebten. Und zweitens, daß, falls Du in Ungelegenheiten gerätst (...), wir immer bereit sein werden, nach Möglichkeit zu helfen.«[76]

Von seinem Londoner Wohnort reiste Erich Fried regelmäßig – ebenso wie manchmal auch Peter Weiss aus Stockholm – nach Deutschland, um in seiner auf den Demonstrationen der Außerparlamentarischen Opposition vorgetragenen politischen Gedankenlyrik nicht allein zu fragen »Wie weit es von Guernica nach Man Quang (ist)«, sondern gleichfalls die antiautoritäre

Opposition der Studenten zu bestärken. Dabei klingen durchaus kritische Töne an, so etwa in seinem Gedicht »Befreiung von den großen Vorbildern«, welches doppeldeutig auch deren allzu rezeptive intellektuelle Fixierungen kenntlich macht:

> Kein Geringerer
> als Leonardo da Vinci
> lehrt uns
> »Wer immer nur Autoritäten zitiert
> macht zwar von seinem Gedächtnis Gebrauch
> doch nicht
> von seinem Verstand«
> Prägt euch das endlich ein:
> Mit Leonardo
> los von den Autoritäten![77]

Einige der früheren Emigranten mischten sich sogar noch im hohen Alter jenseits des engeren akademischen Milieus noch einmal aktiv in die politischen Auseinandersetzungen ein. Der ehemalige Oberregierungsrat im Berliner Reichswirtschaftsministerium und spätere Ökonomieprofessor in der amerikanischen Emigration Otto Nathan, der mit seinem Freund Albert Einstein schon während der McCarthy-Ära zu den Aktivisten der Friedens- und Bürgerrechtsbewegung gehört hatte, arbeitete nun mit seinen mehr als achtzig Jahren – neben dem Schicksalsgenossen Robert Jungk – in der internationalen Jury des sogenannten Dritten Internationalen Russell-Tribunals »Zur Situation der Menschenrechte in der Bundesrepublik Deutschland« mit.[78] Selbst aus dem politisch zurückhaltenderen Milieu um die deutsch-jüdische Emigranten-Zeitschrift *Aufbau* in New York kamen sympathisierende Stimmen zur neuen politischen Gegen-Kultur. In seinem Beitrag über »Joan Baez – die sanfte Rebellin« teilte Will Schaber sein Unverständnis über ihre Verhaftung mit, nur weil sie wenige Tage vor Weihnachten 1967 mit einer Protestgruppe vor dem Armee-Einberufungs-zentrum in Oakland das Lied »Stille Nacht« gesungen hatte.[79] Kurt R. Grossmann, vor 1933 Generalsekretär der Deutschen Liga für Menschenrechte und in den sechziger Jahren in New York Wiedergutmachungsexperte der Jewish Agency for Israel, organisierte als Beiratsmitglied der Internationalen Liga für Menschenrechte 1967 in Berlin zusammen mit der Humanistischen Union ein öffentliches Forum über »Ziele und Methoden der außerparlamentarischen Opposition in Deutschland und in den USA«. Dort wurde nicht allein über die politischen und moralischen Hintergründe von deren Engagement gegen den Vietnam-Krieg sowie über die von den deutschen Studenten durchgeführten Aktionen gegen den Militär-Putsch in Griechenland Anfang des Jahres diskutiert. Absicht der

Veranstaltung war es auch, die Bewegung in der Berliner Pogrom-Atmosphäre durch internationale Aufwertung nachdrücklich zu unterstützen.[80]

Welche Gräben inzwischen die in den USA gebliebenen intellektuellen Wegbereiter des Aufbruchs aus der Kerngruppe der kritischen Theorie von den in die Bundesrepublik zurückgekehrten in der Anteilnahme für die Protestbewegung trennen konnten, zeigten die Auftritte Adornos und Marcuses in Berlin im Juli 1967. Während dieser Wochen nach der Erschießung des Studenten Ohnesorg, in denen die Verfolgung, das Exil und die Revolte verschmolzen zu sein schienen, kam Adorno nach Berlin, um einen schon länger verabredeten Vortrag über den »Klassizismus von Goethes Iphigenie« an der Freien Universität zu halten. Diese Distanz zu den aktuellen Ereignissen ohne Gespür für die Bedürfnisse der schockierten Studenten konnte nur als Provokation wirken. Und das um so mehr, als bekannt geworden war, daß Adorno kurz vorher abgelehnt hatte, einige Flugblätter der Kommune I als »satirischen Ausdruck der Verzweiflung« für einen Prozeß wegen Aufforderung zur Brandstiftung zu begutachten. Anläßlich eines Brüsseler Kaufhausbrandes mit mehreren Hundert Toten hatten diese Flugblätter gefragt, wann auch in Berlin die Kaufhäuser brennen würden, um hierzulande jenes »knisternde Vietnamgefühl« erleben zu können und die Bevölkerung endlich »am lustigen Treiben in Vietnam wirklich zu beteiligen.«

Prompt machte der SDS gegen diesen »großen Zampano der deutschen Wissenschaft« mit seinem »Gestus erstarrter Nachdenklichkeit« mobil: »Adorno ist jederzeit bereit, der Gesellschaft der Bundesrepublik einen latenten Hang zur Unmenschlichkeit zu bezeugen. Konfrontiert mit der Unmenschlichkeit (...) lehnt er es ab sich zu äußern. Er leidet lieber still an den Widersprüchen, die er zuvor konstruiert hat.«[81] Erst nach längerem Handgemenge und dem Auszug der Protestierer konnte Adorno sichtlich verunsichert seinen Vortrag halten.

Unauffällig reiste er aus Berlin ab, als sein früherer Mitstreiter Marcuse dort landete, ohne daß sich die beiden begegneten. Begleitet von seinem gerade im *Kursbuch* erschienenen Interview über die Rebellion der amerikanischen Jugend, deren Qualität er nicht nur in der Opposition gegen »das System als Ganzes«, sondern auch im »Mißtrauen gegenüber aller Ideologie« ausmachte, stellte sich Marcuse mehrtägig der studentischen Diskussion. Sensibel traf er die Stimmung in der aufgeheizten Atmosphäre, als er von den neuen Tendenzen sprach, die unorganisiert und spontan »den totalen Bruch mit den in der repressiven Gesellschaft herrschenden Bedürfnissen anmelden« würden und die eine Opposition erforderten, welche »im Bündnis mit dem System« immer weniger vorstellbar sei. Gleichwohl hielt er nicht mit seiner Skepsis zurück. Die in *Der Eindimensionale Mensch* skizzierte »Möglichkeit einer wesentlich neuen menschlichen Wirklichkeit« sah er durch die Protestbewegung noch keinen Schritt näher gekommen. Der

von ihr eingeleitete Desintegrationsprozeß hatte für ihn noch »keine umwälzende Kraft« gewonnen. Vielmehr könne die neue Opposition nur »im
Zusammenhang mit weit stärkeren objektiven Kräften eine Rolle spielen.«
Wo die zu finden seien, konnte er allerdings nicht sagen. Sein Plädoyer für
die »Befreiung des Bewußtseins« und seine hilflose Empfehlung an die junge Intelligenz, die auch dann, wenn man nicht sehe, wie das helfe, weitermachen müsse, »wenn wir noch als Menschen arbeiten und glücklich sein
wollen«, trafen jedoch kaum die Erwartungen seiner Zuhörer.[82]

Obwohl in den Diskussionsprotokollen der Respekt vor Marcuse erkennbar wird, ist die Enttäuschung über die fehlende Konkretion einer handlungspraktischen politischen Perspektive unübersehbar. Bereits in diesen
Wochen nach dem 2. Juni 1967 wird die stark rezeptiv orientierte Haltung
der Protestbewegung deutlich, die damit bereits den Keim des Zerfalls in
sich trug, auch wenn das im Pathos der Selbstüberschätzung noch nicht erkannt wurde. In einem Punkt allerdings sollte die bisherige Debatte produktiv umgesetzt werden: Rudi Dutschkes Slogan vom »Langen Marsch
durch die Institutionen« gab einer künftigen Emanzipationsstrategie erste
Konturen, er zeigte gegenüber der verbreiteten Ungeduld den nötigen Realismus und blieb offen für neue Problemhorizonte. Nachhaltig konnte er sogar Marcuse beeindrucken, der dieses Stichwort augenscheinlich dankbar
übernahm und damit seine eigene Ratlosigkeit auf einen optimistischeren
Begriff brachte.[83]

Für Marcuse war die Berliner Diskussion »eine Art Versöhnung mit
Deutschland« geworden. Aber auch Adorno stellte sich bei allem gegenseitigen Unverständnis im eskalierenden Konflikt mit der Protestbewegung
nach außen immer wieder vor die Studenten, weil sie trotz aller scheinrevolutionären Unwirklichkeit ihres Treibens »auf der Plattform der deutschen
Reaktion die Rolle der Juden übernommen haben.« In den internen Auseinandersetzungen mit Marcuse freilich wurden seine Ängste vor der »Gefahr
des Umschlags der Studentenbewegung in Faschismus« nach 1967 mehr
und mehr zur Obsession. Tragisch muten Adornos Berichte über die
»Greuel« der studentischen Institutsbesetzungen und polizeilichen Räumungen in Frankfurt kurz vor seinem Tode an, obgleich ihm klar war, daß
die Bewegung zu dieser Zeit bereits zusammengebrochen war und sie nur
deshalb »unter dem Zwang ihrer eigenen Publizität« auf extreme Manifestationen drängte.

Der Freund hingegen riet zu mehr Gelassenheit. Auch er lehnte den studentischen Wahn der Umsetzung von Theorie in Praxis und jede Form des
gewalttätigen Aktionismus ab, dennoch hielt er dafür, »daß unsere Sache
(die ja nicht nur unsere ist), eher bei den rebellierenden Studenten aufgehoben ist als bei der Polizei.« Die Studenten in den USA wie der Bundesrepublik wüßten selbst, daß die Situation nicht revolutionär, ja nicht einmal vor-

revolutionär sei. Aber sie sei so elend, so erstickend, daß die Rebellion gegen sie zum moralischen Zwang werde. Marcuse wollte an sich und seinen Mitstreitern aus dem Institut verzweifeln, wenn er oder sie »auf der Seite einer Welt erscheinen würden, die den Massenmord in Vietnam unterstützt oder zu ihm schweigt.« Die Tatsache sei nicht aus der Welt zu schaffen, so schloß er einen seiner letzten Briefe an Adorno, »daß diese Studenten von uns (und sicher nicht am wenigsten von Dir) beeinflußt sind – ich bin darüber sehr froh und bin gewillt, mich mit dem Vatermord abzufinden, obwohl es manchmal weh tut.«[84]

1 *Pläne: eine junge Zeitschrift für kulturelle und politische Fragen* (3. Jg.) 1959, H. 2, S. 12 f. — 2 Zentralrat der sozialistischen Kinderläden West-Berlin (Hg.): *Walter Benjamin, Eine kommunistische Paedagogik u.a.* Berlin (1969), S. 5. — 3 Vgl. u.a. Klaus Garber: *Rezeption und Rettung. Drei Studien zu Walter Benjamin.* Tübingen 1987, bes. S. 152 ff. — 4 *Studies on the Left. A Journal of Research, Social Theory, and Review,* Vol. 1, No. 2, Winter 1959/60, S. 28 ff. — 5 C. Wright Mills: »Letter to the New Left«, ebd., Vol. 2, No. 1, 1961; dt. in: *Konkret,* Nr. 23/24, 1961, S. 17. — 6 James Miller: »*Democracy is in the Streets«. From Port Huron to the Siege of Chicago.* New York 1987, S. 80, 90. Edward E. Ericson: *Radicals in the University.* Stanford 1975, S. 87. — 7 Ebd., S. 26; vgl. a. Alan M. Wald: *The New York Intellectuals. The Rise and Decline of the Anti-Stalinist Left from the 1930s to the 1980s.* Chapel Hill - London 1987, bes. S. 267 ff. — 8 Morris Dickstein: *Gates of Eden. American Culture in the Sixties.* New York 1977, S. 70. — 9 Ebd., S. 62. — 10 Allan Bloom: *The Closing of the American Mind. How Higher Education has failed Democracy and Impoverished the Souls of today's Students.* New York 1987. Vgl. dazu meine Kritik C.-D. Krohn: »Zerstörten deutsche Emigranten die Kultur der Vereinigten Staaten?« In: *1999. Zeitschrift für Sozialgeschichte des 20. und 21. Jahrhunderts* 4 (1989), H. 1, S. 106 ff. — 11 Zur Politisierung der bündischen Jugend vgl. den eindrucksvollen autobiographischen Beitrag von Lothar Baier: »Bildung im Wildwuchs. Gymnasialerziehung und jugendbewegtes Gruppenmilieu«. In: *Schock und Schöpfung. Jugendästhetik im 20. Jahrhundert.* Hg. Deutscher Werkbund und Württembergischer Kulturverein. Darmstadt - Neuwied 1986, S. 259 ff. — 12 Ernst Grünfeld: *Die Peripheren. Ein Kapitel Soziologie.* Amsterdam 1939, S. 19 passim. — 13 *Diskus. Frankfurter Studentenzeitung,* Jan. 1962, S. 8. — 14 Ebd., Jan. 1961, S. 8. — 15 Ebd., Dez. 1960, S. 6. — 16 Ebd., Febr. 1960, S. 13. — 17 Ebd., April 1961, S. 3. — 18 Ebd., April/Mai 1967, S. 3; Juni 1967, S. 3 f.; Sept./Okt. 1967, S. 9. — 19 Ebd., Juli 1967, S. 1 und Nov./Dez. 1967, S. 4. — 20 Erich Gerlach: »Karl Korsch und der Marxismus«. In: *Neue Kritik,* Nr. 18/Nov. 1963, S. 16 ff.; die Zeitschrift *Alternative* widmete dann im April 1965 Korsch ein ganzes Heft (Nr. 41). — 21 Herbert Marcuse: »Industrialisierung und Kapitalismus im Werk Max Webers«. In: Ders.: *Kultur und Gesellschaft II.* Frankfurt/M. 1965, S. 107 ff.; zur Rezeption Marcuses im SDS vgl. Karl Markus Michel: »Narrenfreiheit in der Zwangsjacke? Aufgaben und Grenzen kritischen Denkens in der Bundesrepublik«. In: *Neue Kritik,* Nr. 25/26/Okt. 1964, S. 23 ff.; Herbert Marcuse: »Perspektiven des Sozialismus in der industriell entwickelten Gesellschaft«, ebd., Nr. 31/Aug. 1965, S. 11 ff. — 22 Rudi Dutschke: *Zur Literatur des revolutionären Sozialismus von K. Marx bis in die Gegenwart.* SDS-Korrespondenz, Sdr.Nr. 1966, Neuaufl. Heidelberg u.a. 1969, S. 11. — 23 Dutschke-Referat auf der SDS-Delegiertenkonferenz von 1967; dazu Tilman Fichter/Siegward Lönnendonker: *Kleine Geschichte des SDS. Der Sozialistische Deutsche Studentenbund von 1946 bis zur Selbstauflösung.* Berlin 1977, S. 116 f. — 24 Hans-Jürgen Krahl: *Konstitution und Klassenkampf. Zur historischen Dialektik von bürgerlicher Emanzipation und proletarischer Revolution. Schriften, Reden und Entwürfe aus den Jahren 1966–1970.* Frankfurt/M. 1971, S. 204 ff. — 25 Max Horkheimer: *Auto-*

ritärer Staat. Aufsätze 1939–1941. Amsterdam 1967, S. 41 ff. — **26** *Subversive Aktion. Der Sinn der Organisation ist ihr Scheitern.* Hg. u. kommentiert von Frank Böckelmann und Herbert Nagel. Frankfurt/M. 1976, S. 24 ff. — **27** Greil Marcus: *Lipstick Traces. Von Dada bis Punk - kulturelle Avantgarden und ihre Wege aus dem 20. Jahrhundert.* Aus d. Amerikan. Hamburg 1992, S. 368 ff. — **28** Vgl. dazu die Flugblätter der Gruppe Spur und der Subversiven Aktion abgedr. in: Albrecht Goeschel (Hg.): *Richtlinien und Anschläge. Materialien zur Kritik der repressiven Gesellschaft.* München 1968. — **29** Frank Böckelmann an Steffen Schulze, 17.8.1964, in: *Subversive Aktion* (wie Anm. 26), S. 160 ff. — **30** *Unverbindliche Richtlinien* Nr. 2/1963, S. 5 u. 27. — **31** *Subversive Aktion* (wie Anm. 26), S. 122 passim. — **32** Ebd., S. 145 ff. — **33** Herbert Marcuse: *Triebstruktur und Gesellschaft. Ein philosophischer Beitrag zu Sigmund Freud* (1957). Frankfurt/M. 1970, S. 157 ff., bes. 168. — **34** Klaus Rainer Röhl: *Fünf Finger sind keine Faust.* Köln 1974, S. 45. — **35** Kurt Hiller: *Ein Leben in Hamburg nach Jahren des Exils.* Hg. von Rolf von Bockel. Hamburg 1990, S. 24. — **36** Peter Rühmkorf: *Werner Riegel: »... beladen mit Sendung, Dichter und armes Schwein«.* Zürich 1988, S. 11. — **37** Grosz-Memoiren, in: SK 3 (1957), Nr. 1, S. 9. — **38** Vgl. etwa Werner Riegel: »Zum Gedächtnis Carl Einsteins«. In: SK 3 (1957), Nr. 2, S. 6. — **39** SK 2 (1956), Nr. 8, S. 6. — **40** SK 1 (1955), Nr. 3/4, S. 3; ebd. Nr. 1, S. 12. — **41** SK 1 (1955), Nr. 1/2, S. 4, Nr. 6, S. 4; 3 (1957), Nr. 4, S. 9, Nr. 6, S. 6. — **42** *Konkret* 17(5.9.61), S. 12. — **43** Zit. n. Jürgen Briem: *Der SDS. Die Geschichte des bedeutendsten Studentenverbandes der BRD seit 1945.* Frankfurt/M. 1976, S. 321 ff. — **44** Richard H. Pells: *The Liberal Mind in a Conservative Age. American Intellectuals in the 1940s and 1950s.* Middletown, Ct. 1989, S. 380 ff. Zu Cosers Biographie Walter W. Powell and Richard Robbins (Eds.): *Conflict and Consensus. A Festschrift in Honor of Lewis A. Coser.* New York - London 1984, S. 27 ff., bes. 42 ff. — **45** Vgl. »A Word to Our Readers«. In: *Dissent,* Vol. 1 (1954), S. 3 f.; Lewis A. Coser, »What Shall We Do?«, ebd., Vol. 3 (1956), S. 156 ff.; Maurice Isserman: *If I had a Hammer. The Death of the Old Left and the Birth of the New Left.* New York 1987, S. 77 ff. — **46** Der amerikanische SDS war – die Parallelen zu dem deutschen Verband sind unübersehbar – aus der 1930 entstandenen studentischen Nachwuchsorganisation der sozialistischen League for Industrial Democracy hervorgegangen, die vor dem Ersten Weltkrieg von Jack London und Upton Sinclair gegründet worden war. — **47** »The Port Huron Statement«. In: Paul Jacobs and Saul Landau: *The New Radicals. A Report with Documents.* New York 1966, S. 149 ff., bes. 155., dazu vergleichend Coser, »What Shall We Do?« (wie Anm. 45). — **48** Irving Howe: »The Agony of the Campus«. In: *Dissent,* Vol. 16, No. 5 (Sept.-Oct. 1969), S. 387 ff.; Wald: *The New York Intellectuals* (wie Anm. 7), S. 326 ff. — **49** *Dissent,* Vol. 4, No. 3 (Summer 1957), wiederabgedr. in Judith Clavir Albert and Stewart Albert (Eds.): *The Sixties Papers. Documents of a Rebellious Decade.* New York u.a. 1984, S. 93 ff. — **50** Zit. n. Rolf-Ulrich Kaiser: *Underground? Pop? Nein! Gegenkultur!* Mainz o.J., S. 53. — **51** Albert: *Sixties Papers* (wie Anm. 49), S. 68, 106, 281. — **52** Todd Gitlin: *The Sixties. Years of Hope, Days of Rage.* New York u.a. 1989, S. 77. — **53** Zur Biographie Barans vgl. die Sonderausgabe der *Monthly Review,* Vol. 16, No. 11 (March 1965): *To the Memory of Paul Alexander Baran (1910–1964).* — **54** Paul A. Baran: *The Political Economy of Growth.* New York 1957; dt.: *Politische Ökonomie des wirtschaftlichen Wachstums.* Neuwied - Berlin 1966; Ders.: »Reflections on the Cuban Revolution«. In: *Monthly Review,* Vol. 12, No. 9 (Jan. 1961), S. 459–470, No. 10 (Febr. 1961), S. 518–529; dt. in Ders.: *Unterdrückung und Fortschritt. Essays.* Frankfurt/M. 1966, S. 7 ff.; Ders.: *Marxism and Psychoanalysis.* Monthly Review Pamphlet Series No. 14, New York 1960. — **55** Paul A. Baran: »The Commitment of the Intellectual«. In: *Monthly Review,* Vol. 13 (May 1961), S. 8 ff.; dt. in Paul A. Baran/Erich Fried/Gaston Salvatore: *Intellektuelle und Sozialismus.* Berlin 1968, S. 7 ff. — **56** Irving Howe (Ed.): *Beyond the New Left. A Confrontation and Critique.* New York 1970; Jerry Rubin: *Do it! Scenarios of the Revolution.* New York 1970, S. 113 ff.; Gitlin: *The Sixties* (wie Anm. 52), S. 173; Irwin Unger: *The Movement. A History of the American New Left 1959–1972.* New York 1974, S. 42 ff. — **57** T. W. Adorno an H. Marcuse, 29.4.1964, Nl. Marcuse 1004.1–68, Stadt- und Universitätsbibliothek Frankfurt/M. — **58** W. J. Rorabaugh: *Berkeley at War. The 1960s.* New York - Oxford 1989, S. 142. — **59** *DADA-Almanach. Im Auf-*

trag des Zentralamts der Deutschen DADA-Bewegung hg. von Richard Huelsenbeck (1920). New York 1966; dazu *Something Else Newsletter*, Vol. 1, No. 4/Aug. 1966. — **60** Marty Jezer: *Abbie Hoffman. American Rebel.* New Brunswick, N.J. 1993, S. 25. — **61** Ericson: *Radicals* (wie Anm. 6), S. 198. — **62** Für dies und das folgende Jon Landau: »The Baptism of Brandeis«. In: *US. A Paperback Magazine*, Nr.1/1969, S. 69 ff. — **63** *East Village Other*, No. 40/3.9.69, S. 13; *San Francisco Earthquake*, Vol. 1, No. 2/1968, S. 45; *All You Can Eat*, Vol. 1, No. 11/May 1971, S. 4. — **64** Hubert Fichte: *Die Palette.* Reinbek 1968, S. 51. — **65** So der Psychoanalytiker und ehemalige Frankfurter SDS-Aktivist Reimut Reiche in Lothar Baier u.a.: *Die Früchte der Revolte. Über die Veränderung der politischen Kultur durch die Studentenbewegung.* Berlin 1988, S. 46. — **66** Eleanor Hakim: »The Tragedy of Hans Gerth«. In: Paul Buhle (Ed.): *History and the New Left. Madison, Wisconsin, 1950–1970.* Philadelphia 1990, S. 252 ff.; vgl. u.a. Dickstein: *Gates of Eden* (wie Anm. 8), 154 f. — **67** Isserman: *If I had a Hammer* (wie Anm. 45), S. 207. — **68** Otto Wilfert (Hg.): *Lästige Linke. Ein Überblick über die Ausserparlamentarische Opposition der Intellektuellen, Studenten und Gewerkschaften.* Mainz 1968, S. 123 ff. — **69** Die Zitate aus Richard Neville: *Play Power. Exploring the International Underground.* New York 1970, S. 19; Jürgen Miermeister und Jochen Staadt (Hg.): *Provokationen. Die Studenten- und Jugendrevolte in ihren Flugblättern 1965–1971.* Neuwied 1980, S. 69 ff.; Michael McClure: »Poisoned Wheat« (1967), wiederabgedr. in Jesse Kornbluth (Ed.): *Notes from the Underground. An Anthology.* New York 1968, S. 16 ff. — **70** Beate Klarsfeld: *Die Geschichte des PG 2 633 930 Kiesinger. Dokumentation mit einem Vorwort von Heinrich Böll.* Darmstadt 1969, bes. S. 75 f; die Zitate aus den USA nach *Der Spiegel*, Nr. 46/8.11.1971. — **71** Mark Lane: *Chicago Eyewitness.* New York 1968, S. 28 f. Zit. nach Miller: »*Democracy is in the Streets*« (wie Anm. 6), S. 21. — **72** Kornbluth: *Notes* (wie Anm. 69), S. XI; Dave Dellinger: »Unmasking Genocide«. In: *Liberation*, Dec. 1967/Jan. 1968, S. 3 ff., wiederabgedr. in Albert: *Sixties Papers* (wie Anm. 49), S. 335 ff. — **73** München 1971. — **74** Vgl. die Protokolle in: Sender Freies Berlin (Hg.): *Um uns die Fremde. Die Vertreibung des Geistes 1933–1945.* Berlin 1968; Faksimile des Ausweisungsbeschlusses in Klaus Briegleb: *1968. Literatur in der antiautoritären Bewegung.* Frankfurt/M. 1993, S. 74. — **75** Tom Hayden: *Reunion. A Memoir.* New York 1988, S. 282; James Simon Kunen: *The Strawberry Statement. Notes of a College Revolutionary.* New York 1969, S. 55. — **76** Elisabeth Young-Bruehl: *Hannah Arendt. For Love of the World.* New Haven - London 1982, S. 415 ff.; der Brief an Cohn-Bendit im Nachlaß H. Arendt, Box 8, Library of Congress. — **77** Erich Fried: *und VIETNAM und. Einundvierzig Gedichte.* Berlin 1968, S. 16; Ders.: *Die Freiheit den Mund aufzumachen. Achtundvierzig Gedichte.* Berlin 1972, S. 59. — **78** *Drittes Internationales Russell Tribunal. Berichte 2.* Berlin 1978, S. 12 f. — **79** *Aufbau*, 19.12.1967, wiederabgedr. in Will Schaber: *Profile der Zeit. Begegnungen in sechs Jahrzehnten.* Eggingen 1992, S. 255 ff. — **80** Vgl. dazu das Flugblatt zur Einladung für das öffentliche Forum in der Technischen Universität Berlin am 28.11.1967. — **81** Flugblätter der Kommune I (Nr. 6–8) in Kommune I (Hg.): *Quellen zur Kommune-Forschung.* Berlin 1968; die Flugblätter zu Adornos Vortrag in: *Log. Dokumentation Berliner Flugblätter II.* Berlin 1967. Dazu auch Briegleb: *1968* (wie Anm. 74), S. 103 ff. — **82** Herbert Marcuse: *Das Ende der Utopie. Mit Diskussionsbeiträgen von Rudi Dutschke, Wolfgang Lefèvre u.a.* Berlin 1967, bes. S. 21 u. 54; Ders.: *Der Eindimensionale Mensch. Studien zur Ideologie der fortgeschrittenen Industriegesellschaft.* Neuwied 1967, S. 242; »Ist die Revolution eine Mystifikation? Herbert Marcuse antwortet auf vier Fragen«. In: *Kursbuch* 9/Juni 1967, S. 1 ff. — **83** Dazu unter ausdrücklicher Berufung auf Dutschke: Herbert Marcuse: *Counter-Revolution and Revolt.* Boston 1972, S. 55. — **84** Schriftwechsel Adorno und Marcuse 14.2.1969 ff., bes. Marcuse an Adorno, 5.4.1969, Herbert Marcuse-Archiv, Stadt- und Universitätsbibliothek Frankfurt/M., 1004.62 ff.; Brief Adornos an Günter Grass, 4.11.1968, zit. n. Wolfgang Kraushaar: »Die Wiederkehr der Traumata im Versuch sie zu bearbeiten. Die Remigration von Horkheimer und Adorno und ihr Verhältnis zur Studentenbewegung«. In: *Exilforschung. Ein internationales Jahrbuch* 9 (1991), S. 46 ff., bes. 60 ff. – Zur intellektuellen Vater-Rolle Marcuses bei den Studenten vgl. die zahlreichen Korrespondenzen seit 1965 mit dem deutschen und dem amerikanischen SDS sowie Einzelpersonen wie Rudi Dutschke in seinem Nachlaß.

Jost Hermand

Madison, Wisconsin 1959–1973

Der Einfluß der deutschen Exilanten auf die Entstehung der Neuen Linken

Zu Beginn der fünfziger Jahre, auf dem Höhepunkt des Kalten Krieges, herrschte auch in Wisconsin, einem Staat mit vielfältigen linken Traditionen, ein ausgesprochen anti-liberaler Geist. Schließlich hatte die Mehrheit der Bevölkerung jenen Joseph (»Joe«) McCarthy als ihren Senator nach Washington geschickt, dessen Name schnell zu einem Synonym für militanten Chauvinismus, unbarmherzige Kommunistenverfolgung und damit Unterdrückung aller ›unamerikanischen‹, kurz: nicht-reaktionären Gesinnungen wurde. In diesem Zeitraum, der sogenannten McCarthy-Ära, trat daher der Einfluß jener älteren Gruppen und Ideen, die sich seit der Gründung dieses Staates im Jahr 1848 für einen progressiven Geist eingesetzt hatten, weitgehend zurück. Vor allem von den deutschen Achtundvierzigern unter Carl Schurz, dem Wirken Mathilde Annekes innerhalb der amerikanischen Frauenbewegung, den deutschen Sozialdemokraten in Milwaukee mit ihrem Freidenker-Verlag, der Progressive Party unter Robert (»Fighting«) Lafollette, der ›Wisconsin Idea‹ einer allgemeinen Bildung sowie den gewerkschaftlichen Aktivitäten der dreißiger Jahre, die weithin als die ›red decade‹ gebrandmarkt wurden, war zu diesem Zeitpunkt kaum noch die Rede. Und auch vom deutschen Faschismus und den durch ihn vertriebenen Intellektuellen, von denen eine Reihe nach Wisconsin gekommen war, hörte man fast nichts. Was man dagegen hörte, waren immer und immer wieder die gleichen antikommunistischen Parolen, mit denen sich die Konservativen in ihren politischen und ökonomischen Überlegenheitsgefühlen bestärken wollten.

Erst als McCarthy mit seinen Hetzparolen den Bogen überspannte und sogar hohe amerikanische Politiker und berühmte Künstler der Sympathie mit dem Kommunismus beschuldigte, was schließlich zu seinem Sturz führte, wurde das politische und geistige Klima in Gesamtamerika wieder toleranter. In Wisconsin führte das zu einem merklichen Sympathiegewinn für die Demokratische Partei. Ja, zwei ihrer liberalsten Vertreter, nämlich William Proxmire und später Gaylord Nelson, setzten sich ohne allzu große Schwierigkeiten bei den Wahlen als Senatoren durch. Und auch im Jahr 1960, als sich nach acht Jahren Eisenhower erstmals Richard Nixon um den Präsidentschaftsposten bewarb, entschied sich Wisconsin in den Novemberwahlen nicht für ihn, sondern für seinen als ›liberal‹ geltenden Gegenkandi-daten John F. Kennedy.

Ein ähnlicher Wandel vollzog sich in der zweiten Hälfte der fünfziger Jah-re auf dem Haupt-Campus der University of Wisconsin in Madison. Selbst-verständlich gab es hier in vielen Fächern weiterhin Professoren und Pro-fessorinnen, die sich zwar von McCarthy distanzierten, aber aus ihren konservativen Anschauungen keinen Hehl machten. Aber daneben melde-ten sich in steigendem Maße, vor allem in Fächern wie Soziologie, Ge-schichte, Politologie, Wirtschaftswissenschaft, Anglistik und Amerikanistik, die besonders eng mit dem Zeitgeschehen verbunden waren, auch Stimmen zu Wort, die sich wieder auf die alten progressiven Traditionen beriefen und dabei gern auf jene Bronzeplakette hinwiesen, die im Jahr 1895 am Zentral-gebäude der Universität angebracht worden war und auf der es sinngemäß hieß: »An dieser Universität soll es keine Zensur geben, sondern jeder Pro-fessor ermutigt werden, sich bei seinen Forschungen ohne jede Furcht um die reine Wahrheit zu bemühen.«[1]

Im Rahmen der Soziologie-Abteilung war es vor allem Hans H. Gerth, der sich zu diesem Zeitpunkt immer offener zu dem neuen Geist eines kriti-schen Liberalismus bekannte.[2] Gerth hatte von 1927 bis 1929 an der Uni-versität Heidelberg bei Karl Jaspers und Alfred Weber Philosophie und So-ziologie studiert und nach einem Studienaufenthalt an der Londoner School of Economics zwischen 1930 und 1933 seine Studien in Frankfurt bei Paul Tillich, Ludwig Bergsträsser, Theodor Wiesengrund und Karl Mannheim fortgesetzt. Besonders eindrucksvoll fand er ein Seminar Mann-heims zum »Frühliberalismus in Deutschland«, an dem neben ihm auch Hannah Arendt, Norbert Elias und Günther Anders teilnahmen und aus dem dann seine Dissertation erwuchs.[3] Da nach dem 30. Januar 1933 fast alle seine Lehrer aus ihren Ämtern entfernt wurden, konnte er zwar noch seine Dissertation abschließen, erhielt jedoch als Mannheim-Schüler und früheres Mitglied der Roten Studentengruppe keine Chance, eine akademi-sche Karriere einzuschlagen. Nachdem er für eine Weile beim arisierten *Ber-liner Tageblatt* untergeschlüpft war, mußte er 1938 wegen abschätziger Be-merkungen über Hitler Deutschland fluchtartig verlassen und erhielt nach Kurzaufenthalten in Aarhus, London und New York, wo er von amerikani-schen Faschisten scheel angesehen wurde, 1940 eine Anstellung als Assistant Professor an der Soziologie-Abteilung der University of Wisconsin in Madi-son.

Hier wirkte er anfänglich – mit Unterstützung seiner Schüler C. Wright Mills und Don Martindale – vor allem als Vermittler der Ideen und Werke von Max Weber sowie der Wissenssoziologie Karl Mannheims[4], setzte sich jedoch zugleich, und zwar von Anfang an, auch mit marxistischen Konzep-ten auseinander.[5] Während sich ein Großteil der amerikanischen Soziologen

damals fast ausschließlich mit positivistisch-statistischen Forschungen beschäftigte, ging es Gerth – als einem Vertreter der Frankfurter Schule – vornehmlich um die ›kritischen‹ Aspekte dieses Fachs. Damit machte er sich
bei seinen Madisoner Kollegen, die seiner Meinung nach einen ›geistlosen
Empirismus‹ trieben, nicht gerade beliebt. Doch je mehr diese Kollegen versuchten, die Studenten von ihm abzuhalten, desto beliebter wurde er als
Professor und übte bald einen unübersehbaren Einfluß auf Hunderte von
Studenten und Studentinnen aus, zu denen unter anderem Bernard Green-
blatt, William Appleman Williams, Herbert Guttman, Susan Sontag und
Dore Ashton gehörten. Unter seiner Anleitung begannen diese Gruppen im
Laufe der fünfziger Jahre, den rabiaten Antikommunismus der herrschenden Kalten-Kriegs-Ideologie als eine geschickt kalkulierte Legitimations-
strategie des amerikanischen Wirtschaftsimperialismus zu durchschauen
und rückten damit immer weiter nach ›links‹. Statt die Universität als einen
»marketplace of ideas« zu betrachten, wo man sich »cash-convertible«
Kenntnisse aneignet, empfahl Gerth seinen Schülern und Schülerinnen, in
allen Dingen bis zum letzten Grund vorzustoßen, das heißt sich an der Universität eine denkerische Radikalität anzueignen, die auch vor der Auf-
deckung unbequemer Wahrheiten nicht zurückschreckt.[6] Doch nicht nur
dieser theoretische Elan beflügelte sie; auch seine europäische ›Kultiviert-
heit‹, das heißt sein Klavierspiel, seine wohlgeordnete Bibliothek sowie sein
Umgang mit Kulturgrößen wie Frank Lloydt Wright, Ernst Krenek, der
Frau Mies van der Rohes und Rudolf Kolisch, dem Schwager Schönbergs
und Leiter des Pro Arte-Quartetts in Madison, beeindruckte sie zutiefst.

Das zweite ›hotbed‹ dieser neuen Radikalität entwickelte sich in der Ge-
schichtsabteilung, deren Vorsitzender Fred Harrington war, der im Laufe
der fünfziger Jahre nicht nur William Appleman Williams, sondern auch
die beiden ersten Juden, nämlich Harvey Goldberg und George L. Mosse,
in seinem Fachbereich anstellte und später – wegen seiner liberalen Gesinnung – sogar zum Präsidenten der Universität aufstieg. Williams war ein sozialgeschichtlich orientierter Vertreter im Bereich der amerikanischen Geschichte, der die von Gerth und Harrington übernommenen Ansichten auf
eine höchst eindrucksvolle Weise mit wesentlich älteren Konzepten eines
amerikanischen linken Populismus verband. Harvey Goldberg stammte von
der Ostküste, er unterrichtete in Madison vornehmlich die sozialistischen
Bewegungen in Frankreich und erwarb sich, vor allem durch die Schärfe seiner linken Thesen wie auch seinen mitreißenden Vortragsstil, schnell eine
große Anhängerschaft unter den Studenten und Studentinnen der Geistes-
und Sozialwissenschaften. Mosse, der Dritte im Bunde, wurde 1955 von Iowa nach Madison berufen und sollte hier, nachdem er bisher hauptsächlich
englische Geschichte des 16. und 17. Jahrhunderts unterrichtet hatte, vor
allem Europäische Kulturgeschichte lehren. Mosse war der Sohn von Hans

Lachmann, der die einzige Tochter des bekannten Zeitungsverlegers Rudolf Mosse geheiratet und damit ein Geschäftsimperium übernommen hatte, dessen Kronjuwel das von Theodor Wolff herausgegebene *Berliner Tageblatt* war.[7] Als 1933 Hindenburg die Macht an Hitler übergab, mußte er mit seinen Eltern als Fünfzehnjähriger ins Exil flüchten. Nach einigen Semestern als Student der Geschichte in Cambridge/England wanderte er 1939 in die Vereinigten Staaten ein, studierte erst am Haverford College in Philadelphia und erwarb dann an der Harvard University mit der Dissertation über *The Struggle for Sovereignty in England, from the Reign of Queen Elizabeth to the Petition of Rights* seinen Ph. D. 1944 wurde er Instructor an der University of Iowa, wo er in zehn Jahren bis zum Associate Professor with Tenure aufstieg, und ging darauf 1955 nach Wisconsin. Der Wechsel zur Kulturgeschichte schlug sich in seiner wissenschaftlichen Produktion erstmals in dem äußerst erfolgreichen Buch *The Culture of Western Europe: The Nineteenth and Twenties Centuries* nieder, das 1961 erschien. Politisch stand Mosse schon in seinen Studentenjahren links. Der Auslöser dazu war der Spanische Bürgerkrieg gewesen, der ihn von der Notwendigkeit eines politischen Engagements überzeugt hatte. »Wir waren damals alle Mitglieder des Sozialistischen Klubs in Cambridge«, erklärte er später, »und wollten unbedingt in Spanien kämpfen.«[8] Da es an der Harvard University keine »Veranstaltungen über Marxismus« gab, besuchte er die Marxismus-Vorlesungen bei Dirk Struik am Massachusetts Institute of Technology.[9] Ja, in Iowa wagte er es sogar, Veranstaltungen gegen McCarthy zu organisieren.[10] Dieselbe Unerschrockenheit legte er in Wisconsin an den Tag, zumal er dabei die Rückendeckung seines Chairman Fred Harrington hatte.

Mosse bekannte sich in Madison in seinen Vorlesungen und Seminaren von Anfang an in aller Offenheit zum deutsch-jüdischen Erbe eines »sozialistischen Humanismus«, das heißt jenen »socialists of the heart« (Gefühlssozialisten), wie er sie gern nannte, zu denen in Deutschland vor allem Kurt Eisner, Gustav Landauer, Ernst Toller, Lion Feuchtwanger, Leonhard Frank und Heinrich Mann gehört hätten.[11] Und solche Anschauungen wirkten auf die McCarthy-müden Studenten und Studentinnen der späten fünfziger und frühen sechziger Jahre ebenso elektrisierend wie auf all jene, die zur gleichen Zeit bei Gerth, Williams und Goldberg studierten. Ohne daß er sie groß zu überreden brauchte, schrieben daher die Mosse-Studenten und -Studentinnen dieser Jahre ihre M.A.- und Ph.D.-Thesen fast ausschließlich über die Linken und Linksliberalen des Wilhelminischen Reichs und der Weimarer Republik. Die besten dieser Arbeiten, deren Titel für sich selber sprechen, waren: *Prophets, Poets, and Priests: A Study of the Men and Ideas that Made the Munich Revolution 1918/19* (1960) von Sterling Fishman, *The Failure of the Spartacist Movement* (1962) von Robert Pois, *Mysticism and Revolution: Gustav Landauer Against his Times* (1967) von Paul Breines,

Heinrich Mann. The Writer and Society 1890–1920. A Study of Literary Politics in Germany (1969) von David Laverne Gross, *George Grosz: Art and Politics in the Weimar Republic* (1969) von Beth Irwin Lewis, *Ernst Fischer and the Left. Opposition in Austrian Social Democracy: The Crisis of Austrian Socialism 1927–1934* (1973) von Anson Rabinbach, *Kant and Socialism: The Marburg School in Wilhelminian Germany* (1975) von Timothy Raymond Keck sowie das mit Andrew Arato geschriebene Buch *The Young Lukács and the Origins of Western Marxism* (1979) von Paul Breines, das sich vornehmlich mit dem Buch *Geschichte und Klassenbewußtsein* auseinandersetzt.

Die meisten dieser Studenten und Studentinnen waren nicht an »cash-convertible ideas« interessiert, sondern wollten, wie die Vorbilder, die sie sich wählten, wirklich etwas zu einem ›radikalen‹ Geist in den Humanities und Social Sciences, wenn nicht gar zur politischen Veränderung der amerikanischen Gesellschaft beitragen. Den ersten Schritt dazu sahen sie, wie so oft in rebellischen Bewegungen, in der Gründung einer Zeitschrift, die sie *Studies on the Left. A Journal of Research, Social Theory, and Review* nannten. Zu der Herausgebergruppe dieser Zeitschrift, deren erstes Heft 1959 erschien, gehörten Joan Bromberg, Steven Scheinberg, Martin Sklar, Carl Weiner und James Weinstein, die zum größten Teil jüdisch-liberaler Herkunft waren und zu diesem Zeitpunkt noch in den Seminaren von Gerth, Williams und Mosse saßen.[12] Später kamen noch David W. Eakins, Lee Baxandall, Eleanor Hakim, Stanley Aronowitz, Eugene D. Genovese, Paul Breines, Tom Hayden und andere hinzu, die ebenfalls weitgehend aus »urban left-wing« oder »left-liberal families« stammten.[13] Worin diese Gruppe, trotz aller Verschiedenheit der Einzelcharaktere, politisch übereinstimmte, war eine Ablehnung jenes amerikanischen ›system‹, das sie – in Anlehnung an Williams – als »corporate liberalism«, also ständisch gegliederten Liberalismus, ablehnten.[14] In scharfer Frontstellung zu diesem ›system‹, das sich in ihren Augen großangelegter massenmedialer ›social engineering‹-Kampagnen bediene, um seinen ausbeuterischen und wirtschaftsimperialistischen Charakter als ›Verteidigung der Demokratie und der Menschenrechte‹ gegen die Weltgefahr des Kommunismus zu bemänteln, bekannten sie sich zu einem kritischen, wenn nicht radikalen Antikapitalismus und schlossen sich weitgehend dem Madisoner Socialist Club an. Allerdings griffen sie hierbei nur in Ausnahmefällen auf den Wortschatz der ›Alten Linken‹, also der KPUSA oder der rebellischen Gewerkschaftsgruppen der dreißiger Jahre zurück, die noch mit ausgesprochen sowjetfreundlichen, ja stalinistischen Parolen aufgetreten waren. Statt dessen versuchten sie, eine Ideologie zu entwickeln, die – bei allem sozialen Engagement – auch den ›subjektiven Faktor‹ einschließen sollte, um nicht wieder in die Falle des Totalitarismus zu geraten. Und hierbei griffen sie neben den liberalen und radikalen Traditionen der Vereinigten Staaten auch manche Thesen jener deutschen Linksintellektuellen auf, die wegen ihrer antifaschistischen Gesinnungen – wie Theodor W. Adorno, Max Horkheimer, Herbert Marcuse, Bertolt Brecht, aber auch ihre Lehrer Hans Gerth und George L. Mosse – nach 1933 Deutschland verlassen mußten und zum größten Teil in die USA geflüchtet waren. »We were still searching for our Weimar«, schrieb Eleanor Hakim, die sich 1960 der Herausgebergruppe der *Studies on the Left* anschloß.[15]

Schon das Editorial des ersten Heftes dieser Zeitschrift wandte sich scharf gegen alle sogenannten objektiven, sprich: positivistisch-unanalytischen Wissenschaftsmethoden und bekannte sich zu einem den Dingen auf den Grund gehenden »radicalism«.[16] Als ersten Beitrag brachte sie den Aufsatz *The Relevance of History to the Sociological Ethos* von Hans Gerth und Saul Landau, der sich auf einer ähnlichen Argumentationsebene bewegte. Was folgte, waren zwar viele Beiträge zur Geschichte linker Bewegungen in den Vereinigten Staaten sowie zu politisch relevanten Themen der eigenen Zeit, vor allem der Civil Rights Movement mit ihrem kämpferischen Einsatz für die rechtliche und soziale Gleichstellung der Schwarzen, der kubanischen Revolution unter Fidel Castro und der wachsenden Opposition gegen den Vietnamkrieg, aber auch immer wieder Rückgriffe auf die linksliberalen und linken Vertreter der Weimarer Republik. Während der Einfluß von William Appleman Williams vor allem in der kritischen Sicht der amerikanischen Geschichte zu spüren ist, macht sich der Einfluß von Hans Gerth und dann von George L. Mosse besonders bei der intensiven Beschäftigung mit dem Geist von ›Weimar‹ bemerkbar. Und zwar geschah dies meist im Hinblick auf eine grundsätzliche Erneuerung der marxistischen Theorie im Rahmen einer Erweiterung ins Linksliberale, die neben primär politischen und ökonomischen Fragen auch kulturelle, geschlechtsspezifische und wissenschaftstheoretische Aspekte mitberücksichtigte. Schon im zweiten Heft der *Studies on the Left* erschien daher im Winter 1960 eine Übersetzung von Walter Benjamins *Kunstwerk-Aufsatz*, die von Hans Gerth und Saul Landau stammte. 1961 legte Lee Baxandall einen Aufsatz über *Brecht's Theater of Transformation* vor.[17] 1963 kamen im gleichen Blatt Übersetzungen von zwei Essays heraus, die Karl Mannheim vor 1933 geschrieben hatte.[18] 1964 folgten Übersetzungen kürzerer Schriften von Georg Lukács[19], 1966 ein ganzes Heft über Wilhelm Reich.[20]

Was sich aus dieser ideologischen Amalgamation eines »homespun American radicalism« und des linksliberalen Geists der Weimarer Republik ergab, galt nicht nur in Madison, sondern bald auch anderswo – ob nun in den linksliberalen bis radikalen Zirkeln der Vereinigten Staaten oder Europas – als die Weltanschauung der ›New Left‹. Die *Studies on the Left* sind daher der ein Jahr später in London gegründeten *New Left Review*, in der sich E. P. Thompson, Christopher Hill, Eric Hobsbawm und andere von der britischen KP distanzierten und einen eigenen »radicalism« zu entwickeln suchten, relativ ähnlich. Dasselbe gilt für den Sozialistischen Deutschen Studentenbund (SDS) in Westdeutschland sowie für jene Gruppen, die sich 1968 in Paris an der weltweites Aufsehen erregenden Mairevolte beteiligten. Alle diese Gruppen wollten nichts mehr mit jenem Marxismus zu tun haben, wie er sich unter Stalin herausgebildet hatte und im gesamten Ostblock noch in den sechziger Jahren weiterwirkte. Statt dessen bekannten sie sich zu einem ›Sozialismus mit menschlichem Antlitz‹, einem unorthodoxen Marxismus, kurz: einer Neuen Linken, deren Leitbilder nicht nur Marx, Engels und Lenin, sondern auch deutsche Antifaschisten wie Brecht, Benjamin, Bloch, Reich, Adorno, Lukács, Fromm und Marcuse waren. Und so wuchs diese Bewegung im Zuge der durch die ökonomische Prosperität begünstigten Ausweitung der Universitäten sowie der wesentlich kritischeren Gesinnung jener Studenten und Studentinnen, die nicht nur auf einen möglichst schnellen Erwerb von Fachkenntnissen erpicht waren, sondern Zeit und Geld genug hatten, sich mit den politischen Implikationen ihrer Studienobjekte auseinanderzusetzen, rasch zu einer breiten, international vernetzten Bewegung an, in der das Vermächtnis der deutschen linksliberalen bis linken Exilanten des Hitler-Regimes – neben amerikanischen, englischen und französischen Theoretikern – immer größeres Ansehen erlangte, wie sich in unzähligen Büchern und Aufsätzen, die zwischen 1965 und 1975 in den USA und anderswo über die New Left erschienen, nachlesen läßt.

Durch diesen Verlauf der Entwicklung erschien es den Herausgebern der *Studies on the Left* im Jahr 1962 ratsam, das Redaktionsbüro dieser Zeitschrift von Madison nach New York zu verlegen. Statt ein akademisches Theorieblatt des Madisoner Linksradikalismus zu bleiben, wollte sie danach in ihrer Wirkung mit Zeitschriften wie *Partisan Review, The Realist, The Militant, Weekly People, The National Guardian* oder *The Nation* konkurrieren. Und das gelang ihr auch bis zum Jahr 1967, als sich das politische Klima plötzlich änderte, das heißt die theoretischen Auseinandersetzungen über neue, bessere Formen des Sozialismus immer stärker hinter den aktuellen Manifesten gegen den Vietnamkrieg zurücktraten.

Damit verlagerten sich die Auseinandersetzungen aus dem Seminar zusehends auf die Straße. Eine wichtige Funktion hatten dabei die Demonstrationen gegen die Dow Chemical Company, die unter anderem das im Vietnamkrieg verwendete Napalm herstellte und 1967 in Madison junge Chemiker anzuheuern versuchte. Bei diesen Demonstrationen, die schnell in gewalttätige ›riots‹ übergingen, bewährten sich allerdings die geborenen Amerikaner wesentlich besser als die deutschen Emigranten, so gut auch ihr Englisch inzwischen geworden war. So hielt etwa Williams, als ihm von einem Offizier der national-konservativen American Legion sein antiamerikanischer Radikalismus vorgeworfen wurde, bei einer Massenversammlung seinem Angreifer mit überzeugender Vehemenz entgegen, daß er während des Zweiten Weltkriegs als Kommandant eines Zerstörers im Pazifik seine patriotische Pflicht erfüllt habe. Gerth und Mosse konnten dagegen nicht auf solche ›Heldentaten‹ verweisen, standen vielmehr wegen ihrer Erfahrungen mit dem Faschismus allen Manifestationen eines ›gesunden Volksempfindens‹, auch denen einer linken Observanz, wesentlich skeptischer gegenüber. Sie blieben daher in der »zweiten Phase« der New Left Movement, wie Mosse die Periode der gewalttätigen Auseinandersetzungen nannte[21], eher außenstehende Beobachter.

Ja, Mosse ging so weit, die sich daran anschließenden ›riots‹, bei denen die Nationalgarde aufmarschierte und Tränengas eingesetzt wurde, um die Studentenmassen in Schach zu halten, als Ausdruck eines »mindlessly violent activism« abzukanzeln.[22] Dem, was sich dort abspielte, fehlte seiner Meinung nach eine »theory of movement-building worthy of that name«[23]. Eine solche Theorie schien ihm weder die einseitig populistische Radikalität eines Williams noch die ebenso einseitige Randgruppenstrategie eines ›Frankfurtisten‹ wie Herbert Marcuse zu bieten. Als Historiker neuzeitlicher Massenbewegungen gab er revolutionären Bewegungen nur dann eine konkrete Chance, wenn sie nicht nur Kopfgeburten seien, sondern auch an die Gefühle der breiten Massen zu appellieren versuchten. Daher verteidigte Mosse auch in diesen Jahren weiterhin deutsch-jüdische Gefühlssozialisten wie Eisner, Landauer und Toller, in deren Wirken er eine vorbildliche Synthese dieser beiden Elemente einer gerechtfertigten Revolution erblickte. Während andere Juden nach wie vor an der These der »gescheiterten deutsch-jüdischen Symbiose« festhielten[24] und viele Israelis die Linken unter den deutschen Juden als Verräter ihres Volkes hinstellten, beharrte Mosse eisern auf seiner These, daß die linken Juden die ›besseren Deutschen‹ gewesen seien, die trotz Diffamierung, Ausweisung und Exil an den großen Ideen der deutschen Aufklärung festgehalten hätten.[25] Und das hätten die Klügeren unter den rebellischen Studenten der sechziger Jahre durchaus begriffen und seien daher von den Ideen eines Eisner, Landauer und Toller, aber auch eines Bloch, Reich, Benjamin, Lukács, Adorno und Horkheimer geradezu hypnotisch angezogen worden, in denen die alte deutsch-jüdische Symbiose, die sich schon bei Heine, Auerbach und Franzos finde, ihre edelste Manifestation erlebt habe.

Vor allem die jüdischen unter seinen Studenten, die aus liberalen New Yorker Familien stammten und keinen wirklichen Bezug zu ihrem Judentum hatten, bevor sie nach Madison kamen und seine Schüler wurden, haben das als ihr eigentliches ›Mosse-Erlebnis‹ empfunden. Zu einem Linken zu werden, bedeutete für sie zugleich, zu ihrer ›jewishness‹ zurückzukehren. Wohl das interessanteste Beispiel dafür ist Paul Breines, der bei Mosse sowohl über Landauer als auch über Lukács arbeitete und außerdem einer der wichtigsten Mitherausgeber der *Studies on the Left* wurde.[26] Während er

Williams als »the most goyishe kopf« unter den Linken in Madison hinstellte und er selbst Goldberg, der damals an einer Biographie des französischen Sozialistenführers Jean Jaurès arbeitete, nicht »jewish« genug fand, schien ihm Mosse all das zu verkörpern, was er als »cosmopolitan German-Jewish learning« empfand.[27] Dieses spezifisch deutsch-jüdische Element innerhalb der New Left wurde sogar von den Nicht-Juden um George Mosse und die *Studies on the Left* als zentral empfunden. So schrieb etwa Paul Buhle, der kein Jude war und 1966/67 in Madison die Zeitschrift *Radical America* gründete, später in der Einleitung zu dem von ihm herausgegebenen Buch *History and the New Left*, wie wichtig die »Yiddishkayt« damals unter seinen politischen Freunden gewesen sei. »Radical Madison was a goyishe city«, heißt es hier, »with a Jewish heart of passionate intellectual-political commitment.«[28] Und zu den jüdischen Vertretern dieses ›commitment‹ gehörten nicht nur Breines und andere Mosse-Schüler, sondern auch Russel Jacoby, Lowell Bergman, Elton Eisenstadt, Jeff Herf, Jessica Benjamin und viele andere, deren rebellische Anwesenheit auf dem Campus so fühlbar wurde, daß das Parlament von Wisconsin 1968 erwog, die Zahl der aus anderen Staaten stammenden Studenten an der Universität zu beschränken.[29]

Doch dazu kam es ebensowenig wie zu anderen drastischen Maßnahmen von seiten des Staates gegen die rebellischen Studenten. Trotz aller Konfrontationen blieb eine Atmosphäre der politischen Toleranz erhalten, die selbst während des langanhaltenden Streiks der Teaching Assistants, die sich zu einer gewerkschaftsähnlichen Organisation zusammengeschlossen hatten, nicht ganz aufgegeben wurde. Sogar die Demonstrationen gegen den Vietnamkrieg – an denen sich auch der in Madison lebende österreichische Exillyriker Felix Pollak beteiligte, der dort mit einem Bullhorn in der Hand sein später weltberühmtes Gedicht *Speaking the Hero* vortrug, das mit der Zeile schloß: »I died a coward. / They call me a hero«[30] – verliefen noch in den Bahnen der Gewaltlosigkeit. Erst als Fred Harrington als Präsident abgesetzt wurde und auf dem Campus die Präsenz der Nationalgarde immer fühlbarer wurde, wurden auch die Gegenreaktionen allmählich ›wilder‹. Ihren Höhepunkt erlebten diese Ausbrüche zielloser Gewalt von seiten der »Rads«, wie sich diese Art von Radikalen nannte, 1970 in einem nächtlichen Bombenanschlag auf das Army Math Research Center, dem ein Forschungsassistent im anliegenden Chemiegebäude zum Opfer fiel, der dort seine Experimente überwachte.[31] Danach wurde es schnell ruhiger, zumal auch der Vietnamkrieg abgebrochen wurde und somit der Hauptanlaß für die Antikriegsdemonstrationen wegfiel.

Auch während dieser zweiten Phase der rebellischen Unruhe auf dem Campus, die wie in Berkeley und an der New Yorker Columbia University einen ausgesprochen aktionistischen Charakter hatte, traten die Vertreter der New Left keineswegs völlig in den Hintergrund. Allerdings waren sie in ihr nicht mehr die »leaders«, sondern eher die »spectators«, wie Mosse später schrieb.[32] Und auch er selbst blieb in diesen Jahren ein Beobachter. Mit den »Marxists of the heart«, the »Kantianizing Marxists with ethical imperatives«, hatte er zutiefst sympathisiert. Aber der wilde Anarchismus der zweiten Phase erschien ihm – angesichts der Übermächtigkeit der Regierung und der sie vertretenden Institutionen – als »futile and silly«.[33] Um so stärker sympathisierte er dagegen wieder mit der »third stage« der Neuen Linken, nämlich der Rückbesinnung auf die Theorieansätze der Anfangsphase der New Left zwischen 1959 und 1967. Allerdings hatten zu diesem Zeitpunkt schon viele der damals linksorientierten Graduate Students ihre Dissertationen abgeschlossen und Madison verlassen. Aber dafür waren andere politisch interessierte Studenten gekommen, die sich von dem Ruf Madisons als einer besonders lebendigen, kritischen Universität angezogen fühlten. Und damit setzte sich doch vieles fort, was nach dem allgemeinen Schock, den der Bombenanschlag mit sich gebracht hatte, erst einmal abgebrochen schien. Zugegeben, zu einer ›Revolution‹ war es nicht gekommen. Aber der Einfluß der »European radical tradition« innerhalb des akademischen Lebens, der von den antifaschistisch-linksorientierten deutschen Exilanten unter den Professoren ausgegangen war, war keineswegs gebrochen, sondern wurde in den folgenden Jahren sogar »considerably« breiter.[34]

Nicht nur Fächer wie Soziologie und Geschichte, sondern auch in manchen Sparten der Literaturwissenschaften vollzogen sich in diesen Jahren Umbrüche, die es ermöglichten, daß neben einem längst stagnierten Positivismus sowie einem esoterisch-elitären New Criticism auch historisch oder sozialliterarisch ausgerichtete Sehweisen an Boden gewannen, die zum größten Teil unter dem Einfluß von Max Weber, der marxistischen Ästhetik eines Lukács, der Frankfurter Schule sowie den rezeptionsästhetischen Theorien eines Hans Robert Jauß standen[35] und denen Frederic Jameson ihren ersten überzeugenden Ausdruck verlieh.[36] Und damit wehte selbst in der Germanistik, die bis dahin zu den rückständigsten Fächern innerhalb der Kultur- und Geisteswissenschaften gehört hatte, da sie sich durch den weitverbreiteten Haß gegen alles Deutsche während des Zweiten Weltkriegs und in der Nachkriegszeit in eine möglichst unauffällige, unpolitische Randlage zurückgezogen hatte, plötzlich wieder ein etwas frischerer Wind. Während mir 1958, als ich aus politischen Gründen Deutschland verlassen mußte (ich war aus Ost-Berlin ausgewiesen worden, wo ich nach der Promotion in Marburg als freier Schriftsteller gelebt hatte), also auch in eine Art ›Exil‹ ging, bei der Ankunft in Madison von meinem zutiefst konservativen Chairman halb ironisch, halb ernsthaft gesagt wurde: »To be absolutely frank: we hate Germans, you know, we only hired you, because we needed a native speaker of the language«, wurden jetzt in diesem Fach sogar kritische, wenn nicht gar linke Ansichten durchaus honoriert. Daher war es möglich, selbst einen Germanisten wie Reinhold Grimm, dem der Ruf eines unerschrockenen Brecht-Forschers vorausging, 1968 auf den prominenten Alexander Hohlfeld-Lehrstuhl nach Madison zu berufen. Ja, selbst ein Mann wie Hans Mayer erhielt in diesen Jahren erstmals eine Gastprofessur an der New York University und wurde dort mit großen Ehren als ›Linker‹ empfangen. Jack Zipes, einer der dortigen Assistant Professors, brachte sogar kurz darauf in New York eine Übersetzung einiger Mayer-Essays unter dem Titel *Steppenwolf and Everyman* (1971) heraus, in deren Einleitung er Mayer als einen der »leading Marxist critics of the twentieth century« vorstellte, dessen Ansichten zutiefst im »dialectical materialism« verankert seien.[37] Und es gab kaum jemanden, der solchen Lobpreisungen öffentlich widersprach, so groß war in diesen Jahren selbst in der Germanistik das Ansehen linksgerichteter Tendenzen geworden, die zum Teil mit Berufungen an die Harvard University oder der Vergabe von Research Professorships belohnt wurden. Schließlich hatten diese Tendenzen in einem erheblichen Maße dazu beigetragen, daß dieses Fach – nach zwei Jahrzehnten der Stagnation – wieder ein interessantes und damit studentenreiches Fach geworden war. Bei einem quantitätsversessenen Land wie den Vereinigten Staaten galt dies durchaus als ein ›Pro‹, mochten auch einige der älteren Professoren – selbst aus den Reihen der deutsch-jüdischen Emigration wie Oskar Seidlin und Erich Heller, die in der Kriegs- und Nachkriegszeit ihre älteren ›linken‹ Anschauungen zugunsten konservativerer Sehweisen aufgegeben hatten – diesen Entwicklungen noch so kritisch gegenüberstehen.

Nachdem sich also die amerikanische Germanistik – aufgrund ihres älteren Konservativismus, ihrer Ausflüge ins Faschistische zwischen 1933 und 1941[38] sowie ihrer Mimikryhaltung während der McCarthy-Ära und der Folgezeit, die im Zeichen der Kollektivschuldthese und des Kalten Krieges standen – wie die deutsche Germanistik über Faschismus und Exil fast 25 Jahre lang ausgeschwiegen hatte, ergab sich somit um 1970 erstmals die Chance, in diesem Fach – neben anderen politischen Fragestellungen – auch die Frage der Exilerfahrung deutscher Schriftsteller und Intellektueller auf die Tagesordnung zu setzen. Ein wichtiges Dokument dieses Umbruchs ist das unter dem Titel *The Legacy of the German Refugee Intellectuals* zusammengestellte Doppelheft der Zeitschrift *Salmagundi*, das im Herbst 1969 erschien und in dem Fredric Jameson über Walter Benjamin und Theodor W. Adorno, George McKenna über Hannah Arendt, Erich Kahler über Hermann Broch, Anthony Wilden über Herbert Marcuse, Iring Fetscher über Bertolt Brecht, Jürgen Habermas über Ernst Bloch und George L. Mosse über das Erbe des sozialistischen Humanismus Beiträge publizierten. Die erste amerikanische Tagung zum gleichen Thema fand im Herbst 1971 unter dem Titel *Exil und innere Emigration* als Third Wisconsin Workshop in Madison statt, auf der vor allem Hans Mayer, Klaus Schröter,

Frank Trommler, David Bathrick, Theodore Ziolkowski und ich Vorträge zu Fragen des Exils hielten.[39] Eine Fortsetzung dieser Tagung veranstalteten ein Jahr später unter dem gleichen Titel Peter Uwe Hohendahl und Egon Schwarz auf dem Campus der Washington University in St. Louis, an der von den jüdischen Exilanten neben Schwarz auch David Bronsen und Guy Stern teilnahmen.[40]

Eine wichtige Rolle spielte bei all diesen Aktivitäten die Anwesenheit Hans Mayers, der 1971/72, nach seiner Pensionierung in Hannover, zwei Semester am Center for Twentieth Century Studies in Milwaukee, also nur eine Autostunde von Madison entfernt, verbrachte. Besonders erfreut war er über das Ehrendoktorat, das er damals von der University of Wisconsin erhielt. In dieser Zeit begann er dort nicht nur mit der Niederschrift seines Buchs *Außenseiter*[41], sondern nahm auch Kontakte zu früheren Exilanten wie George L. Mosse auf sowie zu jüngeren Germanisten in Milwaukee wie Andreas Huyssen oder Jack Zipes, der dort seit 1972 unterrichtete, und David Bathrick in Madison. Damit erhielten im Bereich der Germanistik die neulinken Tendenzen in Madison, für die sich bis 1968 keine ideologischen Sympathisanten finden ließen[42], eine nachdrückliche Förderung. Das zeigte sich unter anderem auf dem Fifth Wisconsin Workshop, den Reinhold Grimm und ich 1973 in Madison unter dem Titel *Deutsches utopisches Denken im 20. Jahrhundert* abhielten und auf dem Hans Mayer über *Bloch, Utopie, Literatur*, George L. Mosse über *Präfaschistische Utopien*, die Wiener Exilantin Evelyn Torton Beck über *Frauen, Neger und Proleten. Die Stiefkinder der Utopie*, Reginald R. Isaacs über *Die Bauhaus-Utopie*, Paul Breines über *Utopie und Partei. Anmerkungen zum frühen Lukács*, David Bathrick über *Die ästhetisch-utopistische Dimension der ›Weigerung‹ im Denken Herbert Marcuses* und ein Madisoner Studentenkollektiv über den *Anarchistischen Utopismus der westdeutschen Studentenbewegung* referierten.[43] Auf dieser Tagung kamen alle Aspekte der Neuen Linken endlich zusammen: das Politische, Soziale, Philosophische, Literarische, Geschlechtsspezifische und Minderheitsorientierte – und zwar in einer Form des gesellschaftlichen Engagements, das sich deutlich von den voraufgegangenen anarchistisch-voluntaristischen Tendenzen absetzte und das in einem kritischen Sinne Theoriegeleitete in den Vordergrund schob.[44]

Im Zusammenspiel all dieser Tendenzen entstand im gleichen Zeitraum in Madison und Milwaukee der Plan einer Zeitschrift unter dem Titel *New German Critique*, die diesem Wisconsin ›spirit‹ einen programmatischen Ausdruck zu verleihen suchte. Nachdem viele der älteren Vertreter der New Left Madison verlassen und anderswo an linken Zeitschriften wie *Telos, Radical America* oder *In These Times* Fuß gefaßt hatten[45], bemühte sich diese Neugründung, ein Organ zu werden, das sowohl die linken Theorieentwürfe aus der Zeit der Weimarer Republik und des Exils als auch die neulinken

Tendenzen der jüngsten Entwicklungen in Westdeutschland in die amerikanische Debatte über mögliche Widerstandsformen gegen die Eindimensionalität der konservativen Diskurse einbringen sollte. Als Herausgeber zeichneten dafür anfänglich David Bathrick, Anson G. Rabinbach und Jack Zipes verantwortlich, denen als Associate Editor Andreas Huyssen zur Seite stand. Unter den Contributing Editors wurden neben Studenten wie Helen Fehervary, Otto Koester, Wigand Lange, Sara Lennox und Nancy Vedder-Shults, die damals bei mir studierten, vor allem Mosse-Studenten wie David Gross, aber auch westdeutsche Beiträger wie Hans Mayer und Horst Denkler genannt. Wie zu erwarten, waren die meisten Beiträge der ersten Hefte einerseits deutschen Linken gewidmet wie Bertolt Brecht, Wilhelm Reich, Erwin Piscator, Karl Korsch, George Lukács, Ernst Bloch und Walter Benjamin, also alles Exil-Vertretern, andererseits westdeutschen Neulinken wie Jürgen Habermas und Oskar Negt, mit denen man eine ideologische Kontinuität andeuten wollte, die eindeutig auf die New Left hinzielte und die Ideen dieser Autoren für die linken Debatten innerhalb der USA produktiv zu machen versuchte. Auch die Namen der Beiträger fügten sich ganz in diese Linie ein: allen voran Hans Meyer, der das erste Heft mit einem Beitrag zu Heinrich Heine eröffnete, gefolgt von Oskar Negt, Fredric Jameson, Anson G. Rabinbach, Peter Uwe Hohendahl, Michael Schneider, Jack Zipes, Lee Baxandall, Ferenc Feher, Andreas Huyssen, Eberhard Knödler-Bunte, Bernd Witte, Jost Hermand, Joachim Bark, Dieter Richter, Sara Lennox, David Bathrick und Klaus L. Berghahn, die dieser Zeitschrift, die im Gefolge der *Studies on the Left* auf dem Prinzip der kollektiven Herausgeberschaft beruhte, einen ideologischen Drive gaben, der noch heute nicht ohne Anziehungskraft ist. Besonders interessant war dabei die Einstellung der *New German Critique* zur DDR, mit deren politischen, ökonomischen und kulturellen Schwierigkeiten sie sich bereits im zweiten Heft nachdrücklich auseinandersetzte, um so endlich eine Debatte über diesen bis dahin in den Vereinigten Staaten weitgehend tabuierten Staat zu eröffnen, der den Herausgebern dieser Zeitschrift für die Entwicklung des osteuropäischen Sozialismus von zentraler Bedeutung erschien. Ebenso lesenswert ist heute noch alles, was die Beiträger dieser Zeitschrift in den ersten Jahren ihres Erscheinens über die Neuen Linken in Westdeutschland zu sagen hatten, mit denen sie sich innerlich – vor allem mit der Gruppe um die Zeitschrift *Ästhetik und Kommunikation* – aufs engste verbunden fühlten. Allerdings trat mit dieser stärkeren Orientierung auf die deutsche Gegenwartssituation das Erbe der alten linksorientierten Exilanten, das als Initialzündung ihrer kritischen Gesinnung fungiert hatte, zusehends in den Hintergrund.

Das soll nicht heißen, daß die Beiträger von *New German Critique* im Laufe der siebziger oder achtziger Jahre ihre alten ›Lehrer‹ allmählich vergaßen, aber sie verloren doch an Faszination. Nicht nur die Beschäftigung mit der politischen Entwicklung in den beiden deutschen Staaten, auch der französische Poststrukturalismus, die Theoriebildungen im feministischen Lager, die Minderheitsdiskurse, die Historikerdebatte sowie das Problem der gescheiterten deutsch-jüdischen Symbiose waren Fragestellungen, die sie um und nach 1980 wesentlich stärker interessierten als das durch die Exilanten vermittelte linke Gedankengut. Und damit wurde auch in den USA, wie in Westdeutschland, aus der Neuen Linken allmählich eine als antiquiert empfundene Ideologie, an die sich manche im Laufe der Zeit – im Zuge der allgemeinen Tendenzwende – nicht mehr gern erinnerten oder die sie anderen gegenüber als ein Stück Jugendromantik hinstellten. Dennoch blieb in dieser Gruppe, wie in allen Gruppen, die durch die Erfahrung der neulinken Bewegung gegangen waren, weiterhin ein das herrschende System kritisch-hinterfragender Geist lebendig, während jene Schichten, welche die New Left ablehnten und sich im Laufe der siebziger Jahre in die Arme der Semiotik, des Strukturalismus und dann des Poststrukturalismus warfen, immer stärker ins gesellschaftliche Abseits gerieten und damit zu einem Rückgang des studentischen Interesses an den Geistes- und Sozialwissenschaften im allgemeinen und der Germanistik im besonderen beitrugen.[46] Damit verglichen, leuchtet selbst in den letzten Schwundformen der Neuen Linken, mögen sie auch in anderen Sehweisen ›aufgehoben‹ sein, bis heute noch immer ein Schimmer jener gesellschaftlichen Relevanz auf, die das Studium solcher Fächer überhaupt erst sinnvoll macht.

1 Der Originaltext lautet: »Whatever may be the limitations elsewhere, we believe that the great State University of Wisconsin should ever encourage that continual and fearless sifting and winnowing by which alone the truth can be found.« — 2 Zu Hans Gerths Biographie vgl. vor allem das Vorwort Ulrich Herrmanns zur Neuausgabe seines Buchs *Bürgerliche Intelligenz um 1800. Zur Soziologie des deutschen Frühliberalismus.* Göttingen 1976, S. 7–10, und *Politics, Character, and Culture: Perspectives from Hans Gerth.* Hg. von Joseph Bensman, Arthur J. Vidich und Nabuko Gerth. Westport, Connecticut 1982, S. 3–47. — 3 Hans Gerth: *Die sozialgeschichtliche Lage der bürgerlichen Intelligenz um die Wende des 19. Jahrhunderts. Ein Beitrag zur Soziologie des deutschen Frühliberalismus.* Berlin 1935. — 4 Vgl. u.a. Hans Gerth und C. Wright Mills: *From Max Weber: Essays in Sociology.* New York 1946; Max Weber: *The Hindu Social System.* Übersetzt von Hans Gerth und Don Martindale. Minneapolis 1950; Max Weber: *Ancient Judaism.* Übersetzt von Hans Gerth und Don Martindale. Glencoe, Illinois 1952; Hans Gerth und C. Wright Mills: *Character and Social Structure. The Psychology of Social Institutions.* New York 1953. — 5 Vgl. Gerths Aufsätze »A Marx for Managers« und »On Communism«. In: *Politics, Character, and Culture,* S. 149–176. Vgl. hierzu auch Joseph Bensman: »Hans Gerth's Contribution to American Sociology«. In: ebd.,

S. 221–274. — 6 Vgl. Eleanor Hakim: »The Tragedy of Hans Gerth«. In: Paul Buhle (Hg.): *History and the New Left. Madison, Wisconsin, 1950–1970*. Philadelphia 1990, S. 261. Hans Gerth ging in den frühen siebziger Jahren nach Deutschland zurück, nahm eine Professur an der Frankfurter Universität an und starb 1979 in Frankfurt. — 7 Vgl. hierzu allgemein meinen Aufsatz: »Deutsche Juden jenseits des Judentums. Der Fall Gerhard / Israel / George L. Mosse«. In: *Jahrbuch für Antisemitismusforschung* 3 (1994), S. 178–193. — 8 Vgl. Irene Runge und Uwe Stelbrink: *»Ich bleibe Emigrant«. Gespräche mit George L. Mosse*. Berlin 1992, S. 41. — 9 Ebd., S. 43. — 10 Ebd., S. 42. — 11 George L. Mosse: »The Heritage of Socialist Humanism«. In: *Salmagundi*, Nr. 10–11 (Fall 1969 – Winter 1970), S. 123–139. — 12 Vgl. hierzu das Vorwort zu *For a New America. Essays in History and Politics from »Studies on the Left« 1959–1967*. Hg. von James Weinstein und David W. Eakins. New York 1970, S. V–VI. — 13 Vgl. Eleanor Hakim: »The Tragedy of Hans Gerth«, S. 255. — 14 Vgl. die Einleitung Paul Buhles zu dem von ihm herausgegebenen Buch *History and the New Left*, S. 3. — 15 Eleanor Hakim: »The Tragedy of Hans Gerth«, S. 254. — 16 *Studies on the Left* 1 (Fall 1959), Nr. 1, S. 4. — 17 *Studies on the Left* 1 (1961), Nr. 4, S. 93–99. Ich hatte 1959 im Play Circle der Student Union Brechts *Mutter Courage und ihre Kinder* inszeniert. Später sorgten für das Bekanntwerden Brechts in Madison vor allem Aufführungen der *Mother* durch die San Francisco Mime Troupe, der *Good Woman of Mezomanie* durch das Broom Street Theater und des Stücks *The Measure's Taken* durch das Theater X. — 18 *Studies on the Left* 3 (1963), Nr. 4, S. 41–66. — 19 *Studies on the Left* 4 (1964), Nr. 1, S. 22–38. — 20 *Studies on the Left* 6 (1966), Nr. 4. — 21 George L. Mosse: »New Left Intellectuals / New Left Politics«. In: *History and the New Left*, S. 235. — 22 Ebd., S. 234. — 23 Ebd., S. 234. — 24 Vgl. Gershom Scholem: »Wider den Mythos vom deutsch-jüdischen Gespräch«. In: *Bulletin des Leo Baeck Instituts* 27 (1964), S. 278–281. — 25 Vgl. hierzu George L. Mosse: *German Jews Beyond Judaism*. Bloomington, Indiana 1985, und meinen Aufsatz: »Deutsche Juden jenseits des Judentums«, S. 88–91. — 26 Vgl. seine Aufsätze: »Germans, Journals, and Jews – Madison, Marxism, and Mosse. A Tale of Jewish-Leftist Identity Confusion in America«. In: *New German Critique* Nr. 20 (1980), S. 81–103; »With George Mosse in the 1960s. In: *Political Symbolism in Modern Europe. Essays in Honor of George L. Mosse*. Hg. von Seymour Drescher, David Sabean und Allan Sharlin. New Brunswick, New Jersey 1982, S. 285–299; und: »The Mosse Milieu«. In: *History and the New Left*, S. 246–251. — 27 »Germans, Journals, and Jews«, S. 94. — 28 Buhle: *History and the New Left*, S. 8. — 29 »Germans, Journals, and Jews«, S. 94. — 30 Abgedruckt in Felix Pollak: *Vom Nutzen des Zweifels. Gedichte*. Frankfurt/M. 1989, S. 58–61. Später hat Pollak mit großer innerer Anteilnahme Gedichte von Heine übersetzt. Vgl. *Heinrich Heine: Poetry and Prose*. Hg. von Jost Hermand und Robert C. Holub. New York 1982, S. 13 ff. — 31 Vgl. Tom Bates: *Rads. The 1970 Bombing of the Army Math Research Center at the University of Wisconsin and Its Aftermath*. New York 1992. — 32 Mosse: »New Left Intellectuals«, S. 235. — 33 Ebd., S. 236. — 34 Ebd., S. 238. — 35 Vgl. Robert C. Holub: *Reception Theory: A Critical Introduction*. New York 1984. — 36 Vgl. Fredric Jameson: *Marxism and Form* (1971). — 37 Hans Mayer: *Steppenwolf and Everyman*. Übersetzt von Jack D. Zipes. New York 1971, S. VII. — 38 Vgl. demnächst Gisela Hoecherl-Alden: *Versuch einer Geschichte der amerikanischen Germanistik von 1933 bis 1953*. (Diss. Wisconsin 1995). — 39 *Exil und innere Emigration. Third Wisconsin Workshop*. Hg. von Reinhold Grimm und Jost Hermand. Frankfurt/M. 1972. — 40 *Exil und innere Emigration II*. Hg. von Peter Uwe Hohendahl und Egon Schwarz. Frankfurt/M. 1973. — 41 Vgl. Hans Mayer: *Außenseiter*. Frankfurt/M. 1975, S. 489, und *Ein Deutscher auf Widerruf. Erinnerungen*. Bd. 2. Frankfurt/M. 1984, S. 364, 388 f. — 42 Mein Vorgänger im Amt war Werner Vordtriede, der jedoch als »Rechtsgeorgianer«, wie er sich gern nannte, allen linken Aktivitäten höchst kritisch gegenüberstand. — 43 *Deutsches utopisches Denken im 20. Jahrhundert*. Hg. von Reinhold Grimm und Jost Hermand. Stuttgart 1974. — 44 Ein ähnlicher Geist herrschte auf anderen frühen Wisconsin Workshops wie *Die sogenannten zwanziger Jahre* (1969), *Die Klassik-Legende* (1970) sowie *Popularität und Trivialität* (1972), an denen sich von den früheren Exilanten u.a. Egon Schwarz, Walter H. Sokel, Ruth K. Angress, George L. Mosse und Erich Heller beteiligten. — 45 Das erste Heft von *Radical America*, herausgegeben von Paul

Buhle und Don Slaugher, erschien im April 1967 und verstand sich als Sprachrohr der »Students for a Democratic Society« (SDS). Trotz seiner scharfen Frontstellung gegen »academic liberals« brachte dieses Blatt zwischen 1967 und 1969 auch Beiträge von Hans Gerth, Paul Breines, Martin Jay, David Gross und Anson Rabinbach zu Theodor W. Adorno, Karl Kraus, George Lukács und Herbert Marcuse. Danach zog es nach Massachusetts, verkündete dort das Ende des New Left und widmete sich fortan ausschließlich den radikalen Traditionen der Vereinigten Staaten. — **46** Vgl. hierzu die Schlußabschnitte meines Buchs: *Geschichte der Germanistik*. Reinbek 1994, S. 225–245.

Lutz Winckler

Mythen der Exilforschung?

Mythen sind Erzählungen, die drei Aufgaben erfüllen: sie geben den Menschen Kunde von ihrem Ursprung, sie bestimmen die Normen seines alltäglichen Handelns und sie versichern ihn seiner Zukunft. Es sind diese Funktionen: Orientierung zu vermitteln und Identität zu stiften, die die modernen Mythen mit den traditionellen teilen.[1] Freilich hat im Übergang zur Moderne eine entscheidende Horizontverschiebung stattgefunden: die profane Welt, nicht der göttliche Kosmos, bildet den kategoriellen Rahmen der Fragen nach dem Sinn; Gesellschaftstheorie hat die Kosmogonie ersetzt. Deshalb sprechen wir in der Regel auch nicht von Mythen, sondern von Ideologien oder, neutral, von sozialen Orientierungs- und Identitätsmustern. Mythisch ist an ihnen der strukturelle Zusammenhang von Erkenntnis, Erfahrung und Handeln, eine Denk- und Verhaltensform, die die eigene Gegenwart auf einen Ursprung in der Vergangenheit bezieht, Erfahrung mithin als Wiederholung, Identität als ›Verwirklichung‹ dieses Ursprungs begreift. Die Gegenwart würde sich danach begreifen als Verwirklichung des Exils. In diesem Sinn soll hier gefragt werden nach den Mythen der literarischen Exilforschung.

I

Der erste Versuch, das Exil als Orientierungs- und Identitätsmythos der deutschen Literatur und Gesellschaft zu etablieren, blieb erfolglos: Thomas Manns gegenüber Walter von Molo unmittelbar nach dem Krieg erhobener Anspruch auf moralische und literarische Alleinvertretung des Exils im Nachkriegsdeutschland ist gescheitert – am guten Gewissen der sich zur ›inneren Emigration‹ hochstilisierenden Autoren des »Dritten Reichs«, an den kollektiven Verdrängungsprozessen der deutschen Nachkriegsgesellschaften, die – unter unterschiedlichen politischen Vorzeichen – an der Wende der vierziger und fünfziger Jahre zur politischen Normalität übergingen.[2]

Der Mythos Exil entfaltete sich in der BRD erst beim zweiten Versuch: als sich Mitte der sechziger Jahre mit der sozialen und ökonomischen Krise auch eine politische und moralische Krise abzeichnete, die von den Universitäten ausgehend zu einer weitreichenden Erschütterung der traditionellen Autoritäten führte.

Der Einfluß, den die Sozialtheorie der Frankfurter Schule über ihre aus dem Exil nach Deutschland zurückgekehrten Vertreter Max Horkheimer und Theodor W. Adorno, aber auch ihre in den USA lehrenden ehemaligen Mitglieder Herbert Marcuse, Erich Fromm, Leo Löwenthal auf die wissenschaftliche und gesellschaftliche Reformbewegung ausübte, ist bekannt.[3] Mich interessiert der Beitrag der Literaturwissenschaft zur Krisendebatte und Mythenbildung der sechziger Jahre.

Die gesellschaftliche Krise hatte Mitte der sechziger Jahre auch die Germanistik erreicht.[4] An zahlreichen Universitäten – in Berlin, Freiburg, Tübingen – fanden 1965 Ringvorlesungen über die Universitäten im »Dritten Reich« statt, an denen sich auch Vertreter der Germanistik beteiligten. Der Germanistentag hatte 1966 die Geschichte der Germanistik im »Dritten Reich« zu seinem Thema gemacht: Eberhard Lämmert und Otto Conrady referierten über die personellen, ideologischen und methodologischen Implikationen der Germanistik im »Dritten Reich«. Ihre Vorträge erschienen 1967 in der *edition suhrkamp* unter dem Titel *Germanistik eine deutsche Wissenschaft*[5] und lösten neue Debatten aus. In dieser Debatte meldete sich die literarische Exilforschung mit vernehmbarem Anspruch auf moralische und methodologische Führerschaft zu Wort. Auffallend ist die Häufung von Grundsatzartikeln und Definitionsvorschlägen seit der zweiten Hälfte der sechziger Jahre: angefangen von Werner Vordtriede (1968) über Jost Hermand (1972) bis hin zu Peter Laemmle und Manfred Durzak (1973).[6] Definitionen sind in der Sprache des Mythos die Genealogien: sie entscheiden über den Sinn von Begriffen und bestimmen ihren Platz in der öffentlichen Debatte. Definitionen haben als Standortbestimmungen den Charakter von Ursprungsmythen: sie bilden die Identitätskerne und Orientierungspunkte einer sich neu formierenden Gesellschaft von Forschern, Studenten und Lesern.

Werner Vordtriedes Begriffsbestimmung des Exils als zeitloser Grundkomponente der Literaturgeschichte, die Ovid, Dante und Heine mit dem deutschen Exil der dreißiger Jahre verband, zielte auf den klassischen Widerspruch von Geist und Macht und seine ›Verewigung‹ in der Geschichte. Ausgehend vom Mythos Kunst wurde die Politik als Bereich des Profanen ausgegrenzt und abgelegt. Dieser mit der Authorität des Mythos ausgestattete Rückgriff auf die reine Kunst verstellte den Blick auf strukturelle Momente der Argumentation und verurteilte die Vorschläge Vordtriedes, als politik- und handlungsfeindlich, zunächst zur Wirkungslosigkeit.

Ein anderer Definitionsvorschlag hatte größeren Erfolg, weil er dem politischen Orientierungs- und Handlungsbedürfnis der Reformbewegung entsprach. Jost Hermand unterschied zwischen konservativ-geistigen, bürgerlich-humanistischen und sozialistischen Strömungen des Exils und benannte damit die wesentlichen Ausgangspositionen für die einsetzende

Mythenbildung.[7] Während die erste Richtung sich auf die von Vordtriede vertretene Forschungsrichtung bezog, orientierten sich die beiden anderen deutlich an politischen Handlungs- und Orientierungsmodellen, die von der Vorstellung des Engagements ausgingen, sich in der Praxis aber zu widersprüchlichen Formen entwickelten. Der bürgerlich-humanistische und der sozialistische Mythos entwickelte jeweils eigene Genealogien, literaturwissenschaftliche Methoden und politische Handlungsfelder. Der erste berief sich auf Autoren wie Thomas Mann, Hermann Broch, Stefan Zweig, Franz Werfel, Josef Roth – der zweite auf Bertolt Brecht, Anna Seghers, Johannes R. Becher und Friedrich Wolf. Autoren wie Heinrich Mann, Lion Feuchtwanger oder Klaus Mann wurden – konkurrierend – für die Genealogie beider Mythen beansprucht. Unterschiedlich waren auch die Methoden: stärker sozialgeschichtlich orientiert, marxistisch die eine, eher geistesgeschichtlich orientiert die andere. Deutlich unterschieden sich auch die politischen Handlungsfelder: einer reformierten bürgerlichen Demokratie stand die Vorstellung einer radikalen sozialistischen Alternative gegenüber. Der überaus enge Zusammenhang von literarischem Gegenstand, wissenschaftlicher Methode und politischem Engagement erklärt sich aus der Tatsache, daß die Exilforschung in den sechziger Jahren für eine Generation von Lesern und Forschern Ausdruck von individuellen und gesellschaftlichen Entwürfen wurde, die die Struktur von Mythen annahm. Die freie Verfügung von Gegenstand, Methode und Engagement wurde erst mit der Auflösung des Mythos möglich.

In diesem ansatzweise skizzierten Feld gesellschaftspolitischer Orientierungen und Mythen lassen sich im engeren Bereich der Literatur und der Literaturwissenschaft Grundbegriffe und Paradigmen ausmachen, die ihrerseits die Bedeutung von Mythen – das heißt methodischen Orientierungsmustern der wissenschaftlichen Interpretation und der Lektüre annahmen. Drei dieser Mythen möchte ich im folgenden vorstellen: den Realismus, den Antifaschismus und den Mythos der Kultur-Nation.

II

Die literaturwissenschaftliche Debatte hatte Ende der sechziger Jahre einen so hohen Grad von Öffentlichkeit erlangt, daß Überlegungen zur Exilliteratur, wie H. A. Walters damals grundlegender Beitrag mit dem emphatischen Titel: *Noch immer: Draußen vor der Tür. An der Exilliteratur könnte die Germanistik den Ausweg aus der Krise proben*, in der *Frankfurter Rundschau* und einige Monate später, mit leichten Veränderungen, im *Merkur* erschienen.[8] Dieser Beitrag verfolgte zum einen das Ziel, die Exilliteratur in der Bundesrepublik einzubürgern: neben bekannten Autoren wie Thomas und Heinrich Mann, neben Robert Musil und Hermann Broch die damals im Westen weitgehend vergessenen Autoren Anna Seghers, Lion Feuchtwanger, Arnold Zweig sowie Autoren der jüngeren Generation – Hans Sahl, Irmgard Keun, Klaus Mann. Dieser Teil des Programms – als solches verstand sich der Beitrag –, hat sich in den siebziger Jahren in erstaunlichem Umfang erfüllt. Die Verlage reagierten auf das steigende Interesse der vielfach jüngeren Leser und Leserinnen mit Werkeditionen und Taschenbuchausgaben. Die in den achtziger Jahren einsetzende Frauenforschung hat einen neuen Schub von Entdeckungen und Publikationen ausgelöst.[9]

Das Plädoyer Walters für die Rehabilitierung der Exilliteratur verband sich mit einem programmatischen Literaturbegriff, der in der Exilliteratur ein Modell für die Gegenwartsliteratur, in der Exilforschung einen methodischen Königsweg für die krisengeschüttelte Germanistik gefunden zu haben glaubte. Walter sprach von der »Dominanz des Realismus« und entwickelte den entsprechenden Forschungsansatz in scharfem Gegensatz zur ›formalistischen, werkimmanenten‹ Interpretation: der Exilforschung gehe es darum, die »Verflechtung von Literatur und Gesellschaft, Kunst und Politik« herauszuarbeiten. Die Frontstellung zur traditionellen Germanistik war deutlich und wurde allgemein verstanden. Wenn Walter die Exilliteratur als »Instrument gesellschaftlicher Kritik«, »als Waffe im politischen Kampf« beschrieb, legte er damit die Grundlage für den Mythos ›engagierter Literatur‹: die Exilliteratur stellte Maßstäbe und Modelle für die kritische Auseinandersetzung mit der Gegenwartsliteratur, aber auch für die politische Revision des geschichtlichen Literaturkanons bereit.

Dieser Mythos hat über ein Jahrzehnt eine Generation von Forschern, Studenten und Lesern bestimmt, Lektüren und wissenschaftliche Arbeiten angeregt, die nicht auf die Exilliteratur sich beschränkten, sondern in abgelegenen und zeitgenössischen Epochen der Literaturgeschichte – der Aufklärung und den zwanziger Jahren, der französischen Revolution, dem Vormärz, der Arbeiter- und Dokumentarliteratur der sechziger und siebziger Jahre dieses Jahrhunderts – Spuren und Zeugnissen der ›engagierten Literatur‹ nachgingen.

Die Wirkung des Mythos Realismus ist nicht zu verstehen ohne den Hinweis auf einen anderen Mythos: den Antifaschismus. Zur Erläuterung greife ich ein Dokument vom Anfang der achtziger Jahre auf: Peter Härtlings Rede auf dem PEN-Kongreß 1980 in Bremen, der – als Abschluß und Sanktionierung einer zehnjährigen Phase der Exilrezeption in der Bundesrepublik – die *Literatur des Exils* zum Tagungsthema machte. Peter Härtling nannte seinen Beitrag *Die Macht der Verdränger*.[10] Der Text ist zugleich ein Stück Autobiographie und Zeitgeschichte der späten vierziger und der frühen fünfziger Jahre – der Bericht von Leseerfahrungen, oder besser: von verhinderter Lektüre des Heranwachsenden in der württembergischen

Provinz. Nürtingen steht aber für die gesamte Nachkriegsgesellschaft. Härtling spricht von einem »geschlossene(n) System der Amnesie«[11] und meint
damit nicht nur die Schule, sondern die Bundesrepublik im ganzen. Die
Restauration der alten Herrschaftseliten in Wirtschaft und Gesellschaft und
die politische Apathie der Bevölkerung unterbanden jeden Versuch einer
wirklichen Auseinandersetzung mit der politischen Vergangenheit. In ihrem
1967 erschienenen Buch *Die Unfähigkeit zu trauern* hatten Margarete und
Alexander Mitscherlich bereits die These aufgestellt, »daß zwischen dem in
der Bundesrepublik herrschenden politischen und sozialen Immobilismus
und Provinzialismus einerseits und der hartnäckig aufrechterhaltenen Abwehr von Erinnerungen (...) andererseits ein determinierender Zusammenhang besteht.«[12]

Während die Auseinandersetzung mit dem Nationalsozialismus den Konsens des Schweigens infragestellte, bedrohte die Hinwendung zum Exil und
seinen antifaschistischen Traditionen die politische Ordnung der Nachkriegsgesellschaft unmittelbar. Härtling spricht darüber, wie entscheidend
die frühe und zufällige Lektüre von Gedichten Herrmann-Neisses, Romanen Joseph Roths, der Autobiographie Georg K. Glasers seine kritische
Auseinandersetzung mit der Literatur einer ›heilen Welt‹ in den Romanen
von Werner Bergengruen, Edzard Schaper, Frank Thieß, seine Ablösung
vom herrschenden Literaturkanon der ›inneren Emigration‹ der fünfziger
Jahre gefördert habe.

Daß es dabei um mehr ging als um die Neugründung einer Lese-Biogra-
phie, zeigte der Auftritt eines anderen, politisch gewichtigeren Redners auf
dem PEN-Kongreß: Willy Brandt sprach über *Literatur und Politik im
Exil*.[13] Im Mittelpunkt seiner Erinnerungen stand die Begegnung mit Heinrich Mann im Pariser Exil – im Rahmen des deutschen Volksfrontausschus-
ses, dem der eine als Präsident, der andere als Delegierter der SAP angehörte. Damit war für die Teilnehmer des Kongresses, aber auch für die Leser der
als Taschenbuch erschienenen Dokumentation der Tagung eine Tradition
hergestellt, die an den alten Widerspruch von Geist und Macht erinnerte
und in der Person von Willy Brandt als überwunden darstellte. In der Tat
stellte die Kanzlerschaft Willy Brandts und die sie einleitende Ära von Reformen eine Art ›Zweite Gründung‹ der Bundesrepublik dar: nicht aus dem
Geist der Volksfront, die Brandt in seiner Rede mit großer Skepsis beurteilt,
sondern aus dem Bewußtsein einer ›nationalen Identität‹, das seine Quellen
biographisch und politisch aus dem Antifaschismus des Exils bezog. In der
Rede hieß das so: »Es gibt das Bedürfnis nach der *guten* Tradition. Die beste
Tradition des eigenen Landes, freilich in der Situation der Schmach und der
Verhöhnung, der Niederlage, des Leidens an Deutschland (um ein Wort zu
benutzen, mit dem man nicht spielen sollte) (...) Vielleicht (...) mußte eine
neue Generation heranwachsen, um wirklich nachempfinden zu können,

was das Exil für sich reklamiert hatte: wenn nicht das eigentliche, so doch wenigstens das bessere Deutschland zu sein.«[14]

Mit dem Begriff des ›besseren Deutschland‹ verbindet sich die Vorstellung des politischen und geistigen Widerstands der Emigration gegen den Faschismus.[15] Soweit die Erinnerung an diesen Widerstand Teil des politischen Selbstverständnisses der beiden Nachfolgestaaten des Deutschen Reichs wurde und das politische Handeln in der BRD und der DDR bestimmte, kann man vom Mythos des Antifaschismus sprechen. Er galt in seiner kommunistischen Variante in vollem Umfang in der DDR, während die sozialdemokratische Alternative sich in der BRD nur zögernd entwickelte und sich Ende der sechziger Jahre allenfalls als individueller Mythos mit der Person Willy Brandts und universitären Teilbereichen der Reformpolitik verband.

Wichtiger – und zwar für beide Teile Deutschlands – wurde die unpolitische Version des ›besseren Deutschland‹, wie sie sich im Mythos der Kultur-Nation bereits im Exil ausgeprägt hatte.[16] Der Begriff hat in Deutschland eine lange und wechselvolle Geschichte als symbolischer Ausdruck der Opposition des Geistes – ursprünglich des humanistisch gebildeten und liberalen Bürgertums gegen den Feudalstaat, dessen autoritäre Strukturen in Deutschland bis in das 20. Jahrhundert überdauerten. Die Auffassung des Schriftstellers als geistigem Repräsentanten der humanistischen Kultur-Nation, wie sie im Exil eine zentrale Rolle spielte, wird auch von Willy Brandt geteilt, wenn er die Erinnerung an seine Begegnung mit Heinrich Mann in den Mittelpunkt seiner Rede auf dem PEN-Kongreß stellt. Dem über siebzigjährigen ehemaligen Bundeskanzler Willy Brandt will es so scheinen, als habe ihm der damals mehr als siebzigjährige Heinrich Mann, der an die eigene Rückkehr nach Deutschland nicht mehr glaubte, den politischen Auftrag des anderen, geistigen Deutschland zu treuen Händen übergeben. In der Erinnerung wird aus der zufälligen Begegnung im Exil ein Gipfeltreffen zwischen den für immer versöhnten Vertretern von Geist und Macht.

III

Der PEN-Kongreß stellt den Höhepunkt und Abschluß einer mehr als zehnjährigen Entwicklung dar. Er fällt zusammen mit der Neuentdeckung des Werks von Irmgard Keun, Klaus Mann und Hans Sahl. Die Verfilmungen von Klaus Manns Roman *Mephisto,* der *Geschwister Oppermann* von Lion Feuchtwanger machten ein nach Millionen zählendes Publikum mit dem Exil und seinen Autoren bekannt. Ernst Loewy legte 1979 seine umfangreiche Auswahl literarischer und politischer Texte des Exils vor, die in der dreibändigen Taschenbuchausgabe ein breites Publikum von Schülern und Studenten erreichte.[17] 1978 erschien die erste Nummer der Zeitschrift *Exil*, im selben Jahr das *Jahrbuch für antifaschistische Literatur*, das es unter dem Klaus Mann entlehnten Titel *Sammlung* auf insgesamt fünf Bände brachte. 1983 erschien der erste Band des *Jahrbuchs für Exilforschung*, 1984 der erste *Nachrichtenbrief* der Gesellschaft für Exilforschung. Schon vorher war das Exilarchiv der Deutschen Bibliothek in Frankfurt a. M. eingerichtet worden. Der Exilforschung standen damit eigene Publikationsorgane und Forschungsstätten zur Verfügung. Dennoch sind in den achtziger Jahren der Einfluß der Exilliteratur auf dem Buchmarkt, die Bedeutung der Exilforschung an den Hochschulen zurückgegangen. Die Mythen – Realismus, Kultur-Nation, Antifaschismus – haben, so scheint es, ihre orientierende Kraft verloren. Mit der Einsicht in ihren zeitbedingten Charakter rückt ein negativer Aspekt der Mythen in den Vordergrund: Mythen sind, nach Roland Barthes, geschlossene Systeme. Sie sind selbstreferentiell und haben die Neigung, sich gegen neue Erfahrungen abzuschließen.[18]

Dies gilt für den Realismus. Die Gattungsbestimmung der Exilliteratur, wie sie Ende der siebziger Jahre von Jan Hans in der bei Fischer erscheinenden *Sozialgeschichte der deutschen Literatur* entwickelt wurde[19], hatte zunächst eine deutlich kritische Funktion: sie verpflichtete die Literaturwissenschaft auf die lange vernachlässigten gesellschaftskritischen Aspekte und zeitgeschichtlichen Aussagen der Literatur. Die Orientierung am gesellschaftskritischen Realismus, wie er durch Georg Lukács im *Historischen Roman* ästhetisch begründet und politisch sanktioniert worden war, kam der Schreibweise und dem Engagement von Autoren wie Anna Seghers, Lion Feuchtwanger, Heinrich und Thomas Mann, Arnold Zweig (der sich um die Rettung der traditionellen Fabel bemühte) entgegen. Sie gestattete vor allem, die faschismuskritischen Momente der Exilliteratur zu betonen, die im Zeichen immanenten Interpretierens übersehen oder vernachlässigt worden waren.

Zugleich aber hatte die Verpflichtung auf den Realismus normative Züge. Literarästhetisch bedeutete sie einen Rückgriff hinter Proust auf Zola, hinter die literarischen Avantgarden des 20. Jahrhunderts auf den sozialkritischen Realismus des 19. Jahrhunderts. Das führte einmal dazu, daß gewisse, dem ›Realismus‹ zuwiderlaufende Aspekte der Exilliteratur, ihre Verbindungen zur literarischen Avantgarde weniger stark betont, kritische Positionen, wie diejenige Walter Benjamins, übergangen wurden.[20] Die Festlegung auf den Realismus verführte aber auch dazu, die Maßstäbe ›realistischen Schreibens‹ unmittelbar auf die Gegenwart und das zeitgenössische Leseverhalten zu übertragen: ein an Feuchtwanger oder Arnold Zweig geschulter Leser wird sich nur zögernd auf Erzählweisen einlassen, die dem Unbewußten, Fragmentarischen, dem Ungeordneten und Assoziativen den Vorrang vor der traditionellen Fabel geben. Er wird sich scheuen, von der überschaubaren Welt geschichtlicher Konflikte und Fortschrittsverheißungen einzutreten in die ›neue Unübersichtlichkeit‹ (Habermas) der zeitgenössischen Gegenwart, die keine jener Utopien mehr bereithält, die die Exilliteratur ihren Lesern versprach und deren ›Einlösung‹ in den späten sechziger und in den siebziger Jahren zum Programm erhoben wurde. Das Veralten der Exilliteratur, das man im Leserverhalten und in der Forschung gegenwärtig beobachten kann, hat seine Ursache in der geschichtlichen Begrenztheit des Mythos Realismus: dem Zurückbleiben der Ästhetik realistischen Erzählens hinter der Komplexität moderner Wahrnehmungsstrukturen.

Nicht besser ist es um den Mythos der Kultur-Nation bestellt. Sein Scheitern wurde sichtbar am Versuch von Schriftstellern und Intellektuellen, vor allem der DDR – wie Christa Wolf, Volker Braun, Stefan Heym –, aber auch der BRD – wie Günter Grass –, stellvertretend für die Bevölkerung der DDR, einen dritten Weg zwischen Kapitalismus und stalinistischem Sozialismus vorzudenken. Die Massenkundgebung am 4. November 1989 auf dem Berliner Alexanderplatz sollte eine Sternstunde für die Vertreter eines ›anderen Deutschland‹ werden – tatsächlich leitete sie den Beginn der Marginalisierung der Intelligenz in der neugegründeten politischen, nicht Kultur-Nation ein.

Das Scheitern des Mythos der Kultur-Nation hat strukturelle und nicht politische Gründe. Sie erklären sich aus der Geschichte des Begriffs. Seine Entstehung reicht in das frühe 19. Jahrhundert und zum Beginn der bürgerlichen Emanzipation in Deutschland zurück. Wie Georg Bollenbeck in seinem kürzlich erschienenen Buch *Bildung und Kultur. Glanz und Elend eines deutschen Deutungsmusters* [21] gezeigt hat, verliert der Begriff der Kulturnation im Verlauf des 19. Jahrhunderts seine demokratische Komponente, lädt sich nationalistisch auf und wird zum Kennwort einer deutschen Fundamentalopposition gegen den Westen und die von ihm verkörperte Moderne. Als Gegenbegriff zur ›Zivilisation‹ dient die ›Kultur‹ der Rechtfertigung eines antidemokratischen deutschen Sonder- und Sendungsbewußtseins, das in den ›Ideen von 1914‹ sich kollektiv artikulierte. Von dieser konservativen Aufladung hat sich der Begriff der Kultur-Nation nicht mehr befreien können. Gerade auch die Versuche, in der Weimarer Republik und im Exil an die liberalen und demokratischen Traditionen des Begriffs der Kultur-Nation anzuknüpfen, blieben halbherzig und ließen zentrale antidemokratische Elemente unangetastet: so vor allem die Vorstellung einer kulturellen Elite, die zu geistiger Führung und Erziehung der Massen aufgerufen war. Von Heinrich Manns Forderung nach einer ›Diktatur der Vernunft‹ [22] in der Weimarer Republik über den im Exil erhobenen Führungsanspruch der Intellektuellen als ›geistiges Gewissen der Nation‹ bis hin zur Vorstellung einer von Intellektuellen wohlwollend gestützten antifaschistischen Erziehungsdiktatur in der DDR läßt sich die widersprüchli-

che Tradition der beiden geistigen Ursprünge der Kultur-Nation, des aufge-
klärten und des antidemokratischen, verfolgen.[23] Noch in der ›fortschrittli-
chen‹ Variante bezieht sich der Mythos der Kultur-Nation auf die Tradition
einer eingeschränkten Demokratie, die zur Vermittlung ihrer Werte und
Normen herausragender Einzelner bedarf, die stellvertretend (und das heißt
repräsentativ) für die Allgemeinheit sprechen. Es liegt auf der Hand, wie
sehr Faschismus und Exil solche Traditionen begünstigten: die Abschaffung
der Demokratie in Deutschland zwang den emigrierten Schriftstellern die
Rolle repräsentativer Existenz gleichsam auf, die in dem bekannten Satz
Thomas Manns gipfelte: »Wo ich bin, ist die deutsche Kultur.«[24] Der Mythos der Kultur-Nation wiederholte zwanghaft die Situation des Exils und
übertrug den Repräsentationsdiskurs auf eine Nachkriegsgesellschaft, die
sich mit der Entdeckung des demokratischen Potentials einer Zivilgesellschaft aus der moralischen Vormundschaft literarischer Eliten befreite. Diese Erfahrung machten die bundesrepublikanischen Schriftsteller in den
achtziger Jahren (in denen der Platz eines Heinrich Böll als Antipoden zu
Konrad Adenauer nicht mehr besetzt wurde). Ähnlich erging es den Schriftstellern der DDR nach 1989, als das Volk der DDR seine Schriftsteller aus
dem vierzigjährigen Amt der Seelsorger, Mahner, Helfer und Ratgeber ent-
ließ und über seinen Weg selbst entschied. Die in unterschiedlichem Tempo
verlaufende Herausbildung einer selbstbewußten Zivilgesellschaft bedeutete
das Ende des Mythos der im repräsentativen Intellektuellen verkörperten
Kultur-Nation.

Auch der Mythos des Antifaschismus stellt, als historischer Mythos, ein
geschlossenes System dar. Mythisches Denken ist als zyklisches Denken
fixiert auf einen Ursprung. Der Antifaschismus als aktualisiertes Orien-
tierungssystem blieb, wie der Realismus, zwanghaft gebunden an seinen historischen Ursprung – den Antifaschismus der dreißiger Jahre. So bewahrte
der Antifaschismus zwar die Erinnerung an die Opfer des Faschismus: die
Leiden der Verfolgung, des Identitätsverlusts, der Anonymität, des Todes.
Die Erinnerung an die Opfer war untrennbar von der Erinnerung an den
Widerstand. Der Mythos nahm hier seinen Ausgangspunkt: indem er die
Geschichte des Widerstands umerzählte in eine zeitlose Geschichte der Sieger, trug er dazu bei, historische Vergangenheit und politische Gegenwart zu
einer unauflösbaren Einheit zu verschmelzen. Die Erinnerung an den Antifaschismus nahm so die Form einer rituellen Wiederholung an: wiederholt
wurden die Freund-Feind-Konstellationen und Ausgrenzungsmechanismen
der dreißiger Jahre.[25] In diesem Sinn fungierte der Antifaschismus in der
Nachkriegszeit als Gründungsmythos und als Ausgrenzungsmechanismus:
der bürgerliche Antifaschismus reproduzierte mit dem Antikommunismus
ähnliche Ängste, Feindbilder und Ausgrenzungsmechanismen wie der sozialistische Antifaschismus mit dem globalen Faschismusverdacht.

Vom Mythos Antifaschismus spricht Antonia Grunenberg in ihrem gleichnamigen Buch.[26] Den Ausgangspunkt der Argumentation bildet die unbedingte Gleichsetzung von Kommunismus und Faschismus, die die methodischen Vorbehalte des großen Vorbilds – Hannah Arendt und ihr 1955 erschienenes Buch *Elemente und Ursprünge totalitärer Herrschaft* – außer acht läßt: In einer atemberaubenden Zitatenkollage von Marx und Hitler, von Ernst Jünger und Walter Janka werden Marxismus und Faschismus als fundamentalistische Gegenbewegungen gegen die Moderne vorgestellt.[27] Ähnlich wird mit dem Antifaschismus verfahren. Über die Verallgemeinerung einzelner Strukturelemente: dem Freund-Feind-Denken, der Militarisierung des politischen Denkens, den autoritären Verhaltensmustern des politischen Antifaschismus – kommt Antonia Grunenberg zu einer paradoxen Gleichsetzung von Antifaschismus und Faschismus. Die tatsächliche Geschichte des politischen Antifaschismus – der literarische und philosophische Antifaschismus bleiben ohnehin außerhalb der Betrachtung – fällt so durch die Gitter der behaupteten Strukturhomologien zum Faschismus.[28]

So weit, daß sie die historische und biographische Dimension des Widerstands, der Verfolgung und der Opfer auslöscht, darf die Mythenkritik des Antifaschismus nicht gehen. Mythenkritik sollte bedeuten, den Antifaschismus aus ›seiner Epoche‹ heraus zu begreifen: als historische und damit auch zeitbedingte Form des Widerstands und des Leidens. Die Historisierung ist das entscheidende Instrument einer Kritik des Mythos, der ja von der Zeitlosigkeit und Vorbildlichkeit – in der Figur der immerwährenden Wiederkehr des Ursprungs – lebt. Das Wesen des Mythos des Antifaschismus ist daher nicht seine Übereinstimmung mit dem Faschismus, sondern die Bindung seiner kulturellen Aktivitäten und politischen Programme an den Zeithorizont der dreißiger Jahre, die in einen Epochenhorizont eingebunden sind, der von den zwanziger Jahren bis in die späten achtziger Jahre des 20. Jahrhunderts reicht. Dieser Horizont, in dem der Antifaschismus als Mythos fungierte, war einmal bestimmt durch die Systemkonkurrenz zwischen kapitalistischen und sozialistischen Gesellschaften, zwischen einem kapitalistisch und einem sozialistisch verfaßten Deutschland. Er war zweitens bestimmt durch die zwanghafte Alternative eines politischen und literarischen Denkens, das um die Pole ›Wiederkehr von 1933‹ und die Utopie des demokratischen Sozialismus kreiste. Systemkonkurrenz und Antifaschismus führten in der Exilforschung zu einer, am Bild des besseren Deutschland orientierten, Deutungskonkurrenz. In wichtigen Untersuchungsfeldern kam es – zwischen Forschern der BRD und der DDR, aber auch innerhalb der westlichen Forschung – zu Parallel-Aktionen. So in der Spanien- und Südamerikaforschung, in der UdSSR-Forschung; vor allem aber bei den Arbeiten zu einzelnen Autoren wie Anna Seghers, Heinrich Mann, Bertolt Brecht, Lion Feuchtwanger, Arnold Zweig, bei denen der

Einsatz um Fragen wie Realismus und Avantgarde, Marxismus und Humanismus, Demokratie und Sozialismus ging – um Begriffe und Komplexe also, die im Sinn der Systemkonkurrenz um die ›richtigen‹ Ursprungs- und Orientierungsmythen strittig waren.[29]

Dieser Horizont ist 1989 zerfallen; damit ist auch der Mythos Antifaschismus als Antwort auf die Frage nach dem besseren Deutschland hinfällig geworden. Zugleich aber macht der Verfall des Mythos den Weg frei für eine wissenschaftliche Kritik, die von der Kritik des Mythos zur Kritik der Geschichte selbst reicht. Als Faschismuskritik kann sie Impulse für Minderheitenforschungen, für die Analyse historischer und zeitgenössischer Ausgrenzungs- und Vernichtungsdiskurse vermitteln. Als Diskurskritik des Nationalen, der Kulturnation etwa, kann sie der Frage nachgehen, wie weit sich in diesen Vorstellungen Herrschaftsformen der Politik und des Wissens artikulieren, die der Macht, nicht aber der Machtkritik dienten. Als sozialwissenschaftlich orientierte Kulturkritik kann sie schließlich zur Erneuerung einer *Dialektik der Aufklärung* führen, wie sie von Max Horkheimer und Th. W. Adorno, aber auch von Norbert Elias und Walter Benjamin im Exil entwickelt wurde. Anders als die Mehrzahl tagespolitischer und in diesem Sinn engagierter Texte des Exils orientierten die sozialphilosophischen und sozialpsychologischen Texte von Anbeginn an auf die lange Dauer zivilisatorischer Prozesse, in denen zentrale Begriffe wie Humanismus und Individualität, Fortschritt und Kultur eine über den zeitgeschichtlichen Horizont der dreißiger Jahre hinausreichende strukturelle Widersprüchlichkeit entfalten. Die Widersprüchlichkeit des Projekts der Moderne, aus dem Faschismus und Exil nicht ausgeklammert werden dürfen, könnte ein kritischer Ansatz um so eher herausarbeiten, als das Tabu mythischer Regelverletzungen mit dem Zerfall des Mythos selbst verschwindet.

IV

Historisierung und Mythisierung des Exils sind die beiden gegensätzlichen Formen der Auseinandersetzung mit der Vergangenheit. In einem, von Alexander und Margarete Mitscherlich zitierten, Aufsatz hat Sigmund Freud von der ›Wiederholung‹ und dem ›Durcharbeiten‹ als den zwei unterschiedlichen Formen der Erinnerung gesprochen. Das Verdrängte, so Freud, wird nicht eigentlich erinnert, sondern ausagiert. Die Form des Ausagierens ist die Wiederholung: der Patient wiederholt alles »was sich aus den Quellen seines Verdrängten bereits in seinem offenkundigen Wesen durchgesetzt hat, seine Hemmungen und unbrauchbaren Einstellungen, seine pathologischen Charakterzüge«[30]. Die Figur der Wiederholung hatte ich als eine

Eigenschaft mythischen Denkens vorgestellt – jetzt kann man hinzufügen: eine Eigenschaft, die pathologische Züge trägt. Mythischer Antifaschismus hat die Form des Ausagierens: es wiederholen sich die Ausgrenzungen, die Freund-Feind-Bilder des Exils, es wiederholt und prolongiert sich die angstbesetzte Verfolgungssituation der Vergangenheit in der Erfahrung und Wahrnehmung der Gegenwart. Erinnerter Antifaschismus setzt ein distanziertes Verhältnis zur Vergangenheit und zur Gegenwart voraus: er bedeutet Aufarbeitung der Vergangenheit. Indem er die Orientierungen, Werte und Konstellationen des Exils als historische erkennt, bricht er den Bann, den der Mythos über die Epoche verhängt hat.

Neue Forschungsschwerpunkte deuten sich an. Eine Ästhetik des Exils müßte sich vom Modell des traditionellen Realismus lösen, Methoden und Formen des literarischen Engagements gerade dort aufsuchen, wo ein in der Tradition der künstlerischen Avantgarde schreibender und argumentierender Autor wie Walter Benjamin sie eingefordert hat: am Schnittpunkt von politischer und literarischer Tendenz, von literarischen und außerliterarischen Techniken der modernen Medien Presse, Photographie und Film. Die Entscheidung, literarische Inhalte nicht von den Schreibweisen zu trennen, würde dazu führen, die historische Isolierung auf den Zeitraum von 1933 und 1945 zu überdenken und das literarische Exil von einer Perspektive aus zu untersuchen, die der literarischen Entwicklung vor 1933 und nach 1945 Rechnung trägt.

Zu überdenken ist auch die nationalgeschichtliche Orientierung, wie sie uns in der Forschung vom ›anderen Deutschland‹ entgegentritt. Es gab auch ein Exil, das nicht mit dem ›Blick nach Deutschland‹ gelebt und geschrieben hat, sondern sich dem jeweiligen Asylland: Frankreich, Palästina, den USA zugewandt und so eine interkulturelle Identität erworben hat. Von wichtigen Ansätzen in den USA und in Frankreich abgesehen, ist der Prozeß der Akkulturation noch weitgehend unerforscht. Von einer solchen Fragestellung sind nicht nur Ergebnisse zu erwarten, die das bisherige Bild des Exils grundlegend verändern; ich erhoffe von ihr auch kritische Impulse für die Herausbildung einer auf den Abbau ethnokultureller Vorurteile ausgerichteten weltbürgerlichen Haltung.

Ein selbstkritischer Antifaschismus, der die Lagermentalität und -realität nicht nur der fremden, sondern auch der eigenen Seite thematisiert, wird auch künftig von Bedeutung sein.[31] Dennoch wäre es an der Zeit, sich von der Fixierung auf politische Organisationen, politisches Handeln und Denken zu lösen und sich der methodisch außerordentlich komplexen Alltagsforschung des Exils und hier vor allem der erzwungenen jüdischen Massenemigration zuzuwenden.[32] Vielleicht ist die Erwartung nicht unbegründet, daß auf diese Weise Erfahrungen, die im Zusammenhang mit der Erforschung des Exils zwischen 1933 und 1945 gemacht worden sind, auf die

Untersuchung anderer Exile sich übertragen lassen. Die Exilforschung könnte so ihren Beitrag leisten, die Öffentlichkeit für die Schicksale und Probleme von ethnischen Minderheiten, aber auch von Ausgegrenzten der eigenen Population zu sensibilisieren.

Der vorliegende Beitrag ist die leicht überarbeitete Fassung eines Vortrags, den ich am 25. März 1995 auf der Jahrestagung der Gesellschaft für Exilforschung in Bad Salzau gehalten habe. Die Anmerkungen sind bewußt knapp gehalten.
1 Zum Mythos vgl. neben Hans Blumenberg: *Arbeit am Mythos.* Frankfurt/M. ⁴1990 vor allem auch Mircea Eliade: *Das Heilige und das Profane. Vom Wesen des Religiösen.* Hamburg 1957 und ders.: *Kosmos und Geschichte. Der Mythos der ewigen Wiederkehr.* Hamburg 1966 (Neuauflagen der Bücher Eliades im Suhrkamp-Verlag). — 2 Die Debatte ist dokumentiert in: Heinz Ludwig Arnold (Hg.): *Deutsche Literatur im Exil 1933–1945. Bd. I: Dokumente.* Frankfurt/M. 1974, S. 245–268. Zur zeitgenössischen Diskussion vgl. Thomas Koebner: »Die Schuldfrage. Vergangenheitsverweigerung und Lebenslügen in der Diskussion 1945–1949«. In: Thomas Koebner/Gert Sautermeister/Sigrid Schneider (Hg.): *Deutschland nach Hitler. Zukunftspläne im Exil und aus der Besatzungszeit 1939–1949.* Opladen 1987, S. 301–329. — 3 Vgl. dazu den Beitrag von Claus-Dieter Krohn in diesem Band. — 4 Jost Hermand: *Geschichte der Germanistik.* Reinbek bei Hamburg 1995, S. 141–164. — 5 *Germanistik – eine deutsche Wissenschaft.* Beiträge von Eberhard Lämmert, Walther Killy, Karl Otto Conrady und Peter von Polenz. Frankfurt/M. 1967. — 6 Werner Vordtriede: »Vorläufige Gedanken zu einer Typologie der Exilliteratur«. In: *Akzente* 15. Jg. (1968), S. 556–575 (zur Aufnahme der Thesen Vordtriedes vgl. den Aufsatz von Regina Weber in diesem Band); Jost Hermand: »Schreiben in der Fremde. Gedanken zur deutschen Exilliteratur seit 1789«. In: Reinold Grimm/Jost Hermand (Hg.): *Exil und innere Emigration.* Third Wisconsin Workshop. Frankfurt/M. 1972, S. 7–30; Manfred Durzak: »Deutschsprachige Exilliteratur. Vom moralischen Zeugnis zum literarischen Dokument«. In: Manfred Durzak (Hg.): *Die deutsche Exilliteratur 1933–1945.* Stuttgart 1973, S. 9–26; Peter Laemmle: »Vorschläge für eine Revision der Exilforschung«. In: *Akzente* 20. Jg. (1973), S. 509–519. — 7 Jost Hermand: »Schreiben in der Fremde«, S. 16 ff. Hermand spricht, ausgehend vom Kriterium des »politischen Engagements«, von »resignierend-eskapistische(n), kulturbewußt-humanistische(n) und aktiv-antifaschistische(n) Strömungen«. — 8 Hans-Albert Walter: »Noch immer: Draußen vor der Tür. An der deutschen Exilliteratur könnte die Germanistik den Ausweg aus der Krise proben.« In: *Frankfurter Rundschau* 17.10.1970 und Merkur Nr. 273 (Januar 1971). Ich zitiere nach der Fassung in der *Frankfurter Rundschau.* — 9 Vgl. die »Auswahlbibliographie Frauen und Exil« von Sabine Rohlf und Susanne Rockenbach. In: *Exilforschung. Ein internationales Jahrbuch.* Bd. 11 (1993), S. 239–277. — 10 Peter Härtling: »Die Macht der Verdränger«. In: *Literatur des Exils. Eine Dokumentation über die P.E.N.-Jahrestagung in Bremen vom 18. bis 20. September 1980.* Im Auftrag des P.E.N.-Zentrums Bundesrepublik Deutschland herausgegeben von Bernt Engelmann. München 1981, S. 172–179. — 11 Ebd., S. 174. — 12 Alexander und Margarete Mitscherlich: *Die Unfähigkeit zu trauern. Grundlagen kollektiven Verhaltens.* München 1967, S. 9. — 13 Willy Brandt: »Literatur und Politik im Exil«. In: *Literatur des Exils,* a.a.O., S. 164–171. — 14 Ebd., S. 170/171. — 15 Thomas Koebner: »Das ›andere Deutschland‹. Zur Nationalcharakteristik im Exil«. In: Manfred Briegel/Wolfgang Frühwald (Hg.): *Die Erfahrung der Fremde.* Kolloquium des Schwerpunktprogramms ›Exilforschung‹ der DFG. Forschungsbericht. Weinheim, Basel, Cambridge, New York 1988, S. 217–238. — 16 Lutz Winckler: »Der Geist an der Macht? ›Kulturnation‹ und intellektueller Hegemonieanspruch«. In: Manfred Gangl/Hélène Roussel (Hg.): *Les intellectuels et l'état sous la République de Weimar.* Rennes 1993, S. 219–232; zum Programm einer ›ästhetischen Erziehung‹ im Exil vgl. auch Günther Heeg: *Die Wendung zur Geschichte. Konstitutionsprobleme antifaschistischer Literatur*

im Exil. Stuttgart 1977. S. 48 ff. — 17 Ernst Loewy: *Exil. Literarische und politische Texte aus dem Exil 1933–1945.* Stuttgart 1979. Die dreibändige Taschenbuchausgabe erschien in Frankfurt/M. 1981 (Fischer Tb 6481–6483). — 18 Nach Roland Barthes: *Mythen des Alltags.* Frankfurt/M. 1964 besteht die wichtigste Funktion des Mythos darin, »eine Welt ohne Widersprüche« zu begründen (S. 131). — 19 Jan Berg u.a. (Hg.): *Sozialgeschichte der deutschen Literatur von 1918 bis zur Gegenwart.* Frankfurt/M. 1981, S. 419–466 (Jan Hans: Literatur im Exil). — 20 Dies ist keine Kritik an der subtilen Darstellung von Jan Hans, sondern eine grundsätzliche Bemerkung zu Forschungs- und Lesetrends der siebziger Jahre. Kritische, die Verbindung zur Avantgarde unterstreichende Impulse gingen u. a. von der Gesamtdarstellung Erwin Rotermunds im Bd. 3.1. der von Viktor Žmegač herausgegebenen *Geschichte der deutschen Literatur vom 18. Jahrhundert bis zur Gegenwart* (1984) und von den Arbeiten Thomas Koebners, vgl. zuletzt: *Unbehauste. Zur deutschen Literatur in der Weimarer Republik, im Exil und in der Nachkriegszeit* (1992) aus. — 21 Georg Bollenbeck: *Bildung und Kultur. Glanz und Elend eines deutschen Deutungsmusters.* Frankfurt/M. und Leipzig 1994. Bollenbeck macht deutlich, daß bereits die Konstituierung des Bildungsdiskurses am Ende des 18. und Beginn des 19. Jahrhunderts durch die Vertreter des deutschen Neuhumanismus im Zeichen der Abwehr sozialer Orientierungen zugunsten individueller Identitätskonzepte stand (S. 96–159). Vollends wurde der Zusammenhang von Bildung und Emanzipation, wie er sich in der demokratischen Bewegung des Vormärz herausgebildet hatte, im letzten Drittel des 19. Jahrhunderts, mit der Abkehr des deutschen Bürgertums vom politischen Liberalismus und seiner Hinwendung zum militanten Nationalismus, aufgelöst. — 22 Willi Jasper: *Der Bruder. Heinrich Mann. Eine Biographie.* München 1992, S. 174. — 23 Lutz Winckler: »Mein Deutschland findet sich in keinem Atlas. Schriftsteller über ihr nationales Selbstverständnis – Rückblick auf eine Umfrage«. In: Gerd Meyer/Gerhard Riege/Dieter Strützel (Hg.): *Lebensweise und gesellschaftlicher Umbruch in Ostdeutschland.* Erlangen und Jena 1992, S. 492–506. — 24 Der Ausspruch ist überliefert bei Heinrich Mann: *Ein Zeitalter wird besichtigt.* Berlin 1947, S. 208. — 25 Oskar Negt: »Der gebrochene Anfang. Sozialismus und das Problem einer Deutschland-Utopie«. In: *Das Argument* Nr. 184 (1990), S. 905–922 spricht hinsichtlich der antifaschistischen Tradition in der DDR von einem »Symbolghetto der Geschichte« (S. 916). — 26 Antonia Grunenberg: *Antifaschismus – ein deutscher Mythos.* Reinbek b. Hamburg 1993. — 27 Ebd., S. 21–59. — 28 François Furet: *Le passé d'une illusion. Essai sur l'idée communiste au XXe siècle.* Paris 1995 verfährt in seiner Analyse des Antifaschismus (S. 249 ff., 311 ff.) sehr viel genauer, indem er zwischen marxistischer Theorie, antifaschistischer Ideologie und kommunistischer Praxis trennt. Während er die Praxis als Ausdruck des totalitären Herrschafts- und Machtkalküls beschreibt, gesteht er dem Antifaschismus und dem ihm zugrundeliegenden Konzept der ›Vollendung der französischen Revolution‹ den Status einer ideologischen Illusion zu. — 29 Alexander Stephan: *Die deutsche Exilliteratur 1933–1945.* München 1979 spricht im Blick auf die deutsch-deutsche Forschungskonkurrenz von einem »Marsfeld« (S. 17). Symptomatisch für die frühen achtziger Jahre war die Auseinandersetzung um die von Werner Mittenzwei herausgegebene siebenbändige Gesamtdarstellung *Kunst und Literatur im antifaschistischen Exil 1933–1945* (1978–1981), an der u.a. Hans-Albert Walter und Eike Midell beteiligt waren (in: *Sammlung. Jahrbuch für antifaschistische Literatur und Kunst* 5 (1982), S. 92–115. — 30 Sigmund Freud: »Erinnern, Wiederholen und Durcharbeiten« (1914). In: S. Freud: *Studienausgabe.* Ergänzungsband. Frankfurt/M. 1982, S. 207–215, hier S. 211. — 31 Klaus Briegleb: *Unmittelbar zur Epoche des NS-Faschismus. Arbeiten zur politischen Philologie 1978–1988.* Frankfurt/M. 1989 verweist auf die Notwendigkeit subjektiver Sprachkritik und politischer Erinnerungsarbeit, damit der Faschismus in den öffentlichen und wissenschaftlichen Diskursen tatsächlich zur Vergangenheit werden kann. — 32 Dazu hat Ernst Loewy: »Zum Paradigmenwechsel in der Exilliteraturforschung«. In: *Exilforschung. Ein internationales Jahrbuch* 9 (1991), S. 208–217 aufgefordert. Sein in diesem Zusammenhang geäußerter Verdacht, der Antifaschismus habe als »eine Art geschichtlicher Deckerinnerung« fungiert, die zur »Ausklammerung der Massenvertreibung (und der Massenvernichtung) der deutschen und europäischen Judenheit« beigetragen habe (S. 212), ist nicht von der Hand zu weisen.

Frank Trommler

Das gelebte und das nicht gelebte Exil des Peter Weiss

Zur Botschaft seiner frühen Bilder

I

Als Peter Weiss, in Bremen und Berlin aufgewachsen und mit der Familie 1935/36 bei London ansässig, 1936 in die Tschechoslowakei ging, tat er das als tschechischer Staatsbürger. War er dort im Exil? Die neuere Forschung, die sich den Umständen seines Lebens intensiv gewidmet hat, bejaht diese Frage, allerdings nicht ohne die Brauchbarkeit der Begriffe Exil und Emigration für einen jungen Künstler in Zweifel zu ziehen, der beim Weggang aus Deutschland noch kein Werk verfertigt hatte, das öffentliche Beachtung beanspruchen konnte. Das war nicht das Exil als Programm und Bekenntnis, wie es Klaus Mann im Roman *Der Wendepunkt* für Schriftsteller definierte: als Wendung gegen das »Dritte Reich« und Aufklärung über den wahren Charakter des Regimes, als Bemühung, das ›andere‹, bessere Deutschland in der Fremde lebendig zu erhalten.[1] Das war vielmehr Exil als eine Haltung, bei der das existentielle Bekenntnis zum universalen – eigentlich künstlerischen – Außenseitertum die spezifisch nationalen und politischen Begründungen stark überschattete.

So hat es Weiss in den autobiographischen Werken *Abschied von den Eltern* und *Fluchtpunkt* sowie in verschiedenen Interviews später selbst charakterisiert. Bezeichnenderweise hat seine Stellungnahme, daß er dem moralisch engagierten Emigrationskonzept nicht gerecht geworden sei, die Literaturhistoriker besonders interessiert. Die schriftstellerische Leistung dieser Werke wurde nicht zuletzt in Weiss' schonungsloser Abrechnung mit diesem Versagen gesehen. In der Tat beschrieb sich Weiss in der Retrospektive als einen Unzulänglichen, einen Scheiternden, als einen, der es nicht vermochte, sich in der Ausnahmesituation der Emigration vom Elternhaus freizuschwimmen, und der kindliche Schuld- und bürgerliche Abhängigkeitsgefühle weiter mit sich herumtrug. So konstatierte er am Ende vom *Abschied von den Eltern*: »Meine Niederlage war nicht die Niederlage des Emigranten vor den Schwierigkeiten des Daseins im Exil, sondern die Niederlage dessen, der es nicht wagte, sich von seiner Gebundenheit zu befreien. Die Emigration hatte mich nichts gelehrt. Die Emigration war für mich nur die Bestätigung einer Unzugehörigkeit, die ich von frühster Kindheit an erfahren hatte. Einen heimischen Boden hatte ich nie besessen. Daß der Kampf, der draußen geführt wurde, auch meine eigene Existenz anging, berührte mich nicht. Ich hatte nie Stellung genommen zu den umwälzenden Konflikten der Welt. Die Anstrengung, einen Ausdruck für mein Dasein zu finden, hatte keine andere Aufmerksamkeit zugelassen. Diese Zeit war eine Wartezeit für mich, eine Zeit des Schlafwandelns.«[2]

Dieses harsche Urteil hat in der Forschung zu Weiss insofern besonderen Stellenwert gewonnen, als es eine entscheidende Motivation für das dreibändige Prosawerk *Ästhetik des Widerstands* bereitzustellen scheint, in dem sich Weiss zwischen 1972 und 1980 mit jenen Jahren auseinandergesetzt hat. Worin der junge Emigrant versagte – sich den politischen Herausforderungen der deutschen Diktatur zu stellen –, wird in diesem ideologie- und politikgesättigten Romanrückblick auf diese Periode nachgeholt: in einem Lebendigmachen des Widerstandes gegen den Faschismus von den Erfahrungen und Kämpfen einer Gruppe zumeist deutscher Sozialisten her, um die sich, in unterschiedlich theoretisierenden und historisch analysierenden Essaypartien, ein Netz von Betrachtungen über Widerstand als Lebensform legt. Zwar stellt Weiss, durch die Ich-Figur des Erzählenden leicht subjektiviert, immer wieder auch die Niederlagen der Antifaschisten vor Augen; zentral aber ist ihm, wie er das historische Eingreifen und moralisch-politische Stellungnehmen dieser Menschengruppierung als prospektive Wahrheit dieser Periode etablieren kann. Statt diese rückwärtsgerichtete Utopie mit Hilfe von Fiktionalisierung zu beglaubigen, betont Weiss das Dokumentarische. Erst gegen Ende zu wird diese von eindrucksvollen Bild- und Kunstbeschreibungen überwucherte schriftstellerische Korrektur der eigenen Biographie als Geschichtskorrektur nachdrücklicher fiktionalisiert.

Angesichts dieser alternativen Lebenswelt erscheinen die geschriebenen und gemalten Zeugnisse der Selbstsuche des jungen Weiss eher zeitkonform für einen jungen Bildungsbürger der dreißiger Jahre. Wenn Hermann Hesse für die künstlerischen Erstlingswerke freundliche Ermutigungen übrighatte, weil er darin seine Steppenwolfnöte und Außenseiterpoetereien gespiegelt sehen konnte, so dürfte ihm, wenn er die Publikation noch erlebt hätte, die *Ästhetik des Widerstands* fremd und outriert vorgekommen sein. Weiss hatte ihn, vielleicht mehr als es dem suchenden, sich von der Bürgerwelt trotzig distanzierenden Steppenwolfautor lieb sein konnte, beim Wort genommen, allerdings in einer ihm fremden unpoetischen Organisationssprache. Lag in dem harschen Urteil von Weiss über das Verfehlen der Emigration auch eine Auflehnung gegen diesen allzu poetisch-unbürgerlichen Vater seiner Künstleridentität?

Die Annahme bietet sich an, daß Weiss mit der Stilisierung der ersten Exiljahre als einer von Naivität, zugleich aber von Zurücksetzung und Mißverstehen des Künstlers gekennzeichneten Zeit ein Gewebe von Argumenten knüpfte, das die Stufe der Selbstfindung als politischer Autor legitimieren sollte.

Abb. 1:
Peter Weiss
Jüngling am Stadtrand
1937/38*

In jedem Falle erscheint es notwendig, die von Weiss tatsächlich erfahrene und bezeugte Zeitgenossenschaft zu Nazismus, Stalinismus und Exil im Blick zu behalten, wenn von dem späteren Werk die Rede ist. Nicht nur sind dafür inzwischen die damals entstandenen Bilder und Prosawerke genauer erschlossen worden[3], sondern auch seine wichtigsten Briefe an die Freunde Hermann Levin Goldschmidt und Robert Jungk.[4]

II

Einen guten Einstieg in Weiss' Plazierung seiner selbst als Künstler und Individuum in Prag 1937/38 bietet das Bild »Jüngling am Stadtrand« (s. Abb. 1). Es zeigt einen jungen Mann vom Rücken her. Er steht in der Mitte eines ummauerten Hofes vor schwarzen, spärlich belaubten, am Fuße des Stammes umgitterten Bäumen. Sein dunkel gehaltener Körper befindet sich im Zentrum mehrerer Fluchtlinien, einer hinten rechts aus dem Hof hinaus und zur Stadt führenden Treppe zugewandt. Die Treppe führt zu einer eisernen Bogenbrücke. Allerdings scheint sich die Stadt mit der gegen die Treppe andringenden Häusermasse und einem vorgeschobenen Gebäudeteil, das den Blick verstellt, gegen ein mögliches Eindringen zu wehren.

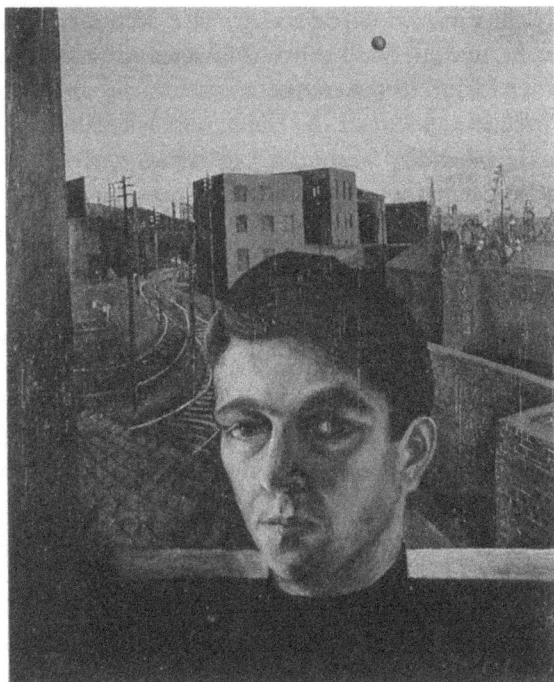

Abb. 2:
Peter Weiss
Selbstbildnis
1938*

Links hinten ist eine grüne Tür, auf die Weiss in einem Brief an seinen Freund Hermann Levin Goldschmidt, dem er das Bild verkaufte, anspielte. In dem bei einem mehrwöchigen Zwischenaufenthalt in Berlin geschriebenen Brief vom 13. Februar 1939 heißt es: »Ach Hermann, fände ich doch bald wieder die grüne Tür. Ich habe mich in einiges verstrickt, muß gegen die Stadt ankämpfen u. komme mir oft vor wie im Traum.«[5] Gegenüber seinem Bruder faßte Goldschmidt kurz darauf die Konstellation des Bildes folgendermaßen zusammen: »Genauer wäre: der Jüngling am Scheideweg: Denn auf dem Spielplatz und zwischen den Bäumen stehend, muß er sich entscheiden, wohin er gehen will. Der Weg der Mauern & die Treppe, der er zugewendet ist, führen in die Stadt, (...) eine häßliche & technische Stadt – und eine Bahnhofslandschaft. Es gibt aber noch in der einen Mauer ein grünes Tor, das Tor der Hoffnung sozusagen, direkt unter dem Himmel, der Jüngling kann auch dieses Tor wählen und die wahre Natur erreichen.«[6]

In dem »Selbstbildnis« von 1938 (s. Abb. 2) hat sich der junge Mann gleichsam umgewendet, mit skeptischem Gesicht dem Zuschauer anheimstellend, welcher Art die Beziehung zu der Stadt ist, die sich hinter ihm aufbaut. Wiederum sieht man die Identifikationsfigur im Schnittpunkt von Linien, die in die Stadt führen, auf der Linken die Bahngeleise, auf der Rechten abgewinkelte Mauern, die in ähnlicher Form wie im ersten Bild das

Nicht-Einlassen signalisieren. Wie sehr die Figur, die an einem Fenster steht, und die Stadt getrennt bleiben, kann man auch an der unterschiedlichen Lichtführung erkennen; auf Gesicht und Innenraum fällt von links ein Streulicht, während die Stadtlandschaft dahinter von rechts wie von einer untergehenden Sonne rot beleuchtet wird. Die Stadt, wohl der Stadtteil Strasnice, ist wenig einladend. Wenn man genauer hinsieht, erkennt man aber auch, daß Weiss Versatzstücke einer anheimelnden Jahrmarktswelt eingebracht hat: oben rechts schiebt sich, vor einem Riesenrad, das grüne Dach eines Zirkuszeltes über den Rand einer Mauer. Am Himmel segelt ein blauer Luftballon davon. Die bunten Wimpel erinnern an die Wimpel auf Henri Rousseaus Selbstbildnis, das Weiss in Prag gesehen hat.

Mit diesen Bildern und den dazugehörigen Skizzen haben wir ein anderes Prag vor Augen, als es in den Stilisierungen zur goldenen Stadt in jenen Jahren den Zeitgenossen vorgeführt wurde. Es ist nicht die schöne, verwinkelte, geschichtsträchtige Stadt mit den Moldaubrücken, sondern das Vorort-Prag, das sich wenig von anderen Industriestädten Mitteleuropas unterscheidet. Eine Stadt, in die der Maler seine Fremdheit einzeichnet, nicht ohne Referenz an Kafka (obwohl Weiss im Rückblick behauptete, er habe damals nur in Kafkas Büchern geblättert, sie erst später voll aufgenommen). Offensichtlich verfolgte er eine künstlerische Formulierung seiner Einsamkeit, bei der Prag nicht den Ausgangspunkt, eher eine Art Fluchtpunkt darstellt, eine malerische Kristallisation seines Bedürfnisses nach Fremdheit. Paradoxer gesagt: Prag war ihm sozusagen ein willkommener Katalysator, um Fremdheit zu artikulieren. Denn anders als Schweden, wohin er 1939 ging, war ihm diese Stadt vertraut genug, um sich seine Fremdheit recht heimisch machen zu können. Befand er sich also doch nicht im Exil?

Rechtlich war er Tschechoslowake, der auch, als er in Berlin aufs Gymnasium ging, als Ausländer geführt wurde. Weiss betonte immer, daß die verschiedenen Umzüge der Eltern das vorhandene Grundgefühl existentieller Fremdheit intensivierten. Die Kontinuität des bürgerlichen Heims, die die Eltern nach jedem Umzug neu behaupteten, habe nie bestanden. Insofern bedeutete Prag, wo er dank der Vermittlung von Hesse und dessen Bekannten einen Studienplatz an der Kunstakademie erhielt und nun entfernt von den Eltern für sich arbeiten konnte, einen bis dahin ungewohnten Ort der Selbstverwirklichung als Künstler. Die Passagen in *Abschied von den Eltern* bestätigen den von ihm bereits vorher – etwa im Motiv des Kaspar Hauser – angeschlagenen Ton des existentiellen Emigranten, der sich seine Distanzierung von der Welt des Bürgers, des Kommerzes und der Machtordnungen so kraftvoll konstruiert, daß sich die aktuellen politisch-gesellschaftlichen Widrigkeiten einebnen.

Das 1938 in Prag entstandene Ölbild »Caspar Hauser«, von dem nur ein Foto existiert, war ihm offensichtlich besonders teuer. Eine andere Selbststilisierung, ebenfalls 1938 in Prag entstanden, zeigt ihn als »Junge im Garten«: wiederum eine statische Komposition, in der die Figur, dem Zuschauer zugewandt, von einem verhalten stilisierten Garten, *seinem* Bereich, umgeben ist, um den die Kulisse einer Industriestadt aufragt. Zentral auf dem Gemälde, hinter kahlen Bäumen, eine zur Kirche oder Kapelle stilisierte Bürgervilla, von der der Junge offensichtlich ausgeschlossen ist. Die Natur, in der der Junge wie eine Staffage steht, wirkt bedrückend melancholisch, ein Effekt, den Weiss von romantischen Malern, vor allem Philipp Otto Runge und Caspar David Friedrich, abgesehen hat. Ungewohnt ist aber die Form, in der er das Astwerk vor dem fahlen Himmel stilisiert: zu einer Art Dornendickicht.

Wenn Weiss in späteren Äußerungen, besonders im *Fluchtpunkt*, das Verhältnis zur Mutter als schicksalhaft bedrückend herausgearbeitet hat, spielt ihr Vorwurf, seine Bilder seien zu düster und unheimlich, eine wichtige Rolle. Die Tatsache, daß die Mutter bei der Abreise aus der Tschechoslowakei einige seiner Ölbilder zerstörte, um mit ihnen nicht den Unwillen der die Abreise überwachenden SS-Leute zu erregen, wurde von ihm als symbolhaft interpretiert.[7] In der Tat betonte er in der Prager Zeit die ominösen, katastrophenschwangeren Schattierungen in seinem künstlerischen Welt- und Selbstverständnis. Die Ansatzpunkte dafür lagen entweder im engsten Familienkreis – vom plötzlichen Tod der Schwester bestimmt – oder im Welthistorischen, wo er die Katastrophenvisionen des seit den zwanziger Jahren entwickelten magischen Realismus umsetzte. Offenbar fand er damit im Bereich der Malerei wirkungsvollere Instrumente für seine existentielle Unabhängigkeitserklärung als im Schreiben. Gegenüber der von Alfred Kubin, Franz Radziwill, Otto Dix und anderen Malern entwickelten magisch-realistischen Strömung, in die sich altdeutsche und niederländische sowie neusachliche Formen mischten, war er besonders aufnahmefähig. Die Begriffe ›magisch‹ und ›Realismus‹ bezog er in einem späteren Interview selbst aufeinander: »Bosch und Bruegel waren während des Beginns meiner eigentlichen malerischen Tätigkeit meine großen Vorbilder: diese magische Genauigkeit im Realismus, diese reiche dramatische Welt, dieses Welttheater – das sind Dinge, die in meinen frühen bildnerischen Arbeiten immer wieder vorkamen, da kam es her.«[8]

Unschwer lassen sich beide Maler als Vorbilder für die Überschauperspektive über das kleinteilige apokalyptische Geschehen erkennen, die mehrere seiner Welttheater-Bilder beherrscht. Die Tatsache, daß die Prager Kunstakademie 1938 seine Bilder »Gartenkonzert« (ein bedrückendes Familienmotiv) und »Das große Welttheater« (eine Katastrophenvision) mit einem Preis auszeichnete, bedeutete nicht nur eine aufregende Anerkennung als professioneller Maler, sondern auch ein Zeugnis dafür, daß sein magischer Realismus keineswegs ungewohnt war.

Abb. 3: Peter Weiss, Das große Welttheater*

»Das große Welttheater« (s. Abb. 3), das von der Akademie ausgezeichnete Gemälde, zeigt eine düster-phantastische Landschaft am Abend. Im Vordergrund sind zahlreiche magisch beleuchtete Szenen dargestellt: Mord, Vergewaltigung, Prostitution, aber auch eine Geburt, dazu Zirkusleben, Tanz. Eine vom Feuerschein bedrohlich angeleuchtete Burg schließt den Vordergrund ab, dahinter wird eine sturmbewegte Meeresbucht sichtbar, in der Schiffe kentern. Im Hintergrund links ein breites Felsenmassiv, in der Mitte ein riesiger Turmbau und eine brennende Stadt. Der Turmbau erinnert an Bruegels Turm von Babel. Weiss' eigene Handschrift wird erkennbar, wenn man den Turmbau genauer ansieht und bemerkt, daß er sein Motiv des betrachtenden Einzelnen auch in diesem großräumigen Untergangspanorama einbringt, an Georg Heyms visionäre expressionistische Gedichte erinnernd. Schließlich erscheint unten rechts noch ein anderes Wesen, das aus dem Bildzusammenhang herausragt, ein junger Mann, der im Gras sitzt, fast unbeteiligt in einem Kokon von pastoraler Ruhe. Deutlich ist das Gemälde als Vision, als eine Art Warnung gekennzeichnet, in Polarität zum engumgrenzten Raum individueller Existenz. Das Bild als eine Pathosgebärde, die der junge Maler seinen Zeitgenossen entgegenhält.

Weiss hat im *Abschied von den Eltern* eine Episode geschildert, die sich im Jahr darauf ereignete, als er kurz nach dem Anschluß Österreichs an das nationalsozialistische Deutschland mit seinem Freund Peter Kien »Das große Welttheater« die Straßen zur Prager Kunstakademie hinauftrug. »Plötzlich sprang vor uns ein Mensch aus dem Fenster und klatschte, direkt vor uns, auf die Straße, schlug sich auf dem Trottoir zu Tode. Wir stellten das Bild ab – und daneben lag dieser zerschmetterte Mensch.«[9] So beschreibt Weiss diesen von den politischen Ereignissen 1938 geprägten schrecklichen Zwischenfall in einem Interview. Im *Abschied* ist dieser sehr viel eingehender und passionierter dargestellt, als Illustration des kurz zuvor gefällten Urteils: »In Prag, an diesem ersten Ort, an dem ich meine Freiheit suchen wollte, fand ich nur Dunkelheit und Selbstzerstörung.«[10]

Es fällt nicht leicht zu entscheiden, in welchem Umfang sich Weiss mit solchen erschütternden Erfahrungen auf eine nicht nur existentielle, sondern politisch bewußte Reaktion gegenüber den Zeitgeschehnissen einließ. Gewiß ist, daß er weder so naiv in seiner Eigenwelt lebte, wie er in den autobiographischen Schriften und Interviews behauptet hat, noch als Künstler-Außenseiter so um Anerkennung kämpfen mußte, wie er es sich und der Umwelt suggerierte. Er selbst wies in dem erwähnten Interview auf sein Triumphgefühl hin, mit dem er Hermann Hesse 1938 beim zweiten Besuch in der Schweiz gegenübertrat: »Jetzt besuchte ich Hesse als *Maler*, jetzt war ich ein fertiger Maler. Ich hatte die Akademie hinter mir, ich hatte den Preis der Akademie bekommen; ich war in einem ganz anderen Stadium meiner künstlerischen Entwicklung z. B. wie zwei Jahre früher in London.«[11] Wie sehr er in diesen Jahren den Durchbruch zum Künstler als Eigenleistung, keineswegs als Versagen gewertet hatte, läßt sich aus dem Brief an seinen Freund Goldschmidt vom 10. Oktober 1939 erkennen, in dem er seinem Stolz und seiner Freude über die Ankunft seiner Gemälde aus der Tschechoslowakei in Schweden Ausdruck gab: »Die Wände meines Zimmers sind nun dichtgefüllt u. aus dem Raum ist eine richtige kleine Galerie geworden. Die Wiederkehr hat mich natürlich recht mitgenommen, darin arbeiten kann ich garnicht, immer nur mußte ich umher gehen, von einem der alten Freunde zum anderen. Und wunderlich war mir abends zumute, als ich sie im verdämmernden Zimmer alle rings um mich hatte. Und herrlich schöpferische Gefühle kommen mich morgens an, wenn ich beim Erwachen im Kreis meiner Gefährten liege. Doch das schönste, und das was mich mit großer Sicherheit erfüllt, ist dies: Daß ich warten kann, warten auf etwas, das völlig gewiß ist; daß ich einen Reichtum habe, den mir niemand stehlen kann.«[12]

In anderen Briefen dieser Zeit differenziert Weiss das Gefühl des inneren Besitztums; jedenfalls ist von der Aktion der Mutter nicht die Rede. Wie souverän er zu Beginn des Lebens in Schweden seine malerischen Mittel beherrscht, läßt sich an dem Bild »Der Hausierer« von 1940 (s. Abb. 4) erkennen, wo er seine zentralen Motive Stadt, Jahrmarkt / Zirkus und Jüngling am Stadtrand kombiniert. Auch hier ist der Zugang zur Stadt verstellt; die Straßenflucht in der Mitte endet an einer Querwand. Der Betrachter im Vordergrund trägt die Züge von Peter Weiss. In seinem Bauchladen hat er Verschiedenes, darunter ein Buch. Weiss sagte über das Gemälde: »›Der Hausierer‹ ist natürlich der Wanderer, der in ein völlig fremdes Land kommt. Ich konnte kein Wort Schwedisch, und ich bzw. der Hausierer steht da mit dem Bauchladen vor einem Zirkus, die fremde Welt hat ja etwas Jahrmarktartiges für den Ankömmling. Irgendwo hängt auch eine schwedische Fahne, der Hausierer selbst ist behängt mit blau-gelben Bändchen, um auf sich aufmerksam zu machen.«[13]

Angesichts dieses in Prag und in der Schweiz bestätigten Selbstwertgefühls, das ihm in Schweden half, die teilweise entwürdigenden Umstände der Arbeit im Familienverband zu überstehen, drängt sich die Folgerung auf, daß man die gewöhnliche Argumentation über die Verluste im Exil in diesem Falle nicht unbefragt anwenden sollte. Es ließe sich bei diesem angehenden Maler sagen, daß er im Weggang aus Deutschland, so unmenschlich die politischen Zusammenhänge waren, seine Selbstfindung als Künstler im vollen Bewußtsein des ›Am-andern-Ort-Wohnens‹ wohl nicht weniger stetig verfolgt hat, als er es in Deutschland getan hätte. Dort waren andere, wie sein engster Freund Uli, für den sich die Emigration nicht anbot, an zerstörerische Entwicklungen gefesselt, aus denen sie nicht mehr herausfanden. Obwohl Gegner der Nazis, wurde Uli zur Wehrmacht eingezogen und ertrank als Soldat 1940 bei der Besetzung Dänemarks durch deutsche Truppen an der Küste. Weiss war zu dieser Zeit in Schweden und hat später über diese Zusammenhänge meditiert.[14]

Wie in der Forschung zu Peter Weiss öfters festgestellt, geht es weniger um die Tatsache, *daß* Weiss sein Leben immer wieder umschrieb, als vielmehr um die »Motive und Techniken der ästhetischen Stilisierung des historischen wie des biographischen Materials.«[15] Dafür legte er selbst schon den Grundstein in diesen Jahren, wenn er sein Künstlerdenken an die Erfahrung und Verwertung des Exildaseins knüpfte, des existentiellen ebenso wie des von der nationalsozialistischen Rassenpolitik bedingten aktuellen Exils. So formulierte er Mitte August 1939 eine Art Anleitung dafür, wie sich der Exilant mit der rechten Thematisierung von Emigrantenschicksalen künstlerisches Neuland verschaffen kann. Seine Empfehlung für Robert Jungk enthält einige von ihm als Maler in Katastrophenbildern genutzte Motive: »Ich las in der Zeitung von diesen Schiffen mit Emigranten, die vor den Küsten kreuzen an denen sie anlegen wollen, doch sie werden nicht an Land gelassen, sie werden wieder auf das Meer zurückgestoßen, Frauen, Kinder, hunderte. Verzweifelte springen in das Meer, kommen Sie an Land, werden

Abb. 4: Peter Weiss, Der Hausierer, 1940*

sie auf Kähne verladen und wieder zum Dampfer zurückgebracht, einige
stürzen sich in der Nacht über Bord, eine Mutter mit Kind, sie ertrinken.
Das Schiff fährt zum nächsten Hafen, auch hier kommt ein Kriegsschiff, ge-
leitet sie wieder hinaus über die Hoheitszone, so geht es fort und fort. Dies
ähnelt den furchtbaren Schreckenszügen der Türken gegen die Armenier:
man trieb sie doch damals während des Krieges zu tausenden in die Wüsten,
wo sie jämmerlich verreckten. Was könnte man aus dieser Schiffsreise ins
Nichts für eine anklagende, ungeheure Geschichte formen. Ist das nicht ein
Thema für Dich?«[16]

III

Die in solch eindrucksvollen Zeugnissen manifestierte Beschäftigung mit dem Flüchtlingsleben Ende der dreißiger Jahre legt einige kritische Folgerungen nahe, die Weiss' spätere Motive für die Stilisierung dieser Periode betreffen.[17] Wenn er in *Die Ästhetik des Widerstands* daranging, diese Jahre, durch einen Ich-Erzähler leicht ins Subjektive gewendet, zur schmerzhaften Entwicklungsperiode eines kämpferischen Marxismus aus der Erfahrung des Antifaschismus zu machen, so konnte er nicht umhin, die früher gefundenen, in Bildern objektivierten Einsichten als überholt zu kennzeichnen. Demgegenüber hatte der junge Außenseiter in dem unvorhersehbaren Auf und Ab des Flüchtlingsalltags Ausdrucksformen für die Ambivalenz von Verstrickung und Selbstbewahrung gefunden, die für den folgenden Aufstieg des Prosaisten und Theatermachers überaus fruchtbar wurden. Sie reichen bis hin zu der Einsicht, die er 1966 in Princeton in der Rede *I Come out of My Hiding Place* formulierte: »Je mehr ich die Zeichen der Niedertracht und Gewalt um mich herum erkannte, desto besser ging es mir. Selbst wenn ich noch nicht wußte, wie ich meine politischen Einsichten in meinen Arbeiten umsetzen konnte, so war ich doch sicher, etwas Neues gewonnen zu haben.«[18] So fragwürdig die Moral dieses kreativen Impulses war, so nachdrücklich prägte sie sein Werk bis hin zum Marat / Sade-Stück von 1964.

Angesichts der lebendig gebliebenen Ausdruckskraft seiner frühen Bilder lassen die ausführlichen Bildbeschreibungen in der *Ästhetik des Widerstands* trotz der Abstraktheit mehr selbsterlebte und darin historisch gewordene Substanz erkennen als die moralisch-politisch vorbildliche Geschichtsprojektion mit den biographisch verifizierten Helden. In den Beschreibungen epochaler Kunstwerke wie dem Pergamon-Fries, Picassos »Guernica« und Géricaults »Das Floß der Medusa«, die in ihrem assoziationsreichen, oft schwerverständlichen Duktus dem Essayroman eine ungewöhnlich semiotisch-symbolische Bedeutungsschicht verschaffen, wird die Kontinuität des emphatischen Kunstwerkbegriffs sichtbar, der Weiss' Entwicklung als Künstler seit Mitte der dreißiger Jahre begleitet hat. Auch wenn diese Komponente dicht in die alternative Geschichtskonstruktion hineingewebt ist, steht sie der fiktionalen Verifizierung der ideologischen und organisatorischen Kämpfe eher entgegen. In ihr gewinnt die Dialektik von erfahrener und projizierter Geschichtserfahrung mehr Überzeugungskraft als in den Taten des politischen Personals.

Dies ist nicht ohne Grund so pointiert formuliert. Immerhin steht Weiss mit seinem aus einer Vielzahl von Überlieferungen zusammengeschweißten Projekt, den Marxismus aus dem antifaschistischen Widerstand zu erneuern, nicht allein unter europäischen Schriftstellern. Genau gesagt, ist er ein besonders später Fall dessen, was sich unter französischen Intellektuellen in starkem Maße seit 1944, dem Ende der deutschen Okkupation, ereignet hat, und was Jean-Paul Sartre in klarer Sprache bereits 1947 in *Qu'est-ce que la littérature?* zu der Maxime der ›littérature engagée‹ verdichtete.

Weiss hat davon gesprochen, daß ihm nach dem Krieg Sartre zu einem großen Erlebnis wurde.[19] Weniger eindeutig ist, ob er sich schon zu dieser Zeit darüber im klaren war, daß viele von Sartres Zeitgenossen in den dreißiger Jahren unpolitisch geblieben waren und die deutsche Besatzung im Niemandsland zwischen Kollaboration und Widerstand überstanden, um dann nach der Befreiung der Partei der ›moralischen Sieger‹, den Kommunisten, beizutreten und die Erneuerung des Marxismus von der Resistance her kraftvoll zu konzeptionalisieren. Sartres eigener Marxismus ist ein Nachholphänomen, das die Niederlagen kaum einbezieht, anders als es im Kreis um André Malraux in den dreißiger Jahren geschah, dem auch Anna Seghers zeitweilig angehörte. Jedoch vermochte Sartre in seiner Aufarbeitung der Verstrickungen unter der Okkupation die Dimension existenzieller Bewährung so eindrucksvoll zu artikulieren, daß sein Nachkriegsmarxismus mehr einschloß als nur eine Kompensation für das Versagen vor 1944. Wenn Weiss im *Abschied von den Eltern* sein unpolitisches Verhalten als Versagen markierte, spitzte er ein seit dem Zweiten Weltkrieg etabliertes Motiv besonders effektvoll, weil extrem selbstkritisch zu.

Was zur Entstehungszeit der *Ästhetik des Widerstands,* die von der Revolte von 1968 und ihrer intellektuellen Erneuerung des Marxismus geprägt war, in den Hintergrund trat, war eben die von Sartre sensibel und abwägend formulierte existenzielle Dimension des Widerstehens, die das Nicht-Widerstehen einbegreift. Sie ist in den dreißiger Jahren bereits von Sozialisten und Kommunisten, neben André Malraux und Anna Seghers etwa auch von K. A. Wittfogel, der aus eigenem Erleben die erste Aufarbeitung des KZ-Systems im Roman und in essayistischer Dokumentation lieferte, als zentraler Fluchtpunkt politischer Bewährung umrissen worden. Ihre Wahrheit ist die des realen Daseins in den Unwägbarkeiten des alltäglichen Weltgeschehens. Davon hat schon Brecht im Gedicht *An die Nachgeborenen* gesprochen.

Bereits in *Qu'est-ce que la littérature?* hat Sartre versucht, seinen Marxismus darauf einzustellen. So heißt es bei ihm: »Wir müssen auf allen Gebieten die Lösungen zurückweisen, die nicht rücksichtslos von sozialistischen Grundsätzen inspiriert werden; gleichzeitig aber müssen wir uns von allen Bewegungen trennen, die den Sozialismus als absoluten Endzweck betrachten. In unseren Augen darf er nicht das letzte Ziel darstellen, sondern das Anfangsziel oder – wenn man das lieber will – das letzte Mittel vor dem Endziel, das die menschliche Person in den Besitz der Freiheit bringen soll. So müssen unsere Werke sich dem Publikum unter dem doppelten Aspekt der Negativität und des Aufbaus darbieten.«[20]

Ähnliche Gedankengänge lassen sich auch mehr als zwanzig Jahre später beim Autor der *Ästhetik des Widerstands* finden. Was Weiss hingegen mit seiner fiktionalisierten Geschichtskonstruktion zur Randerscheinung reduzierte, nachdem es seine frühen Bilder und Skizzen geprägt hatte, ist die von Sartre als nichtutopisch definierte Wahrheit der existentiellen Mitverhaftung, die wiederum an Brechts Gedicht gemahnt. In Sartres Worten: »Wir wußten sehr wohl, daß eine Zeit kommen würde, in der die Historiker diese Dauer, die wir fieberhaft, von Minute zu Minute erlebten, ganz durchschauen, unsere Vergangenheit mit dem, was unsere Zukunft gewesen wäre, aufhellen, den Wert unserer Unternehmungen von ihrem Ausgangspunkt her und die Aufrichtigkeit unserer Absichten von ihrem Erfolge her beurteilen könnten; die Unumkehrbarkeit unserer Zeit gehörte nur uns, wir mußten uns retten oder auf gut Glück an diese unabänderliche Zeit verlieren; wir mußten unseren Menschenberuf angesichts des Unbegreiflichen und Unerträglichen ausüben, mußten wetten, mußten ohne Beweise Vermutungen anstellen, mußten in der Ungewißheit etwas unternehmen und ohne Hoffnung ausharren; man könnte unsere Epoche deuten, könnte es aber nicht verhindern, daß sie für uns undeutbar war, man könnte uns nicht den bitteren Geschmack nehmen, den Geschmack, den sie für uns allein gehabt haben wird und der mit uns verschwinden wird.«[21]

Weiss' *Ästhetik des Widerstands* hat sich über diese Unsicherheiten hinausgehoben und setzt das Erschrecken über Auschwitz voraus. Jedoch hat sich dieses Werk, trotz seiner ideologischen Kompliziertheit und strukturellen Vielschichtigkeit, nicht über die schwierige Wahrheit hinausgehoben, daß die retrospektive Besitznahme moralischer Eindeutigkeit im Umgang mit deutscher Geschichte Konstruktion bleiben muß. Das wird auch durch den Selbstvorwurf des einstigen Versagens nicht auf die Reihe gebracht. Es sei denn, dieser Selbstvorwurf hätte etwas mit der Erkenntnis des Künstlers zu tun, in der Malerei über seine frühen Leistungen nicht wirklich hinausgelangt zu sein. Allzu durchsichtig hat Weiss die Bemühung um malerische Bewältigung des Zeitalters, die ihm eine Zeitlang erfolgreich erschien, als Steckenbleiben in einer heilen Welt charakterisiert: »Es gehört Vermessenheit dazu, jetzt noch ein Bild herzustellen. Selbst wenn das Bild nichts andres zeigt als einen Schrecken vorm Zerfall, so kann es doch immer noch diesen Schrecken zeigen, und indem es ihn in der Beständigkeit eines Bildes zeigt, spiegelt es eine heile Welt vor.«[22] Diese Kritik ist zugleich Ausdruck einer Frustration als Künstler. Sie mag den Entschluß reflektieren, die Epochendarstellung als korrigierte Selbstdarstellung in einem ausgreifenden Prosagemälde zu gestalten.

*Abdruck der Gemälde mit freundlicher Genehmigung von Gunilla Palmstierna-Weiss.

1 Klaus Mann: *Der Wendepunkt. Ein Lebensbericht.* Frankfurt/M. 1963, S. 263. — 2 Peter Weiss: *Werke in sechs Bänden.* Bd. 2. Frankfurt/M. 1991, S. 139. — 3 Vgl. u.a. Robert Cohen: *Understanding Peter Weiss.* Columbia, SC 1993, S. 21–39; *Peter Weiss.* Hg. von Rainer Gerlach. Frankfurt/M. 1984, darin Sepp Hiekisch-Picard: »Der Maler Peter Weiss«, S. 93–115; Rainer Gerlach: »Isolation und Befreiung. Zum literarischen Frühwerk von Peter Weiss«, S. 147–181. — 4 Weiss: *Briefe an Hermann Levin Goldschmidt und Robert Jungk 1938–1980.* Hg. von Beat Mazenauer. Leipzig 1992. — 5 Ebd., S. 63. — 6 Ebd., S. 215. — 7 Weiss: »Der Kampf um meine Existenz als Maler«. Peter Weiss im Gespräch mit Peter Roos, unter Mitarbeit von Sepp Hiekisch und Peter Spielmann. In: *Der Maler Peter Weiss. Bilder, Zeichnungen, Collagen, Film.* Hg. von Peter Spielmann. Berlin o.J., S. 31. — 8 »...ein ständiges Auseinandersetzen mit den Fehlern und mit den Mißgriffen...«. Heinz Ludwig Arnold im Gespräch mit Peter Weiss (19. September 1981). In: *Die Ästhetik des Widerstands.* Hg. von Alexander Stephan. Frankfurt/M. 1983, S. 27. — 9 Weiss: »Der Kampf um meine Existenz als Maler«, S. 29. — 10 Weiss: *Werke in sechs Bänden.* Bd. 2, S. 133. — 11 Weiss: »Der Kampf um meine Existenz als Maler«, S. 29. — 12 Weiss: *Briefe an Hermann Levin Goldschmidt*, S. 128 f. — 13 Zit. nach Raimund Hoffmann: *Peter Weiss. Malerei, Zeichnungen, Collagen.* Berlin 1984, S. 43. — 14 Weiss: »Der Kampf um meine Existenz als Maler«, S. 19 f. — 15 Kommentar von Martin Rector (Weiss: »Screw oder dreizehn Londoner Tage«). In: *Peter Weiss Jahrbuch*, Bd. 2. Opladen 1993, S. 20. — 16 Weiss: *Briefe an Hermann Levin Goldschmidt*, S. 120. — 17 Überzeugend Beat Mazenauer: »Konstruktion und Wirklichkeit. Anmerkungen zur autobiographischen Wahrhaftigkeit bei Peter Weiss«. In: *Peter Weiss Jahrbuch*, Bd. 2. Opladen 1993, S. 41–50. — 18 *Über Peter Weiss.* Hg. von Volker Canaris. Frankfurt/M. 1964, S. 13. — 19 »...ein ständiges Auseinandersetzen«, S. 31. — 20 Jean-Paul Sartre: *Was ist Literatur?* Hamburg 1958, S. 164. — 21 Ebd., S. 132 f. — 22 Weiss: *Rapporte.* Frankfurt/M. 1968, S. 181 f.

Josef Helf

»Tout serait à refaire«

Kurt Tucholskys Reflexionen über französische Zivilisiertheit und »deutschen Jargon« in den *Q-Tagebüchern* und den *Briefen aus dem Schweigen*

I

»Schon an Tucholsky«, schreibt Peter Sloterdijk im Vorwort seiner *Kritik der zynischen Vernunft*, »war die Hohlheit einer Kritik zu spüren, die ihre eigene Desillusionierung übertönen will.«[1] Es ist ohne Zweifel wahr: Tucholsky war einer jener Kritiker der Weimarer Republik, denen mit der Erfahrung des Weltkriegs Naivität und Idealismus abhanden gekommen waren und deren Grundhaltung dann – unter dem Eindruck, daß mit der Republik weniger Neues begonnen als Altes fortgesetzt wurde – ein wissender, bitterer, abgeklärter und zynischer Pessimismus wurde. Aber war Tucholsky auch zynisch im Sinne einer »hartgesotten-zwielichtigen Klugheit«, die »alle Positivitäten a priori für Betrug hält«[2], wie dies Sloterdijk heutigem Zynismus bescheinigt?

Schon Tucholskys eigener Begriff von Zynismus, der ein positiver, »Positivitäten« zugeordneter war, ist widerständig gegen eine solche Einordnung. Im *Q-Tagebuch* vom 9. März 1935 kritisiert er eine Stelle in einem Kriegsroman Edwin Erich Dwingers, die ihn »ununterbrochen« beschäftige.[3] Tucholskys Interesse gilt dabei dem von Dwinger beschriebenen Verhalten einiger deutscher Soldaten, die auf seiten der Weißen Armee gegen die Bolschewiki kämpften, nun aber von diesen aufgerieben werden:

»Sie ziehen die russischen Uniformen aus, ziehen die alten deutschen Uniformen wieder an, und winseln, als die Roten kommen, um Gnade. ›Man hat uns gepreßt! Gefangene sind wir! Deutsche Kriegsgefangene!‹ –

Versteh mich recht: vielleicht hätte ich das auch getan. Sicher hätten das tausend und abertausend Lateiner getan – aber – und hier ist der Kern des verächtlichen deutschen Wesens – sie hätten es *zynisch* getan. Skeptisch und zynisch. Diese aber: kein Wort der Entschuldigung; kein pfiffiges Grinsen; (...).«[4]

Das ist ein merkwürdiges Beispiel, das Tucholsky hier für die Verschiedenheit von Mentalitäten gibt, ein merkwürdiger Begriff von Zynismus und ein merkwürdiger Anspruch: »pfiffiges Grinsen« in einer Situation zu fordern, in der es um Leben und Tod geht, sich gleichsam gesittet verhalten, höflich sein, sich entschuldigen zu sollen, obwohl doch Krieg ist, in dem bekanntlich zivilisatorische Normen gegenüber jenen, die dann Feinde genannt werden, keine Gültigkeit haben. Tucholsky wußte aus eigener Erfahrung, was Krieg bedeutet. Und wenn ihn gerade dieses Beispiel aus dem Krieg nicht losließ, dann hat das seinen Grund einerseits in seinem, oft erklärten, Willen, anthropologische beziehungsweise psychoanalytische Erkenntnisse, und seien sie noch so desillusionierend, nicht zu mißachten, und andererseits in seinem Interesse an den trotzdem bestehenden menschlichen Möglichkeiten zu Geselligkeit und Zivilisiertheit.

Am Verhalten in Zeiten offener Gewalt läßt sich besonders gut ablesen, wie und was Menschen auch sind, weil weder dieses Verhalten noch seine Wahrnehmung routiniert und selbstverständlich sind, was Verhaltensweisen sonst oft zu sein scheinen. In einer solchen Extremsituation wie jener des Kriegs, so läßt sich die Textstelle verstehen, müßte doch gezeigt werden können, was am Menschen wirklich »echt« im Sinne von beständig und was nur dünner und brüchiger Firnis ist. Tucholskys These könnte dementsprechend gelautet haben: Es gibt bei den »Lateinern« – es sind damit in erster Linie die Franzosen gemeint – einen gesicherten Grundstock an Zivilisiertheit, den nur noch der Tod wegzuwischen vermag, es gibt bei jenen ein zivilisiertes Verhalten, hinter das es kein Zurück mehr gibt, das fester Bestandteil des Menschseins geworden ist und das dem »deutschen Wesen« fehlt und es »verächtlich« macht. Zynismus in diesem Sinne heißt, Distanz zum eigenen Selbst zu haben.

Doch vermag das romanische Vorbild, vermag ein solches Zivilisiertheitsideal, das noch genauer zu bestimmen sein wird, mit neusachlicher Phantasielosigkeit und Oberflächlichkeit zu versöhnen? Füllt es gar die Leere im modernen zynischen Menschen oder übertüncht es – beziehungsweise das zivilisierte Verhalten selbst – nur die »Hohlheit«, von der Sloterdijk spricht und mit der er offensichtlich nicht nur eine bestimmte Sorte von Kritik, sondern auch die Kritiker selbst meint?

Sloterdijks knapper und schablonenhafter Hinweis auf Tucholsky erinnert an ein bekanntes Zitat Walter Benjamins, in dem, ähnlich beiläufig, Tucholskys Name ebenfalls als Markenzeichen für eine bestimmte Geisteshaltung angeführt wird. In seiner Kritik des Erich Kästner-Gedichtbands *Ein Mann gibt Auskunft* schreibt Benjamin: »Die linksradikalen Publizisten vom Schlage der Kästner, Mehring oder Tucholsky sind die proletarische Mimikry des zerfallenen Bürgertums.«[5] Wie bei Sloterdijk wird in dieser Kritik auf Tucholsky als gleichsam paradigmatischem Publizisten der zwanziger Jahre Bezug genommen, und ein knapper Hinweis, eine dürre Nebenbemerkung scheint als Charakterisierung dieses »Intellektuellentyps« zu genügen. Auch deckt sich Sloterdijks Urteil über »den Typus« Tucholsky mit demjenigen in der Rezension Benjamins. Von »Nihilismus«, der nichts verberge[6], ist in dieser die Rede und von »(...) leeren Stellen, wo in verstaubten Sammetherzen die Gefühle – Natur und Liebe, Enthusiasmus und

Menschlichkeit – einmal gelegen haben« und wo man nun »geistesabwe-
send die Hohlform« liebkose.[7]

Was Benjamin so beschreibt und kritisiert, das nennt er eine literarische
Mode, er nennt es in seiner Besprechung abwertend »Neue Sachlichkeit«.
Seine Kritik fällt deshalb so harsch aus, weil er in den linksradikalen Publizisten »vom Schlage« Tucholskys maskierte Jasager sieht, Agenten der bestehenden schlechten Ordnung, resignative linke Melancholiker, die in süffi-
santer und fatalistischer Manier genießbar machten, wovor man sich ekeln
müßte, die das Arrangement mit der Unmenschlichkeit als Menschlichkeit
ausgäben.

Das Verdikt Benjamins über die linke Ausprägung der Neuen Sachlich-
keit ähnelt den Urteilen anderer marxistischer Kritiker wie Béla Balász,
Ernst Bloch und, zumindest im Gestus der schroffen Ablehnung, auch Ge-
org Lukács.[8] Es weist aber auch Parallelen auf zur konservativen Kritik.
Heinz Kindermann etwa kritisiert den »Nihilismus« dieser Strömung, die er
»Radikale Sachlichkeit« nennt, ihre Destruktivität und ihre reine Nega-
tivität.[9] Und auch Kindermann führt diese Kritik, übrigens ein Jahr vor
Benjamin, vor allem am Beispiel der Gedichte Kästners vor.

Diese kritischen Betrachtungen der Neuen Sachlichkeit und die eilige
Zuordnung Tucholskys zu der kritisierten nüchtern-angepaßten Haltung haben ihre Nachwirkungen auch in bezug auf Tucholsky. Einfache Zuordnungen sind verlockend, vor allem, wenn es um Autoren geht, die zwar bekannt
sind, aber wenig gelesen werden. In den Schubladen Neue Sachlichkeit, Nihilismus, Destruktivismus und Zynismus findet sich auch heute noch oft
der Name Tucholskys. Nun haben Schubladen die Eigenschaft, daß sie zwar
ein Etikett tragen, ihren Inhalt aber verbergen. Es kann sich lohnen, meine
ich, sich Tucholsky wieder einmal *auf den Nachttisch* zu legen.

II

Nicht so bekannt wie Walter Benjamins apodiktische Rezension ist Tucholskys außergewöhnlich vorsichtige und zwiespältige Kritik des Kästner-
Gedichtbands.[10] Auch Tucholsky hatte seine Schwierigkeiten mit Kästner,
er bemerkt, daß er nicht wisse, wie dessen »Himmel aussieht«, daß »manchmal die Skala nicht sehr weit« reiche und daß Kästner »Angst vor dem Gefühl« habe. Aber er sieht sich durchaus auch in einer gewissen Verwandt-
schaft zu Kästner, wenn er zum Beispiel dessen »völlige Ehrlichkeit« lobt:
»(...) es ist auch ehrlich, in dem unsereinen aufs Fell geschriebenen Gedicht
›Und wo bleibt das Positive, Herr Kästner?‹ zu sagen, daß wir ein Weltbild
nicht aus dem Boden stampfen können und zunächst nur wissen: Also
dieses da nicht.«[11]

Und wo bleibt das Positive bei Tucholsky? Ist es wahr, daß auch er nur in negativer Form auf diese Frage zu antworten wußte? Mir scheint, daß Tucholsky hinausging über das vorläufige »dieses da nicht«. Meine These ist, daß hinter seiner Kritik mehr stand als positive Leere, daß er durchaus eine beachtenswerte Position vertrat, eine Position allerdings, die – zumindest in Verbindung mit Tucholskys Publizistik – nicht zur Kenntnis genommen, nicht begriffen, wieder vergessen oder nicht geteilt wurde. Ich möchte diese These zunächst in allgemeiner Form und mit einem kurzen Blick auf Tucholskys Frankreichpublizistik der zwanziger Jahre erläutern. In Abschnitt III, IV und V soll sie dann anhand einiger weiterer Beispiele aus Tucholskys Exilbriefen konkretisiert und untermauert werden.

Tucholskys rund 300 Paris- und Frankreichtexte lassen sich auch als Versuch lesen, positiv aufzuzeigen, welchen Weg die deutsche Nachkriegsgesellschaft hätte einschlagen können, um sich, statt direkt in den Faschismus, zumindest in Richtung einer Republik *mit* Republikanern zu bewegen. Unter diesem Blickwinkel würde der Feuilletonist Tucholsky in neuer Weise als Verhaltens- und Mentalitätskritiker interessant, und eben nicht nur als politischer Satiriker, vordergründiger Humorist oder linksradikaler Deutschlandhasser.

Als positives zivilisatorisches Modell dient Tucholsky die französische Gesellschaft, in der er in den zwanziger Jahren noch bestimmte Formen von Zivilisiertheit und Humanität verwirklicht sieht. Sein publizistisches Mittel ist die antithetische Schreibweise, der deutsch-französische Mentalitätsvergleich, der auch bei den Frankreichpublizisten des 19. Jahrhunderts als Vehikel der Selbstverständigung und Abgrenzung fungierte.

In seinen Feuilletons über die Pariser Bevölkerung wird nicht nur deren Verhalten gewürdigt, als höflich, freundlich und zuvorkommend etwa. Tucholsky hebt vielmehr auch Eigenschaften wie Ehrlichkeit und Menschlichkeit als Tugenden der Pariser Bürger und Kleinbürger hervor.[12] Nicht zufällig heißt einer seiner zentralen Paristexte *Das menschliche Paris*[13] und nicht etwa *Das höfliche Paris*, obwohl sein Thema in erster Linie Höflichkeit ist. In diesem Feuilleton für die *Vossische Zeitung* aus dem Jahr 1924 zeigt sich – wenn auch untergeordnet unter einen bestimmten Begriff von Zivilisiertheit – eine humanistische Perspektive. Es geht dort sowohl um die Umwertung eines rein innerlichen, quasi verhaltensneutralen, deutschen Begriffs von Menschlichkeit als auch um die grundsätzliche Bewahrung des Begriffs und seiner humanistischen Tradition. Tucholsky kritisiert den deutschen Widerspruch von Kultur und Zivilisation[14] nicht nur, er zeigt auch die Möglichkeit einer synthetischen Auflösung dieses allgemeinen Widerspruchs am konkreten Beispiel auf.

Auch hier scheint sich Tucholskys Haltung gegen eine glatte Zuordnung zur Neuen Sachlichkeit zu sträuben, nimmt man die These Helmut Lethens

ernst, »(...) die Kraft des ganzheitlichen Lebens [wirke] in den neusachli-
chen Künsten so matt, daß an Synthese oder den Genuß der Schwingung
zwischen den Polen nicht zu denken ist.«[15] In gewissem Sinne, so läßt sich
Das menschliche Paris auch lesen, gehören Höflichkeit und Menschlichkeit
zusammen, ebenso wie Unhöflichkeit und Unmenschlichkeit:
»Das, was die einzige Atmosphäre dieser Stadt ausmacht, ist ihre Menschlichkeit.

Wenn man aus Deutschland kommt, versteht man es erst gar nicht. Wir
sind doch gewöhnt, daß ein Gasbeamter ein Gasbeamter ist und weiter
nichts – daß ein Gerichtsdiener ein Gerichtsdiener, ein Schaffner Schaffner
und ein Billettverkäufer Billettverkäufer ist. Wenn sie wirklich die starre
Maske des ›Dienstes‹ ein wenig lüften, so geschieht das meistens, um Unhöflichkeiten zu sagen. Herr Triebecke hat sich eine bunte Mütze aufgesetzt,
und Herr Triebecke ist völlig verschwunden: vorhanden ist nur noch einer,
der ›seinen Dienst macht‹. Ja, die freiwillige Einordnung in jede Kollektivität, in der man sich geborgen fühlt, geht so weit, daß man in deutschen
Diskussionen oft zu hören bekommt: ›Ich als Schleswig-Holsteiner‹, ›Ich als
mittlerer Beamter‹ und sogar: ›Ich als Vater...‹ Nur, einfach: ›Ich‹, ich als
Mensch – das ist selten.

Es ist sehr bequem so. Aber hinter den Bergen wohnen auch Leute, und
sie denken darin ganz anders. Es ist sehr preußisch gedacht, wenn man sich
nach dem Ausschluß der starren Dienstauffassung gleich das Chaos vorstellt. Entweder – oder.

(...)

Der Franzose ist kein Spiegelaffe – der Franzose ist ein Mensch. Und lebt
sein Leben mit einer leichten Freude, mit einer Innigkeit, mit einer herz-
lichen Liebe zur Natur und den anderen Menschen, die wir fast vergessen
haben.«[16]

Die zitierten Textstellen sind, liest man sie im Kontext der Neuen Sachlichkeit und ihrer kritischen Analyse, äußerst komplex. Das nach Helmut
Lethen für die Neue Sachlichkeit typische »Polaritätsschema von Schuld-
und Schamkultur«[17], die Thematisierung der deutschen Antithese Kultur
versus Zivilisation und die provokative Entscheidung gegen Innerlichkeit
und für Zivilisiertheit sind auch hier, mehr oder weniger explizit, präsent
und übrigens für einen großen Teil von Tucholskys Publizistik bezeichnend.
Französische Höflichkeit wird positiv gegen deutsche »Unhöflichkeiten« gestellt, Distanz und Rollenspiel gegen die undistanzierte Identifikation mit
der Rolle (»Triebecke ist völlig verschwunden«), Geselligkeit gegen Gemein-
schaftsucht (»die freiwillige Einordnung in jede Kollektivität, in der man
sich geborgen fühlt«), Leichtigkeit schließlich gegen Zwanghaftigkeit und
eine Ordnung-muß-sein-Mentalität (»wenn man sich nach dem Ausschluß
der starren Dienstauffassung gleich das Chaos vorstellt«).

Zugleich bindet Tucholsky aber, und das ist offensichtlich kein unbewußter Vorgang, seinen positiven Begriff von Zivilisiertheit an die Tradition des christlichen Humanismus und der deutschen Innerlichkeit an. Werte wie »Menschlichkeit«, »Innigkeit«, Naturverbundenheit und Nächstenliebe, so wird betont, seien nicht nur vereinbar mit zivilisiertem Verhalten, sondern Bestandteil von Zivilisiertheit. Dagegen verwendet Tucholsky den für die Bejaher der »Zivilisation« so wichtigen Begriff der »Maske« negativ. Die reine Antithese Kultur oder Zivilisation, das Sortieren in einfache »Entweder – oder«-Gegensätze überhaupt werden – im Hinblick auf die eigene antithetische Argumentation scheinbar paradoxerweise – abgelehnt: das sei »sehr preußisch gedacht«. Tucholsky verweist explizit nicht nur auf Frankreich, auf die Fremde als positives Modell, sondern auch auf die eigene, deutsche humanistische Tradition. Von Werten ist da die Rede, »die wir fast vergessen haben«, auf die, als etwas Eigenes, das fremd geworden ist, es sich rückzubesinnen gilt.

Vor diesem Hintergrund erscheint der antithetische Aufbau des Paris-Feuilletons deshalb nicht mehr als paradox, weil ein solcher Aufbau nicht nur dem Zeitgeist der zwanziger Jahre adäquat, sondern auch, etwa mit Blick auf Heines Paris-Publizistik, genretypisch ist, eine kritische Rückbesinnung somit in Form einer aktualisierenden Reinszenierung deutscher Parisberichterstattungstradition auch medial stattfinden kann. Die These Helmut Lethens, daß »traditionelle Werthaltungen« und »humanistische Wertvorstellungen«[18] nicht schon im Weltkrieg, sondern erst im Medium der Neuen Sachlichkeit, ihrem hybriden und zynischen Jargon, »verbrannt« wurden, scheint mir auf Tucholskys Publizistik, unter der Voraussetzung, daß die zitierte Stelle als paradigmatisch aufgefaßt werden kann, deshalb nicht zuzutreffen.

Tucholskys publizistische Texte enthalten meiner Einsicht nach weder eine ostentative Ablehnung und Negation alles Alten, noch sind sie im überheblichen Gestus einer angeblich vollkommen neuen, modernen Weltsicht geschrieben. Es geht in diesen Texten auch um die kritische und erneuernde Rekonstruktion von Verschüttetem. Tucholsky versuchte, zumindest Versatzstücke eines bestehenden und also praktikablen zivilisatorischen Verhaltenskodexes öffentlich aufzuzeigen, zugleich aber humanistische Kategorien etwa der Menschlichkeit, der Schuld und des Gewissens nicht bedingungslos abzulehnen oder aus dem öffentlichen Diskurs zu bannen.

Er betrieb diesen aufwendigen Versuch konsequenterweise nicht über den Zeitpunkt hinaus, mit dem auch die kleinste Chance zur Verwirklichung einer zivilen Gesellschaft in Deutschland vertan war. Das Jahr 1933 markiert bekanntlich den Beginn seiner radikalen publizistischen Abstinenz. Er unterscheidet sich damit von jenen »Avantgardedenkern«, die, wie Helmut Lethen mit Blick auf die Forschungsarbeit von Norbert Elias und anderen feststellt, »(...) erst zu einem Zeitpunkt darangingen, den verschütteten Horizont des Humanismus zu rekonstruieren, als das Exil weitgehend Handlungslähmung über sie verhängte.«[19]

Tucholskys Schweigen nach 1933 war allerdings ein ausschließlich öffentliches. Seine privaten Korrespondenzen waren davon nicht betroffen. Man hat im Gegenteil bei der Lektüre der Briefe und Briefbeilagen oft den Eindruck, der manchmal ein wenig befremdet, daß sich hier auch der öffentliche Räsonneur weiterhin produziert, den zwar freiwilligen, aber für einen Publizisten schwer zu verkraftenden Entzug von Öffentlichkeit zu kompensieren versucht. Besonders deutlich wird dies, wie es etwa die eingangs zitierten Zeilen demonstrieren, in den Q-Tagebüchern, die von vornherein als politische Briefbeilagen konzipiert waren.

In diesen adressierten Tagebüchern geht es, ebenso wie in den persönlicheren, »eigentlichen« Briefen an die Zürcher Ärztin Hedwig Müller, die Tucholsky meist Nuuna nannte, den sogenannten Briefen aus dem Schweigen[20], zum einen und vordergründig um all die bekannten Themen: um grundsätzliche Einschätzungen von Kommunismus und Faschismus, Religiosität und Nationalismus, Staat und Kirche, Katholizismus und Judentum, der politischen Lage in Deutschland und Frankreich, der Schweiz und ganz Europa schließlich, es werden tagespolitische Kommentare formuliert zur Saarabstimmung und zum Völkerbund, zur Entführung Berthold Jacobs und zum Schicksal Carl von Ossietzkys, zur Haltung des Völkerbunds und jener Knut Hamsuns, die Situation der deutschen Emigration und ihrer Presse wird besprochen, es werden Zitate vor allem aus der französischen Presse gegeben und kommentiert, und nicht zuletzt geht es natürlich auch um Privates, um Gefühle und Geldangelegenheiten und immer wieder um die Krankheit Tucholskys. Aber diesen Themen unter- oder, je nach Perspektive, übergeordnet und oft nur zwischen den Zeilen läßt sich in den Briefen und ihren Beilagen auch eine Weiterführung der Gedanken zu einem praktikablen zivilisatorischen Modell und dessen Voraussetzungen ausmachen.

III

Die Kritik bestimmter unzivilisierter Verhaltensweisen war für Tucholsky von so fundamentaler Bedeutung, daß er hier auch vor Freunden und vor sich selbst nicht haltmachte. Ich möchte dies an einem abwegig scheinenden Beispiel zeigen. Es geht in diesem Beispiel aus dem Q-Tagebuch vom 27. September 1934 wieder – wie bei den eingangs zitierten Anmerkungen Tucholskys zu dem Roman Dwingers – um autobiographische Prosa und wieder um einen Bereich, in dem zivilisatorische Verhaltensnormen von nur beschränkter Gültigkeit sind. Ging es dort um den Krieg und die Art, wie man sich in ihm verhält, so geht es hier um Sexualität und darum, wie man sich zu ihr verhält, auf welche Weise man sich über sie verständigt. Das romanische Gegenbild, das Zivilisiertheitsideal, bestimmt auch hier das Urteil, wird allerdings nicht expliziert:

»Jener, dessen Stück ich hier gelesen habe, hat mir also den Anfang seines ›Romans‹ geschickt. O weh – es ist noch viel, viel schlimmer als ich gedacht habe. (...)

Er hat also eine Art Lebensbeichte unter sich gelassen und zwar alles, was die Frauen angeht. Oh weh – o weh. Es ist beinah undelikat. Und es ist so deutsch, (...). Es ist wirklich beinah dumm. Und boche. (...) – kurz und ungut: Berlin, wo es am dunkelsten, nein, am hellsten ist. 1923. (...) Es ist bitter. (...) Wenn ich nur nicht auch so bin. Ich gebe mir solche Mühe, diesen entsetzlichen Jargon abzustreifen, nicht so zu sprechen, nicht so zu schreiben; nicht so zu denken, nicht so zu fühlen – nur das nicht. Dabei hat der Herr Zeit genug gehabt, altes und andres zu lesen. Nein, Berlin 1924. Ach Gott, ach Gott.«[21]

Die Textstelle bezieht sich auf Walter Hasenclevers autobiographischen Roman *Irrtum und Leidenschaft*, der 1969 posthum erschienen ist.[22] Ich will hier nicht der Frage nachgehen, ob die Kritik Tucholskys berechtigt und der Roman tatsächlich so peinlich ist. Ich will mich vielmehr – unabhängig davon, ob sie hier angemessen ist – mit der Kritik selbst und den ihr zugrundeliegenden Thesen beschäftigen.

Tucholsky läßt in dem Zitat keinen Zweifel daran, daß für ihn das, was er Hasenclever ankreidet, nämlich sein Intimleben öffentlich auszuplaudern – und das in einem bestimmten, wie Tucholsky schreibt, »entsetzlichen Jargon« – typisch deutsch und typisch für die zwanziger Jahre sei. Von »boche« ist da die Rede, von »Berlin, wo es am dunkelsten, nein, am hellsten ist« – ›am deutlichsten sichtbar‹ ist damit gemeint – und von »Berlin 1924«. Es sind also zwei Dinge, auf die es in dieser Kritik ankommt. Erstens ihr allgemeiner Gegenstand: ein bestimmtes Denken und ein Verhalten, zu dem es gehört, sein ›Innerstes‹ öffentlich nach außen zu kehren, und dem ein gewisser »Jargon« eigen ist. Zweitens die Charakterisierung dieser Verhaltensweise als spezifischen Zug neudeutscher Mentalität.

Nun wäre es ein leichtes, Tucholsky Prüderie vorzuwerfen. Aber das wäre meiner Einsicht nach in diesem Zusammenhang vorschnell und unangemessen. Tucholskys zwei eigene Erzählungen *Rheinsberg* (1912) und *Schloß Gripsholm* (1931) handeln durchaus auch von Intimem. Es geht Tucholsky in seiner Kritik nicht in erster Linie darum, *daß* in diesem Roman Intimes zur Sprache kommt, sondern darum, daß dies auf eine dem Leser unangenehme, ihn belästigende und belastende Weise geschieht.

Was Tucholsky kritisiert, ist haargenau das, was der amerikanische Soziologe Richard Sennett 40 Jahre später »die Tyrannei der Intimität«[23] genannt hat. Diese Formel Sennetts und ihre Implikationen scheinen mir ein geeigneter Schlüssel für das Verständnis von Tucholskys Texten zu sein. Sennett bezeichnet das Verhalten, sich hemmungslos anderen gegenüber zu öffnen, als unzivilisiert. Auch Sennetts Kritik gilt *jeder* Form öffentlicher Äußerung, auch der Literatur als spezifischer, ästhetisierter. Ähnlich wie Tucholsky, kritisiert auch er in dieser Hinsicht eine bestimmte Art autobiographischer Literatur: »Unzivilisiert ist es, andere mit dem eigenen Selbst zu belasten. Unzivilisiertheit bedeutet Einschränkung der Geselligkeit, verursacht durch diese Last. Jeder kennt Menschen, die in diesem Sinne unzivilisiert sind: jene ›Freunde‹, die stets darauf aus sind, anderen Einlaß in die traumatische Sphäre ihrer alltäglichen Innenwelt zu gewähren, die am anderen nur ein einziges Interesse haben, daß er ihren Geständnissen sein Ohr leiht. Auch im intellektuellen und literarischen Feld begegnet uns diese Unzivilisiertheit häufig, etwa in jenen Autobiographien oder Biographien, die uns geradezu zwanghaft die sexuellen Vorlieben, die Gewohnheiten im Umgang mit Geld oder die Charakterschwächen ihrer Protagonisten in allen Einzelheiten enthüllen, so als würden wir deren Leben, deren Schriften, deren Handeln in der Welt besser verstehen, wenn all diese Geheimnisse gelüftet sind.«[24]

Um Mißverständnissen vorzubeugen: Auch Sennetts antithetische Argumentation schließt humanistische Werte nicht *grundsätzlich* aus, geht nicht in glatten Antithesen auf. Sie richtet sich vielmehr gegen die Allgegenwärtigkeit von Verhaltensweisen, die seiner Meinung nach nur für den Privatbereich geeignet sind. Was er kritisiert, ist die Verwischung von privater und öffentlicher Sphäre, ist die »*intime* Sichtweise der Gesellschaft«[25]. Es geht ihm nicht um eine Entmischung von Scham- und Schuldkultur, sondern um die klare Trennung von Öffentlichem und Intimem, von öffentlicher und privater Rolle. Für Sennett sind zwischenmenschliche Nähe, Wärme und Offenheit keine moralischen Werte mit unbeschränktem Geltungsbereich. Seine Gesellschaftskritik fußt auf einer Ethik, die – in bezug auf öffentliche Kommunikation und Aktion – das Handeln bewertet und nicht die Motive, die zumindest aber dem Handeln einen Vorrang einräumt vor den Motiven. Sennett spricht deshalb auch abwertend von einem »Motivations-Selbst«[26]. Einem Selbst, das ständig auf Authentizität bedacht sei und dem es somit an »Selbst-Distanz«[27] mangele.

Für Sennett ist aber gerade eine solche Selbst-Distanz Voraussetzung für öffentliches Leben und also Grundbestand zivilisierten Verhaltens. Erst die »Maskierung des Selbst«[28], schreibt er, ermögliche einen zivilisierten gesellschaftlichen Umgang im Gegensatz zu einem das Andere und Fremde ausschließenden gemeinschaftlichen Miteinander. Sennett definiert Zivilisiertheit folgendermaßen:

»Zivilisiertheit ist ein Verhalten, das die Menschen voreinander schützt und es ihnen zugleich ermöglicht, an der Gesellschaft anderer Gefallen zu finden. Eine Maske zu tragen gehört zum Wesen von Zivilisiertheit. Masken ermöglichen unverfälschte Geselligkeit, losgelöst von den ungleichen Lebensbedingungen und Gefühlslagen derer, die sie tragen. Zivilisiertheit zielt darauf, die anderen mit der Last des eigenen Selbst zu verschonen.«[29]

In diesem Sinne ist auch Tucholskys Kritik an dem Bekenntnisroman Hasenclevers zu verstehen. Der ethische Maßstab, mit dem Tucholsky menschliches Verhalten beurteilt, ist exakt derselbe wie der beschriebene Sennetts. Auch Tucholsky interessiert sich weniger für Motive und einen eventuell vorhandenen »guten Willen« als für konkretes und sichtbares Handeln.

Was Sennett und Tucholsky im Hinblick auf ihre Auffassungen von Zivilisiertheit unterscheidet, sind die Herleitung – also die Modellbildung – und die Zielrichtung. Während Sennett ausschließlich historische Modelle öffentlichen Lebens – er bezieht sich auf das öffentliche Leben in Paris und London in der Mitte des 18. Jahrhunderts – gegen die seiner Meinung nach in modernen Gesellschaften allgegenwärtige »Tyrannei der Intimität« setzt, dient Tucholsky das Frankreich seiner Zeit als Gegenmodell zum unzivilisierten Deutschland. Was er vor seiner Zeit als Pariskorrespondent gehofft hatte, wovon er aber nicht unbedingt von vornherein ausgegangen war, trat ein: Er fand 1924 in Paris ein noch relativ intaktes öffentliches Leben vor, das er der von ihm immer wieder scharf kritisierten deutschen Innerlichkeit und dem damit verbundenen Mangel an zivilisierten Umgangsformen in Berlin und Deutschland gegenüberstellen konnte.

Es war dabei kein Zufall, daß er nicht in seinen sämtlichen Frankreichtexten, sondern in erster Linie in den Texten über Paris diese Antithese formulierte. Denn zivilisiertes und urbanes Verhalten hängen zusammen. Richard Sennett leitet dies folgendermaßen her: »Es besteht ein enger Zusammenhang zwischen Zivilisiertheit und Urbanität. Zivilisiertheit bedeutet, mit den anderen so umzugehen, als seien sie Fremde, und über diese Distanz hinweg eine gesellschaftliche Beziehung zu ihnen aufzunehmen. Die Stadt ist eine Siedlungsform, die das Zusammentreffen einander fremder Menschen wahrscheinlich macht. Die öffentliche Geographie der Stadt ist die institutionalisierte Zivilisiertheit.«[30]

Bereits in seinem ersten größeren Parisfeuilleton für die *Weltbühne*, einem Text mit dem lapidaren Titel *Paris*, charakterisiert Tucholsky die Pariser genau in diesem Sinne als zivilisiert und urban. Er schreibt dort über den Umgang mit Fremden in Paris: »Der Fremde wird überall mit gleichmäßiger, routinierter Höflichkeit behandelt. Wenn er nicht ganz grobe Anstandsfehler begeht, kann er sicher sein, niemals wegen eines Versehens, wegen einer Unkenntnis ausgelacht oder gar, wie bei uns, angefahren zu werden.«[31]

Es geht Tucholsky darum aufzuzeigen, daß es weder sinnvoll sei, Traditionen und Konventionen ständig in Frage zu stellen, noch sich vollkommen vorbehaltlos ausschließlich innerhalb vorgegebener Verhaltensschablonen zu bewegen. Ein solcher, kreativer Umgang mit Konventionen stellt für Tucholsky das Fundament für die Zivilisiertheit der Pariser dar. So spricht er in einem Artikel mit dem Titel – der zugleich eine Formel ist – *Die Stadt des Noch* von Paris als dem »(...) seltsamste[n] Beispiel einer belebten Konservativität, eines mobilen Beharrungsvermögens, einer lebenden Festigkeit, die erstarrt.«[32]

Dieses grundsätzliche Festhalten an bürgerlichen Traditionen in Verbindung mit einem spielerischen Umgang mit den überlieferten Konventionen und damit ihrer allmählichen Erneuerung macht für Tucholsky die Form der französischen Zivilisation aus. Auch hier stimmt seine Analyse wieder mit der allgemeineren Sennetts überein, der unter Zivilisiertheit einen kreativen Umgang mit Konventionen verstanden wissen will. Sennett schreibt: »Konventionen sind Verhaltensregeln, die in einer Distanz zu den unmittelbaren Wünschen und Strebungen des Selbst stehen. Wenn Kinder gelernt haben, auf Konventionen zu vertrauen, sind sie in der Lage, ihre expressiven Fähigkeiten in der Erkundung, Abwandlung und Verfeinerung dieser Konventionen zu vervollkommnen.«[33]

Zivilisiert sein heißt also auch für Sennett nicht, daß man gewisse feststehende Verhaltensregeln um jeden Preis, auch um den seiner Individualität, zu befolgen habe. Aber Individualität ist für Sennett etwas grundsätzlich anderes als Authentizität. Expressiv zu sein, eigene individuelle Ausdrucksformen zu finden, heiße eben nicht, so Sennett, *sich* zum Ausdruck zu bringen, authentisch zu sein. Zivilisiert zu sein steht demnach auch für ihn sowohl einer narzißtischen und in erster Linie auf Authentizität bedachten Innerlichkeit als auch der Idee einer vollkommen entindividualisierten Kollektivpersönlichkeit entgegen.

IV

Die Voraussetzung, um im Sinne Tucholskys höflich, menschlich und unbefangen, im Sinne Sennetts expressiv, zivilisiert und individuell sein zu können, sich in beider Sinne im öffentlichen Leben souverän bewegen und begegnen zu können, ist die Kunst des Schauspielens. Nur aufgrund des Vermögens, eine Rolle glaubhaft zu spielen, ohne sein Selbst mit ihr zu identifizieren, »Distanz zwischen äußerer Erscheinung und innerer Regung«[34] zu halten, wie Sennett dies ausdrückt, nur durch eine solche Distanz ist es möglich, daß sprachlicher und nonverbaler Ausdruck auch wiederholbar und damit zu verwendbaren und verstehbaren Zeichen wird.

Schon Denis Diderot, auf dessen *Paradox über den Schauspieler* Sennett sich beruft, definierte Zeichen deshalb über ihre Wiederholbarkeit.[35]

Vor diesem Hintergrund hängen Sennetts und Tucholskys Auffassungen von Zivilisiertheit[36] von der allgemeinen Möglichkeit ab, öffentliches Verhalten als theatralisches Verhalten aufzufassen. An der deutschen Mentalität kritisierte Tucholsky immer wieder, daß in ihr das Spielerische und Leichte nicht verankert sei. Den Deutschen fehle der Sinn für einen taktvollen und höflichen Umgang miteinander und die Distanz, die für eine der jeweiligen Situation, und nicht dem jeweiligen Charakter, angemessene Ausfüllung der verschiedenen öffentlichen Rollen notwendig sei. Das ist auch der Inhalt von Tucholskys Kritik an Dwinger und Hasenclever, einer Kritik, die Tucholsky auch an zahlreichen anderen Stellen in den *Q-Tagebüchern* und den *Briefen aus dem Schweigen* formuliert. So analysiert er – um einige Beispiele zu nennen, die in diesem Sinne zu verstehen sind – im Brief vom 10. November 1933 eine Anekdote Bernhard Fürst von Bülows zur, so Tucholsky, »unglaublichen Taktlosigkeit« Kaiser Wilhelms II.[37], so stellt er im Brief vom 6. November 1935 fest, daß die Deutschen »doch immer über irgend etwas gekränkt«[38] seien, so bemerkt er im *Q-Tagebuch* vom 21. September 1934, daß, auch hier geht es um einen Mangel an Takt und Rollenbewußtsein, das unzivilisierte »Gebrüll der Boches-Kommunisten (...) nicht kommunistisch, sondern boche«[39] sei, und so gelangt er zu der Auffassung, die später ja auch das Ergebnis von Elias' mentalitätsgeschichtlicher Untersuchung war, daß sich der deutsche Faschismus aus dieser Mentalität rekrutiere: »(...) keinen Augenblick stellen sie[40] sich die Frage, woher sich denn das System in Deutschland rekrutiert, warum sie verloren haben, und ob das nicht vielleicht weniger ihre Schuld, was anzumerken billig wäre, aber doch die Schuld ihrer Gedankengänge ist.«[41]

So klar Tucholskys Einschätzungen der deutschen Mentalität und ihrer Auswirkungen waren, so widersprüchlich erscheint in seinen Briefen das Bild der französischen Mentalität in jenen Punkten, auf die es in seinem Mentalitätsvergleich ankam und die er zumindest im öffentlichen Diskurs bis 1933 nie explizit in Frage gestellt hatte. Waren in der französischen Gesellschaft in den zwanziger und frühen dreißiger Jahren für eine allgemeine Auffassung und Praxis von öffentlichem Verhalten als theatralischem Verhalten überhaupt noch die Voraussetzungen gegeben? Oder war das öffentliche Leben in Frankreich längst auch vom Verfall bedroht beziehungsweise schon verfallen und zivilisiertes Verhalten dort nur noch durch Trägheit und Gewohnheit scheinbar präsent, nicht aber mehr durch die aktive Fähigkeit, distanziert und souverän mit Rollen und Konventionen umzugehen? In der Begrifflichkeit Sennetts gefragt: Waren die Masken des zivilisierten Verhaltens, die offensichtlich in Frankreich zur Zeit Tucholskys noch sichtbar waren, nicht längst zu Gesichtern geworden?[42]

Für Sennett, der das Aufkommen der »Persönlichkeit« als gesellschaftlicher Kategorie[43] und den damit verbundenen Verfall des öffentlichen Lebens historisch im 19. Jahrhundert verortet und dies gerade am Beispiel Frankreichs vorführt, liegt der Fall klar. An der Dreyfus-Affaire, die er als paradigmatischen destruktiven Konflikt zweier Gemeinschaften und nicht als produktive politische Auseinandersetzung deutet, versucht er zu zeigen, daß es eine öffentliche Kultur in seinem Verständnis schon vor der Jahrhundertwende in Frankreich nicht mehr gegeben habe. Es sei in dieser Auseinandersetzung, die bekanntlich ganz Frankreich spaltete, bei den zwei rivalisierenden Gruppen nicht wirklich um die Verfolgung der je gemeinsamen Interessen, sondern um eine je gemeinsame Identität gegangen. Die Affaire Dreyfus markiere »(...) einen Extremfall jener Wahrnehmungsweise, die die äußere Erscheinung in Zeichen des Selbst verwandelt. Die Maske enthüllt nun ein gemeinsames Gesicht; damit die Gemeinschaft Bestand haben kann, damit die Gesichter aller in diesem einen, gemeinsamen Gesicht erkennbar werden, muß sich die Gemeinschaft in sich versteifen, darf sich nicht rühren. Auf beiden Seiten hat die Gemeinschaft nur so lange Konsistenz, wie sie der Gegenseite ein unflexibles Erscheinungsbild darbietet.«[44]

Diese Argumentation leuchtet, vor dem Hintergrund von Sennetts Interpretation von Zolas J'accuse[45], Zola habe hier nicht sachbezogen politisch argumentiert, sondern versucht, »(...) die Vorstellung eines ›Wir‹ der Dreyfusisten im Gegensatz zu den Anti-Dreyfusisten plastisch zu machen«[46], unmittelbar ein. Die Frage ist allerdings, ob die Affaire Erklärungskraft für das gesamte öffentliche Leben Frankreichs auch der Folgezeit besitzt oder ob durch eine konkrete und intensive Wahrnehmung von innen, wie sie Tucholsky zwischen 1924 und 1929 praktizierte, nicht differenziertere und möglicherweise andere Erkenntnisse gewonnen werden können als durch eine abstrakte Analyse von außen.

Entscheidend ist, wie Tucholskys Formel von Paris als der »Stadt des Noch« zu wenden ist. Meint das »Noch« zwar unbestreitbar sichtbare und vorhandene, aber quasi übriggebliebene und automatisierte Verhaltensweisen, die zusammengenommen eine Art Pseudozivilisiertheit ergeben, oder wird hier, was die These Sennetts vom allgemeinen Verfall des öffentlichen Lebens einschränken würde, das Postulat aufgestellt, in Frankreich bestehe tatsächlich noch eine »nichtpersonale Kultur«[47], in der mit diesen Verhaltensweisen distanziert und souverän gespielt wird, eine Kultur, die dann tatsächlich als Zivilisiertheit im Sinne Tucholskys und Sennetts angesehen werden könnte? Wenn Tucholsky im Q-Tagebuch vom 15. November 1934 schreibt, Frankreich habe »(...) die Fehler von heute und die Vorzüge von gestern. Das mitanzusehn, wenn man das Land liebt, ist ein Jammer«[48], dann klingt das – vorausgesetzt, man sieht hier einen Bezug zu dieser Frage – eher skeptisch. Und in der Tat lassen sich in den Q-Tagebüchern weitere

Äußerungen finden, die Tucholskys eigener Charakterisierung der französischen Mentalität als im positiven Sinne »zynisch« widersprechen. Am deutlichsten formuliert Tucholsky diese Skepsis merkwürdigerweise im unmittelbaren Zusammenhang mit der eingangs zitierten Textstelle zu dem Roman Dwingers, also derjenigen Stelle, in der er den »Lateinern« Zynismus bescheinigt. Kurz vorher schreibt er, sich auf Dwinger beziehend: »Ich tadele ihn auch nicht, daß er das wurde, was er zunächst als Uniform anzog. Man kann wohl überhaupt nicht eine Tätigkeit ausüben, ohne daß sie langsam nach innen rutscht; ich weiß nicht, wie das bei den Asiaten ist, in Europa habe ich das jedenfalls noch niemals gesehn. Die deutsche Sprache bezeichnet das sehr gut: jemand ›wird‹ Buchhalter.«[49]

Was Tucholsky hier festhält, ist dem Vorgang vergleichbar, den Sennett metaphorisch als die Verwandlung der Maske zum Gesicht beschreibt. Und Tucholsky nimmt in diesen Sätzen die Franzosen keineswegs aus, sondern bezieht sich explizit, und ganz in Sennetts Sinne, auf Europa. Über die Skepsis und den Zynismus der Franzosen spricht Tucholsky also seinerseits nur äußerst skeptisch und nicht ohne »pfiffiges Grinsen«. Durch diese doppelbödige Struktur, legt man sie nicht vorschnell als Produkt einer Nachlässigkeit des Autors aus, teilt die Textstelle sich sowohl über die Zivilisiertheit der Franzosen als auch über Tucholskys eigene Skepsis mit. An dem Zitat über den Dwinger-Roman läßt sich deshalb zeigen, was auch für die Makrostruktur der Exilbriefe Tucholskys Gültigkeit und keineswegs nur mit seiner Launenhaftigkeit zu tun hat oder aus einem Mangel an Trennschärfe zwischen Innen- und Außensicht rührt: Über die offensichtliche Widersprüchlichkeit etwa der Q-Tagebücher, wenn es um die Einschätzung der französischen Mentalität geht, offenbart sich eine Unentschiedenheit Tucholskys in dieser Frage, eine Skepsis, die, im Verhältnis zu seinen Einschätzungen der zwanziger Jahre, neu ist und die nicht nur der neuen politischen Situation in Europa nach 1933 Rechnung trägt, sondern auch mit einer schon vorher einsetzenden Radikalisierung von Tucholskys Denken zusammenhängt.

V

Tucholskys im schwedischen Exil stärker werdende Zweifel, ob das Paris seiner Zeit tatsächlich als Modell für die von ihm gedachte Form von Zivilisiertheit tauge, hindern ihn nicht, an dem Gedanken selbst festzuhalten, seine Bedeutung sogar auszuweiten. Auch die eigene Person wird zunehmend nach dem selbstgeprägten Zivilisiertheitsideal beurteilt und kritisiert.

Die immer radikaler werdende Verachtung und Ablehnung alles Deutschen, einschließlich der deutschen Emigration, eine Verachtung, die sich schon in Tucholskys häufiger Verwendung der französischen antideutschen

Schimpfwörter »Boches« und »Couillons« zeigt, trägt fast notwendig auch selbstzerstörerische Züge. Tucholskys relativ sicherer Stand in beiden Mentalitäten während der zwanziger Jahre, der in seinem publizistischen Versuch einer dialektischen Verknüpfung von französischer Zivilisation und deutscher Kultur zum Ausdruck kommt, wird abgelöst durch eine schwebende Haltlosigkeit zwischen den Mentalitäten.

So stark Tucholskys Zuwendung zur französischen – und nicht etwa zur skandinavischen – Kultur im schwedischen Exil auch war, daß er in der französischen Sprache, Literatur und Publizistik eine »zweite Heimat« finden würde, wie er noch im Mai 1935 in einem Brief an Hedwig Müller schrieb, wagte er auch dann nicht so recht zu glauben, wenn seine Briefe etwas heiterer als gewöhnlich ausfielen, wenn er nicht wie üblich in bitteren und düsteren Worten die Ausweglosigkeit der eigenen und der allgemeinen Situation beschrieb, sondern ausnahmsweise über positive Perspektiven nachdachte: »Geistig bin ich ganz in Butter, die Bochie ist aus, ich werde bestimmt im französischen eine zweite Heimat finden, das fängt ganz langsam an, die Vokabeln beginnen, zusammenzuwachsen, im nächsten Jahr wird das so weit sein. Gut und recht – aber??????????????«[50]

Die Befürchtung, daß ihm für eine solche Assimilation trotz täglicher Sprachübungen und ausführlicher Lektüren französischer Periodika und Prosa etwas fehle, daß »das Neue« in ihm nicht nur, wie er im Brief vom 9. April 1934 schreibt, »keineswegs fertig«[51] sei, sondern daß es auch nicht mehr fertig würde, überwog. Der an die Wurzel gehende Bruch mit allem Deutschen hinterließ einen Leerraum, der nicht ohne weiteres wieder aufgefüllt werden konnte: »Bei mir ist fast alles nur Dilettanterei, heute ist es Péguy, und morgen wird es jemand anders sein. Nichts sitzt, nichts ist festgefügt, alles lofft auseinander, ich sehe es am Gebäude der französischen Kultur genau. Was habe ich meine schönen Jahre verschwendet – einerseits an diesen Dreckhaufen, dann aber auch durch eine ganz unzulängliche Bildung. Na, nun ist es zu spät.«[52]

Wenn Tucholsky das Gefühl hatte, daß bei ihm nichts »festgefügt« sei und alles auseinanderlaufe, dann liegt das vermutlich an seinem Bewußtsein für das, was er »deutschen Jargon« nannte, und an dem zwar tatsächlich autoaggressiven, in seiner analytischen Kraft aber äußerst produktiven Versuch, sich selbst restlos von diesem Jargon zu lösen. Tucholskys Jargon-Begriff enthält bereits wesentliche Elemente von Theodor W. Adornos *Jargon der Eigentlichkeit*[53]. Wichtig ist hier vor allem der Zusammenhang, den beide zwischen einem bestimmten deutschen Jargon und einem bestimmten deutschen Gemeinschaftsethos sehen: Wer in diesem Jargon spricht, der formuliert keinen Gedanken, sondern ordnet sich zu; wer sich dieses Jargons bedient, der denkt nicht selbst, sondern ordnet sich unter. Nach Tucholskys Analyse ist der Jargon das, was die Deutschen miteinander verbindet, er ist die sprachliche Manifestation der deutschen Mentalität, deutscher Unzivilisiertheit.

Die radikale Kritik dieses Jargons, wo und wie immer er sich äußert, war Tucholsky im Exil wichtiger als die politische Zuordnung. Das bequeme Denken in politischen Gegensätzen von links und rechts, progressiv und konservativ, lehnt er in den Exilbriefen ausdrücklich ab. Es zählt nur noch die Antithese Zivilisiertheit / Unzivilisiertheit. Er könne erst dann wieder anfangen zu schreiben, teilt er im Brief vom 15. April 1934 mit, wenn er »über den ganzen ›Links‹-Quatsch hinweg«[54] sei. Er gebe sich, schreibt er in bezug auf den Roman Hasenclevers im September 1935, »(...) solche Mühe, diesen entsetzlichen Jargon abzustreifen, nicht so zu sprechen, nicht so zu schreiben; nicht so zu denken, nicht so zu fühlen – nur das nicht.«[55] Die wesentlichen Elemente dieses Jargons sind für Tucholsky Geschwollenheit, unmäßige Lautstärke, das Verwenden von militärischem Vokabular und eben die Absicht des Redenden, sich selbst zum Ausdruck zu bringen, anstatt distanziert und spielerisch mit den zur Verfügung stehenden Ausdrucksmitteln umzugehen. Adorno bezeichnete dies als »das Gebaren (...), der ganze Mensch rede und nicht der Gedanke«[56]. Dieses Gebaren meinte Tucholsky, wenn er vom »Gebrüll der Boches-Kommunisten«, das »nicht kommunistisch, sondern boche« sei[57], sprach, oder wenn er noch kurz vor seinem Tod die deutschen »Trampel« kritisierte, »(...) die ›grade und frisch heraus‹ alles sagen, wies ihnen ums Herze ist. Und die klobig lügen.«[58]

Was in Tucholskys antithetisch aufgebauter Mentalitätskritik, die französische Zivilisiertheit gegen deutschen Jargon setzt, sichtbar wird, ist eine Ideologiekritik, die selbst ohne politische Ideologie im engeren Sinne auszukommen versucht und die im Ansatz strukturalistisch ist. Diese Kritik ist radikal, aber keineswegs so hohl, wie sie manchmal klingt und wie sie auf den ersten Blick vielleicht auch im folgenden Zitat zu sein scheint, in dem en miniature der ideologiekritische Apparat Tucholskys noch einmal enthalten ist:

»Was der Hiller da im Blättchen [in der *Neuen Weltbühne*, J.H.] über seine Haft [im KZ; J.H.] berichtet, das ist so deutsch (...) Es ist Paulskirche 1848, ich weiß nicht, ob Dir das etwas sagt. Das waren die Liberalen (Uhland war dabei und der alte Arndt und andere Patrioten), die in Frankfurt das einige Reich haben wollten, und sie redeten, und dann wurden sie aufgelöst, und dann redeten sie immer noch weiter (...) es waren Ideologen von reinstem Wasser, na, so ganz rein war es wohl auch nicht. Und so ist das. Ein altes Fräulein. Das hat seine Gründe, der Mann ist das auch, mit Verlaub zu sagen – aber ich bin immer so erschreckt, wenn sogar der, ohne es zu ahnen, den Jargon seiner Peiniger spricht, was er anfangs nicht getan hat – ›er meldete‹ statt ›er sagte‹ und so. Ich finde keinerlei Beziehungen mehr dazu. Tout serait à refaire, und dazu fühle ich mich nicht stark genug.«[59]

1 Peter Sloterdijk: *Kritik der zynischen Vernunft*. 2 Bde. Frankfurt/M. 1983. Bd. I, S. 24. — 2 Ebd., Bd. II, S. 950. — 3 Vgl. Kurt Tucholsky: *Die Q-Tagebücher 1934–1935*. Hg. von Mary Gerold-Tucholsky und Gustav Huonker. Reinbek 1978. (Im folgenden zitiert mit Kurztitel: *Die Q-Tagebücher*), Eintrag vom 9.3.1935, S. 168. Siehe auch den Eintrag vom 26.2.1935, S. 159. Die von Tucholsky kritisierte Textpassage findet sich in Edwin Erich Dwinger: *Zwischen Weiß und Rot. Die russische Tragödie 1919–1920*. Jena 1930, S. 464–469. — 4 *Die Q-Tagebücher*, Eintrag vom 9.3.1935, S. 169. — 5 Vgl. Walter Benjamin: »Linke Melancholie. Zu Erich Kästners neuem Gedichtbuch«. In: W. B.: *Gesammelte Schriften III*. Hg. von Hella Tiedemann-Bartels. Frankfurt/M. 1972, S. 279–283, S. 280. — 6 Ebd., S. 282. — 7 Ebd., S. 281. — 8 Helmut Lethen hat diese Urteile und Definitionsversuche untersucht, relativiert und einen neuen und umfassenderen Begriff der Neuen Sachlichkeit, der ihre Kritiker selbst auch miteinbezieht, zu etablieren versucht. Vgl. Helmut Lethen: *Neue Sachlichkeit 1924–1932. Studien zur Literatur des »Weißen Sozialismus«*. Stuttgart 1970, S. 2–18. — 9 Vgl. Heinz Kindermann: »Vom Wesen der ›Neuen Sachlichkeit‹«. In: *Jahrbuch des Freien Deutschen Hochstifts*. Frankfurt/M.1930, S. 354–386, z. B. S. 371 f. — 10 Vgl. Kurt Tucholsky: »Auf dem Nachttisch«. In: K. T.: *Gesammelte Werke in 10 Bänden*. Hg. von Mary Gerold-Tucholsky und Fritz J. Raddatz. Reinbek 1975, Bd. 8, S. 309–318 (*Die Weltbühne* vom 9.12.1930), zu Kästner: S. 311–313. — 11 Ebd., S. 311/312. — 12 Diese Charakterisierungen nehmen eine viel zu zentrale Stellung in Tucholskys Frankreichpublizistik ein, als daß man sie als ungewollte humanistische Einsprengsel ansehen könnte, die sich allein einer gewissen Trägheit des Denkens verdankten, also unbewußte sprachliche Überbleibsel wären. Der Versuch einer vollständigen »Entmischung von Schuld- und Schamkultur«, wie er laut Helmut Lethen typisch für die radikale neusachliche Intelligenz ist, läßt sich für Tucholskys Publizistik der zwanziger Jahre nicht nachweisen. Zur Thematik und den Begriffen der Scham- und Schuldkultur vgl. Helmut Lethen: *Verhaltenslehren der Kälte. Lebensversuche zwischen den Kriegen*. Frankfurt/M. 1994, S. 32–35. — 13 Peter Panter: »Das menschliche Paris«. In: K. T.: *Gesammelte Werke* (wie Anm. 10), Bd. 3, S. 396–399. (*Vossische Zeitung* vom 19.6.1924). — 14 Vgl. die genaue sozial- und mentalitätsgeschichtliche Analyse dieses Widerspruchs in: Norbert Elias: *Über den Prozeß der Zivilisation: soziogenetische und psychogenetische Untersuchungen*. 1. Bd.: *Wandlungen des Verhaltens in den weltlichen Oberschichten des Abendlandes*. Frankfurt/M. ²1969, S. 1–64. — 15 Helmut Lethen: *Verhaltenslehren der Kälte* (wie Anm. 12), S. 42. — 16 Peter Panter: »Das menschliche Paris« (wie Anm. 13), S. 396 und 397. — 17 Helmut Lethen: *Verhaltenslehren der Kälte* (wie Anm. 12), S. 32. — 18 Helmut Lethen: »Der Jargon der Neuen Sachlichkeit«. In: *Germanica 9/1991: Die »Neue Sachlichkeit« – Lebensgefühl oder Markenzeichen?* Hg. von Pierre Vaydat, S. 11–35, S. 22 und 23. — 19 Helmut Lethen: *Verhaltenslehren der Kälte* (wie Anm. 12), S. 130. — 20 Kurt Tucholsky: *Briefe aus dem Schweigen 1932–1935. Briefe an Nuuna*. Hg. von Mary Gerold-Tucholsky und Gustav Huonker. Reinbek 1977. (Im folgenden zitiert mit Kurztitel: *Briefe aus dem Schweigen*). — 21 *Die Q-Tagebücher*, Eintrag vom 27.9.1934, S. 34/35. — 22 Walter Hasenclever: *Irrtum und Leidenschaft. Erziehung durch Frauen. Ein Bekenntnisroman*. München 1977. [Erstausgabe: Berlin 1969.] Die Rahmenerzählung des Romans spielt im Paris des Jahres 1939, aber er handelt vor allem vom Deutschland in der Zeit zwischen 1900 und 1930. Hasenclever und Tucholsky, beide 1890 geboren, waren eng miteinander befreundet. — 23 Richard Sennett: *Verfall und Ende des öffentlichen Lebens. Die Tyrannei der Intimität*. [Original: *The Fall of Public Man*, New York 1974.] Frankfurt/M. 1983. — 24 Ebd., S. 336. — 25 Ebd., S. 17. Vgl. zur Diskussion über Sennetts Thesen in Deutschland den Beitrag Gerd Schäfers: »Nostalgische Soziologie. Zu Arbeiten von Richard Sennett«. In: *Merkur* 8 (1991) H. 8, S. 707–712. Schäfer bringt dort Einwände gegen die Sennettsche Verwendung der Begriffe Öffentlichkeit und Privatheit vor und bezweifelt grundsätzlich die Realisierbarkeit des Sennettschen Zivilisiertheitsideals in modernen Gesellschaften. — 26 Richard Sennett: *Verfall und Ende* (wie Anm. 23), S. 340. — 27 Ebd., S. 339. — 28 Ebd., S. 336. — 29 Ebd., S. 335. — 30 Ebd., S. 336. — 31 Kurt Tucholsky: »Paris«. In: K. T.: *Gesammelte Werke* (wie Anm. 10), Bd. 3, S. 378–383. (*Die Weltbühne*, 22.5.1924), S. 380. — 32 Peter Panter: »Die Stadt des Noch«. In: Kurt Tucholsky:

Deutsches Tempo. Hg. von Mary Gerold-Tucholsky und Fritz J. Raddatz. Reinbek 1985, S. 393–397. (*Das blaue Heft*, 15.11.1924), S. 394. Tucholskys Formel vom »konservativen Paris« drückt dasselbe aus: Peter Panter: »Das konservative Paris«. In: K. T.: *Gesammelte Werke* (wie Anm. 10), Bd. 3, S. 455–458. (*Vossische Zeitung* vom 9.9.1924). — 33 Richard Sennett: *Verfall und Ende* (wie Anm. 23), S. 338. — 34 Ebd., S. 200. — 35 Ebd., S. 149. Vgl. auch Denis Diderot: *Paradox über den Schauspieler.* Frankfurt/M. 1964, S. 19. Bertolt Brechts theatralischer Begriff der Geste ließe sich wahrscheinlich in ähnlicher Weise zur Erläuterung von Tucholskys Auffassung von zivilisiertem Verhalten nutzen. — 36 Es ließen sich hier auch zahlreiche Parallelen zu Helmuth Plessners Standpunkt aufzeigen. Merkwürdigerweise scheint Tucholsky dessen 1924 erschienenes Werk *Grenzen der Gemeinschaft. Eine Kritik des sozialen Radikalismus* nicht wahrgenommen zu haben. Es ist allerdings fraglich, ob Tucholsky Plessners ahistorische, anthropologische Begründung zivilisierten Verhaltens akzeptiert hätte. Obwohl Zivilisiertheit bei Plessner, zum Teil bis in die Begrifflichkeit hinein, ganz ähnlich wie später bei Sennett beschrieben wird, habe ich den Ansatz Sennetts wegen dessen historisch-soziologischer Herleitung, die Tucholskys Denken sicher näher steht, vorgezogen. Zu Aktualität Plessners vgl. auch die Einleitung in: Helmut Lethen: *Verhaltenslehren der Kälte* (wie Anm. 12). — 37 *Briefe aus dem Schweigen,* Brief vom 10.11.1933, S. 63. Bernhard Fürst von Bülow war von 1900–1909 deutscher Reichskanzler. Die Stelle in Tucholskys Brief bezieht sich auf: Bernhard Fürst von Bülow: *Denkwürdigkeiten.* Hg. aus dem Nachlaß von Franz von Stockhammern. 4 Bde. Berlin 1930 (Bd. 1 und 2) und 1931 (Bd. 3 und 4), Bd. 4, S. 678. — 38 *Briefe aus dem Schweigen,* Brief vom 6.11.1935, S. 229. — 39 *Die Q-Tagebücher,* Eintrag vom 21.9.1934, S. 28. — 40 Tucholsky bezieht sich hier wahrscheinlich auf die gesamte linksradikale Intelligenz bzw. Publizistik der Weimarer Republik bzw. der deutschen Emigration, vielleicht aber auch nur auf die »Gruppe Revolutionärer Pazifisten«, der sowohl er selbst als auch Kurt Hiller angehörte. Tucholskys Ausgangspunkt ist hier ein aktueller Artikel Hillers, dessen später in der *Neuen Weltbühne* veröffentlichte Memoiren er auf ähnliche Weise kritisiert wie diejenigen Dwingers oder Hasenclevers. Vgl. dazu: *Die Q-Tagebücher,* Eintrag vom 25.12.1934, S. 113; Eintrag vom 18. oder 20.1.1935, S. 127. — 41 Ebd., Eintrag vom 24.10.1934, S. 52. — 42 Vgl. z.B. S. 325 in: Richard Sennett: *Verfall und Ende* (wie Anm. 23). — 43 Vgl. ebd., Kapitel 8: Erst mit der säkularen Vorstellung einer »Persönlichkeit« kommt es, sowohl aus der Perspektive des Handelnden als auch aus der Sicht des Betrachtenden, nach Sennetts sozialgeschichtlicher Analyse zu einer Identifizierung von »äußerer Erscheinung« und »innerer Regung«. — 44 Ebd., S. 319. — 45 Ebd., S. 312–317. — 46 Ebd., S. 312. — 47 Ebd., S. 325. — 48 *Die Q-Tagebücher,* Eintrag vom 15.11.1934, S. 63. — 49 Ebd., Eintrag vom 9.3.1935, S. 168. — 50 *Briefe aus dem Schweigen,* Brief vom 24.5.1934, S. 115. — 51 Ebd., Brief vom 9.4.1934, S. 98. — 52 Ebd., Brief vom 13.7.1934, S. 132/133. — 53 Theodor W. Adorno: *Jargon der Eigentlichkeit. Zur deutschen Ideologie.* Frankfurt/M. 1964. — 54 *Briefe aus dem Schweigen,* Brief vom 15.4.1934, S. 101. — 55 *Die Q-Tagebücher,* Eintrag vom 27.9.1934, S. 34/35. — 56 Theodor W. Adorno: *Jargon der Eigentlichkeit* (wie Anm. 53), S. 15. — 57 *Die Q-Tagebücher,* Eintrag vom 21.9.1934, S. 28. — 58 Ebd., Eintrag vom 9.11.1935, S. 304. — 59 Ebd., Eintrag vom 25.12.1934, S. 113.

Sabina Becker

Zwischen Akkulturation und Enkulturation

Anmerkungen zu einem vernachlässigten Autorinnentypus:
Jenny Aloni und Ilse Losa

I

Die in den letzten Jahren innerhalb der Exilforschung forciert betriebene
Untersuchung der Überlebensmuster von Frauen im Exil sowie deren literarische und allgemein künstlerische Verarbeitung[1] brachte unter anderem Erkenntnisse über die größere Flexibilität von Emigrantinnen angesichts der
Belastungen und Probleme des Exildaseins. Nicht nur, daß Frauen sich als
weitaus pragmatischer und flexibler hinsichtlich der Bewältigung alltägli-
cher Anforderungen erwiesen[2] – das biographische Material des Exils, Briefe, Erinnerungen und Autobiographien, gibt Zeugnis von der Bedeutung
der Frauen als Garantinnen des materiellen Überlebens[3] –, sondern auch
bezüglich der Einstellung auf die Bedingungen im jeweiligen Exilland sowie
der Akkulturation an die neue Umgebung läßt sich unter den weiblichen
Emigranten eine größere Anpassungsfähigkeit ausmachen. So scheint es ihnen leichter gefallen zu sein, eine neue soziale, kulturelle und künstlerische
Identität aufzubauen. Auch festzustehen scheint, daß sich Frauen im Exil
sehr viel schneller und problemloser die jeweilige Landessprache aneigneten
und diese als Möglichkeit nutzten, die neue Identität zu sichern. Dagegen
verharrten die Männer, »zumindest die Intellektuellen, voller Zorn und Verzweiflung in der Muttersprache, letztlich voller Vertrauen in die Flexibilität
ihrer – zumeist auch intellektuellen – Frauen«.[4]
    Die hohe Zahl von Frauen, die sich im Exil durch Übersetzungs-
tätigkeiten den Lebensunterhalt sicherte, sowie die von Autorinnen, die in
der Emigration bzw. im neuen Heimatland in der jeweiligen Landessprache
entweder ausschließlich (Elisabeth Augustin, Ilse Losa) oder zumindest
vorübergehend (Jenny Aloni, Vicki Baum, Klara Blum, Ruth Feiner, Grete
Fischer, Elisabeth Freundlich, Anna Gmeyner, Lilo Linke, Erika Mann,
Hermynia zur Mühlen, Christa Winsloe u.a.) geschrieben haben, bestätigt
diesen Befund. Eine solche Umstellung eröffnete die Möglichkeit, in den
Verlagen des Gastlandes zu publizieren und garantierte so auch ein Lesepu-
blikum. Man fürchtete die fremde Sprache nicht als ein Moment von »Iden-
titätsverlust und Selbstaufgabe«[5], sondern nutzte sie als eine Chance sowohl
zur ökonomischen Lebenssicherung als auch zur sprachlichen Assimilation
und sozialen Integration.

Die Berücksichtigung des hier vorgestellten Autorinnentypus relativiert mithin die hinsichtlich der von Frauen im Exil produzierten Literatur konstatierte Vorrangigkeit der »Überlebensstrategie gegenüber einem Lebensentwurf«. Denn für Autorinnen, die nicht an der Seite von Ehemännern und Lebenspartnern oder mit ihren Familien Nazideutschland verlassen haben, erweist sich das Exil zumeist nicht, wie bei vielen männlichen Kollegen, als Identitätskrise oder als ›verlorene Jahre‹, sondern bisweilen sogar als Katalysator für die schriftstellerische Tätigkeit.[6] Zahlreiche Autorinnen sind in dem von ihnen gewählten Exilland geblieben, andere wiederum haben die Emigration vorwiegend als Immigration verstanden und entsprechend genutzt.

Im folgenden soll also nicht die Rede sein von Frauen, die ihren schreibenden (Ehe-)Männern ins Exil gefolgt sind und im nachhinein den Exilalltag, für deren Bewältigung sie zumeist verantwortlich waren, in Autobiographien verarbeitet haben. Hingegen stehen Emigrantinnen im Mittelpunkt, die aus Deutschland geflohen sind und sich im Exilland eine neue soziale und künstlerische Existenz aufbauten. Ohne dabei die Brüche aus den Augen zu verlieren, die Vertreibung und Flucht in den jeweiligen Biographien gezeitigt haben, werden zwei Autorinnen vorgestellt, deren literarische Produktion eng mit der Emigration und der Integration in eine neue Gesellschaft verbunden ist und die gerade aufgrund dieser Verbindung als repräsentativ für einen bestimmten Autorinnentypus gelten dürfen. Herausragendes Merkmal dieses Typs ist die Tatsache, daß die in Frage kommenden Autorinnen[7] das Exil nicht ausschließlich als ›Wartesaal‹ werteten, sondern einerseits zum Ausgangspunkt einer neuen Existenz und andererseits als Movens für die literarische Produktion nutzten. Jenny Aloni und Ilse Losa hatten in der Zeit der Weimarer Republik nur vereinzelt publiziert; beide etablierten sich erst in ihren neuen Heimatländern, angeregt durch die Erfahrungen der ›Grenzüberschreitung‹ und Akkulturation, als Autorinnen. Sie haben beide die Staatsbürgerschaft ihres jeweiligen Asyllandes angenommen und sind auch nach 1945 nicht in ihr Herkunftsland zurückgekehrt.

Ilse Losa, 1913 als Ilse Lieblich bei Osnabrück geboren, floh 1934 nach einem Verhör bei der Gestapo in Berlin nach Portugal. Bis auf den 1967 in der DDR erschienenen Erzählband *Das gesunkene Schiff* (Berlin) schrieb sie fast ausschließlich in portugiesischer Sprache, unter anderem auch Kinderliteratur, für die sie sowohl in Portugal als auch in Deutschland mehrmals ausgezeichnet wurde. Zudem übersetzte sie aus dem Deutschen ins Portugiesische, darunter Werke von Seghers, Brecht, Kästner und Thomas Mann. Zwei ihrer drei Romane[8], in denen sie die letzten Jahre in Deutschland, die Emigration und die Immigration in Portugal beschreibt, erschienen Anfang der neunziger Jahre erstmals in deutscher Sprache; der hier besprochene Roman *Unter fremden Himmeln*, 1962 in Portugiesisch veröffentlicht, wurde dabei von ihr selbst ins Deutsche übertragen.

Jenny Aloni verließ Deutschland erst im Jahr 1939. Für Aloni – wie Ilse Losa eine Autorin jüdischen Glaubens –, die sich schon früh der zionistischen Bewegung angeschlossen und bereits seit 1935 die hebräische Sprache erlernt hatte, kam nur Palästina als Exilland in Frage. Bis 1945 arbeitete sie nach anfänglichem Studium zunächst als Sanitäterin einer jüdisch-palästinensischen Gruppe der Britischen Armee, später als Sozialarbeiterin. Aloni hatte vor ihrer Einwanderung in Palästina lediglich zwei Gedichte in der letzten Nummer der bis 1938 in Deutschland erscheinenden *Jüdischen Rundschau* publiziert und weiterhin einige Erzählungen geschrieben. In Israel nahm sie, bedingt durch den zumeist harten Arbeitsalltag, die literarische Tätigkeit erst Ende der vierziger Jahre wieder auf.

1956 erschien ihr erster Gedichtband, 1961 folgte der hier untersuchte, in deutsch geschriebene Roman *Zypressen zerbrechen nicht*, in dem Aloni die Zeit nach ihrer Ankunft in Palästina verarbeitet. Auch die späteren Werke, Romane, Gedichte und Erzählungen[9], verfaßte Aloni in deutscher Sprache, nur vereinzelt schrieb sie in hebräisch. Dennoch ist auch ihre Biographie und ihr literarisches Werk beispielhaft für die gelungene Akkulturation, in ihrem Fall zweifelsohne mitbestimmt durch die Entscheidung für Palästina bzw. für den Judenstaat.

Beide Autorinnen haben sich in den von ihnen gewählten Exilländern nicht nur eine neue soziale und kulturelle Existenz aufgebaut, die über die gemeinhin festgesetzte Exilzeit von 1933 bis 1950 hinaus Bestand hatte; sondern auch ihre Identität als Schriftstellerin ist eng mit der Emigration verbunden. Jenny Aloni und Ilse Losa gehören zu jener Minderheit des literarischen Exils, bei der es zu einer umfassenden Identifikation mit dem Aufnahmeland kam, die dann »zu einer die Person und ihren Lebenshabitus verändernden Einwirkung«[10] führte. Die Tatsache, daß sie die Staatsbürgerschaft des jeweiligen Gastlandes angenommen haben, in der neuen Heimat Familien gründeten, und sie weiterhin nach 1945 nicht mehr in ihr Geburtsland zurückkehrten, ist Ausdruck dieser Akkulturation, die in eine umfassende Enkulturation mündete.

Auch hinsichtlich ihrer literarischen Entwicklung lassen sich Parallelen ausmachen: Bei beiden ist nicht nur die schriftstellerische Existenz mit der Emigration bzw. Immigration verbunden, ihr künstlerischer Werdegang impliziert zudem die enge Verknüpfung von literarischer Produktion und eigener Biographie: Die durchlebte und vollzogene Akkulturation wird zum Katalysator für das Schreiben. Damit trifft auf sie jene für das literarische Exil diagnostizierte »»Wartesaal‹-Psychologie«[11], die eine Auseinandersetzung mit dem Gastland weitgehend verhinderte, nicht zu. Im Zentrum ihrer in den fünfziger Jahren entstandenen Romane stehen nicht oder

nicht mehr jene die Exilliteratur kennzeichnenden »Gedanken an Deutschland«[12], sondern die Auseinandersetzung mit der neuen Lebenswelt.

Keineswegs zufällig weisen ihre Werke, insbesondere die beiden aus-
gewählten Romane, zahlreiche Gemeinsamkeiten auf: Beide Autorinnen
verarbeiten in einem zeitlichen Abstand von etwa 20 bis 25 Jahren zu den
realen Geschehnissen der dreißiger und vierziger Jahre die Flucht aus
Deutschland und die Ankunft in den Exilländern; dabei stehen die Bewältigung des Verlusts der alten Heimat, die aus der Erfahrung der Fremde resul-
tierenden Schwierigkeiten und Konflikte sowie der Prozeß der Aneignung
einer neuen Heimat im Mittelpunkt. Jedoch verbindet die Romane nicht
nur ihre gemeinsame Thematik, auch im Hinblick auf die Rezeption und
Rezeptionsbedingungen lassen sich Parallelen aufzeigen. Da weder Aloni
noch Losa bei der Beschreibung der Akkulturation die Kritik am Aufnahmeland aussparen, stießen ihre Romane zum Teil auf heftigen Widerstand.
Ilse Losa, die in *Unter fremden Himmeln* mit dem kritischen Blick der Zu-
gewanderten die politischen und sozialen Verhältnisse und Mißstände der
Salazar-Diktatur im Portugal der vierziger und fünfziger Jahre beschreibt
und dabei vor allem die Rechtlosigkeit und Diskriminierung der Frauen innerhalb dieses Systems anprangert, warf man Undankbarkeit der Auslände-
rin[13] ihrem Aufnahmeland gegenüber vor. Und Jenny Aloni, die ebenfalls eine nicht ausschließlich positive Haltung im Hinblick auf ihre neue Heimat
Palästina/Israel einnahm, geriet mit ihrem Roman in Widerspruch zur
offiziellen zionistischen Heimkehr- und Eingliederungsideologie und wurde des unpatriotischen Verhaltens wegen kritisiert.

II

Aufgrund der Entstehungszeit der Romane stellt sich natürlich die Frage,
inwieweit diese der Exilliteratur zugeordnet werden können. Denn weder
sind sie in dem für das literarische Exil reklamierten Zeitraum entstanden,
noch ist ihre Entstehung an die spezifischen Bedingungen und Inhalte von
›Exildasein‹ gebunden. Andererseits steht jedoch auch fest, daß mit dem
Phänomen Exil zugleich der Komplex der Akkulturation angesprochen ist
oder werden muß, da nicht alle EmigrantInnen nach Deutschland zurückgekehrt sind. Damit erweitert sich zwangsläufig der gemeinhin untersuchte
Zeitraum von 1933 bis 1950. Des weiteren werden beide Autorinnen aufgrund der Tatsache, daß sie Deutschland infolge der Machtübernahme Hitlers verlassen haben, in die Exilliteraturforschung, insbesondere in den Bereich ›Frauen und Exil‹[14] einbezogen. Die thematische Ausrichtung der
literarischen Werke hingegen verweist eher auf eine Zugehörigkeit zum
Komplex ›Immigrantenliteratur‹. So beschreiben die Romane beider Autorinnen zwar auch die Jahre der Flucht aus Deutschland, im Zentrum jedoch

steht der Komplex der Sozialisation in die neue Umgebung. Die Vorrangigkeit dieses Themas ist Resultat der kulturellen und sprachlichen Integration, aus der heraus die literarische Verarbeitung erfolgt. Finden sich innerhalb der im Zeitraum von 1933 bis 1945 entstandenen Exilliteratur kaum Beschreibungen gelungener Integrationsprozesse, so kann hingegen von einem engen Zusammenhang zwischen dem vorgestellten Autorinnentypus und dem Prozeß bzw. dem literarischen Themenkomplex der Akkulturation ausgegangen werden.

Wulf Koepke kam in seiner Untersuchung des »Wartesaal-Lebens« von Exilautoren zu dem Ergebnis, daß »zahlreiche Vertreter der älteren Generation ihre Exil- und Asylländer eher im Rahmen eines vorher feststehenden Bildes als aus tatsächlicher Erfahrung eines offenen Geistes«[15] vollzogen. Dieser Befund verweist zudem auf die Weigerung oder Unfähigkeit insbesondere älterer Emigranten, sich auf das Neue und Fremde einzulassen, ein Mangel, der dann durch die Ausbildung und Projektion einer »inneren Exilgeographie«[16] kompensiert wurde. Als Hauptursache dieser verzerrten Wahrnehmung der Fremde sowie der mißglückten Integration in das jeweilige Exilland wäre neben der Fixierung auf Deutschland auch die Tendenz zur Idealisierung der verlassenen Heimat zu nennen.

Sowohl die bei der organisierten Linken verbreitete Vorstellung von der deutschen Bevölkerung bzw. Arbeiterschaft als Opfer der Nazis als auch der bei vielen Vertretern der bürgerlichen Linken einsetzende Hang zur Verklärung der Weimarer Republik sind Ausdruck dieser Entwicklung. So läßt sich zwar der Mehrheit der ExilautorInnen der Wille zur zügigen Assimilierung nicht absprechen, die Erlebnisse, die zur Auswanderung und Flucht führten, werden jedoch zumeist verdrängt. Gleichwohl bestimmen sie »unterschwellig das Bild der neuen Heimat, insofern diese idealisiert wird«.[17] Bei Autoren wie Thomas und Heinrich Mann, Feuchtwanger, Döblin, Brecht und anderen läßt sich anfänglich eine durchaus positive Einschätzung und Aufnahme der Emigration ausmachen, jedoch setzt mit der Zeit eine zunehmende psychische Weigerung ein, das Exil und das Exildasein anzuerkennen. Diese Weigerung verbindet sich mit einer ›Wartesaal‹-Ideologie, die die »Nichterfahrung des Fremden« besiegelt. Es erscheint mithin folgerichtig, daß »Auseinandersetzungen mit der Realität des Exillandes (...) in der Literatur [des Exils, S.B.] kaum statt[finden]« und die »Suche nach Idyllen (Friede, heile Welt, edler Wilder, verlorene Heimat)«[18] allenthalben zu finden ist. Selbst ein Roman wie Klaus Manns *Der Vulkan*, in dessen Beschreibungen der Pariser Emigrantenzentren die Faszination für die französische Metropole stets präsent ist, bleibt diese über weite Strecken letztlich doch nur Kulisse für die alles und jeden beherrschende Beschäftigung mit Hitlerdeutschland sowie für die Debatte um die bald mögliche Rückkehr nach Deutschland.

Im Gegensatz zu dieser Wartesaal-Mentalität, die dann auch die thematische Ausrichtung der zwischen 1933 und 1950 entstandenen Exilliteratur bestimmt, avancierten die Erfahrung der Fremde sowie die durchlebten Integrationsprozesse innerhalb jener nach 1945 entstandenen ›Immigrantenliteratur‹ zwangsläufig zu zentralen Sujets. Aus diesem Grund scheint es geboten, die Frage nach der spezifisch literarischen Verarbeitung der Akkulturation mit dem Ansatz einer interkulturellen Germanistik zu verbinden. Daß die literarische Auseinandersetzung mit der Akkulturation als Beitrag zu einer interkulturellen Kommunikation zu verstehen ist, belegen auch die hier vorgestellten Autorinnen. Sowohl in ihren Biographien als auch in ihren Werken kommt jener von Alois Wierlacher und Walter Hinderer beschriebene »hermeneutische Prozeß« zum Tragen, der, aktiviert durch die Erfahrung der Fremde, »zum Verständnis des Anderen führt und es im optimalen Fall zum Eigenen macht.«[19] Im Zuge dieser Einbindung der Akkulturationsthematik in einen nach dem Verhältnis des Eigenen und des Fremden fragenden interkulturellen Ansatz rückt zudem der Aspekt der spezifisch weiblichen Wahrnehmung der Fremde und des Fremden in den Blick.

Dieser Fragestellung ist in den letzten Jahren vor allem die Reiseliteraturforschung nachgegangen. Dabei konnte unter anderem gezeigt werden, daß Frauen zum einen »in fremder Umgebung danach streben, sich möglichst rasch einen kleinen, umgrenzten und gesicherten Raum zu schaffen«[20], und daß zum anderen von einer geschlechtsspezifischen Form im Umgang mit dem Fremden ausgegangen werden muß. Denn Frauen zeigen im Gegensatz zu Männern bei »erzwungener Fremdheit« eine »auffallende Bereitschaft und Befähigung zu deren handelnder Bewältigung«, mit der sodann »in überraschender Weise Freiheitserfahrungen verknüpft sind.«[21] Neben diesen Kennzeichen findet sich des weiteren die für die Reiseliteratur konstatierte Neigung der Autorinnen zur verstärkten Schilderung des Alltags, der alltäglichen Verpflichtungen und Tätigkeiten bei den hier untersuchten Werken wieder.

Die in den vergangenen Jahren aufgeworfene Frage nach dem spezifischen Beitrag von Frauen sowohl zur Bewältigung des Exils im allgemeinen als auch zur Exilliteratur im speziellen hat deutlich werden lassen, daß neben das zentrale Sujet der im Exil produzierten Literatur, die Auseinandersetzung mit Hitlerdeutschland also, eine zweite, nicht weniger wichtige Konstante treten muß, die vor allem von Frauen verkörpert wird: die Thematisierung der Fremde sowie die Schwierigkeiten, aber auch der unbedingte Wille, diese Fremde als Heimat zu gestalten. Eine solche Neigung zieht zwangsläufig den Exilalltag, die alltägliche Lebensgestaltung oder auch den (Über-)Lebenskampf als thematische Schwerpunkte nach sich. Dieser Befund gilt auch für jene Frauen, die nach 1945 nicht in den gewählten Exilländern geblieben sind, er bestätigt sich aber vor allem für die, die sich im jeweiligen Exilland eine neue Heimat aufbauten und im nachhinein diesen Integrationsprozeß literarisch verarbeiteten.

III

Jenny Aloni, 1917 in Paderborn als Jenny Rosenbaum geboren[22] und 1993 in Israel gestorben, verließ Deutschland im November 1939, im Dezember desselben Jahres erreichte sie Palästina. Aloni hatte sich bereits im Jahr 1935 der zionistischen Bewegung angeschlossen. Daher bedeutete ihr der Weg nach Palästina primär nicht die Flucht ins Exil; als Zionistin versteht sie die Emigration als Immigration in Erez Israel, als Heimkehr ins ›Land der Väter‹: Palästina, schreibt Aloni, ist die »Heimat meiner Sehnsucht, unerfahren und mir doch so nah.«[23]

Im allgemeinen wird die jüdische Auswanderung aus den mitteleuropäischen Staaten nach Palästina aufgrund der spezifischen Motivierung der Menschen anders bewertet als die restliche Emigration im Anschluß an die Machtübernahme durch die Nationalsozialisten. Die Einreise in das unter britischem Mandat stehende Land wird von vielen als eine bewußte Entscheidung für eine Mithilfe am Aufbau des jüdischen Staates verstanden. Zwar war man vor Hitler auf der Flucht, man ging jedoch nicht in die Fremde bzw. in die Verbannung, sondern kehrte in das ›Land der Vorfahren‹ zurück. Ausdruck dieser Einstellung ist sowohl die Tatsache, daß in Israel nie von Auswanderung, sondern stets von Einwanderung gesprochen wurde, als auch der hebräische Begriff für Einwanderung, Alija, was Aufstieg meint. Auswanderung nach bzw. Einwanderung in Israel wurde gleichgesetzt mit dem Optieren »für eine bestimmte Weltanschauung« sowie mit einem »Akt der Selbstbestimmung«[24]. Dementsprechend stellten sich hier auch andere Ansprüche und Erwartungen ein: Man lebte nicht mehr in der ›Diaspora‹, sondern in einer neuen, selbstzuschaffenden Heimat und Gesellschaft, die dann aber ihrerseits die Bereitschaft zur Beteiligung am Aufbau einforderte. Daß die psychische Verfassung der nach 1933 Eingewanderten mit dieser ideologischen Vorgabe jedoch nicht immer Schritt gehalten hat, dürfte heute kaum mehr umstritten sein. So kann bzw. muß trotz dieser spezifischen Rahmenbedingungen auch bezüglich der Einwanderung in Palästina/Israel von einer Akkulturationsphase gesprochen werden. Denn obgleich die Menschen die Einwanderung nicht als ein Leben im Asyl, sondern als Heimkehr, und die Rückkehr ins ›gelobte‹ Land als eine Rückkehr an einen bereits bekannten Ort begriffen, sah sich die aus Mitteleuropa kommende Einwanderergeneration von 1933 und der darauffolgenden Jahre nicht selten mit denselben physischen und psychischen

Schwierigkeiten konfrontiert wie die EmigrantInnen in anderen Exilländern.

Diesen Zwiespalt zwischen Ankunft in der als ›bekannt‹ vorausgesetzten und dennoch als fremd erfahrenen Heimat, zwischen der Vertrautheit mit und dem Fremdsein in dem gewählten Zufluchtsort, hat Aloni in *Zypressen zerbrechen nicht* beschrieben. Ihr Roman gibt Zeugnis davon, daß die Eingewöhnung trotz der positiven Einstellung und hohen Motivation der ImmigrantInnen zumeist ein schwieriger und langwieriger Prozeß war. Anschaulich beschreibt Aloni in ihrer Romanprotagonistin jenes für die Emigration nach Palästina/Israel konstatierte Phänomen, daß die »Seele (...) nicht immer schritthalten [kann] mit dem Körper, und nicht einmal mit Willensakt und Weltanschauung«.[25]

Jenny Aloni, die – im Unterschied zur Mehrheit der ImmigrantInnen – bereits bei ihrer Einreise in Palästina im Jahr 1939 die hebräische Sprache beherrschte, griff trotz der psychischen und physischen Belastung, die dieser Schritt nach sich zog, auf die deutsche Sprache zurück. Diese Entscheidung implizierte die Erfahrung des »Sprachexils«, das heißt die Erfahrung, »Jahr für Jahr ins Leere hinein schreiben [zu müssen], in einer verfemten Sprache, für eine nichtexistente und kaum vorstellbare Leserschaft«.[26] Wie viele andere betroffene AutorInnen erklärt auch Aloni den Rückgriff auf die Muttersprache mit dem Hinweis auf deren besondere Stellung: »(...) ich beherrsche die Sprache [das Hebräische, S.B.] nicht genug, um Gefühle und Gedanken so frei und so exakt zu formen, wie mir das im Deutschen trotz der durch die Entfernung bedingten Beschränkungen möglich ist.«[27]

Der Preis dieses Beharrens auf der Muttersprache war die Abgeschnittenheit vom heimischen literarischen Markt. Neben den Publikationsgelegenheiten im deutschsprachigen Ausland blieb lediglich die Möglichkeit des Selbstverlags. Auch Aloni gab einen Gedicht- sowie einen Erzählband selbst heraus (*In den schmalen Stunden der Nacht.* Gedichte. 1980; *Die braunen Pakete.* Erzählungen. 1983), ihre Romane hingegen erschienen in den sechziger Jahren in einem westdeutschen Verlag.

Zypressen zerbrechen nicht, 1961 erstmals publiziert, verweist bereits auf die autobiographische Dimension von Alonis Schreiben in Zusammenhang mit der Erfahrung des Holocaust, aber auch mit den Erfahrungen der Emigration und Akkulturation. Nur leicht verschlüsselt werden einzelne Lebensstationen und Erlebnisse verarbeitet. Dabei versteht die Autorin die eigene Biographie jedoch als eine exemplarische, der Beschreibung des individuellen Schicksals wird als »Auseinandersetzung mit dem Ausnahmeschicksal«[28] allgemeingültiger Charakter zugeschrieben.

In der Figur der Helga/Hagar, einer jungen deutschen Jüdin, der es gelingt, Deutschland im Jahr 1939 zu verlassen und nach Palästina zu fliehen, thematisiert Aloni den eigenen Lebensabschnitt nach der Flucht aus

Deutschland bzw. der Immigration in Palästina. Obgleich die Protagonistin das Schiff mit der Überzeugung betritt, daß der Weggang aus Deutschland nicht als Flucht in die Fremde verstanden werden darf, sondern die Rückkehr in eine bereits bekannte Umgebung bedeutet, werden die Ablösung von der alten und die Annäherung an die neue Heimat zu unerwartet schwierigen Prozessen. Die Handlung des Romans konzentriert sich dabei nicht (und dies gilt auch für Alonis spätere Werke) auf das die Exilliteratur dominierende ›Denken an Deutschland‹ unter dem Aspekt der Rückkehr in die verlassene Heimat und der Anknüpfung an die Vergangenheit. Der Topos der »Gedanken an Deutschland« erhält hier eine neue Dimension: Die Erinnerung an »drüben« und »gestern«[29] wird zu einer ausschließlich negativen Erfahrung, zu einem Störfaktor auch im Hinblick auf das ›Hier‹ und ›Jetzt‹. Denn zum einen erkennt Hagar, daß das Eingehen auf die Erinnerung ein Sich-Einlassen auf die veränderte Gegenwart unmöglich macht und die Akkulturation verhindert. So erfährt sie die »Gedanken an Deutschland«, für sie gleichbedeutend mit den »Gespenstern von drüben und gestern« (S. 21), als eine Bedrohung ihrer neuen Identität. Der Zurückgebliebenen zu gedenken, nicht jedoch die Vergegenwärtigung des Zurückgelassenen, ist ihr die einzig legitime und zumutbare Form der Erinnerung.

Im Roman tritt neben den Komplex der als negativ erfahrenen Erinnerung an die alte Heimat die Auseinandersetzung mit der neuen Umgebung. Ähnlich wie der Ablösungsprozeß gestaltet sich auch die Annäherung an die fremde Gesellschaft weitaus schwieriger als angenommen. Der Vorsatz der Protagonistin, die Deutschland als Helga verlassen hat und bereits auf dem Schiff den hebräischen Namen Hagar annimmt, sich von ihrer ehemaligen Identität zu trennen und sich in Palästina eine neue anzueignen, läßt sich keineswegs problemlos realisieren.

Alonis Entscheidung, nicht nur die Trennungsschwierigkeiten von Deutschland, sondern auch die im Zuge der Konfrontation mit einer völlig fremden und ungewohnten Lebenswelt zu bewältigenden Hindernisse zum Thema ihres Romans (bzw. ihrer Werke) zu machen, begründet ihren besonderen Stellenwert innerhalb der deutschsprachigen israelischen Literatur. Während die meisten AutorInnen auf die öffentliche Thematisierung der Akkulturationsschwierigkeiten verzichtet haben, unternahm Aloni wiederholt den Versuch, den von vielen als schwierig erfahrenen Integrationsprozeß zu beschreiben und damit einer allgemeinen Erfahrung Ausdruck zu verleihen. Mit dieser Thematik brach sie das in Palästina und Israel geltende Tabu, über die persönlichen und individuellen Belastungen in Zusammenhang mit der Eingewöhnungsphase zu schreiben bzw. sich zu den Integrationsschwierigkeiten öffentlich zu bekennen. Der bevorzugte Rückgriff auf historische Themen (Max Brod), auf Märchenstoffe (Leo

Perutz) sowie die Praxis der geographischen und zeitlichen Unverbindlich-keit (Werner Kraft, Rusia Lampel)[30] innerhalb der deutschsprachigen israe-lischen Literatur stehen in direktem Zusammenhang mit diesem Phäno-men. Mithin unterscheidet sich Aloni von anderen deutschschreibenden israelischen AutorInnen durch die Einschränkung der »Rückbezogenheit auf Auschwitz«[31] bzw. durch die thematische Ausrichtung ihrer Werke, ins-besondere ihrer Romane. Engagiert setzt sie sich mit der neuen Heimat und dem von vielen Einwanderern durchlebten Akkulturationsprozeß auseinan-der. Die dem Erstlingsroman *Zypressen zerbrechen nicht* folgenden und nach ihrem Deutschlandbesuch entstandenen Romane *Der blühende Busch* (1964) und *Der Wartesaal* (1969) beschäftigen sich fast ausschließlich mit Israel und der israelischen Gesellschaft. Zwar nimmt sie auch in diesen Wer-ken noch immer Bezug auf Nazideutschland, jedoch erfolgt die Thematisie-rung weniger unter politischem als vielmehr unter einem ethischen Aspekt, der die Problematisierung von Begriffen wie Täter, »Schuld, Opfer, Ver-strickung und Sühne«[32] impliziert.

Aufgrund dieser intensiven Beschäftigung mit dem neugegründeten Staat genießt Aloni heute den Ruf einer engagierten »Chronistin«[33] und »Ge-schichtsschreiberin«[34], die die Entwicklung des Judenstaates von Palästina zu Israel so exakt und feinfühlig wie kaum jemand sonst verarbeitet hat. Daß dabei das Ergebnis ihrer Beobachtungen, insbesondere in ihrem ersten Roman, nicht immer positiv ausfällt, hat ihre ohnehin schwierigen Produktions- und Rezeptionsbedingungen als deutschschreibende Autorin im Israel der sechziger und siebziger Jahre nicht gerade verbessert. Zwar er-regte der Roman einige Aufmerksamkeit in der israelischen Presse, er fand jedoch wenig Zustimmung. Die Autorin geriet in die Position der »Uner-wünschten«[35] und erfuhr um so stärker die von vielen deutschsprachigen is-raelischen AutorInnen beschriebene Situation des ›Exils in der Heimat‹. Grund der Ablehnung war die als unpatriotische Haltung kritisierte Dar-stellung der sozialen Mißstände sowie der Gleichgültigkeit vieler Menschen diesen gegenüber. Vor allem aber mißbilligte man die von Aloni vorge-brachten Zweifel an einer problemfreien Realisierung der zionistischen Heimkehrideologie.[36]

IV

Im Zentrum von *Zypressen zerbrechen nicht* steht die Phase der Eingewöh-nung in eine fremde Lebenswelt; der Roman endet mit der erfolgreich abge-schlossenen Akkulturation, symbolisch dargestellt in der Entscheidung der Pazifistin Hagar, der Armee beizutreten und ihre neue Heimat gegen die Angriffe von seiten der alten zu verteidigen. Daß dieser Prozeß nicht ohne

Hindernisse und Schwierigkeiten verläuft, verdeutlicht Aloni durch zwei
konträre Handlungsstrukturen und Erzählmotive, die zugleich die ambivalente Situation der Heldin zum Ausdruck bringen: Auf der einen Seite stehen die von der Protagonistin betriebene Annäherung an die neue Heimat
sowie die Integration in die fremde Gesellschaft, ein Vorhaben, das die intensive Auseinandersetzung mit der Umgebung zur unabdingbaren Voraussetzung hat. Auf der anderen Seite erfährt Hagar diesen Prozeß als
problematisch und unkalkulierbar. Da ist zunächst die Erfahrung der neuen
Heimat als Fremde: Sowohl die Fremdheit der Menschen, ihrer Verhaltensweisen und Sitten, als auch das Sich-fremd-Fühlen innerhalb einer noch
unbekannten Umgebung und Gesellschaft sind Ursachen dieser Fremder-
fahrung. Die Haltung der Protagonistin, jegliche Verklärung des Neuen zu
vermeiden, eine Wahrnehmungsweise, die sodann auch den kritischen Blick
auf das Land zuläßt, verstärken dieses Fremdheitsgefühl. Des weiteren geraten die Präsenz der alten Heimat, das ›Nicht-Vergessen-Können‹ und die
damit verbundene Schuldfrage zu Faktoren, die den intendierten sofortigen
Identitätswechsel unmöglich machen. Dabei wird die Erinnerung an die
Zurückgebliebenen zugleich eine Frage nach dem Recht auf den Neuanfang
und auf die neue Existenz.

Die frühe Namensänderung der Protagonistin Helga verweist auf ihre zionistische Einstellung und die damit gegebene Bereitschaft, den gewählten
Zufluchtsort nicht als Durchgangsstation, sondern als eine neue Heimat zu
begreifen. Trotz dieser Überzeugung widerfährt ihr das Unbekannte primär
nicht als etwas Vertrautes, sondern als das Fremde. Zwar fühlt auch sie immer wieder Momente der Vertrautheit mit dem Vorgefundenen, aber letztlich überwiegt das Gefühl, als »Fremde (...) ins Land [ihrer] Vorfahren«
(S.20) zu kommen. Gerade diese von Hagar durchlebte Ambivalenz zwischen dem vermeintlichen Vertrautsein mit dem Land auf der einen und der
Erfahrung der neuen Heimat als Fremde auf der anderen Seite ist ein zentraler Aspekt des Romans, der dessen inhaltliche und formale Ebenen mitbestimmt. In der Kontrastierung der Befindlichkeit Hagars mit der des Öster-
reichers Assaf, den sie auf dem Schiff kennenlernt, wiederholt sich diese
ambivalente Struktur. Mit der Gegenüberstellung der von Assaf vorgeführ-
ten Sicherheit und Bestimmtheit bei der Annahme einer neuen Identität
und Heimat und den Erfahrungen und Empfindungen Hagars verweist
Aloni nochmals auf die Diskrepanz von zionistischer Ideologie und ihrer
Umsetzung in die Lebenspraxis. Hagar muß erfahren, daß der durch die
Namensänderung vorgenommene Identitätswechsel zunächst ein äußerli-
cher Versuch der Annäherung an das letztlich doch Unbekannte und Fremde der neuen Lebenswelt bleibt, dem hinsichtlich einer psychischen Umstellung nur wenig Bedeutung zukommt: »Ich habe meinen Namen geändert,
weil ich hoffte, mir selber dadurch entgehen zu können, ein Leben ohne

Erinnerung. Aber man kann seine Vergangenheit so wenig auslöschen, so wenig sich selbst entgehen, wie man seinem Schatten davonlaufen kann.« (S. 61)

Auch bei der Ankunft reagiert Hagar völlig anders als Assaf. Spricht dieser von der Heimkehr zu »meiner Mutter Erez Jisrael« (S. 19), so empfindet Hagar nicht einmal das Gefühl, irgendwo angekommen zu sein: »›Hier‹, dachte Hagar, ›hier im vorderen Orient? Hier, wo ich jetzt bin, ist der vordere Orient.‹ Aber für sie war es noch nicht ›hier‹. Sie selber hätte unmöglich das kleine Wort ›hier‹ so selbstverständlich aussprechen können, wie es die Stimme neben ihr soeben getan hatte.« (S. 18)

Mit Verlassen des Schiffs überfällt sie sodann ein Gefühl »von Fremdheit und Verlassenheit«, aber auch der Abwehr und Furcht: »Sie hätte fliehen mögen, ganz gleich wohin, nur um nicht an Land gehen zu müssen.« Die neue Umgebung scheint ihr feindselig, »die Lichter der Stadt blitzen ihr hämisch und feindlich entgegen« (S. 19). Ihre ersten Begegnungen mit dem neuen Land fallen entsprechend negativ aus. Trotz der Tatsache, daß sie bereits nach zwei Tagen mit einigem Stolz ihre Hebräisch-Kenntnisse zur Anwendung bringen kann, erfährt sie die neue Heimat als fremd und nicht durchschaubar. Selbst im Haus von Fräulein Rose, einer früheren Bekannten ihrer Eltern, bei der Hagar ihre erste Unterkunft findet, kann sie dieses Fremdheitsgefühl nicht abbauen; sie fühlt sich bei ihr als »Gast« und als eine »Fremde in dieser Insel der Zufriedenheit« (S. 33), und auch ihr später gemietetes Zimmer ist ihr »eine vertraute Insel inmitten des fremden neuen Lebens« (S. 112). Vertraut sind ihr lediglich die Menschen, die mit ihr auf dem Schiff aus Deutschland kamen; mit ihnen verbindet sie, wenn auch nur für wenige Augenblicke, die »Wärme des Sich-Gefundenhabens« (S. 86).

Neben der problematischen Erfahrung der Fremde wird die angestrebte Integration zudem durch einen zweiten Faktor beeinträchtigt: die Erinnerung an die Vergangenheit. Bereits auf dem Schiff wird erkennbar, daß Europa, für Hagar, im Gegensatz zu vielen ihrer Mitreisenden, nicht »abgetan und erledigt« ist, sondern noch »in ihr saß« und »sie selber nichts war außer Europa« (S. 5). Zwar versucht sie, mit »allen Kräften ihrer Seele« die Erinnerung »auszumerzen« (S. 20), zumeist jedoch ohne Erfolg; es gelingt ihr nicht, zu vergessen bzw. zu verdrängen (vgl. S. 59). Diese Unfähigkeit zu vergessen, die Erinnerung an die alte Heimat und an die Vergangenheit lassen eine bedingungslose Anpassung an die Gegenwart nicht zu. Die »Schatten« (S. 33) und »Gespenster« von »drüben und gestern« verhindern anfänglich trotz der prinzipiellen, ideologisch motivierten Bereitschaft der Protagonistin die zügige Überwindung des Fremdheits- und Verlassenheitsgefühls. Resultat der Unfähigkeit, die Erinnerungen zu unterdrücken, sowie der nicht gewollten Vereinnahmung durch die Vergangenheit ist das Gefühl

der Ausgegrenztheit. Darüber hinaus bedeutet das Sich-Erinnern auch insofern eine negative Erfahrung, als es mit der Schuld »davongelaufen« zu sein,
»um zu leben« (S. 101) und »die anderen (...) im Stich gelassen zu haben«
(S. 39) verbunden ist.

Wie viele Überlebende des Holocaust hat sich auch Jenny Aloni die Frage
nach der eigenen Schuld als zufällig Entkommene gestellt, eine Frage, die
zugleich die nach der Berechtigung weiterzuleben ist. Das Überleben der
Shoa ist die »unverdiente Gnade, die schuldig macht«: »Ich blieb verschont.
(...). Auch wenn es nicht absichtlich geschah, meine Nummer übersehen
wurde oder nicht genügend Zeit blieb. Das unterstreicht nur die Zufällig-
keit meiner Existenz.«[37] In ihrem Roman sind die Schuldfrage bzw. das
Schuldmotiv sowie die Zweifel an der »unverdienten Gnade«, dem Holocaust entkommen zu sein, während Familienangehörige und Freunde ermordet wurden, zentrale Momente, die den Integrationsprozeß zu Anfang
verhindern und später immer wieder erschweren: »Hatte ich überhaupt ein
Recht, von dort [Deutschland, S.B.] fortzugehen? Zu fliehen und mich zu
retten, wo so viele zurückbleiben mußten?« (S. 62), fragen sich sowohl Hagar als auch ihr Kommilitone Thomas Katz. Mit beiden Figuren zeichnet
Aloni ein »Psychogramm, das die ohnmächtige Verzweiflung derjenigen
festhält, die unter der Last ihres Wissens um das Schicksal der Zurückgebliebenen lebten und nur nach schweren Seelenkämpfen den Entschluß fas-
sen konnten, ein neues Leben zu beginnen«.[38] Im Unterschied zu den bereits länger im Land ansässigen Freunden und Bekannten sowie zu den
nicht aus Deutschland immigrierten Juden leben sie mit der Last der Erinnerung und einem Schuldkomplex. Gegen die Leichtlebigkeit der anderen
setzt Hagar Selbstanklage und selbstquälerische Vorwürfe, denn jede Regung von Lebensfreude, sei es bei ihr oder bei anderen, faßt sie als ein Verrat
an den in Deutschland Zurückgebliebenen auf (vgl. S. 37f. und S. 94f.).

Zugleich weiß Hagar jedoch um die Gefahren der Erinnerung und um
die Tatsache, daß auch sie nicht mit »dem ständigen Blick« in den »Abgrund
ihrer eigenen Vergangenheit« (S. 59) zu leben vermag. Ihr ist bewußt, daß
sie, will sie nicht »vom Strudel [der Vergangenheit, S.B.] verschlungen und
ausgelöscht werden« (S. 109), diese unterdrücken muß: »Hierher [ins Haus
der Fräulein Rose, S.B.], das fühlte sie, durfte sie nicht mehr zu-
rückkommen. Diese glückliche Insel der Ruhe und des Sich-Bescheidens
war verbotenes Gelände für sie. Hier erinnerte alles an drüben, an Zuhause,
an die Eltern (...). Hier konnnte sie nicht vergessen; und sie mußte vergessen. In dem Vergessen lag ihre einzige Aussicht auf Heilung.« (S. 48)

Entsprechend ambivalent sind ihre Verhaltensweisen und Reaktionen. So
empfindet sie einerseits das Vergessen als eine Schuld, als ein Vergehen; andererseits meidet sie jedoch jene Menschen und Dinge, die sie an ihr ehe-
maliges Leben erinnern. Vor Elisabeth, einer bereits tot geglaubten Bekann-

ten aus Deutschland, flieht sie, weil ihr durch sie ihre eigene »Schuld an diesem Drüben und Gestern« (S. 112) zu Bewußtsein gebracht wird. Zudem wäre sie durch Elisabeth gezwungen, sich »gegen ihren Willen« (S. 110) zu erinnern und »der eigenen Vergangenheit so plötzlich von Angesicht zu Angesicht gegenüber[zu]treten«. Mit Elisabeth, so erkennt Hagar, »drohte die Vergangenheit [sie] wieder einzuholen, Elisabeth *war* diese Vergangenheit, die sie zu verdrängen suchte, die sie verdrängen mußte, wenn sie bestehen wollte« (S.111). Ihr Verhalten dieser deutschen Halbjüdin gegenüber, die nur knapp den Konzentrationslagern der Nazis entkommen ist, erweist sich mithin auch als eine notwendige Flucht vor der eigenen Vergangenheit im Hinblick auf ein Überleben in der Gegenwart und auf eine Perspektive für die Zukunft.

Jedoch auch in ihrer Haltung Fräulein Rosa gegenüber zeigt sich ihr unbedingter Wille, mit ihrer Vergangenheit zu brechen, um die neue Lebenswelt als Heimat anzunehmen. Diejenigen, die weiterleben wie in Deutschland, in Erinnerung an ein »Drüben, welches es nicht mehr gab« (S. 55), kritisiert und meidet sie. Denn trotz der Unfähigkeit zu vergessen ist sie sich zu jedem Zeitpunkt darüber im klaren, daß es ein Leben in der alten Heimat nie wieder geben wird.

Entschlossen nutzt sie die sich ihr bietende Gelegenheit, bei Lea, einer jungen Frau, die schon längere Zeit in Palästina lebt, einzuziehen: »Sie konnte nicht länger bei Fräulein Rose wohnen (...). Alles erinnerte dort an gestern und drüben, auch wenn niemand davon sprach, keiner daran rührte. Lea stammte nicht von drüben. Sie erinnerte nicht an gestern.« (S. 46) Ganz bewußt verkehrt Hagar nur mit den Menschen, die hinsichtlich der neuen Heimat eine gefestigte Position haben. Von einem Kommilitonen, der durch sie Unterstützung für seine eigene Person zu finden hofft, distanziert sie sich umgehend und spricht von einer »unnützen Belastung für beide« (S. 80). Und auch dem Mitstudenten Thomas Katz, der aufgrund ihrer gemeinsamen Herkunft den Kontakt zu ihr sucht, verweigert sie ihre Freundschaft: »Er faßte ihre Hand zum Abschied. Sie schwieg. Sie wollte vergessen. Sie drehte sich um und ging davon.« (S. 64) Dieser Haltung entsprechen Hagars unbedingter Wille und dringendes Bedürfnis, sich dem neuen Leben hinzugeben und sich auf die ihr fremde Kultur einzulassen; ihre Motivation, die Distanz zu überbrücken und ein Dazugehörigkeitsgefühl aufkommen zu lassen, ist allenthalben greifbar. Zwar ist dieses Gefühl der Eingebundenheit zu Anfang nie von langem Bestand, die jeweiligen Augenblicke markieren dennoch einzelne Stationen innerhalb des Prozesses ihrer Akkulturation.

Neben Ruth, ebenfalls Studentin der Universität in Jerusalem, ist es vor allem der von ihr anfangs aufgrund seines entschiedenen Bekenntnisses zur neuen Heimat gemiedene Assaf, der sie bei der Aneignung einer neuen Le benswelt sowie der Festigung ihrer neuen Identität unterstützt. Wichtigstes Moment auf dem Weg dorthin ist die Bewußtmachung der eigenen Verpflichtung dem gewählten Zufluchtsort gegenüber (vgl. S. 147). Hagar bricht ihr Studium ab und widmet sich statt dessen, zusammen mit anderen jungen Leuten, dem Kampf gegen Analphabetentum und soziale Deklassierung von Kindern aus ärmeren Bevölkerungsschichten. Diese Tätigkeit stärkt nicht nur ihre psychische Verfassung, sondern auch ihre Fähigkeit, das frühere Leben zu vergessen. Sowohl Hagar als auch Thomas Katz (vgl. S. 148) befreien sich von ihrer Vergangenheit, die sie für das Leben in der Gegenwart unfähig machte, durch den Entschluß, die neue Heimat aktiv zu verteidigen, ein Schritt, der Hagar nicht nur aufgrund ihrer pazifistischen Haltung erschwert wird, sondern auch durch die Tatsache, daß er für sie zugleich den Kampf »gegen das Land, in dem ich geboren bin« (S. 152), bedeutet. Ihre Entscheidung, trotz ihrer pazifistischen Überzeugung in die Armee einzutreten, signalisiert ihre veränderte Einstellung bzw. den Beginn ihrer Integration: Denn dieser Schritt bedeutet nicht zuletzt auch den Kampf gegen die Beseitigung der »Ursache des Leidens derer, die drüben bleiben mußten« (S. 149). Die aktive Parteinahme für ihre neue Heimat zeitigt insofern auch Auswirkungen auf die von ihr angestrebte Akkulturation, als sie eine Loslösung von der Vergangenheit und von Europa impliziert: »(...) ich mußte es tun, um nicht wieder den Gespenstern von drüben und gestern zu verfallen« (S. 152), gesteht sie Assaf. Mit Hagars Bekenntnis zu ihrer neuen Heimat wird die alte Lebenswelt und mit ihr die Vergangenheit zu einem »versinkenden Reich sich erinnernder Träume«, ihr Zimmer »über den Hügeln Jerusalems« (S. 162) hingegen ihr neues Zuhause.

V

Im Gegensatz zu Israel, einem klassischen Einwanderungsland innerhalb der Emigrationsphase ab 1933, war Portugal für die Mehrheit der deutschen Flüchtlinge lediglich eine Durchgangsstation auf dem Weg nach Übersee und hatte demzufolge auch nur eine Bedeutung im Bereich der Transit-Emigration. Die für viele Exilländer typische Infrastruktur, kleine Zeitschriften also, Theater, Vereine und Clubs, fehlte hier fast völlig. Einzig öffentliche Cafés wurden zu Treffpunkten und Kommunikationsorten der EmigrantInnen.

Aber gleichzeitig war dieser am äußersten Rand Europas gelegene Staat für viele Bedrohte zunächst einmal sicheres Terrain, in dem man sich, zumindest bis Kriegsausbruch, vor dem Zugriff der Deutschen geschützt fühlen konnte. Allerdings sind nur wenige EmigrantInnen in Portugal geblieben, was nicht zuletzt daraus resultierte, daß die Ein- und Aus-

reisebedingungen mit dem nach 1939 Richtung Süden einsetzenden
Flüchtlingsstrom auch in diesem Land erheblich verschärft wurden und
selbst ein Transitvisum nur noch mit großem Aufwand zu erlangen war.
Nach Kriegsende setzte unter den im Land Verbliebenen eine neue Ausreise-
welle ein; in der Regel blieben nur jene EmigrantInnen, die bereits vor 1939
nach Portugal geflohen waren; mit der Bezeichnung »Alt-Emigranten« werden diese von den sogenannten »Transit-Flüchtlingen«[39], denen die Über-
fahrt nach Nord- oder Südamerika nicht mehr gelang, unterschieden. Aufgrund der großzügigen Einreise- und Aufenthaltsbestimmungen, die bis
Kriegsausbruch galten, konnten sie, ohne massive Einschränkungen und
Restriktionen hinnehmen zu müssen, im Land leben, und viele dieser vor
1939 ins Land eingereisten Exilanten waren persönliche Bindungen sowie
berufliche und geschäftliche Verpflichtungen eingegangen, die sie nun nicht
wieder lösen konnten oder lösen wollten.

So auch Ilse Losa. Sie darf nicht nur als Beispiel einer gelungenen kulturellen und sozialen Integration gelten; ihr literarisches Werk ist auch der
»einzige Fall eines Sprachwechsels ins Portugiesische und zugleich einer
literarischen Verarbeitung des portugiesischen Exils«[40]. Losa entstammt
einem assimilierten jüdischen Elternhaus; bereits im Jahr 1933 verliert sie
ihre Ausbildungsstelle in einem hannoverschen Krankenhaus. Wegen eines
abgefangenen Briefes an eine Hildesheimer Pazifistin, in dem sie ihrer
Gegnerschaft zu Hitler Ausdruck verliehen hatte, wird sie von der Gestapo
verhört. Die Entscheidung, sie vorerst auf freien Fuß zu setzen, verdankt sie
dabei wohl ihrem äußeren Erscheinungsbild, das für den vernehmenden
Gestapomann nur schwer mit seinen Vorstellungen von einer Jüdin zu ver-
einbaren war.[41] Losa nutzt diese Unsicherheit zur Flucht aus Nazideutschland. Im Alter von 21 Jahren muß Ilse Lieblich Deutschland verlassen, mit
einem Schiff erreicht sie im März 1934 Lissabon, wohin bereits ihr Bruder
geflohen war. In Portugal hält sie sich mit Gelegenheitsjobs über Wasser, vor
allem mit Deutschunterricht und Kinderhüten, zunächst in Lissabon, danach in Porto. Ihre ursprüngliche Absicht, nach Amerika weiterzureisen,
gibt sie auf, als sie den Architekten Arménio Losa kennenlernt, den sie ein
Jahr später heiratet; durch die Ehe erwirbt sie die portugiesische Staatsbürgerschaft, die sie dem Flüchtlingsstatus, zumindest unter bürokratischen
Gesichtspunkten, enthebt. Auch in ihrem Fall beginnt sodann die langwie-
rige soziale, kulturelle und sprachliche Integration in eine fremde Gesellschaft, ein Prozeß, den die Autorin in zahlreichen Romanen und Erzählungen verarbeitete. Aufgrund der minimalen Publikationsmöglichkeiten
deutschsprachiger Literatur in Portugal sowie der geringen Aussichten,
übersetzt zu werden, aber auch aufgrund ihres »Wunsch[s] nach Integration
in die portugiesische Gesellschaft«[42] greift Ilse Losa von Beginn an auf die
Landessprache zurück. Noch während der Kriegszeit beginnt sie zu schrei-

ben, zunächst für Zeitungen und Zeitschriften; im Jahr 1948 beendet
sie ihren ersten Roman, der ein Jahr darauf in einem portugiesischen Verlag
erscheint.

VI

In ihren Werken verarbeitet Losa auch ihre Kindheit und Jugend in
Deutschland, um so die für sie innerhalb des Akkulturationsprozesses wichtige Verbindung zwischen Vergangenheit und Gegenwart, zwischen der Zeit
vor und nach der Emigration herzustellen.

Der Roman *Unter fremden Himmeln* beschreibt die erzwungene Emigration aus Deutschland sowie die Integration in Portugal, das für Losa
ursprünglich lediglich ein Etappenziel auf dem Weg in die USA sein sollte
und das sie erst später als ihre Wahlheimat anerkannte. Über weite Strecken
wird Autobiographisches thematisiert, allerdings ist der Protagonist und
Ich-Erzähler männlichen Geschlechts und zudem Halbjude. Erzählt wird
aus der Retrospektive, Erzähl- bzw. Erzählergegenwart ist das Jahr 1948,
Schauplatz der Handlung das Porto der dreißiger und vierziger Jahre. Die
Geburt seines Kindes, mit der die Handlung einsetzt, löst bei José, dem
Protagonisten, die Rückbesinnung auf die Vergangenheit aus, nicht zuletzt
deshalb, weil er dieses Ereignis als sein endgültiges »Ankommen«[43] in der
neuen Heimat deutet. In der Erinnerung vergegenwärtigt er sich die Stationen seines Emigrantenschicksals: José – sein ursprünglicher Name lautet
Josef Berger –, Kind einer protestantischen Mutter und eines jüdischen
Vaters, floh im Jahr 1934 nach Portugal, um sich von dort in die USA ein-
zuschiffen. Die Notwendigkeit, dem ebenfalls aus Deutschland geflohenen
Vater sein Einreisevisum für die Vereinigten Staaten zu überlassen, vereitelt
vorerst jedoch die geplante Weiterreise. Infolgedessen kommt es zur Konfrontation mit einem ihm völlig fremden Land, zu dem bislang keinerlei
kulturelle Kontakte bestanden. Die ersten Informationen über Portugal hatte José kurz vor der Abreise aus *Meyers Konversationslexikon* bezogen. Anders
als Hagar in *Zypressen zerbrechen nicht* empfindet José seine Vertreibung und
Verbannung aus Deutschland wie auch die notwendig gewordene Flucht als
schmerzvollen Verlust.

Anfangs wehrt er sich gegen die erzwungene Auswanderung, reagiert zö-
gerlich und gleichgültig. Obwohl er sich keine Illusionen darüber macht,
daß das Land der »Bestien« (S. 44) nicht mehr seine Heimat sein kann und
daß »schon längst der Vergangenheit [angehörte], was [ihm] einst lieb gewesen war« (S. 48), empfindet er die Vertreibung aus Deutschland als »unerbittlich[e]« Zerstörung »alle[r] Fundamente (...), die [sein] Leben ausmachten« (S. 99). Demzufolge versteht er die Emigration aus Deutschland als

einen Weg ins Exil, sein erstes Fluchtziel gilt ihm als Asyl. Diese Faktoren bestimmen maßgeblich den Prozeß der Integration in die neue Umgebung. »So bin ich einfach hier geblieben. Ganz einfach«, äußert José im Gespräch mit einem früheren Bekannten, sich selbst gegenüber jedoch ist er weitaus offener: »Es war aber alles andere als einfach. Doch wie sollte er das dem alten Mann, der es sowieso nicht begreifen würde, auseinandersetzen. Bestimmt hatte er keine bedeutenden Veränderungen in seinem Leben zu verzeichnen.« (S. 15)

Wie für viele andere, mehr oder minder zufällig in einem Land gestrandete Flüchtlinge gewinnt auch für José die Frage nach dem Sinn und Zweck seines Aufenthaltes in dem ihm fremden Portugal zentrale Bedeutung. Ergab sich für Hagar die Problematik der Fremdheit des »Hier«, so zieht José mitunter selbst den Sinn und Zweck seines ›Hierseins‹ in Zweifel (vgl. S. 24 u. S. 57). Auch nach dem Entschluß, sich in Portugal eine neue Existenz und Identität aufzubauen, kämpft er gegen Augenblicke der Verunsicherung und Ratlosigkeit: »Deswegen geschah es wohl auch, daß er sogar nach all den Jahren, die er in dieser Stadt gelebt hatte, beim Durchstreifen der ihm längst vertrauten Straßen sich plötzlich fragte: Was habe ich hier zu suchen? Warum gehe ich in diesen Straßen?« (S. 20) Überdies verbindet sich diese Unsicherheit mit der Frage nach den nicht wahrgenommenen Möglichkeiten, mit dem Gefühl also, »sein Leben nicht erfüllt« (S. 219) zu haben, was die ohnehin bestehenden Zweifel an der Richtigkeit seiner Entscheidung für Portugal verstärkt. Vor allem dessen Enge und Abgeschlossenheit, die Rückständigkeit dieses Staates sowie der archaische Zustand der portugiesischen Gesellschaft sind die Ursachen seiner Zweifel, die den Integrationsprozeß entscheidend beeinflussen und erschweren. Mithin wird die Akkulturation nicht zuletzt auch durch die spezifische Situation der Wahlheimat erschwert: Nicht nur, daß dieser Prozeß eine Überbrückung fundamentaler politischer, gesellschaftlicher, kultureller und mentaler Unterschiede erfordert, auch das Gefühl, von den »Grenzen dieses kleinen Landes (...) erdrück[t]« (S. 220) zu werden, erschweren José die Anpassung an die neue Lebenswelt.

Eine weitere Schwierigkeit innerhalb des Akkulturationsprozesses liegt in Josés spezifischer Situation begründet: Anfangs bedeutete ihm Portugal lediglich eine Durchgangsstation auf seinem Fluchtweg in die USA; nach dem Verzicht auf das Einreisevisum für die Vereinigten Staaten zugunsten seines Vaters sieht er sich gezwungen, das Land als eine zumindest provisorische Heimat zu akzeptieren. Diese Diskrepanz zwischen der früheren Einschätzung Portugals als Transitstaat und der Bedeutung als neuer Heimat gilt es zu überwinden: »Ich fahre bald nach Amerika weiter« (S. 53), erklärt José zu Beginn seinen Gesprächspartnern. Diese Haltung dem Gastland gegenüber impliziert eine spezifische Form der Wahrnehmung, innerhalb derer ein »touristischer« Blick dominiert: Das Fremde wird auf der Basis eines distanzierten Verhältnisses nicht ohne Wohlgefallen und Interesse wahrgenommen. Nach seinem Entschluß zu bleiben sieht sich José vor die Aufgabe gestellt, diesen Blick des Transitflüchtlings abzulegen und durch den des Immigranten zu ersetzen. Daß Ilse Losa diesen Aspekt als ein innerhalb des zu bewältigenden Integrationsprozesses entscheidendes Moment angesehen hat, zeigen neben den Reflexionen Josés auch jene Passagen, die nicht mehr aus der subjektiven Perspektive des Protagonisten, sondern in Form neutraler Berichte über grundlegende Emigrations- und Akkulturationserfahrungen Auskunft geben:

„Sieht sich aber dieser selbe Tourist plötzlich gezwungen, in einer solchen fremden Welt zu bleiben, werden das Exotische und Malerische zum Alltag und die Einwohner seine Nachbarn, Freunde oder Feinde. Was sich ihm als interessant und andersartig dargeboten hatte, erhebt sich nun wie eine dichte Mauer zwischen ihm und dem, was sein Leben ausmacht. Lange ist er nur ein Außenstehender, ein Beobachter, stets bereit, diese Welt mit seiner früheren zu vergleichen, oder ein Komparse, der die Bühne nicht betreten, sondern nur in den Kulissen stehen darf. Deshalb steht der Tourist zum angesiedelten Fremden wie der Nomade zum Hüttenbewohner.« (S. 20f.)

Innerhalb dieser Konstellation avanciert die Frage nach dem Verhältnis des Eigenen zum Fremden zu einem zentralen Topos. Der spezifische Blick des zum Bleiben Gezwungenen und Entschlossenen enthüllt die Diskrepanzen zwischen dem Eigenen und dem Fremden, und das heißt auch zwischen Vergangenheit und Gegenwart. Denn das Eigene ist zugleich die Vergangenheit, die in Form von Erinnerungen an die frühere Lebenswelt zu Anfang immer wieder in die portugiesische Gegenwart einbricht, im Prozeß der Akkulturation dann aber integriert wird. Das Motiv des Nicht-Vergessen-Könnens erhält mithin auch in diesem Roman eine zentrale Bedeutung. Das frühere Leben in Deutschland ist dabei weitaus konkreter präsent als in Alonis Zypressen zerbrechen nicht. In die Erzählergegenwart drängt sich immer wieder Josés Vergangenheit, vor allem seine Kindheit und Jugend im Elternhaus, zumeist durch scheinbar nichtige Anlässe und Begebenheiten ausgelöst. So wird zum Beispiel der Anblick von erleuchteten Fenstern Ausgangspunkt der Vergegenwärtigung der im Elternhaus zelebrierten christlichen und jüdischen Feste und Bräuche, der Weihnachtsabende und Osterfeiern ebenso wie des Laubhütten- und Passahfests (S. 21).

In einem im Januar 1989 entstandenen Interview sprach Ilse Losa von dem Gefühl, »in einer anderen Welt gelandet zu sein«[44]. Auch José durchlebt nach seiner Ankunft in Portugal diesen durch die Fremde ausgelösten Schock. Sowohl die Menschen (S. 52), ihre Gepflogenheiten, Sitten und Angewohnheiten als auch die äußere Umgebung sind ihm völlig fremd;

aber vor allem die fehlende historische Verbundenheit mit dem Gastland
vereitelt José eine zügige Annäherung an die neue Lebenswelt:
„Vielleicht beschworen sie [die Häuser, S.B.] eine Vergangenheit herauf,
aber einem Fremden wie ihm, sagten sie nichts, lösten in ihm nicht die
Nostalgie der im Lande Geborenen aus, die an die Fortsetzung einer solchen
Vergangenheit glaubten, an der er, der Fremde, weder teilnahm noch je teilgenommen hatte, nicht nur, weil er anderer Herkunft war, sondern vor allen
Dingen, weil Heimatgefühl und Ehrfurcht vor historischen Ereignissen
dem Menschen in den Kinderjahren eingepflanzt werden, so wie Sitten und
Gebräuche. Der Fremde kann bestenfalls bewundern, Gefallen finden, stau-
nen, aber nicht ergriffen werden.« (S. 20)

Bezeichnenderweise vollzieht sich Josés Annäherung an das fremde Land
letztlich über Freunde und Bekannte. Anfangs ist es Hannah, eine ebenfalls
aus Deutschland geflohene Jüdin, die ihn die Fremdheit seiner neuen Umgebung vergessen läßt, danach Gil sowie seine spätere Frau Teresa, beide
portugiesischer Herkunft: Durch die Bekanntschaft mit ihnen beginnt Josés
eigentliche Integration in die portugiesische Gesellschaft. Zwar ist er davon
überzeugt, daß »wer einmal dazu verdammt wurde zu fliehen, (...) nichts
anderes mehr sein [kann] als ein Fliehender«, er weiß jedoch auch, daß man
sich »nicht (...) im Festhalten an einer Sehnsucht erfüllen kann« (S. 32).
Sein Bekenntnis zu Teresa bedeutet daher zweifelsohne eine bewußte
Annäherung an die neue Heimat und damit zugleich die Absage an die Vergangenheit.

Die Abwendung von der früheren Heimat wird innerhalb des Romans
mit dem Motiv des ›Ankommens‹ verbunden. Bereits bei Kriegsausbruch
hat José entschieden, in Portugal zu bleiben; an seinem Entschluß, »nicht
mehr weiter[zu]wandern« (S. 94), hält er auch in dem Moment fest, als sich
die Möglichkeit zur Weiterreise ergibt: die von seinem Bruder angebotene
Bürgschaft für die USA lehnt er ab. Er folgt hierin der Empfehlung seines
ebenfalls aus Deutschland geflohenen Freundes Nils: »Ich gebe dir einen
Rat, mein Freund: Versuche anzukommen, gib es nicht auf, versuche immer
wieder anzukommen. Vielleicht findest du jemanden, dem du sagen kannst:
›Ich bleibe‹. Und darauf wollen wir anstoßen. Daß du ankommst, daß du
bleibst.« (S. 142) In Teresa und Gil findet José die Personen, um derentwil-
len er bleibt. Durch das Zusammensein mit dem Maler Gil gelingt es José
erstmals, das Gefühl des Gejagt- und Getriebenseins zu überwinden, ein erstes Zugehörigkeitsgefühl zu entwickeln und sich »allmählich (...) an diese
Stadt und ihre Menschen« (S. 166) anzupassen. Zwar erlebt José auch weiterhin Momente der Verlassenheit und Einsamkeit, Augenblicke, in denen
er sich als »Ausgeschlossener« fühlt und in denen er »einsam [ist] wie am Tage [seiner] Ankunft im Douro-Hafen« (S. 220); aufgrund der Eingebundenheit in den Freundeskreis um Gil und Teresa (S. 166f.) ist jedoch auch

nach Kriegsende die Rückkehr nach Deutschland keine von ihm ernsthaft erwogene Alternative. Die Auseinandersetzung mit Deutschland und
mit der Vergangenheit tritt in den Hintergrund, zumal die Mitglieder
von »Gils Gruppe« (S. 277), wie er seine Freunde nennt, ausschließlich
portugiesischer Nationalität sind. Die frühere Heimat wird für José nur-
mehr eine Heimat in der Erinnerung, eine Heimat der Vergangenheit, nicht
jedoch der Gegenwart (vgl. S. 185). Die Beschäftigung mit der politischen
und gesellschaftlichen Realität Portugals sowie die Auseinandersetzung mit
der portugiesischen Mentalität und Lebensweise stehen nun im Mittelpunkt von Josés Denken und Handeln und demzufolge auch im Zentrum
des Romans. Wie Jenny Aloni spart auch Losa dabei die Kritik am Gastland
nicht aus, ein Aspekt, der auch bei ihr die Rezeption des Romans, aber auch
ihre Anerkennung als Autorin erschwerte. Das Werk stieß in Portugal auf
wenig Zustimmung. Man gestand der Autorin, ungeachtet ihrer portugiesischen Staatsbürgerschaft sowie der Tatsache, daß sie bei Erscheinen des Buches bereits seit vielen Jahren in Portugal mit ihrer Familie lebte, nicht das
Recht auf Kritik zu.

Ausschlaggebend für Josés Akkulturation an die neue Heimat wird letztlich die Konfrontation mit seinem Geburtsland. Die Begegnung mit
Deutschland beinhaltet die Erfahrung der unüberbrückbaren Distanz zwischen der (nur) erinnerten ehemaligen Heimat und der realen Situation im
Deutschland der Nachkriegszeit; aus ihr resultiert zudem die nicht revidier-
bare Erkenntnis der Unmöglichkeit einer Rückkehr sowie die weitere Festigung der neuen Identität. Die zusammen mit seiner Frau unternommene
Reise nach Deutschland besiegelt endgültig die Abkehr vom früheren ›Zuhause‹ und ist mithin ein weiteres Moment in dem von José unternomme-
nen Versuch ›anzukommen‹: »Ich bin hingegangen, Nils, ja, ich hab's getan,
aber das war nicht mehr mein Zuhause, war keine Ankunft und keine
Heimkehr.« (S. 31) Die Konfrontation mit dem Geburtsort läßt die Diskrepanz zwischen jener in der Erinnerung vergegenwärtigten Vergangenheit
und der bundesrepublikanischen Gegenwart, zwischen Fiktion und Realität
vollends deutlich werden. Wenn José konstatiert, er fühle sich, »als hätte
man meinen Körper und mein Leben in zwei Teile zerschnitten. Gar nichts
war wie vordem, weder die Welt noch ich selbst« (S. 228), so benennt er damit nicht etwa die Einsicht in die Aussichtslosigkeit seines Versuchs der Aneignung einer neuen Heimat, sondern die unaufhebbare Distanz zwischen
der in Deutschland verlebten Vergangenheit und der aktuellen Gegenwart,
die ihm eine Rückkehr in die alte Heimat unmöglich macht. Was als eine
Suche nach der Welt der Kindheit und Jugend begann, endet mit der unwi-
derruflichen Einsicht, daß diese Welt nicht mehr existiert: »Ich ging zwischen den Trümmern der alten Kirche umher und suchte und suchte und
wußte nicht was.« (S. 234) Nach der anfänglichen Unsicherheit in der

eigenen Haltung gegenüber der früheren Heimat, die sich wiederholt in sprachlichen Verwirrungen äußert – José redet zu Beginn seiner Reise noch von »meinem Land«, kurze Zeit später jedoch bereits von »diesem Land« (S. 228) –, werden seine Zweifel schon bald zugunsten seiner neuen Identität entschieden: Denn über seinen Status als »Fremde[r]« (S. 229) in der ehemaligen Heimat ist sich José sehr schnell im klaren. Neben der Erfahrung, daß die frühere Lebenswelt unwiderbringlich verloren ist, begründet vor allem das Wissen um die von den Deutschen (auch an ihm) begangenen Verbrechen die Unmöglichkeit der Anknüpfung an das Vergangene sowie die Entfremdung von der ehemaligen Heimat: »Ich hatte mich zahllose Male zurückkehren und durch die Straßen meiner Stadt gehen sehen, hatte vertraute Geräusche vernommen, vertraute Gerüche eingesogen, vertraute Gesichter gegrüßt. Aber wo der Tod umgegangen und das Verbrechen legitim gewesen war, sind die Geräusche dumpf, die Gerüche brandig und die Gesichter unerreichbar geworden.« (S. 229f.) Für José wird die Reise in die frühere Heimat mithin »keine Heimkehr, kein Ankommen. Es blieb außerhalb meiner selbst, absonderlich, entseelt.« (S. 232)

Mit dem endgültigen Verlust der früheren geht das Bekenntnis zur neuen Heimat einher. Die Rückfahrt nach Portugal wird für José zu einer Reise »nach Hause« (S. 234). Die Geburt seines Kindes versteht er sodann nicht nur als sein endgültiges Bekenntnis zur neuen Heimat, sondern auch als Umsetzung der Nilsschen Empfehlung: »Versuche anzukommen, José«, hatte dieser ihm geraten. Durch die Geburt seines Kindes sieht José ein solches Ankommen eingelöst, denn »das Kind bedeutet [ihm] Fortsetzung. Oder Ankunft?« (S. 244)

---

1 Vgl. *Exilforschung. Ein internationales Jahrbuch.* Bd. 11: *Frauen und Exil. Zwischen Anpassung und Selbstbehauptung.* München 1993. — 2 Vgl. Heike Klapdor: »Überlebensstrategie statt Lebensentwurf«. In: Ebd., S. 12–30, hier S. 25 und S. 29. — 3 Vgl. Hans Albert Walter: *Deutsche Exilliteratur 1933–1955.* Bd. 2: *Europäisches Appeasement und überseeische Asylpraxis.* Stuttgart 1984, S. 245. — 4 Klapdor, a.a.O., S. 19. — 5 Manfred Durzak: »Laokoons Söhne. Zur Sprachproblematik im Exil«. In: *Akzente* 21 (1974), H. 1, S. 55. — 6 Vgl. hierzu Gabriele Mittag: »Erinnern, Schreiben, Überliefern. Über autobiographisches Schreiben deutscher und deutsch-jüdischer Frauen. In: *Exilforschung. Ein internationales Jahrbuch.* Bd. 11, S. 53–67. — 7 Zu nennen wären u.a. folgende Autorinnen: Jenny Aloni, Elisabeth Augustin, Klara Blum, Ilse Blumenthal-Weiss, Ilse Losa, Ruth Feiner, Grete Fischer, Recha Freier, Mimi Grossberg, Vera Lachmann, Lola Landau, Ruth Landshoff-York, Maria Lazar, Jo Mihaly, Gabriele Tergit. — 8 *O mundo em que vivi.* Porto 1949; dt. *Die Welt in der ich lebte.* Freiburg 1990; *Rio sem ponte.* Lissabon 1959; *Sob céus estranhos.* Lissabon 1962; dt. *Unter fremden Himmeln.* Freiburg 1991. — 9 Vgl. Jenny Aloni: *Gesammelte Werke in Einzelausgaben.* Hg. v. Friedrich Kienecker / Hartmut Steinecke. Paderborn, München, Wien, Zürich 1990ff. — 10 Christoph Eyckmann: »Zwischen Zerrbild, Schreckbild und Idealbild. Die Auseinandersetzung mit dem Asylland im Exilschrifttum«. In: Helmut Pfanner (Hg.): *Kulturelle Wechselbeziehungen im Exil.* Bonn 1986, S. 35–48, hier S. 40. — 11 Wulf Koepke: »›Innere Exilgeographie‹. Die Frage nach der Affinität zu den Asyllän-

136   Sabina Becker

dern«. In: Ebd., S. 13–24, hier S. 14. Vgl. auch Wulf Koepke: »Das Wartesaal-Leben. Die Nicht-Erfahrung der Fremde im Exil nach 1933«. In: Yoshinori Shichji (Hg.): *Akten des VIII. Internationalen Germanisten-Kongresses Tokyo 1990.* Bd. 8: *Emigranten- und Immigrantenliteratur.* München 1991, S. 35–44. — 12 Vgl. *Exilforschung. Ein internationales Jahrbuch.* Bd. 3: *Gedanken an Deutschland und andere Themen.* München 1985. — 13 Vgl. Claudia Schoppmann: »Ilse Losa. Portrait«. In: Dies. (Hg.): *Im Fluchtgepäck die Sprache. Deutschsprachige Schriftstellerinnen im Exil.* Berlin 1991, S. 202–209, hier S. 207. — 14 Vgl. Schoppmann, a.a.O. und *Exilforschung. Ein internationales Jahrbuch,* Bd. 11. — 15 Koepke: »Das Wartesaal-Leben. Die Nicht-Erfahrung der Fremde im Exil nach 1933«, S. 38. — 16 Koepke: »Innere Exilgeographie«. — 17 Eykmann, a.a.O., S. 44. — 18 Irmgard Ackermann: »Einführung«. In: *Emigranten- und Immigrantenliteratur,* S. 11–13, hier S. 11. — 19 Walter Hinderer: »Produzierte und erfahrene Fremde. Zu den Funktionen des Amerika-Bildes bei Bertolt Brecht«. In: Alois Wierlacher (Hg.): *Das Eigene und das Fremde. Prolegomena zu einer interkulturellen Germanistik.* München 1985, S. 46–64, hier S. 47. — 20 Inge Wild: »Der Andere Blick. Reisende Frauen in Afrika«. In: Bernd Thum / Gonthier-Louis Fink (Hg.): *Praxis interkultureller Germanistik: Forschung – Bildung – Politik. Beiträge zum II. Internationalen Kongreß der Gesellschaft für interkulturelle Germanistik, Straßburg 1991.* München 1993, S. 685–700, hier S. 687. — 21 Corinna Albrecht: »Fremdheit und Freiheit oder: Die Schule der Frauen«. In: Ebd., S. 775–788, hier S. 775. — 22 Angaben zu Leben und Werk finden sich in: Jenny Aloni: *Ausgewählte Werke 1939–1987.* Hg. von Friedrich Kienecker / Hartmut Steinecke. Paderborn, München, Wien, Zürich 1987 (mit Beiträgen von Hartmut Steinecke, Friedrich Kienecker, Margarita Pazi, Luise Pohlschmidt); Claudia Schoppmann: »Jenny Aloni. Portrait«. In: Dies.: *Im Fluchtgepäck die Sprache,* S. 202–209. — 23 Aloni: »Kristall und Schäferhund«. In: Dies.: *Ausgewählte Werke,* S. 80–95, hier S. 91. — 24 Alice Schwarz: »Betrachtungen über Sprachbedürfnisse«. In: *Literatur und Kritik* (1979), H. 79, S. 552–556, hier S. 553. — 25 Alice Schwarz: »Die Einsamkeit der deutschsprachigen Schriftsteller in Israel«. In: Literatur und Kritik 1976, H. 105, S. 302–305. — 26 Jürgen Nieraad: »Deutschsprachige Literatur in Palästina und Israel«. In: *Exilforschung. Ein internationales Jahrbuch.* Bd. 5. München 1987, S. 90–110, hier S. 97. — 27 Aloni in einem unveröffentlichten Gespräch aus dem Jahr 1990 mit Hartmut Steinecke. Zitiert nach Claudia Schoppmann, a.a.O., S. 168. — 28 Hartmut Steinecke: »›Ich blieb verschont.‹ Zur Einführung in Jenny Alonis Leben und Werk«. In: Aloni: *Ausgewählte Werke 1939–1987,* S. 141–146, hier S. 141. — 29 Jenny Aloni: *Zypressen zerbrechen nicht.* Paderborn, München, Wien, Zürich 1990 (= Jenny Aloni: *Gesammelte Werke in Einzelausgaben.* Hg. v. Friedrich Kienecker/Hartmut Steinecke), S. 21. Im folgenden wird nach dieser Ausgabe zitiert. — 30 Vgl. Schwarz: »Die Einsamkeit der deutschsprachigen Schriftsteller«, S. 304. — 31 Margarita Pazi: »Jenny Aloni, eine deutschschreibende, israelische Autorin«. In: Dies. (Hg.): *Nachrichten aus Israel. Deutschsprachige Literatur in Israel.* Hildesheim 1981, S. XV–XX, hier S. XVI. — 32 Steinecke, a.a.O., S. 144. — 33 Margarita Pazi: »Jenny Aloni, eine deutschschreibende, israelische Autorin«. In: Aloni: *Ausgewählte Werke,* a.a.O., S. 162–173, hier S. 167. — 34 Steinecke, a.a.O., S. 145. — 35 Vgl. Wilhelm Jacobs: »Die Unerwünschte«. In: *Sonntagsblatt* vom 31.12.1961. — 36 Einzig Max Brod rezensierte den Roman positiv und nahm Aloni gegen die Vorwürfe des unpatriotischen Verhaltens in Schutz. Er bescheinigte dem Werk, das er als »Werberoman« für Israel verstand, einen »geradezu übermenschliche[n] Patriotismus, der nur stockend, widerwillig zum Vorschein kommt und daher doppelt wirkt«. (Max Brod: »Ein aufrichtiges tapferes Buch«. In: *Israelisches Wochenblatt für die Schweiz,* 17.7.1962.) — 37 Zitiert nach Steinecke, a.a.O., S. 11 und S. 141. Alonis Eltern und Schwester gelang es nicht mehr, aus Deutschland zu fliehen. Sie wurden in Theresienstadt und Auschwitz ermordet. — 38 Margarita Pazi: »Jenny Aloni, eine deutschschreibende, israelische Autorin«. In: Aloni: *Ausgewählte Werke,* S. 169. — 39 Patrick von zur Mühlen: *Fluchtweg Spanien – Portugal. Die deutsche Emigration und der Exodus aus Europa 1933–1945.* Bonn 1992, S. 164. Über die Exilbedingungen in Portugal vergleiche weiterhin: Ansgar Schäfer: »Hindernisse auf dem Weg in die Freiheit. Der portugiesische Staat und die deutsche Emigration«. In: *Exil. Forschung, Erkenntnisse, Ergebnisse.* 1993, Nr. 1, S. 39–47. — 40 Ebd., S. 169. — 41 »Immer wieder fragte er mich nach meinem Verhältnis zum ›Dritten Reich‹ und immer wieder fragte er, ob ich denn wirklich Jüdin sei! Es wollte ihm partout nicht in den Kopf, daß da eine blondes mit blondem Haar und blauen Augen vor ihm sitzt.« Ilse Losa in einem Interview von Angela Gutzeit: »Die Welt, in der ich lebte– Begegnung mit Emigranten«. In: *Anschläge. Magazin für Kunst und Kultur.* 1988, H. 19, Nov./Dez., S. 12–14, hier S. 12. Weitere biographische Angaben finden sich bei Claudia Schoppmann, a.a.O. Sie sprach im Jahr 1990 mit Ilse Losa. — 42 Schoppmann, a.a.O., S. 206. — 43 Ilse Losa: *Unter fremden Himmeln.* Freiburg 1991, S. 32. Die folgenden Seitenzahlen beziehen sich auf diese Ausgabe. — 44 Ilse Losa in einem Interview von Elfriede Engelmayer: »Denn Sprache ist ja Heimat, dieses furchtbare Wort«. In: *Tranvía.* 1989, Nr. 12, S. 22–23, hier S. 22.

Regina Weber

Der emigrierte Germanist als »Führer« zur deutschen Dichtung?

Werner Vordtriede im Exil

Als Werner Vordtriede 1968 in den *Akzenten* seinen Essay »Vorläufige Gedanken zu einer Typologie der Exilliteratur«[1] publizierte, wurde er von der Mehrzahl der damals führenden Exilforscher hart angegriffen. Die in den sechziger Jahren dominierende ideologiekritische Richtung, die schon auf dem Germanistentag 1966 in München den Kurs der Auseinandersetzung mit der Germanistik im »Dritten Reich« und den Versäumnissen der Disziplin in der Nachkriegszeit bestimmt hatte, nahm nun die westdeutsche Germanistik auch auf dem Gebiet der Exilliteraturforschung ins Visier. Anlaß bot der Erste Internationale Exilkongreß in Stockholm 1969 unter der Leitung des Nestors der Exilforschung, Walter Berendsohn, über den in der bundesrepublikanischen Presse allenthalben berichtet wurde.

Insbesondere die Publizisten H.-A. Walter und Marta Mierendorff[2] – mit ihrer Forderung nach einer zweigleisigen Exilforschung, das heißt nach gesellschaftspolitischer Fundierung der Interpretationsmethoden – beherrschten die Diskussion. Walter betonte, daß die entscheidenden Anstöße für die Exilforschung in Westdeutschland nicht von der Germanistik ausgegangen waren, sondern aus anderer Richtung erfolgten: Bibliothekare und Publizisten hatten in den sechziger Jahren mit Ausstellungen, Katalogen und Nachschlagwerken Beiträge zur Forschung geleistet, das Deutsche Literaturarchiv in Marbach[3] und die Deutsche Bibliothek in Frankfurt/M.[4] waren hier zu nennen. Auch auf die eigene Forschungsarbeit, eine auf mehrere Bände konzipierte Geschichte der Exilliteratur[5], konnte Walter verweisen. Hingegen war erst eine Dissertation an den bundesdeutschen Hochschulen zur Exilliteratur erschienen, und zwar 1967 die Arbeit von Matthias Wegner[6], in der Exilliteratur erstmals als eigenständiges Gebiet aufgefaßt worden war.

Walters Angriffe auf die westdeutsche Germanistik und deren Versäumnisse auf dem Gebiet der Exilliteraturforschung richteten sich insbesondere gegen die bisher geltenden Wissenschaftstendenzen in der Germanistik. Er erklärte, daß die »formalistischen, werkimmanenten, generell literar- und kunstautonomen Interpretationsmethoden«, deren sich die Disziplin nach 1945 bediente, »zur Erhellung einer so komplexen Materie (wie der Exilliteratur; R.W.) ungeeignet« seien.[7]

Wie schon Carl Otto Conrady auf dem Germanistentag 1966, so sah auch Walter in der werkimmanenten Methode ein gesellschaftlich aufschlußreiches Symptom für Eskapismus und Verdrängung in der deutschen Literaturwissenschaft nach 1945. Auch von H.-A. Walter wird hinter der der Germanistik attestierten Krise das gesellschaftspolitische Engagement des Faches eingeklagt. »An der deutschen Exilliteratur könnte die Germanistik den Ausweg aus der Krise proben«, erklärte er. »In der äußerst vielfältigen Exilliteratur liegt (...) geradezu ein Modell vor, an dem die Beziehungen von Kunst und Gesellschaft, Literatur und Politik deutlich werden.«[8]

Allein vom zeittypischen ideologiekritischen Interesse bestimmt, wurden zunächst andere Ansätze zur literaturwissenschaftlichen Erfassung der Exilliteratur verworfen. Auch Walters Perspektive führte zu Pauschalurteilen. So erklärte er, daß die Exilliteratur »fast durchweg als Instrument gesellschaftlicher Kritik verstanden« wurde, wenn sie nicht sogar ausdrücklich als »Waffe im politischen Kampf bezeichnet«[9] worden sei. Die »Autonomie der Künste« hingegen habe im Exil »bestenfalls bei politisch reaktionären Exilierten Fürsprecher« gefunden, und »die im Formalen experimentierende ›Avantgarde‹«, als deren Vertreter er Musil und Broch nennt, »dürfte hier mit Fug und Recht als unbedeutende Nachhut apostrophiert werden.«[10]

Der diesen Vorstellungen zuwiderlaufende Ansatz Werner Vordtriedes zu einer »dichterischen« Erfassung der Exilliteratur, den der zu Beginn der sechziger Jahre aus den USA remigrierte Germanist unter der Überschrift »Vorläufige Gedanken zu einer Typologie der Exilliteratur« 1968 formuliert hatte, wurde von Walter und der sozialgeschichtlich orientierten Exilforschung heftig attackiert. Vordtriede ging es in seinem Aufsatz ausdrücklich um eine dichtungsgeschichtliche Perspektive der Exilliteratur, die er auch in einem Seminar über Exilliteratur im Wintersemester 1967/68 an der Universität München mit seinen Studenten zu erarbeiten suchte. »Nicht politische Meinungen, sondern immer nur literarische Umsetzungen«, so hatte Vordtriede gleichsam als Motto an den Rand seiner Seminarnotizen geschrieben. (Nachlaß Vordtriede, DLA)

An der Rezeption von Vordtriedes Aufsatz läßt sich der Kurs ablesen, den die Exilliteraturforschung in den folgenden Jahren nahm. Im Gefolge Walters wurde Vordtriedes Entwurf von Jost Hermand, Gerhard Roloff, Herbert Tutas und anderen als Beispiel der werkimmanenten, betont ästhetischen Richtung zitiert und Vordtriede mit dem Etikett des politisch reaktionären bzw. unpolitischen Literaturwissenschaftlers versehen. Durch die ideologiekritische Brille betrachtet, wurde allgemein nur das dichterische Vergleichsschema wahrgenommen, das mit einer typologischen Betrachtungsweise gegeben ist, ja, das Stichwort »Typologie« allein, das auf eine nicht historische, sondern ästhetische Deutung der Exilliteratur verwies, wirkte wie ein rotes Tuch – und der für W. Vordtriedes Betrachtung entscheidende Zusammenhang zwischen Typologie und Tradition wurde übersehen. Vom Hauptgedanken des Essays, daß der Exildichter sich mittels der Typologie in die heimische Tradition einordnet, daß er die Tradition, die zuhause verraten wird, im Exil weiterführt und gleichsam »rettet«, ist nirgendwo die Rede.[11]

So erklärte Walter in der *Frankfurter Rundschau*, man könne nicht, »wie Werner Vordtriede das versucht hat (...), Dante, Heine und Heinrich Mann als Exilierte verschiedener Zeiten nebeneinanderstellen, um typologische ›Gemeinsamkeiten‹ zu ermitteln. Solches Abstrahierenwollen auf angebliche Grunderfahrungen und vermeintlich zeitlose Seinsweisen führt zur Vernebelung des Gegenstandes.«[12] Auch Jost Hermand sprach sich gegen »abstrakte und darum unfruchtbare Typologien« aus, die nicht viel weiterhelfen würden, gegen »geistesgeschichtliche Platitüden«; er zählte Vordtriede zu den »rein ästhetisch orientierten Literaturwissenschaftlern«.[13] Er behauptet, Exil sei bei Vordtriede »nichts Politisches, sondern de(r) existentielle (...) Ort des massenabgesonderten Esoterikers, der sich im Gefühl allgemeinster Entfremdung den avantgardistischen Kunstkonzepten der spätbürgerlichen Moderne verschreibt.«[14] Herbert Tutas zitiert in seinem wichtigen Aufsatz *Nationalsozialismus und Exil* nur noch zustimmend Hermand, ohne Vordtriede namentlich zu erwähnen, und zwar Hermands Forderung, den Begriff Exil – anstatt sich in »abstrakten und darum unfruchtbaren Typologien« zu verlieren – in einem »viel konkreteren Sinne auf eine bestimmte politische Situation zu beziehen.«[15] Auch Roloff sah in Vordtriedes dichtungsgeschichtlichem Entwurf einen »Triumph der ahistorischen Betrachtungsweise« und konstatiert den bei Vordtriedes Ansatz »notwendigen Mangel an gesellschaftlicher Hintergrundanalyse«. Er bemängelt, daß bei der Analyse Vordtriedes »nicht Motivationen und historische Hintergründe zur Wertung mitherangezogen werden, sondern die existentielle ›zeitlose‹ Situation des ›Fremdseins‹ (im Exil; R.W.) und ihre Überwindung in Themen, Gesten, Metaphern, Symbolen allein.«[16]

Walter Berendsohn, der mit Vordtriede im Vorfeld des Stockholmer Kongresses korrespondierte, hatte gar schon ein fertiges Bild von Vordtriedes Konzeption, noch bevor er den Aufsatz gelesen hatte. Er schrieb im August 1969 an Vordtriede: »Ihr Aufsatz ›Versuch einer Typologie der Emigrantenliteratur‹ befaßt sich sicherlich mit der ›höheren Mathematik der Literaturwissenschaft‹ (um mit Oskar Walzel zu reden), aber es muß noch viel niedere Mathematik auf diesem Gebiet getrieben werden, wenn einmal die Geschichte dieser erdumspannenden geistigen Bewegung in befriedigender Weise geschrieben werden soll.« (1.8.1969; an W.V.)

Erst Ende der siebziger, Anfang der achtziger Jahre wurde Vordtriedes dichtungsgeschichtlicher Ansatz zur Erfassung der Exilliteratur im Zuge der Abkehr von der ideologiekritischen Orientierung der Literaturwissenschaft im Westen positiv bewertet. Wolfgang Frühwald konstatierte 1981 im Vorwort seines Bandes *Leben im Exil,* daß das lange vorherrschende ideologiekritische Interesse zunehmend einem dichtungs- und wissenschaftsgeschichtlichen Forschungsinteresse weiche. Er zitiert Vordtriedes Entwurf zu einer Typologie der Exilliteratur als richtungweisend für weitere Forschungen[17] und betont die »Eigengesetzlichkeit von Literatur«[18] gegenüber jenen vulgärmarxistischen Auffassungen, nach denen Literatur die Wirklichkeit zu spiegeln habe. Auch der amerikanische Exilforscher Ehrhard Bahr erklärte in der Festschrift für Werner Vordtriede, die 1985 in Vordtriedes Todesjahr erschien, im Rückblick auf die Situation der Exilforschung Ende der sechziger Jahre: »Zweifellos war er damals mit seinen vorläufigen Gedanken seiner Zeit voraus.«[19]

Daß jedoch die jeweilige Optik – hier gesellschaftskritisch, dort ästhetisch orientierte Literaturwissenschaft – zur Verengung der Perspektiven führen kann und den Zugang zu Leben und Werk eines Exilautors und Exilwissenschaftlers möglicherweise verbaut, wird gerade am Beispiel Werner Vordtriedes deutlich, dem die vorgenommenen Etikettierungen kaum gerecht werden können.

So rückte 1969 beispielsweise gar nicht ins Blickfeld, daß W. Vordtriede als einer der ersten westdeutschen Germanisten über »Exilliteratur« lehrte und publizierte, was an sich nach Jahren der Tabuisierung des Exils in der BRD schon ein politisches Faktum war. Hans Bender von den *Akzenten* schrieb im Januar 1968 an Vordtriede, er sei sehr »angetan« von seinem Aufsatz, »weil er neu und genau ein so wichtiges Thema dargestellt« habe. (15.1.1968; an W.V.) Auch war Vordtriedes offenes Sympathisieren mit der Studentenbewegung Ende der sechziger Jahre alles andere als »politisch reaktionär«. Vordtriede hatte am 5.2.1968 in einem Artikel in der *Süddeutschen Zeitung* in der Diskussion um Oskar Seidlins Absage auf den Ruf an die Universität München »die unruhig gewordenen, in ihrer großen Mehrheit nach Demokratisierung strebenden Studenten« verteidigt und die von dem in Amerika lebenden Emigranten Oskar Seidlin gezogenen Parallelen zu den nationalsozialistischen Ausschreitungen an den Universitäten des »Dritten Reichs« zurückgewiesen. »Als im amerikanischen Berkeley«, schrieb Vordtriede in der *Süddeutschen Zeitung*, »die Studenten gegen eine unerträglich werdende Bevormundung zu protestieren begannen und damit nichts anderes taten als einige Jahre zuvor die Professoren, die dort den berüchtigten McCarthy-Eid nicht schwören wollten, hat doch wohl niemand von Nazismus gesprochen. Ähnliches geschieht jetzt hier, teilweise naseweis und fanatisch und antiliberal.« Diesen öffentlichen Beitrag des aus den USA remigrierten Germanisten zur Beförderung des Demokratieverständnisses in Westdeutschland nahm man freilich nicht wahr.

Im Nachlaß Vordtriedes befindet sich aus jenen Jahren ein Brief des nach Frankreich emigrierten Joseph Breitbach, der, ehemals Kommunist und 1929 nach einer Rußlandreise vom Kommunismus abgefallen, Vordtriede das Sympathisieren mit der bundesrepublikanischen Linken zum Vorwurf macht. In dem Brief vom 22.5.1974 heißt es: »Bei unseren letzten Begegnungen haben Sie mich in höchsten Zorn versetzt, lieber Freund, da waren Sie Maoist und noch von der schlimmsten Abweichung. Sie trugen sogar Mao-Look. Wenn Sie Ihren Irrtum eingesehen haben, bekennen Sie ihn bitte öffentlich und schreiben Sie einen Artikel gegen die SPD und den Linksterror im Kulturbetrieb. (...) Solange, solange Sie nicht öffentlich einen Artikel gegen die SPD schreiben oder gegen die linken Intellektuellen, bleiben Sie in meiner Verbrecherkartei. In der stehen Sie nun schon einige Jahre; nach einer Unterhaltung, bei der ich Ihre politische Frivolität entdecken mußte, sind Sie auf meine schwarze Liste gekommen. Es gibt nur ein einziges wirklich großes Problem: der Kommunismus. In all seinen Schattierungen. Solange Sie nicht gegen den sind, müssen Sie im Vorhof meines Herzens bleiben.« (22.5.1974; an W.V.)

Welches Bild Vordtriedes ist also zutreffend: das des Ästheten oder das des linken Intellektuellen der sechziger Jahre?

Tatsächlich war er beides zugleich. Vordtriede lebte im Spannungsfeld zwischen Kunst und Politik – zwei Welten, die in seinem Leben und Werk keine Einheit bildeten, zwischen denen er zeitlebens schwankte. Sowohl dem Ideal einer autonom gedachten Kunst in der Tradition des Stefan George-Kreises wußte er sich verbunden, als auch der Verpflichtung zu politischer Verantwortung. Als seine Schüler Dieter Borchmeyer und Till Heimeran 1984 die Festschrift für ihn vorbereiteten, schrieb Vordtriede an Heimeran: »Ob man als Titel vielleicht etwas nehmen sollte, was auf das Doppelte anspielt, also einerseits Amerika-Deutschland, andererseits Wissenschaft und Dichtung? Etwa DOPPELKONTINENT oder so. Aber es soll nicht zu anspruchsvoll klingen.« (16.10.1984; an T. Heimeran)

Vordtriede, der Emigrant und Remigrant, hielt an seinem Doppelleben fest, dessen Weichen schon früh gestellt wurden. Kurz nach seiner Rückkehr nach Deutschland schrieb ihm 1964 Michael Landmann aus Berlin: »Hier war davon die Rede, Sie auf ein neu errichtetes Ordinariat für Komparatistik zu berufen, da sagte Herr Gruenter, Sie würden es bestimmt nicht annehmen, da Sie Ihre Doppelexistenz USA – München schon immer angestrebt hätten. Es tut mir leid, dass wir auf diese Weise nicht Kollegen werden können.« (14.7.1964; an W.V.)

Identifikationsprobleme im Exil

Vordtriedes wissenschaftliche Laufbahn steht im Zeichen Stefan Georges und seines Kreises, von seiner ersten Publikation, einem Zeitungsartikel zum Tod Georges im Dezember 1933 in der Schweizer *Weltwoche*, bis zum Nachwort zur George-Taschenbuch-Ausgabe (dtv)[20] von 1983 zwei Jahre vor seinem Tod. Die Beschäftigung mit der Dichtung Georges ging über das wissenschaftliche Interesse am Gegenstand weit hinaus. Vordtriedes Auseinandersetzung mit George und seiner Dichtung ist von vornherein nicht distanzierter Art, sondern durch das empathische Bekenntnis zum Dichter und seinem Kreis bestimmt. Direkten Zugang zu Kreismitgliedern fand Vordtriede erst nach dem Tod Georges, und zwar 1934 im Schweizer Exil, nachdem er schon drei Jahre zuvor noch als Schüler am Freiburger Gymnasium das Werk des Dichters für sich entdeckt hatte.

Hans Norbert Fügen, der dem sozialen Herkunftsbereich der Kreis-Mitglieder in der dritten Generation (die er etwa ab 1920 datiert) nachging, stellt Kriterien für die Affinität zum George-Kreis auf, die auch noch Vordtriedes Hinwendung zum »Kreis« verständlich machen können. »Die Zugehörigkeit zum Kreis war für George eine Seinskategorie, nicht die Funktion von irgend etwas«[21], erklärt Fügen. »Das Rekrutierungsfeld bildeten im wesentlichen Universitätsstädte. Die Anwerbung richtete sich gezielt auf junge Menschen, die im Wechsel von der Schule zur Hochschule einer Problematisierung ihres bisherigen Wertesystems ausgesetzt waren und die infolge der Trennung von der Familie nach Absicherung in der neuen komplexen Umwelt durch eine neue Gruppensolidarität suchten, sich also in jener Situation befanden, die Anselm Strauss als ›cultural dislocation‹ beschreibt.«[22]

Als Herkunftsschicht sei vor allem ein mittleres Bildungsbürgertum anzunehmen, wobei »nahezu alle vorhandenen Berufsangaben die Universitätsausbildung der Väter (...) belegen.« Auch läßt sich bei mehr als drei Viertel der Kreiszugehörigen Gymnasialabschluß nachweisen. »Mehr als die Hälfte der Kreiszugehörigen absolvierte ein geisteswissenschaftliches Universitätsstudium, etwa die Hälfte aller übte später einen Lehrberuf aus, ein Viertel wurde Universitätslehrer.« Dies zeige, so Fügen, »daß sich auch im Kreis die damals in der mittelständisch-bildungsbürgerlichen Schicht vorherrschende Tendenz durchsetzte, der drohenden Deklassierung durch Hineindrängen in die als elitär angesehene Universitätskarriere zu entgehen.«[23]

Das mittelständische Bürgertum, zu dem auch die im Weinhandel tätige Familie Stefan Georges gehörte, sah sich schon bald nach der Reichsgründung infolge der wachsenden Industrialisierung von gesellschaftlichem Abstieg bedroht – und zwar sowohl von oben durch die zunehmende Wirtschaftskonzentration, an der man nicht ausreichend partizipieren konnte,

als auch von unten durch die fortschreitende Organisation der Arbeiterschaft. Eine Zeitlang lebte diese Schicht noch vom Ererbten und konnte ein
schöngeistiges Leben pflegen, weshalb Max Weber vom »Rentnertum« der
Georgeaner sprach. Das in Werk und Lehre Georges verkündete »geistige
Reich« der Dichtung verstand sich als revolutionäre Gegensetzung, als Gegen-Welt zum verhaßten 19. Jahrhundert. George propagierte ein Wertsy-
stem, das die deutsche Kulturtradition der Vergangenheit zu vereinnahmen
und für eine kleine Bildungselite zu aktualisieren suchte. Dabei ging es ihm
jedoch keineswegs um einen »pathetisch-poetischen Eskapismus«, sondern
um die »Verwirklichung der im Werk genannten Normen in der Lebenswelt.«[24] Dichtung und Leben waren für George nicht zu trennen. Gerade
deshalb bot die Zugehörigkeit zum George-Kreis jungen Menschen auf der
Suche nach Orientierung ein Identifikationsmodell.

Auch Werner Vordtriede, am 18. März 1915 in Bielefeld geboren, befand
sich 1934 im Schweizer Exil in jener als »cultural dislocation« beschriebenen Situation, die den Neunzehnjährigen die unmittelbare Nähe des George-Kreises suchen ließ. Werner Vordtriede entstammte väterlicherseits einer
Kaufmannsfamilie. Die Eltern ließen sich jedoch früh scheiden, und Vordtriede wuchs bei seiner Mutter zusammen mit der älteren Schwester Fränze
in Freiburg i.Br. auf. Am dortigen Realgymnasium machte er 1933 das Abitur, während seine Schwester bereits kurz vor dem Abschluß ihrer Promotion in Anglistik stand. Auch die Mutter Käthe Vordtriede geb. Blumenthal,
die bis zur Machtergreifung der Nazis sozialdemokratische Redakteurin bei
der Freiburger *Volkswacht* war, entstammte einer wohlhabenden Kaufmannsfamilie. Über ihre Zugehörigkeit zum assimilierten Judentum gibt sie
in einem Brief vom November 1933 Auskunft, der an die Schweizer Familie
gerichtet ist, bei der Werner Vordtriede gleich nach dem Abitur als Hauslehrer der Kinder Aufnahme gefunden hatte. Denn nach der Machtergreifung
der Nazis sah die Mutter die auch für den Sohn angestrebte akademische
Laufbahn in Deutschland nicht mehr gewährleistet.

»Als ich im April in allen Zeitungen die gehässigen Ausführungen des ba-
dischen Ministers für Kultus und Unterricht (...) las, die besagten, daß der
Dr. nur noch an einwandfreie, würdige und anständige Personen verliehen
wird, also nicht an Juden, Sozialdemokraten und Kommunisten, seitdem
habe ich keine ruhige Minute mehr gehabt«, schreibt Käthe Vordtriede. »Sie
werden ja wissen, daß heute nicht mehr wie in früheren antisemitischen
Wellen die Taufe alles auslöscht und die Gleichberechtigung der Juden her-
stellt, sondern, daß Hitler bis ins 16. Jahrhundert die Stammbäume verfolgen läßt. Ich weiß auch nicht, ob Werner Ihnen sagte, daß auch mein Vater
aus dem Judentum austrat. Vielleicht hätte ich es Ihnen schon früher sagen
sollen, doch schwieg ich immer ängstlich über den Punkt, um Fränze nicht
so kurz vorm Ziel zu gefährden (...). Nie haben wir uns freilich als Juden ge-

fühlt. (...) Der Religionszugehörigkeit nach sind wir es natürlich nie gewesen, mein Vater liess seine Kinder taufen und hätte nie erlaubt, dass eines einen Juden heiratete – die beiden, (meine jüngeren Schwestern), die es dennoch taten, verlobten sich erst nach seinem Tode. Mein Vater stammte aus einer rationalistischen Familie. Nach dem Abitur (1870) ging er sofort als Einjährig-Freiwilliger ins Feld, machte den Einzug der siegreichen Truppen in Paris mit und bekam viele Orden, auf die er komisch stolz war, wie er überhaupt ein sehr nationaler und konservativer Mann bis zu seinem Tod 1919 blieb. Als er aus dem Felde kam, ging er nach Indien, wo er als Farmer und späterer Direktor der Delhi-Maatschapy auf Sumatra ein riesiges Vermögen erwarb, von dem heute natürlich infolge der Inflation nichts mehr vorhanden ist. Drüben ließ er seine dort geborenen Kinder von einem befreundeten Missionar gleich taufen. Eine Zugehörigkeit zum Judentum konnte er bei seinem dortigen Freundeskreis, der hauptsächlich aus Missionaren bestand, ja auch nicht haben. Wir haben dann in Deutschland nie mit Juden verkehrt.« (11.11.1933)

Käthe Vordtriede, bei aller geistigen Bildung eine äußerst tatkräftige und politisch wache Frau, hatte sich über den heraufkommenden Nationalsozialismus keinen Täuschungen hingegeben. Als sozialdemokratische Redakteurin war sie 1933 gleich nach der Machtergreifung wegen früherer antifaschistischer Äußerungen in ihren Artikeln festgenommen und wochenlang inhaftiert worden. Nur mit Mühe konnte sie nach dem Verlust ihrer Stellung noch den Unterhalt und die Ausbildung ihrer Kinder bestreiten. Die geistige Erbschaft freilich blieb unangetastet, die sie ihren Kindern mitgab. Die umfangreiche Korrespondenz mit Mutter und Schwester im Nachlaß Vordtriedes, zum Teil in englischer und französischer Sprache, bezeugt das hohe Bildungsniveau, die intime Kenntnis der deutschen Dichtung und des deutschen Lieds, das in Zitaten und Anspielungen der gegenseitigen Verständigung dient. Wie bei vielen assimilierten deutschen Juden waren auch hier die deutschen Dichter der Klassik und Romantik bis hin zur Moderne als geistiges Gut an die Stelle von Thora und Talmud getreten. Getauft war W. Vordtriede allerdings nicht.[25]

Während Vordtriede im 1975 publizierten Tagebuch aus dem amerikanischen Exil (*Das verlassene Haus*) die politische Haltung und Gefährdung der Mutter nach 1933 erwähnt, schweigt er über die jüdische Abkunft. Diese wurde selbst nahen Freunden erst durch seinen testamentarisch dem Deutschen Literaturarchiv vermachten literarischen Nachlaß bekannt.[26] Die Briefe der Mutter und der Schwester bezeugen, daß er – mit der jüdischen Abstammung konfrontiert – diese mehr oder weniger zu verdrängen suchte, daß also eine Identifikation mit dem Judentum nicht stattfand. So schreibt Käthe Vordtriede am 21.1.1939 an ihre bereits in Amerika und England weilenden Kinder, sie habe »mit eigenen Augen auf der

Polizei in Freiburg« gelesen, daß Werner nun »Israel Vordtriede« heißt. (...)
Ihr müßt diese Ernennung Werners zum Israel Vordtriede mit allen Konse-
quenzen betrachten und nicht, wie Wern in seinem jugendlichen Leichtsinn
vorigen Sommer aus der Schweiz schrieb, Euch darüber totlachen, daß ich
jetzt Sara heiße.« (21.1.1939; an W.V.) Die Schwester bittet ihn zur selben
Zeit um Verständnis dafür, daß sie dem gemeinsamen Freund, dem englischen Schriftsteller Robert Hichens mitgeteilt habe, »daß Mutter Jüdin ist«.
(»Bitte, bitte fühl Dich jetzt nicht verwirrt, oder beschämt oder so. (...) Aber
er fragte so oft, warum Mutter all diesen Malessen ausgesetzt ist.«
(5.3.1939)).

Weder in der Schweiz, deren rigide Asylpolitik Juden nicht als politische Flüchtlinge anerkannte, noch in den USA hat sich Vordtriede zu
seiner jüdischen Abkunft bekannt. Dagegen hat ihn von Kind an die
kommunistisch-pazifistische Haltung der Mutter stark beeinflußt. Im
Zeichen der deutsch-französischen Verständigungspolitik Stresemanns
und Briands beteiligte er sich als Freiburger Gymnasiast 1931 an einem
Preisausschreiben des Berliner *8-Uhr-Abendblattes* und gewann mit seinem
Aufsatz: »Wer schreibt den schönsten Verständigungsbrief an einen französischen Mitschüler?« den ersten Preis: eine Reise nach Paris.[27] Zur
selben Zeit korrespondierte er, kaum sechzehn Jahre alt und sehr frühreif,
über seine Lektüreerfahrungen (Alfred Polgar, Alfred Kerr u.a. betref-
fend) mit Kurt Tucholsky[28] – eine Verbindung, die er seiner Mutter zu
verdanken hatte, die 1926 einen Artikel für die *Weltbühne* geschrieben hatte.[29] Auch im Schweizer Exil verfaßte Vordtriede vor allem für das sozialdemokratische Blatt *Volksrecht* zahlreiche antifaschistische Artikel, für die
ihm die Mutter in ihren Briefen häufig die Entwürfe sandte. Unter Überschriften wie *Volksmärchen rediviva* (30.11.1935; gez. W.St.) oder *Lyrik im
Dritten Reich* (23.10.1934; gez. Werner Stoutz) schrieb er Exilparodien, die
er – entsprechend seiner späteren Definition im Essay zur ›Typologie der
Exilliteratur‹ – »als Waffe gegen die Traditionsverderber zuhause«[30] verstand.
Auf aggressiv-satirische Weise suchte er die völkisch-rassischen Tendenzen
der Literatur des »Dritten Reichs« zu entlarven. Im Artikel *Pogrome –
Konzentrationslager* setzt er sich kritisch mit der Definition dieser Worte im
Leipziger Sprach-*Brockhaus* von 1935 auseinander und weist auf die die
deutsche Judenverfolgung verschleiernden Begriffserklärungen hin. (Zu
Hinweisen im *Brockhaus* auf Pogrome in Rußland und in der Bismarck-
zeit schreibt er: »Hier scheint uns doch tatsächlich etwas zu fehlen. Wenn
man schon Pogrom durch Beispiele veranschaulichen will: warum schweift
man denn in eine solche geschichtliche Ferne, wenn doch das Gute so überaus nah liegt?« (*Volksrecht*, 21.12.1935; gez. W.St.)) Auch über die Aktivitäten der Auslandsorganisationen der NSDAP in der Schweiz klärte er
unter dem Titel *Maulwürfe* im *Volksrecht* vom 24.2.1937 auf: »Und das

findet alles in der Schweiz statt. Aufgemerkt, aufgemerkt: die Maulwürfe sind am Werk!« (gez. W.St.)

Auch in der Schweizer *Weltwoche* und in der *Neuen Zürcher Zeitung* erinnerte Vordtriede immer wieder, zum Beispiel in Nachrufen, an die von den Nazis verfemten Schriftsteller und Wissenschaftler. Er schrieb eine Würdigung zu Hugo von Hofmannsthals fünftem Todestag (*Weltwoche*, 15.7.1934); eine *Erinnerung an Edmund Husserl* erschien in der *NZZ* vom 5.6.1938 unter dem Pseudonym »r.e.«. (»Das Vorlesungsverzeichnis der Universität Freiburg i.Br., an der sein Schüler Heidegger amtiert, führt Husserls Namen nicht einmal mehr als Emeritus auf (...) in Frankreich, England und Amerika hat er in den letzten Jahren viel tieferes Verständnis gefunden.«) Zahlreich sind auch Vordtriedes Rezensionen in der *NZZ* zu den in den Exilverlagen erscheinenden Werken. (Er rezensierte u.a.: Hermann Kesten: *Der Gerechte*. Verlag de Lange, Amsterdam 1934 (*NZZ*, 11.11.1934); Alfred Kerr: *Walter Rathenau. Monographie*. Querido Verlag, Amsterdam (*NZZ*, 25.5.1935); Else Lasker-Schüler: *Das Hebräerland*. Verlag Emil Oprecht. Zürich 1937 (*NZZ*, 8.4.1937)).

Die Spuren des mütterlichen Einflusses auf Vordtriedes politisches, antifaschistisches Engagement lassen sich bis nach Amerika verfolgen. So schickt ihm die Mutter Material für einen Vortrag über die Bekennende Kirche, den Vordtriede, wie er im Tagebuch aus dem amerikanischen Exil berichtet, dort mehrfach gehalten hat. Er erhält von ihr Dokumente aus Zürcher Archiven für eine Forschungsarbeit über den im neunzehnten Jahrhundert nach den USA emigrierten deutschen Freiheitskämpfer und Germanisten Karl Follen, den »mutigen Verbündeten Georg Büchners«[31], wie er im Tagebuch notiert. Diese Arbeit, mit der er sich in den ersten Jahren in Amerika viel beschäftigte, wurde jedoch durch die Dissertation über Stefan George bald in den Hintergrund gedrängt.

Seiner Mutter, die im Dezember 1941 kurz vor Eintritt Amerikas in den Zweiten Weltkrieg auch noch nach den USA emigrieren konnte[32], setzte Vordtriede 1958 mit einem kleinen Aufsatz über Bettina von Arnim ein geheimes Denkmal (*Ein unveröffentlichter Bettina-Brief*[33]). Vordtriede gibt dort einen Briefwechsel Bettinas mit ihrem in England weilenden Sohn wieder, dessen leibliche und geistige Entwicklung sie mit guten Ratschlägen fördert. Auch die Bettine des *Armenbuchs*[34], das Vordtriede später neu herausgab, mochte ihn in ihrer menschlichen und politischen Haltung an seine Mutter erinnert haben.

Wenn Vordtriede sich auch als Student im Schweizer Exil mit einer Reihe von Kommunisten, etwa mit der Volkswirtin Grete Wittkowski[35], im antifaschistischen Widerstand verbunden fühlte, so blieb sein eigenes Verhältnis zum Kommunismus doch stets distanziert. Im September 1938 schreibt er in Erinnerung an ein Gespräch mit einer befreundeten kommunistischen

Studentin ins Tagebuch: »Ich entsinne mich eines Gesprächs, das ich mit Jean hatte, kurz nach der Vollendung meiner Büchner-Arbeit. Ich sagte ihr (was ich noch lange Zeit seither fühlte), Büchners u. Dantons Zwiespalt zwischen der Verehrung des Schönen, Dichterischen u. Schöpferischen und Politik u. Revolution sei auch der meine. Sie entgegnete, daß das nicht so sein müsse, dass in einer anderen Staatsordnung dieser Zwiespalt verschwände. Ich aber glaube immer noch nicht an dies Allheilmittel dieser neuen Wirtschaftsordnung.« (6.9.1938; unveröff. Tagebuch). 1938 hatte Vordtriede sich längst einem anderen Leitbild verpflichtet, suchte woanders sein Heil: in der Dichtung Stefan Georges.

Bereits in seinem ersten Artikel über Stefan George nach dem Tod des Dichters im Dezember 1933 in der Schweizer *Weltwoche* wandte Vordtriede sich nicht nur gegen die politische Vereinnahmung Georges durch die Nationalsozialisten, sondern darüber hinaus gegen jede Vereinnahmung des Dichters für politische Zwecke. Allerorten werde George »nur als Künder einer jetzt verbreiteten politischen Richtung« oder als »Warner vor einer verderbten politischen Richtung« genannt. Vordtriede sieht darin »eine Überbewertung der Politik als lebensgestaltendes Element«. Er spricht von »einer geradezu ungeheuerlichen Kompetenzzusprechung für Zufälligkeiten und alle zeitbedingten Problemstellungen«[36] – ein Versuch des kaum Neunzehnjährigen, der Macht der realen Gegebenheiten, die auch ihn hart bedrängten, von der Höhe der Dichtkunst Georges aus zu trotzen.

Als Vordtriede 1934 in der Schweiz direkten Zugang zum George-Kreis suchte, lebte er im Schweizer Exil unter dauernden Ängsten vor der Fremdenpolizei, schrieb seine Artikel unter Pseudonymen wegen des Arbeitsverbots und fürchtete ständig die Ausweisung. »Die Werke Stefan Georges kannte ich seit drei Jahren«, erinnert er sich später. »Sie erschienen mir wie ein Zauberland, aus dem eine strenge und geheimnisvolle Stimme klang. Nun, im Jahre 1934, war mir ein unmittelbares menschliches Zeugnis dieser Welt von hoher Wichtigkeit.«[37] Vordtriede schrieb an Edith Landmann, die Philosophin des Kreises, nach Basel und knüpfte so einen Kontakt, der bis zu ihrem Tod 1951 erhalten blieb. Sie führte ihn in die Welt des Dichters ein. »Sie trug für mich die Züge Mentors (so wie Pallas Athene sie für den jungen Telemach angenommen hatte).«[38]

In Anlehnung an die Initiationsriten des Kreises, über die die Berichte von Herbert Steiner, Ernst Robert Curtius, Ernst Glöckner[39] usw. Auskunft geben, schildert Vordtriede im Essay *Aus Edith Landmanns Briefen* die erste Begegnung mit Edith Landmann. Auch er wird einer Prüfung unterzogen (»Wieviele Gedichte haben Sie schon abgeschrieben? Wieviele gelernt? Was gelesen?«) und erhält Zuspruch und Weisung, da er über fehlende Gemeinschaft klagt. (»Es braucht doch auch nicht immer Menschen. Verehrungen drücken sich doch zunächst aus im eignen Tun, (...) in großer Zucht der

eigenen Lebensführung, in Nacheiferung.)«[40] Schließlich wird auch er der
Aufnahme gewürdigt und zum Dienst verpflichtet: Edith Landmann
schenkt ihm Georges Buch *Das Jahrhundert Goethes* mit der Widmung:
»Zur Erinnerung an ein geistiges Reich, das Sie wollen bauen helfen.«[41]

»Wie bei Homer«, schreibt Vordtriede in seinen Erinnerungen, »so wurde
auch hier dem ankommenden Gast keine persönliche Frage gestellt nach
dem Woher, der Familie, den Lebensumständen (...)«[42] – gewiß alles Fragen,
die der neunzehnjährige Student im Exil fürchtete. Auch Edith Landmann
erzählte nur »andeutend«, »wie sie, noch befangen in sozialpolitischen
Ideen, den Dichter traf und von da ab einer ganz andren Welt angehörte.«[43]
– Der Eintritt in den Kreis war meist mit der Trennung von der Familie verbunden, worauf auch ein Gedicht im *Stern des Bundes* hinweist: »Durch die
sendung durch den segen / tauscht ihr sippe stand und namen / väter müt-
ter sind nicht mehr«. Die Situation des Exils führte zwangsläufig zur Aufgabe alter Bindungen. Auch das Leben ohne Besitz und ohne feste Bleibe, das
zum überlieferten George-Bild gehörte und auf den Typus des Wanderpre-
digers – auf Christus und seine Jünger – Bezug nimmt, fand in der Situation des Exils reale Entsprechungen und wurde von Vordtriede bewußt
übernommen.[44] Selbst in Madison/Wisconsin, wo er vierzehn Jahre lang
(1947–1961) eine Professur für Germanistik innehatte, besaß er keine eigene Wohnung, sondern wohnte stets in einem Zimmer des Faculty Clubs der
Universität, wenn er sich nicht gerade auf ausgedehnten Europa-Reisen befand. (Interview mit Jost Hermand vom 17.2.1989).

Noch 1983 im Nachwort zur George-Taschenbuchausgabe schildert
Vordtriede George als besitz- und heimatlosen Dichter – ein Bild, das er
sehr exakt von dem auch nach den USA emigrierten George-Jünger Ernst
Morwitz übernommen hat.[45] Dies allerdings veranlaßte Georg Peter Land-
mann, den Sohn von Edith Landmann, in einem Brief an Vordtriede zu der
Richtigstellung, daß George durchaus Möbel besessen habe wie auch seine
Schweizer Aufenthalte – George verbrachte viele Sommer im Haus der
Landmanns in Basel – nicht eigentlich als antifaschistisches Exil bezeichnet
werden könnten. (31.9.1983; an W.V.)

Vordtriedes Rezeption Georges zielt auf die geistige Dimension der Georgeschen Gegen-Welt, auf ein Reich, das, wie das Reich Christi, »nicht von
dieser Welt« (Joh. 18,36) ist. George schrieb er das »große Verdienst« zu,
»die Gestalt des Dichters in Deutschland wieder geheiligt zu haben.«[46] Stets
beging er den Todestag des Dichters in den langen Jahren des Exils mit Le-
sungen der Gedichte Georges und mit Briefen an Edith Landmann. Er
strebte nach Ritualisierung seines Umgangs mit dem Dichter, suchte in »seinem« Namen die Zusammenkunft mit den im Exil versprengten Angehörigen oder Nahestehenden des Kreises, mit Albrecht Schaeffer[47], Richard
Beer-Hofmann[48], Herbert Steiner und anderen. »Nun kann die Welt nur

noch in einigen einzelnen Menschen bestehen«, schreibt er 1940 an Edith Landmann, »ganze Länder und Landschaften haben einzig noch in Briefwechseln und Gesprächen weiterfortzubestehen (...)«. (15.11.1940). Die Identifikation mit der Georgeschen Gegenwelt ermöglichte den Abstand zur eigenen Biographie, sie war Rettung in zunehmender innerer Gefährdung und Einsamkeit. Nach Lehrjahren der Angst im Schweizer Exil verbarg Vordtriede auch in Amerika, wo die Mehrzahl der aus Hitler-Deutschland emigrierten Geisteswissenschaftler keineswegs mit offenen Armen empfangen wurde, immer wieder seine Abkunft. Auf Stellensuche an den amerikanischen Universitäten gab er sich aus Furcht vor Zurückweisung wiederholt als Schweizer aus[49], was noch bei seiner Einbürgerung 1946 in den USA vor dem Gerichtshof zur Sprache kam.[50] Er führte, wie er im Exiltagebuch schreibt, »eine Existenz unter falschen Voraussetzungen«[51]. Zu Herbert Steiner spricht er von seinem »Lebensmotiv der Nichtzugehörigkeit und des daraus entstehenden Mangels an ›Wurzeln der Kraft‹.«[52] So ist auch Vordtriedes antibürgerliche Haltung, die er bei George als gesellschaftsfeindliche Attitüde vorgebildet sieht, Ergebnis der eigenen gesellschaftlichen Entfremdung, die dann von ihm zum Merkmal einer verlorenen Generation hochstilisiert wird. In einem fiktiven Einschub im Tagebuch läßt Vordtriede einen jungen Emigranten sagen: »Ohne den Schutz eines Landes leben zu müssen ist heute weit folgenschwerer als zu irgendeiner früheren Zeit. Ich habe in diesem Land als Ausländer nicht die geringste Möglichkeit, zu ›Amt und Würden‹ zu gelangen. Übrigens ein Ausdruck, der mir in der notwendigen Planlosigkeit, ja Unordnung meines Lebens, sehr lächerlich klingt, da ich – und mit mir eine ganze zeitbewußte Generation – weder Aussicht noch Recht mehr auf Sicherheit habe. (...) Wie könnten wir da jemals so vergeßlich sein, und dennoch an bürgerliche Gründungen, wie Ehe, Familie, Laufbahn glauben.«[53] Für den Mangel an gesellschaftlicher Integration im persönlichen wie im beruflichen Bereich bietet die Georgesche Gegenwelt Ersatz. Das »Phänomen George (...) als gesellschaftsstiftendes Element« und »traditionsschaffendes Schauspiel« rühmt Vordtriede noch 1963 im Essay *Stefan Georges Nachleben*.[54]

Dennoch bedarf sein »Abrücken von der Zeit, um leben zu können«[55] immer neuer Rechtfertigungen und befreit ihn nicht von der politischen Verantwortung. »Schließlich kommen alle diese Zeitereignisse nah genug an mich heran, als daß man mir den Vorwurf machen könnte, ich entzöge mich ihnen unsinnig«, schreibt er im Kriegsjahr 1941 (7.4.1941; unveröff. Tagebuch). Nach einem Vortrag Thomas Manns in Cincinnati über *The Coming Victory of Democracy* notiert er sich die Namen von »großen Dichtern«, die den »Weg (...) von der Kunst zur politischen Verantwortung« gegangen waren, und er nennt »Goethe, Schiller, Heine, Rilke, Thomas Mann«.[56]

Im Herbst 1938, als nach dem Anschluß Österreichs auch die Schweiz den Exilanten aus Hitler-Deutschland keinen Schutz mehr bot, hatte Vordtriede Europa verlassen. Die Emigration in die USA gelang ihm aufgrund einer Schenkung seines Freundes Robert Hichens, eines älteren englischen Schriftstellers, nachdem seine Bemühungen um Affidavits und um Unterstützung durch Hilfsorganisationen für emigrierte Wissenschaftler gescheitert waren.[57] Ein Stipendium für ein Studienjahr an der University of Cincinnati hatte er erhalten. Als er sich jedoch im Sommer 1939 noch einmal auf Einladung von Hichens zu einem Besuch in Europa aufhielt, wurde er bei Kriegsausbruch als »enemy alien« in ein französisches Internierungslager gebracht. Da er bereits im Besitz der First Papers des amerikanischen Einwanderers und eines Rückreisevisums wie auch eines einjährigen Anstellungsvertrages der University of Cincinnati war, kam er nach drei Monaten durch Intervention des amerikanischen Botschafters William Bullitt und des Senators Taft von Ohio wieder frei. Nach seiner Rückkehr nach Amerika schrieb Vordtriede im Januar 1940 mehrere Zeitungsartikel in amerikanischen Blättern und hielt öffentliche Vorträge über die französischen Internierungslager, um die westliche Welt darüber aufzuklären, daß antifaschistische Schriftsteller wie Walter Mehring und Konrad Heiden dort festgehalten wurden. Seine Informationen waren jedoch unerwünscht und trugen ihm Zurechtweisungen von der Universität Cincinnati ein (»We have brought You here to be taught and not to teach us.«[58]). Sein Anstellungsverhältnis wurde nicht fortgesetzt.

Im Tagebuch berichtet er auch von der Überwachung durch das FBI, der er infolge seiner Kontakte zu Kommunisten ausgesetzt war. Sogar als Nazi wurde er verdächtigt, und die Angst vor persönlicher Diffamierung nahm zeitweise pathologische Züge an. Mit Kriegseintritt der Amerikaner im Dezember 1941 wird er, wie zuvor 1939 in Frankreich, nun auch in Amerika zum »enemy alien« erklärt. Am 11.12.1941 notiert er, daß er keine Zeitungen mehr zu lesen wage. »Was immer mit mir geschieht (noch verraten die Mienen mir gegenüber nichts anderes, als daß ich ein wohlgelittener Teil der Universität bin), ich werde versuchen, es als etwas Fremdes, sonderbar über mich Gekommenes zu betrachten, während mein eigentliches Leben an jener Stelle weitergeführt wird, im Innern, wo gewisse Zeilen der Dichter in großer Musik ertönen.«[59]

Dichtung als Überlebenshilfe tritt für Vordtriede an die Stelle der Tröstungen der Religion: »Ich kenne keine Tröstungen mehr in dieser sinnlosesten aller Epochen, dieser verwüstendsten und endhaftesten, es sei denn der beinahe zu einer Art von Religion gesteigerte Glaube an die Schönheit und Würde des menschlichen Geists, der immer noch in einzelnen Menschen, auch wenn sie blindlings über Ozeane getaumelt sind, (...) fortlebt«, schrieb Vordtriede am 15.11.1940 aus Amerika an Edith Landmann.

Georgescher Stil galt nicht zuletzt »als geistliches Gut und überzeitlich-transzendente Beschwörung ewiger Mächte des Geistes, des Herzens und der Kultur«[60], schreibt Michael Winkler, der den Spuren des George-Kreises im Exil nachging. Nach Meinung Winklers war Stefan George jedoch schon wegen der esoterischen Sprache für das Exil kaum zu retten. Sofern es dennoch geschah, sei der »Versuch einer Transponierung und damit der totalen Entpolitisierung des wieder zum Kosmopoliten avancierten George beabsichtigt«[61] gewesen.

Am Beispiel von Vordtriedes George-Rezeption möchte ich diese These überprüfen, wobei sich zeigen wird, daß die Entpolitisierung Georges im Sinne der Überwindung nationalen Denkens im Exil der weitverbreiteten Hinwendung zur Komparatistik bei den emigrierten Geisteswissenschaftlern entsprach.

Stefan George-Rezeption im Exil.
Vom »Unterreich« zum »unterirdischen Garten«

George-Jünger im amerikanischen Exil, das mußte zur Konfrontation gegensätzlicher Welten führen. Für George war Amerika der Inbegriff alles dessen, was er mit der Fortschrittswelt des 19. Jahrhunderts ablehnte. Die von ihm bekämpften Mächte – Industrialisierung und Technisierung, Demokratie als Herrschaft der Massen – apostrophierte er als »die satanisch verkehrte, die Amerika-welt, die ameisenwelt«[62].

Besonders über seinen Schüler Friedrich Gundolf, der bis zu seinem Tod 1931 in Heidelberg lehrte, nahm George Einfluß auf die Literaturwissenschaft an den Universitäten, wo sich Georgesches Gedankengut mit der gegen den Positivismus gerichteten geistesgeschichtlichen Literaturbetrachtung Wilhelm Diltheys verband. Eingebettet war die geistesgeschichtliche Literaturbetrachtung in die viel breitere antipositivistische, antinaturalistische Strömung der philosophischen Lehren Friedrich Nietzsches und Henri Bergsons. Nietzsches Lehre von der Autonomie der Kunst als einer »Metaphysik des Lebens« ist aus der gleichen Gegenwartskritik und dem Haß auf das 19. Jahrhundert gespeist wie Georges autonomes Reich der Dichtkunst. Friedrich Gundolf proklamierte in seinem Vorwort zum *Goethe*-Buch (1916) den Unterschied zwischen Dichtkunst und Literatur: die Dichtkunst ist ihm »Ausdruck einer eigenen, von der fertigen Welt unabhängigen Wirklichkeit«, die Literatur hingegen »Abbild, Nachbild einer fertigen Wirklichkeit (...), einerlei ob ein naturalistisches, romantisches oder idealisierendes Abbild«. – »Kunst ist weder die Nachahmung eines Lebens noch die Einfühlung in ein Leben, sondern sie ist eine primäre Form des Lebens, die daher ihre Gesetze weder von Religion, noch Moral, noch Wissenschaft,

noch Staat, noch anderen primären oder sekundären Lebensformen emp-
fängt: keinen anderen Sinn hat der Satz: l'art pour l'art«[63], erklärt Gundolf.

Bekanntlich fand beim jungen Thomas Mann in den *Betrachtungen eines
Unpolitischen* (1918) der Gegensatz von Dichtung und Literatur im Zei-
chen eines nationalen Kulturchauvinismus erneut Ausdruck, und zwar in
der Trennung von deutscher Kultur und westlicher Zivilisation. Während
Thomas Mann jedoch diese »Ideen von 1914« im Zeichen der Weimarer
Demokratie bald zu überwinden trachtete, hielt sich die betont nationale
Herausstellung der deutschen Dichtung und Kultur in der deutschen Lite-
raturwissenschaft der Weimarer Republik, die sich mehr und mehr zur
Deutschwissenschaft wandelte.

Auch Georges im *Stern des Bundes* (1914) und im *Neuen Reich* (1928) ver-
kündete Lehre, die den Rückgriff auf die deutsche Kulturtradition mit der
Betonung feudaler Strukturen von Herrschaft und Dienst, Führer und
Gefolgschaft verband, schien mit den Anspielungen auf das »geheime
Deutschland« zunehmend den unverbindlichen Standpunkt des »l'art pour
l'art« hinter sich zu lassen.

Die nationalsozialistische Bewegung, die sich gleichfalls durch deutsche
und altgermanische Traditionen zu legitimieren suchte, meinte zunächst,
den Dichter George als geistigen Vorläufer vereinnahmen zu können, di-
stanzierte sich aber schon 1935 vom George-Kreis wegen der »Verjudung«
des Kreises und seiner elitären Geisteshaltung.[64] Die aus Deutschland vertriebenen jüdischen Anhänger des George-Kreises fanden sich als Dozenten
und Professoren an den amerikanischen Universitäten wieder. Teils suchten
sie George als Teil der deutschen Kulturtradition – als Zugehörigen des »anderen Deutschland«, wie etwa Klaus Mann im Essay *Das Schweigen Stefan
Georges* (1933)[65] – vor seinen deutschen Usurpatoren zu retten; teils versuchten sie aber auch, angesichts der offenkundigen Parallelen zum Führer-
und Heroenkult des »Dritten Reichs«, Georges Rang in der deutschen Literaturgeschichte kritisch zu relativieren.[66]

Die Rezeption Georges in Amerika hielt sich bis zur Immigration der
deutschen Geisteswissenschaftler aus dem »Dritten Reich« in engen Grenzen. Sofern George überhaupt Erwähnung fand, geschah dies wie bei Ludwig Lewisohn im Zusammenhang mit den deutschen Dichtern des Fin de
Siècle.[67] George, Rilke, Hofmannsthal wurden auch später wiederholt zusammen behandelt.[68] Als bedeutendste Publikation im amerikanischen Exil
erschien 1943, verlegt von Kurt Wolff in New York, die zweisprachige Ausgabe der Gedichte Georges in der Übersetzung von Ernst Morwitz.[69] Morwitz verfaßte auch die ausführliche Einleitung zu Leben und Werk des
Dichters, die allerdings, wie Walter Perl 1943 in den *Monatsheften* schreibt,
»noch einmal den Standpunkt des ›Georgekreises‹ in seiner ganzen Einsei-
tigkeit widerspiegelt.«[70] Zur gleichen Zeit erschienen unter dem Titel *Begeg-*

nung mit Stefan George in New York die Erinnerungen des emigrierten *Corona*-Herausgebers Herbert Steiner[71], mit dem Vordtriede befreundet war und mit dem er im Rahmen des ASTP-Programms (= Army Specialized Training Program) 1943/44 in New Brunswick zusammenarbeitete. Die beiden amerikanischen Publikationen wie auch der 1938 in Deutschland von Robert Böhringer herausgegebene Briefwechsel Georges und Hofmannsthals[72] wurden in Fachzeitschriften vor allem von den emigrierten Germanisten rezensiert.[73]

In verschiedenen Überblick-Aufsätzen über die deutsche Literatur in Amerika wird nichtsdestoweniger die Bedeutung Georges im Rahmen der amerikanischen Germanistik gering eingeschätzt. So schreibt Henry Hatfield 1948 über die zwischen 1939 und 1945 erschienene Literatur: »Stefan George has attracted considerably less interest than has Rilke. Two publications by Mr. Herbert Steiner should be mentioned.«[74] Und Ernst Rose (New York) schreibt 1952 in *Die Leistungen der amerikanischen Germanistik während des letzten Jahrzehnts.* »Über Dichter mehr formaler Richtung liegt wenig vor. Ernst Morwitz hat sich zwar mit Erfolg um die Übersetzung der Werke Georges bemüht (...); aber viel Gegenliebe beim amerikanischen Publikum hat er nicht gefunden.«[75] In einer Fortsetzung dieses Überblicks über die Jahre 1951 bis 1961 wird George gar nicht mehr erwähnt.[76]

Vordtriede, der nicht an den deutschen Hochschulen, sondern im Schweizer Exil an der Universität Zürich Germanistik (bei Emil Ermatinger und Emil Staiger) und Anglistik (bei Bernhard Fehr) studiert hatte, vollendete seine noch in Zürich begonnene Magisterarbeit über den von den Georgeanern wiederentdeckten Friedrich Hölderlin 1939 an der University of Cincinnati.[77] Weit davon entfernt, sich kritisch mit George auseinanderzusetzen, schreibt er am 24.10.1940 ins Tagebuch, daß er die Zulassung für sein »Dissertationsthema über die Auffassung des Dichters bei Mallarmé und George« erhalten und sogleich an den an der University of Durham lehrenden Nachlaßverwalter und George-Jünger Ernst Morwitz geschrieben habe.

Die in den Kriegsjahren geschriebene, 1944 der Northwestern University vorgelegte, nur im Typoskript im Nachlaß vorhandene Dissertation in englischer Sprache behandelt Stefan George, wie schon der Titel zeigt, in europäischem Kontext.[78] Vordtriede wandte sich vor allem dem um die Jahrhundertwende mit den französischen Symbolisten Kontakte pflegenden Dichter zu und ging damit hinter den späten, zur Zeit der Weimarer Republik durchaus national orientierten George zurück, der seit 1908 Frankreich nicht mehr besucht hatte und auch, wie E.R. Curtius in seiner Erinnerung an George berichtete, die moderne französische Literatur des 20. Jahrhunderts ablehnte.[79] In der Konzentration auf das Frühwerk – W. Vordtriede studierte eifrig die *Blätter für die Kunst* in der Library of Congress in Wa-

shington, deren letzte Ausgabe 1919 erschienen war – umging er die Auseinandersetzung mit der nationalen Rückbindung Georges in den zwanziger und frühen dreißiger Jahren zugunsten einer europäischen, kosmo-
politischen Perspektive. Die Hinwendung zum frühen George läßt sich
auch bei anderen Rezipienten Georges im amerikanischen Exil beobachten,
zum Beispiel bei Ulrich K. Goldsmith, der über *Stefan George. A study of his
early work* dissertierte und sich bereits auf Vordtriedes Ergebnisse bezog.[80]

An Edith Landmann schreibt Vordtriede während der Arbeit an seiner
Dissertation: »Da ich zudem vorhabe, von der starken und auffallenden Beziehung zwischen *Novalis* und den Symbolisten zu reden, so wird sich jenes
schöne Schauspiel von Nehmen, Geben, Wiedernehmen in schönem eu-
ropäisch-übernationalen-Kulturgleichgewicht dartun und wird so in gewisser Weise auch als ein politisches Pamphlet erscheinen, nur auf ganz anderer
Ebene und ganz geheim.« (6.12.1941; an E.L.)

»Politisch« erscheint diese Sichtweise gerade in der Negierung der nationalen Tendenzen Georges und der Vereinnahmung des Dichters für die europäische Kulturtradition. Schon 1938 diskutierten Vordtriede und die Philosophin E. Landmann darüber, welche Dichter zu den Repräsentanten des
europäischen Geistes zu zählen seien. Während Vordtriede, ähnlich wie vor
ihm E.R. Curtius, auch noch in der modernen französischen Literatur, besonders André Gides, den europäischen Geist repräsentiert sieht, hält
E. Landmann dafür, daß die moderne Schilderungskunst »als spezifisch
heutig nicht eigentlich ›europäisch‹« sei. »Als Repräsentanten des europäischen Geistes schweben mir Dante und Shakespeare vor, Napoleon,
Goethe, George, Geister, (...) in denen noch das griechische, das tragisch-
heroische Menschentum sich verkörpert hat.«[81]

Noch ganz auf der Linie von Nietzsches »monumentaler« Geschichtsschreibung, die in der Literaturwissenschaft am vollkommensten in Gun-
dolfs Dichter-Monographien Ausdruck fand, hält E. Landmann am hohen
Menschenbild Georges fest, das als Gegenentwurf zum modernen Menschen als gesellschaftlich definiertem Wesen konzipiert ist. (Gundolf beschrieb dies Menschenbild schon 1913 in *Stefan George und unsere Zeit*:
»Der Mensch, das heißt nicht der subjektive Herr Soundso, nicht die
Menschheit, nicht die Maschine, nicht der internationale Affe, nicht die in-
tersoziale Ameise oder Drohne, sondern ein objektives gestalthaftes Gesetz.«[82]) Doch auch Vordtriedes Bekenntnis zum modernen europäischen
Geist – sein im Tagebuch vielfach bekundetes Interesse für den modernen
Roman, speziell André Gides – entpuppt sich bei näherem Hinsehen als eine weniger der Gegenwart verpflichtete, denn dem Überleben des europäischen Geistes in einer geistfeindlichen Umwelt dienende, kulturkonservative Idee. Seine Vorlesungen in den USA zeigen, daß auch Vordtriede
durchaus noch der Gundolfschen Literaturgeschichtsschreibung verhaftet

bleibt, die die Dichter als schöpferische Einzelgestalten verabsolutiert und
»ihre funktionale Bedingtheit im Gesamt der politischen, gesellschaftlichen
und ökonomischen Strömungen außer Acht« läßt.[83] So berichtet er 1946
von einer Vorlesung über europäische Literatur in Princeton, die mit Homer, Platon, Dante ihren Anfang nimmt (23.9.1946; an E.L.); oder von einer 1948 gehaltenen Vorlesung über moderne Literatur, die er mit Nietz-
sche beginnen läßt (»sie behandelt die zeitgenössische Literatur, die ich
nicht historisch, nach Schulen und Strömungen behandelte, wie es hier
sonst getan wird, sondern einfach durch zehn Vertreter und vom Menschlichen her.« (4.12.1948; an E.L.))

Vordtriede stieß jedoch – wie wiederum aus den Briefen an Edith Landmann hervorgeht – bei den amerikanischen Universitäten mit seinem Bil-
dungsideal auf Ablehnung. In Madison wies man seinen zuvor in Princeton
gehaltenen Kurs mit der Bemerkung zurück: »Solch ein Kurs wendet sich an
eine Elite, und unsere Pflicht darf nur den Massen gelten.« – »Solcherart«,
kommentiert Vordtriede, sei hier »das Mißverständnis dessen, was Demokratie heißt.« An den amerikanischen Universitäten gehe es »nicht um
Erziehung, sondern um krasse Berufsausbildung zum Zweck des Gelder-
werbs.« (17.4.1948; an E.L.)

Schon 1945 hatte der emigrierte Romanist Leo Spitzer in seiner Antwort
auf Karl Vietors Aufsatz *Deutsche Literaturgeschichte als Geistesgeschichte*
(1945)[84] entgegen Vietors Propagierung einer literaturgeschichtlichen Betrachtungsweise »sub quaedam aeternitatis specie« dazu aufgefordert, der
pragmatischen Einstellung amerikanischer Studenten besser Rechnung zu
tragen. »Wenn man hierzulande die Haltung der Mitglieder des George-
Kreises darzustellen hat«, schreibt Spitzer, »ist die Reaktion der Schüler vornehmlich die der entsetzten Abwehr: ›Das sollte es nicht geben!‹«[85]

So sind auch Vordtriedes Bemühungen, amerikanischen Studenten die
großen deutschen Dichter nahezubringen, enge Grenzen gesetzt. »Was man
in diesem großen, ganz im Nichts hängenden Erziehungsjahrmarkt tun
kann«, schreibt Vordtriede, »ist freilich nicht, auch nur das mindeste Verständnis für Dichtung erwecken, aber doch zu zeigen versuchen, was wirkli-
che Menschen sind, wie sie denken und handeln. Nur von dem Ausgangspunkt kann ich Kleist oder Grillparzer behandeln, aber auch nur mit grosser
Schwierigkeit, denn von vornherein ist jedem Studenten so gut wie gewiss,
daß Dichter eben allerlei krauses, unnatürliches Zeug sich ausdenken, das
man des manchmal interessanten Inhalts wegen liest. Daß Dichter Dinge
wissen, daß man ihnen glauben kann, käme ihnen nie in den Sinn.«
(4.11.1947; an E.L.)

Die vielleicht glücklichste Zeit als Lehrer amerikanischer Studenten erlebte Vordtriede im Rahmen des ASTP-Programms 1943/44 beim Unterricht
zukünftiger Besatzungssoldaten, die auf ihre Einsätze in Europa vorbereitet

wurden.[86] Im Tagebuch aus dem amerikanischen Exil schildert er eine Leh-rer-Schüler-Begegnung, die sein wissenschaftliches Selbstverständnis als Menschenbildner und -erzieher getreu George deutlich zum Ausdruck bringt. »Es geschah«, berichtet er, »worauf ich doch im Grunde immer war-te, vom ersten Tag meiner Lehrtätigkeit an: daß ein Schüler einfach nicht anders kann, als nach der Stunde vor den Lehrer hinzutreten und zu sagen: ›Hier bin ich. Du hast gerufen und ich habe gehört.‹«[87]

Eine solche Bestätigung blieb freilich die Ausnahme. Im Ganzen mußte die Transponierung dieses Lehrer-Schüler-Verhältnisses nach Amerika – der emigrierte Germanist als ›Führer‹ zur deutschen Dichtung – mißlingen. Tief betroffen zeigte sich Vordtriede 1947 durch den Vorwurf eines ehema-ligen Schülers, daß er, der Lehrer, »an seiner schlimmen seelischen Störung schuld« sein sollte. Er habe – so notiert Vordtriede die Vorwürfe im Tage-buch – den Schüler »durch seinen Einfluß »verkrüppelt«, in eine falsche, nach Europa blickende Richtung gedrängt und daher von seinem eigentli-chen Wesen abgelenkt.« Vordtriede begreift dies als Verhängnis für sich. Um der »schrecklichen Rolle« zu entgehen, daß er »junge Amerikaner sich selbst entfremde, unglückliche, sich nicht mehr zurechtfindende Menschen« her-vorbringe, bleibe ihm nur der Ausweg, »ein langweiliger, pedantischer und routinierter Lehrer zu werden.«[88]

Die missionarische Haltung emigrierter Germanisten, die sich in Amerika als Mittler deutschen Geisteserbes und abendländische Kulturträger ver-standen, wurde noch 1987 von dem amerikanischen Germanisten Henry Schmidt in den *Monatsheften* kritisiert. Er attackierte die Kultur-Attitüde der deutschen Vorkriegsgermanisten wilhelminischer Provenienz, jener »selbsternannten Hüter der deutschen Nationalkultur«, und sieht sie im Re-fugee aus Hitler-Deutschland, der mit dem Anspruch auftrat, die humani-stische Tradition der deutschen Kultur zu retten, keineswegs überwunden. Zur Illustration seiner These verweist Schmidt auf den emigrierten Germa-nisten Oskar Seidlin, der im Jahr 1940 auf dem Mount Mansfield, einem Berg in Vermont, vor amerikanischen Summer-School-Studenten eine Rede über »Das Humane und der Dichter« hielt, wobei sich Schmidt zur Schilde-rung der Szene in unmißverständlicher Weise der Ikonographie der Berg-predigt bedient.[89]

Die »Ideen von 1914«, die in der Trennung von deutscher Kultur und westlicher Zivilisation Ausdruck fanden, lebten somit in der von Henry Schmidt aufgezeigten Tradition der abendländischen Kulturträger in Ame-rika fort. Vordtriede, der zur jüngeren Generation der Emigranten zählte, die erst nach 1945 in der amerikanischen Germanistik in Erscheinung tra-ten, scheint noch ganz in dieser Tradition zu stehen. Doch hat auch das Le-ben im demokratischen Amerika – »der formlos-kameradschaftliche Ton unter den Professoren« (4.11.1947; an E.L.) – Spuren in seinem Selbstver-

ständnis als Wissenschaftler und Lehrer hinterlassen. Das vom George-
Kreis idealisierte Verhältnis von »Herrschaft und Dienst« lehnte Vordtriede
ab. Der »Geist des imperativen Weltbildes«, den Gottfried Benn 1933 in
seiner *Rede auf Stefan George* beschwor, war ihm, dem Pazifisten, zuwider.
Anläßlich der Lektüre von Ernst Jüngers Kriegstagebüchern notiert er
1946, daß die »Werte (...) grundfalsch« seien, daß das »gedankenlose Hinnehmen von allem, was Befehl ist«, nicht Tugend sondern Laster sei.[90] – So
ist für ihn »Amerika (...) in seiner Freizügigkeit bewundernswert und trost-
reich, aber in allem, was geistigen Ernst, Erziehung und Geschmack angeht,
etwas, wie jene ›wüste Insel‹, auf der Hofmannsthals Ariadne haust.«
(15.11.1940; an E.L.)

Wie auch bei anderen vertriebenen deutschen Geisteswissenschaftlern
richteten sich Vordtriedes Hoffnungen mit Ende des Krieges verstärkt auf
Europa, wo er, nicht zuletzt auf Grund der geisteswissenschaftlichen Tradition, die besseren Voraussetzungen für die Verwirklichung seines Bildungs-
ideals vermutete. Die große Wirkung Georges zur Zeit der Weimarer Republik wird von Karl Vietor noch 1945 im amerikanischen Exil gerühmt.
(»Von George und seinen Jüngern ist der stärkste erzieherische Einfluß ausgegangen.«[91]) Auch Morwitz hatte in seiner amerikanischen George-Publi-
kation von 1943 die enorme pädagogische Wirkung Georges auf die deutsche Jugendbewegung und auf das gebildete Bürgertum herausgestellt. Im
Rahmen der Reeducation-Maßnahmen der westlichen Siegermächte schienen sich neue Wirkungsmöglichkeiten in Deutschland anzubieten. »In
Deutschland muß es geist- und werthungrige Gruppen geben, die nach der
entsetzlichen Verschüttung gern wieder entdecken möchten«, schreibt
Vordtriede am 23.9.1946 an Edith Landmann. »Das im Grunde Sinnlose
meines Treibens hier bedrückt mich oft, und ich werde oft müde, immer
noch mehr Reichtum anzuspeichern, ohne ihn verschenken zu können.«

Doch als er 1946 auf Vermittlung von Fanny Kallir eine Sammlung seiner
Gedichte an den Baseler Verleger Hans Urs von Balthasar schickte, wurde
sein »Werk« mit der Bemerkung abgelehnt, es wende sich »an einen ganz
kleinen erlesenen Kreis« (2.1.1947; an W.V.). (»Grad das wollte ich nicht«,
kommentiert Vordtriede. »Das Buch soll doch gradezu in die Zeit, zu den
Deutschen reden.«[92]) Mit ähnlichen Argumenten war auch Richard Ale-
wyns Hofmannsthal-Artikel von der Redaktion der *Wandlung* abgelehnt
worden, wenngleich es Richard Alewyn, der in Deutschland an alte Verbindungen zu Universitätskollegen anknüpfen konnte, nach seiner Remigration an Einflußnahme auf die bundesdeutsche Germanistik nicht fehlen
sollte.[93]

Die persönliche Erfahrung der Wirkungslosigkeit, des Ausgeschlossen-
seins aus dem deutschen Kulturleben, in dem er doch geistig verwurzelt war,
hat auch Vordtriedes Konzeption des Dichters in seinem wissenschaftlichen

Werk geprägt: schon in der Dissertation ist der Dichter der Exilierte, von der Gesellschaft Ausgegrenzte, der sich seine eigene Welt erschafft, und auch seine komparatistischen Forschungen der folgenden Jahre umkreisen dies einzige Thema – den Dichter und seine Welt – in immer neuen Variationen.

1948 schreibt Vordtriede in seinem Essay *Das Problem des Dichters in Goethes »Triumph der Empfindsamkeit«*: »Der Dichter, der sich mehr und mehr als Einsamer und Exilierter fühlt, der nicht mehr die Welt der Erscheinungen, sondern seine eigne Märchenwelt besingt, dem das Dichten ein Sich-Festbannen an die selbstgeschaffne Welt ist und daher zur Sünde wird, der aber dem Toten inwohnen muß, um das Lebendige preisen zu können, dieser Auffassung des Dichters begegnet man immer wieder im Laufe des 19. Jahrhunderts. Denn was im ›Triumph der Empfindsamkeit‹ und im ›Tasso‹ erst anklingt, daß nämlich der Dichter das Dichtersein selbst zum Inhalt seiner Werke macht, führt im ausklingenden 19. Jahrhundert dazu, daß alle Symbole neue Ausdrücke für den Dichter selbst werden, der sich selber reflektiert, sich rechtfertigen, verstehen und immer wieder umschreiben muß.«[94]

Vordtriede verfolgt das Thema des Dichters und seiner Welt durch die europäischen Literaturen, wobei er sich der komparatistischen Methode – der vergleichenden Literaturbetrachtung – bedient. Diese Methode kam allgemein der neugewonnenen Perspektive der emigrierten Wissenschaftler entgegen. In einem »Statement of Record« von 1951, der Beschreibung eines Forschungsvorhabens über Leben und Werk Stefan Georges für die Guggenheim Foundation, schreibt Vordtriede: »My transplantation to this country with its effect of widening one's outlook, my reading of French and English literature, and the feeling that what I had left behind was not this or that country but a country called Europe drew my attention more and more to a comparative view of literature.« (Nachlaß W.V.)

Richard Alewyn hatte ihn darauf hingewiesen, daß durch »eine gewissenhafte Untersuchung von Einzelsymbolen ein wichtiger Zugang zur Dichtung zu gewinnen sei.«[95] Alewyn selbst hatte das Motiv des Gartens im europäischen Kontext verfolgt, er hatte einen Aufsatz über die Gärten des Barockzeitalters geschrieben (*Formen des Barock*[96]). Vordtriede war auch schon in der Dissertation auf das Garten-Motiv bei George gestoßen. In Georges *Algabal*-Dichtung erschien der Garten als »Unterreich« (»Mein garten bedarf nicht luft und nicht wärme / der garten den ich mir selber erbaut / und seiner vögel leblose schwärme / haben noch nie einen frühling geschaut«) – und Vordtriede verglich diese gesellschaftsferne, lebensferne Welt des Dichters mit den gegen den Naturalismus gerichteten Kunst-Schöpfungen der französischen Symbolisten, die in ihren Manifesten den künstlerischen Standpunkt des l'art pour l'art proklamierten.

In den vierzehn Jahren, die Vordtriede in Madison lehrte (1947–1961), weitete er seine komparatistischen Recherchen über das Symbol des »artificial garden« immer mehr aus. Er fand, wie er im bereits erwähnten »Statement of Record« schreibt, den Ursprung dieses Symbols im antiken Mythos der Persephone, der Göttin des Totenreichs. In der Folge wurden die Entdeckungen C.G. Jungs, für den die Mythen Aussagen über die menschliche Seele bargen, wie auch die Werke von Karl Kerenyi und Heinrich Zimmer für ihn wichtig. In seinem Buch *Novalis und die französischen Symbolisten* (1963) verfolgt er das Symbol des »artificial garden« durch Zeiten und Räume der abendländisch-europäischen Kultur, entwirft ein weites Geflecht, einen »Teppich des Lebens«, in den die Bilder des Dichters und seiner Welt eingewoben sind. Den künstlichen Garten findet er »in Tausendundeine Nacht, bei Baudelaire, Mallarmé, George, Hofmannsthal (...) den Garten als durch Gitter abgetrennter hortus conclusus« – als vom Leben abgetrennte Welt. »Ich würde darstellen, daß das Problem des Künstlichen eben das moderne Problem des Künstlerischen ist«[97], schrieb er schon 1945 ins Tagebuch. Vordtriedes Fixierung auf das Motiv des Künstlichen, der Lebensferne, ist nicht zuletzt Ausdruck des Verlusts gesellschaftlicher Integration, Spiegelung des eigenen, durch das Exil zerstörten Lebens.

Im übrigen bot sich die Komparatistik, als Motivforschung betrieben, geradezu an, persönliche Lebensprobleme der emigrierten Literaturwissenschaftler zu formulieren und zu bearbeiten. So ging Bernhard Blume in seinen komparatistischen Forschungen dem Motiv des Schiffbruchs und den Metaphern des Scheiterns[98] nach und Alewyn den verschiedenen Gestalten des Abenteurers und Don Juans[99] in der europäischen Literatur. Vordtriede plante im Dezember 1945 eine komparatistische Untersuchung über den Dichter als Seefahrer und beschloß die entsprechende Tagebucheintragung mit den Worten: »Pläne geschmiedet, nach Deutschland zu gehen.«[100]

Vordtriedes Hinwendung zur Motiv- und Symbolforschung – zur »vergleichenden Betrachtung sinnverwandter Bilder«[101] – verband sich mit der Abkehr von der historisch-biographischen Forschung, der Ablehnung positivistischer Recherchen nach Einflüssen. Damit geriet Vordtriede jedoch in ein Dilemma, denn nicht nur in der typologischen Bezugnahme auf archetypische Bilder – in der Konstruktion des Dichter-Typus – sucht er die Integration in den europäischen Kulturzusammenhang, – er will auch die deutsche geistesgeschichtliche Tradition nicht aufgeben, mit der er sich identifiziert. Sein gesamter komparatistischer Entwurf zielt nicht zuletzt darauf, die deutsche Dichtungstradition in die abendländisch-europäische zu integrieren, sie für ein geistiges Europa zu vereinnahmen. Dabei geht es ihm um einen Gegenentwurf zur schon während des Krieges besonders im angelsächsischen Raum »in Schwang kommenden Manier, die ganze geistige Entwicklung Deutschlands in Hitler münden zu lassen.«[102]

Wie die zahlreichen Vertreter des anderen Deutschland im Exil vertritt auch Vordtriede die Auffassung, daß die deutsche Kulturtradition, die zuhause verraten wurde, von den Emigranten im Ausland weitergeführt wurde. Diesen Gedanken greift er am Schluß seines Buches *Novalis und die französischen Symbolisten*, das 1963 nach seiner Rückkehr nach Deutschland erschien und die Summe seiner komparatistischen Forschungen birgt, noch einmal auf: »In Frankreich geschah etwas, was in Deutschland ausblieb. Novalis' Nachfolge ist in Frankreich viel echter und legitimer als in Deutschland selbst.«[103]

Einerseits also erteilt Vordtriede in seinem Novalis-Buch immer wieder der Erforschung historisch-kausaler Zusammenhänge Absagen, andererseits verfolgt er die deutsche geistesgeschichtliche Tradition weiter auf »unterirdischer« Ebene. (»Unsere Untersuchung geht ganz anderen Wirkungen nach, unterirdischeren.«[104]) So reagiert die französische Kritik auch skeptisch auf Vordtriedes Methode, literarische Zusammenhänge durch Bild- und Themenvergleiche nachzuweisen. Das Dilemma seines Standpunktes zwischen vergleichender Betrachtung und historischer Analyse wird von Jean-Paul Glorieux aufgedeckt: »On admettra, avec M. Vordtriede, qu'en littérature comme en d'autres domaines, l'histoire des idées ne se résume pas à des notions de ›filiation‹. Cependant, entre la critique d'une orientation ancienne et l'application de nouvelles méthodes, il y a une distance, que l'auteur ne semble pas être parvenu à franchir. Lire en première page: ›comment en serait-on venu à songer qu'un Allemand ait pu fournir aux Francais une conception nouvelle de l'essence du poète?‹ éveille déjà quelques soupçons quant aux perspectives de cet ouvrage. (...) On le voit, l'auteur ne s'est pas entièrement dégagé des problèmes d'influence.« (Les Lettres Romanes (Justificativ), Louvani 1/1970, S. 90–93)

Den »unterirdisch« verlaufenden Einflüssen, die Vordtriede aufzudecken sucht, entspricht der »unterirdische Garten«, der in geistigen Bezirken angesiedelt ist jenseits nationaler Verwirklichungen. Das Motiv des »unterirdischen Gartens« stellt nicht zuletzt auch eine Weiterführung der »Reichs«-Motivik dar. Das Reich, das sich in der völkischen Germanistik so fest auf »Blut und Boden« gründete, und dessen Dichtergeschlecht nach der Darstellung Josef Nadlers[105] den deutschen Stämmen und Landschaften entsprossen war, wird in Vordtriedes komparatistischen Entwürfen wieder zum transzendenten, geistigen Ort. Es wird wieder zu Georges »geistigem Reich«, das sich »über den reichen der rassen- und wirtschaftsgrenzen unbeengt von berg und zoll im freien raum der selbstgeschaffenen atmosphäre« erhebt. (Blätter für die Kunst; 8. Folge, 1904)

Dennoch birgt Vordtriedes komparatistischer Entwurf einen Rest von nationaler, revolutionärer, »unterirdischer« Dynamik, den der französische Rezensent durchaus wahrnahm, einen Nachhall des »geheimen Deutschlands«, eine Erinnerung an den schlafenden Barbarossa im Kyffhäuser – im unterirdischen Gemach –: aus Deutschland sei den Franzosen ein neuer Begriff der Dichtung vermittelt worden, erklärte Vordtriede, Deutschland hatte der Welt immer noch etwas zu geben.

Die Rezeptionsgeschichte von *Novalis und die französischen Symbolisten* in den sechziger Jahren in Deutschland weist Vordtriedes Buch als politischen Beitrag aus: die europäisch-vergleichende Betrachtungsweise lag im Trend des Hineinwachsens Westdeutschlands in die westeuropäische Gemeinschaft. So heißt es in der *Stuttgarter Zeitung* vom 25.1.1964: »Ihm kommt es darauf an, Überschneidungen und motivische Zusammenhänge, Wechselbeziehungen und Parallelen innerhalb eines übernationalen Klimas aufzuspüren.« – Das »Studio Wien« meint zustimmend: »Wir brauchen eben heute Bücher wie das seinige; sie sind uns für eine gemeinsame Zukunft Europas mehr Hoffnung, als die Worte der Politiker.« (Österr. Rundfunk, Wien, 29.6.1964).

Vordtriedes »Europa« ist jedoch trotz seiner Exiljahre in Amerika durch eine Kluft von der modernen »westlichen« Fortschrittswelt getrennt. Auch seine vielfache Zurückweisung soziologischer und psychologischer Ansätze in der Literaturbetrachtung – im Tagebuch etwa bei der Lektüre Sartres, Simone de Beauvoirs, Harry Slochowers[106] festgehalten – spricht für Vordtriedes kulturkonservative Position. Dies wird auch deutlich, wenn er Edith Landmann gegenüber »die Schweiz« mit dem identifiziert, »was uns als das Europäische, Edle und Wichtige gilt« (4.11.1947; an E.L.) und sie derart vom »brutalen Modernismus« Amerikas abhebt. Vordtriede bleibt, abgesondert von der Menge, den »wenigen« verbunden, »pour qui le monde poétique existe«.[107] Ob in Amerika oder in Deutschland, er sucht die Gemeinschaft im Geistigen, die Gemeinschaft einer Bildungselite, deren Sprache – aufgehoben in der Vielfalt der europäischen Sprachen, die er beherrscht – dieselbe ist. Nicht bedenkend, daß er auch in Amerika die »wenigen« fand, die ihm den »Kreis« ersetzten, schrieb er 1950 nach der Teilnahme an den Veranstaltungen zum Goethe-Jahr in Deutschland an Edith Landmann: »während ich hier in Madison gesellig, auf einem konsequenzlosen Mittelmaß menschlicher Verhältnisse leicht und angenehm lebe, von Wirklichem nicht rede, weil die Assoziationen beim andern fehlen, so würde ich wohl in Deutschland als einsiedlerischer Mensch mit wenigen, aber folgereichen Gesprächen, der steten Hoffnung auf neue mögliche Verhältnisse, äußerlich aber schwer und vielfach verwundet leben. Das ist wohl die Alternative. Nun, sie stellt sich ja praktisch nicht.« (17.1.1950; an E.L.)

1 Werner Vordtriede: »Vorläufige Gedanken zu einer Typologie der Exilliteratur«. In: *Akzente* 15 (1968) H.6, S.556–575. — 2 Vgl. Marta Mierendorff: »Von der Notwendigkeit zweigleisiger Exilforschung«. In: *Frankfurter Rundschau* vom 30.5.1970, S.IV. Gerhard Roloff erläutert Mierendorffs Begriff der »Zweigleisigkeit« folgendermaßen: »ihre Forderung nach ›Zweigleisigkeit‹ in der Exilforschung bedeutet nämlich nichts anderes, als daß neben der Analyse derjenigen Wirkungen der Emigrationssituation auf das literarische Werk, die aus den Verhältnissen im Asylland resultieren, nun andererseits auch jene konkreten NS-Verfolgungstatbestände, die zur Deutung von subjektiven Handlungen des Emigranten unerläßlich sind, mitberücksichtigt werden«. In: Gerhard Roloff: *Die Erforschung der deutschen Exilliteratur. Stand – Probleme – Aufgaben.* Veröffentlichung der Hamburger Arbeitsstelle für deutsche Exilliteratur. 2. Hamburg 1973, S.61. — 3 Vgl. Bernhard Zeller im Vorwort zu: *Expressionismus. Literatur und Kunst 1910–1923. Eine Ausstellung des Deutschen Literaturarchivs im Schiller-Nationalmuseum Marbach a.N. v. 8.5.–31.10.1960,* S.12. Vgl. auch: *Albrecht Schaeffer. 1885–1950. Gedächtnisausstellung zum 75. Geburtstag des Dichters im Schiller-Nationalmuseum, Marbach a.N. v. 6.12.1960–31.3.1961.* Marbach a.N. 1961. — 4 *Exil-Literatur 1933–1945. Eine Ausstellung aus Beständen der Deutschen Bibliothek, Frankfurt a.M. (Sammlung Exil-Literatur).* Ausstellung und Katalog: Werner Berthold. 3. erweit. und verbess. Auflage Frankfurt/M. 1967 (1. Aufl. 1965); Wilhelm Sternfeld und Eva Tiedemann: *Deutsche Exilliteratur 1933–1945. Eine Bibliographie.* 2., verbess. und stark erweiterte Auflage mit einem Vorwort von Hanns Eppelsheimer. Heidelberg 1970; 606 S. (1. Aufl. 1962; 405 S.). — 5 Hans-Albert Walter: *Deutsche Exilliteratur 1933–1950.* Bde. 1,2,7 Neuwied 1972–1974, bearb. Neuausg. Bd.4 Stuttgart 1978. — 6 Matthias Wegner: *Exil und Literatur. Deutsche Schriftsteller im Ausland 1933–1945.* Bonn 1967. — 7 H.-A. Walter: »Emigrantenliteratur und deutsche Germanistik«. In: *Colloquia Germanica* 1971, S.313–320, hier S.314. — 8 H.-A. Walter: »Noch immer: Draußen vor der Tür. An der deutschen Exilliteratur könnte die Germanistik den Ausweg aus der Krise proben«. In: *Frankfurter Rundschau* vom 17.10.1970. — 9 Ebd. — 10 Ebd. — 11 Vordtriede schreibt: »der Exildichter versucht, die Tradition weiterzuführen. Sie haben sie ja mitgenommen, während sie zu Hause pervertiert und verraten wird.« In: W.V.: »Vorläufige Gedanken zu einer Typologie der Exilliteratur«, a.a.O., S.570. — 12 H.-A. Walter: »Noch immer: Draußen vor der Tür. An der deutschen Exilliteratur könnte die Germanistik den Ausweg aus der Krise proben«, a.a.O. — 13 Jost Hermand: »Schreiben in der Fremde. Gedanken zur deutschen Exilliteratur seit 1789«. In: Reinhold Grimm und Jost Hermand (Hg.): *Exil und Innere Emigration.* Frankfurt/M. 1972, S.7–30, hier S.9 f. — 14 Ebd., S.9. — 15 Herbert Tutas: »Nationalsozialismus und Exil. Aspekte zum Stellenwert des Exils in der nationalsozialistischen Politik«. In: *Akzente* 20 (1973) H.6, S.572–579, hier S.572. — 16 Gerhard Roloff: *Die Erforschung der deutschen Exilliteratur. Stand – Probleme – Aufgaben,* a.a.O., S.97 f. — 17 Wolfgang Frühwald / Wolfgang Schieder (Hg.): *Leben im Exil. Probleme der Integration deutscher Flüchtlinge im Ausland 1933–1945.* Hamburg 1981, vgl. S.19. — 18 Ebd., S.15. — 19 Ehrhard Bahr: »Neu-Weimar am Pazifik. Los Angeles als heimliche Hauptstadt der deutschen Exilkultur. Vorläufige Gedanken zu einer typologischen Topographie des Exils«. In: Till Heimeran und Dieter Borchmeyer (Hg.): *Weimar am Pazifik. Festschrift für Werner Vordtriede zum 70. Geburtstag.* Tübingen 1985, S.126–136, hier S.126. — 20 Stefan George: *Werke* Bd. 1–4. München (Deutscher Taschenbuch Verlag) 1983. (Mit e. Nachwort von W. Vordtriede). — 21 Hans Norbert Fügen: »Der George-Kreis in der ›dritten Generation‹«. In: Wolfgang Rothe (Hg.): *Die deutsche Literatur in der Weimarer Republik.* Stuttgart 1974, S.334–358, hier S.337. — 22 Ebd., S.336 f. — 23 Ebd., S.342. — 24 Ebd., S.341. — 25 Vgl. W. Vordtriede: *Das verlassene Haus. Tagebuch aus dem amerikanischen Exil 1938–1947.* München, Wien 1975, S.102. (Am 26.2.1941 erwähnt Vordtriede, daß er nicht aus religiösen Gründen den Kriegsdienst verweigern kann, da er keiner Kirche angehört). — 26 Vgl. Regina Weber: »Werner Vordtriede (1915–1985). Nachlaßbericht«. In: *Jahrbuch der Deutschen Schillergesellschaft* 1988, S.406–422. — 27 Diese Zeitungsartikel und auch die im folgenden erwähnten Artikel befinden sich im Nachlaß Vordtriedes. — 28 Vordtriede korrespondierte vom 19.6.1930 bis zum 15.2.1932 mit Kurt Tucholsky. (S. Nachlaß Vordtriede, DLA). — 29 Käthe Vordtriede: »Unsere Justiz«. In: *Die Weltbühne*

22 (1926), S.633. — **30** W. Vordtriede: »Vorläufige Gedanken...«, a.a.O., S.571. — **31** W. Vordtriede: *Das verlassene Haus*, a.a.O., S.65. — **32** Käthe Vordtriede stand am 17.5.1940 auf den Ausbürgerungslisten, Liste 174: »Nr. 156. Vordtriede, Käthchen Sara, geb. Blumenthal, geb. am 2.1.1891 in Hannover«. In: *Die Ausbürgerung deutscher Staatsangehöriger 1933–45 nach den im Reichsanzeiger veröffentlichten Listen.* Bd. 2. *Namensregister.* Hg. v. Michael Hepp. München, New York u.a. 1985, S.333. K. Vordtriede war mit Ausbruch des zweiten Weltkriegs in die Schweiz geflüchtet und landete mit Eintritt Amerikas in den Weltkrieg im Dezember 1941 in New York. 1947 war sie als Journalistin bei der deutschsprachigen *Staats-Zeitung* in New York tätig. (Vgl. *Das verlassene Haus*, a.a.O., S.388). Sie kehrte nicht mehr nach Deutschland zurück und starb Anfang der sechziger Jahre. — **33** W. Vordtriede: »Ein unveröffentlichter Bettina-Brief«. In: *Monatshefte* L/5, Okt. 1958. — **34** W. Vordtriede (Hg.): »Bettina von Arnims Armenbuch«. In: *Jahrbuch des Freien Deutschen Hochstifts* 1962, S.379–518. (Neuherausgabe von W. Vordtriede: *Bettina von Arnims Armenbuch.* Frankfurt/M. 1981). — **35** Vgl. zu Grete Wittkowski: W. Vordtriede: *Das verlassene Haus*, a.a.O., S.31 f., Anm. 44. Vordtriede schrieb auf Bitte von Grete Wittkowski im Juli 1938 einen Artikel über die Verhaftung Ernst Wiecherts für die illegale *Süddeutsche Volksstimme*, die in Telefonzellen ausgelegt wurde (der Artikel auf Dünndruckpapier befindet sich im Nachlaß). Der Dipl. Volkswirtin, die 1938 nach England ging und dort 1939 verhaftet wurde, half er durch eine Kaution, die er infolge einer ihm zuteil gewordenen Schenkung machen konnte, aus dem Gefängnis. G. Wittkowski wurde nach dem Krieg Präsidentin der Staatsbank der DDR und korrespondierte zuletzt am 30.3.1971 mit Vordtriede. (DLA). — **36** Der Zeitungsartikel befindet sich im Nachlaß mit der Datierung: »Dez.33«. — **37** W. Vordtriede: »Aus Edith Landmanns Briefen«. In: *Castrum Peregrini* XXV (1955), S.69–92, hier S.69. — **38** W. Vordtriede: *Das verlassene Haus*, a.a.O., S.29. — **39** Nähere Angaben in: Georg Peter Landmann: *Stefan George und sein Kreis. Eine Bibliographie.* Hamburg 1960. — **40** W. Vordtriede: »Aus Edith Landmanns Briefen«, a.a.O., S.70. — **41** Ebd., S.72. — **42** Ebd., S.71. — **43** Ebd. — **44** Vgl. z.B. den Titel von Vordtriedes Tagebuch: *Das verlassene Haus.* In: *Das verlassene Haus*, a.a.O., S.329 schreibt er: »Besitz schreckt mich«. Immer wieder wird im Tagebuch auf das Motiv der Lebensreise, des Unterwegsseins, angespielt, z.B. S.145 f. — **45** Vgl. Ernst Morwitz: *Stefan George. Poems.* Rendered into English by C.N. Valhope and Ernst Morwitz. New York 1943, S.16. (»George was always proud of never having a permanent home, of not depending upon worldly possessions and of leading a wandering life with only one aim: the search for men to share his views and his form of being«). — **46** W. Vordtriede: *Das verlassene Haus*, a.a.O., S.293. — **47** W. Vordtriede: »Albrecht Schaeffer oder die Symbole im Exil«. In: *Neue deutsche Hefte* 7(1960/61), S. 879–893. — **48** W. Vordtriede: »Gespräche mit Beer-Hofmann«. In: *Die Neue Rundschau* 63 (1952), S.122–151. — **49** Vgl. W. Vordtriede: *Das verlassene Haus*, a.a.O., S.167. (»Da ich Angst hatte, als Deutscher diese Stelle jetzt nicht zu bekommen, sagte ich nur, ich käme aus der Schweiz«. (14.9.1942). — **50** Ebd., S.347. (»Komme vom Interview in Newark zurück (...). Das Peinlichste waren die Fragen darüber, daß ich mich manchmal als Schweizer deklariert hatte«. (28.1.1946). — **51** Ebd., S.170. — **52** Ebd., S.263. — **53** Ebd., S.85. — **54** W. Vordtriede: »Stefan Georges Nachleben«. In: *Neue deutsche Hefte*, 10 (1963) H. 35, S.80–97, hier S.97. — **55** W. Vordtriede: *Das verlassene Haus*, a.a.O., S.393. — **56** Ebd., S.24. — **57** Vordtriede gehörte zu den noch namenlosen jungen Wissenschaftlern der zweiten Generation, denen keine Hilfsorganisation für emigrierte Wissenschaftler die Wege ebnete. Vgl. den Brief der American Guild for German Cultural Freedom (Gen. Sekretär Hubertus Prinz zu Löwenstein an W. Vordtriede) vom 9.5.1938: »(...)dürfte ich eine solche Empfehlung gar nicht geben, da ich Sie ja nicht persönlich kenne und auch keine Empfehlung des einen oder anderen Mitgliedes der Deutschen Akademie über Sie habe«. (Nachlaß Vordtriede. DLA). — **58** W. Vordtriede: *Das verlassene Haus*, a.a.O., S.64. — **59** Ebd., S.132. — **60** Michael Winkler: »Aspekte der Rezeption Stefan Georges in Dichtung und Polemik des Dritten Reiches und des Exils«. In: Wolfgang Elfe (Hg.): *Deutsche Exilliteratur – Literatur im Dritten Reich.* Bern, Frankfurt/M. u.a. 1979, S.79–92, hier S.85. — **61** Ebd., S.90. — **62** Franz Schonauer: *Stefan George. Mit Selbstzeugnissen und Bilddokumenten.* Hamburg 1986 (1. Aufl. 1960), S.128. — **63** Friedrich

Gundolf: *Goethe.* Berlin 1918 (6. Aufl.), S.2. — **64** Vgl. zur George-Rezeption in Deutschland: *Stefan George. 1868–1968. Der Dichter und sein Kreis.* Bearb. von Bernhard Zeller, Werner Volke u.a. Eine Ausstellung des Deutschen Literaturarchivs im Schiller-Nationalmuseum. Marbach a.N. 1968. Darin: »George-Literatur aus den dreißiger Jahren« (S.396 ff.). — **65** Klaus Mann: »Das Schweigen Stefan Georges«. In: *Die Sammlung,* Okt. 1933, S.7–12. (»Hitler und Stefan George: das sind zwei Welten, die niemals zueinander finden können. Das sind zwei Arten Deutschland.« (S.12)) — **66** Vgl. die Rezension von Wolfgang Paulsen zu: »Martin Sommerfeld: Rilke, Hofmannsthal, George. NY 1938«. In: *Modern Language Notes* (1940) H. LV, S.321: »In this introduction George's significance and very narrow limitations are delineated. There can be no doubt that he (...) has been very much overrated in the past, and it is the task of our generation to work on the new picture especially of George's, i.e. to push him back to the place where he really belongs«. — **67** Ludwig Lewisohn: *The spirit of Modern German Literature.* New York 1951. (Darin ein Kap. über Rilke, George, Hofmannsthal: »The expression of personality through beauty«.) — **68** Vgl. Martin Sommerfeld, Anm. 66; Victor Lange: »German literature«. In: Horatio Smith (Hg.): *Columbia Dictionary of Modern European Literature.* New York 1947, S.313. (Darin ein Abschnitt über George, Hofmannsthal, Rilke unter Lyrik um die Jahrhundertwende). — **69** Vgl. Anm. 45. — **70** Walter H. Perl: »Stefan George, zum 10ten Gedenktag seines Ablebens«. In: *Monatshefte* 35 (1943), S.435–438, hier S.438. — **71** Herbert Steiner: *Begegnung mit Stefan George.* New York 1942. — **72** Robert Böhringer (Hg.): *Briefwechsel George – Hofmannsthal.* Berlin 1938. — **73** Steiners Publikation wurde u.a. von Helen Adolf und Oskar Seidlin rezensiert, der Briefwechsel George – Hofmannsthal von Herbert Steiner und Melitta Gerhard. Genaue Angaben in der George-Bibliographie von G.P. Landmann, s. Anm. 39. — **74** Henry Hatfield: »Studies of German Literature in the United States 1939–1946«. In: *Modern Language Revue,* 43/44 (1948/49), S.353–392, hier S.385. — **75** Ernst Rose: »Die Leistungen der amerikanischen neueren Germanistik während des letzten Jahrzehnts (1939–1951)«. In: *Wirkendes Wort* III (1952/53), S.34–46, hier S.44. — **76** Clifford Bernd: »Die Leistungen der amerikanischen neueren Germanistik während des letzten Jahrzehnts (1951–1961)«. In: *Wirkendes Wort* 15 (1965), S. 343–350. — **77** W. Vordtriede: *Hölderlins Spätstil, Dissertation zur Erwerbung des Magistergrades,* University of Cincinnati 1939. (Ms im Nachlaß). — **78** W. Vordtriede: *The Conception of the Poet in the Works of Stéphane Mallarmé and Stefan George.* Diss., typescr., Evanston 1944, 215 pp. Abstract in Northwestern University Summaries of Doctoral Dissertations, Evanston, 1947, XII, pp.48–50. (Das Typoskript befindet sich im Nachlaß). Einzelne Kapitel der Dissertation wurden leicht überarbeitet in amerikanischen Fachzeitschriften veröffentlicht (»Direct Echoes of French Poetry in Stefan George's Works«. In: *Modern Language Notes,* LX (1945), S.461–468 (Chapter VII); »The Mirror as Symbol and Theme in the Works of Stéphane Mallarmé and Stefan George«. In: *Modern Language Forum,* XXXII (1947), S.13–24 (Chapter VI); »Novalis' Heinrich von Ofterdingen as a Source for Baudelaire«. In: *Modern Language Forum,* (XXX) Dec. 1945, H. 4 (Chapter II). — **79** Ernst Robert Curtius: »Stefan George im Gespräch«. In: Ders.: *Kritische Essays zur europäischen Literatur.* Bern 1950, S.138–157, hier S.144 f. — **80** Ulrich K. Goldsmith: *Stefan George. A study of his early work.* Boulder, Colorado 1954. (Goldsmith bezieht sich auf Vordtriedes Dissertation: W. Vordtriede habe zum George-Zyklus *Zeichnungen in Grau* erforscht, daß nur einmal (in dem Gedicht *Priester)* die Verherrlichung verbotener Genüsse zur Sprache kommt. (S.189) — **81** W. Vordtriede: »Aus Edith Landmanns Briefen«, a.a.O., S.79. — **82** Friedrich Gundolf: *Stefan George in unserer Zeit.* Heidelberg 1913, S.11. — **83** Friedrich Gundolf: *Briefwechsel mit Herbert Steiner und Ernst Robert Curtius.* Eingeleitet u. hg. v. Lothar Helbing und Claus Victor Bock. Amsterdam 1963. (Darin: Lothar Helbing: Zur Einführung, S.36 f.) — **84** Vgl. Karl Vietor: »Deutsche Literaturgeschichte als Geistesgeschichte. Ein Rückblick«. In: *PMLA* LX (1945), S.899–916, hier S.915. — **85** Leo Spitzer: »Deutsche Literaturforschung in Amerika (Randbemerkungen zur Karl Vietor's Aufsatz PMLA LX, 899–916)«. In: *Monatshefte* 37 (1945), S.475–480, hier S.479. — **86** Vgl. W. Vordtriedes Erläuterungen zum ASTP-Programm (= Army Specialized Training Program) in: *Das verlassene Haus,* a.a.O., S.205. — **87** Ebd., S.232. — **88** Ebd., S.389 f. —

89 Henry Schmidt: »What is Oppositional Criticism? Politics and German Literary Criticism from Fascism to the Cold War«. In: *Monatshefte* 79 (1987), S.292–307, hier S.292 f. — **90** W. Vordtriede: *Das verlassene Haus*, a.a.O., S.345. — **91** K.Vietor: »Deutsche Literaturgeschichte als Geistesgeschichte«, a.a.O., S.911. — **92** W. Vordtriede: *Das verlassene Haus*, a.a.O., S.386. — **93** Regina Weber: »Zur Remigration des Germanisten Richard Alewyn«. In: Herbert A. Strauss u.a. (Hg.), *Die Emigration der Wissenschaften nach 1933*. München, London u.a. 1991, S. 235–256, hier S.252. — **94** W. Vordtriede: »Das Problem des Dichters in Goethes ›Triumph der Empfindsamkeit‹«. In: *Monatshefte* 40 (1948), S.149–156, hier S.156. — **95** W. Vordtriede: *Das verlassene Haus*, a.a.O., S.178. — **96** Richard Alewyn: »Formen des Barock / Aus einem Buch von Richard Alewyn«. In: *Corona* 10 (1941), S.662–690. — **97** W. Vordtriede: *Das verlassene Haus*, a.a.O., S.316. — **98** Bernhard Blume: »Das Bild des Schiffbruchs in der Romantik«. In: *Jahrbuch der Deutschen Schillergesellschaft* 1958, S.145–161; B. Blume: »Sein und Scheitern. Zur Geschichte einer Metapher«. In: *Germanisch-Romanische Monatsschrift*, XL, Neue Folge 9 (1959) H. 3., S. 277–287. — **99** R. Alewyn: »Casanova«. In: *Die Neue Rundschau* 70 (1959) S.100–116. — **100** W. Vordtriede: *Das verlassene Haus*, a.a.O., S.378. — **101** W. Vordtriede: »Stefan Georges Nachleben«. In: *Neue deutsche Hefte* 10 (1963) H. 35, S.80–97, hier S.94. — **102** W. Vordtriede: *Das verlassene Haus*, a.a.O., S.125. — **103** W. Vordtriede: *Novalis und die französischen Symbolisten. Zur Entstehungsgeschichte des dichterischen Symbols*. Stuttgart 1963, S.182. — **104** Ebd., S.37. — **105** Josef Nadler: *Literaturgeschichte der deutschen Stämme und Landschaften*. Bd. 1–4. Regensburg 1912–1928 (4. Auflage u. d. T. *Literaturgeschichte des deutschen Volkes*. 4 Bde. Berlin 1939–1942). — **106** Vordtriede schreibt im Dez. 1945 zu Harry Slochowers Buch »*No voice is wholly lost*« : »eines jener gescheiten journalistischen Zauberkunststückchen, alle Literatur soziologisch einzuzwängen und dabei eine Versöhnung von Marx und Freud herbeizuzwingen.« In: *Das verlassene Haus*, a.a.O., S.342; zu Sartre vgl. ebd., S.347 (Sartre würde alle Literatur »nur nach ihrem Bezug zur ›Wirklichkeit‹« einordnen); zu Beauvoir vgl. ebd., S.393. — **107** W. Vordtriede: »Stefan Georges Nachleben«, a.a.O., S.97.

Joachim Schlör

»...das Großstadtleben nicht entbehren«

Berlin in Tel-Aviv: Großstadtpioniere auf der Suche nach Heimat

I

In seinem Buch *Erfahrungen* beschreibt Hans Habe die Situation des Emigranten, der, einmal fremd gemacht, zum Fremden gemacht, nirgendwo
mehr heimisch werden kann; Habe stellt aber der Trauer, die solche Darstellungen immer umschließt, eine überraschend positive Einschätzung zur Seite: »Weil die Emigranten von gestern nirgends zu Hause sind (...), sind sie
überall zu Hause, wer keine Heimat hat, dessen Heimat ist die Welt, neben
dem Kainsmal gibt es auch ein Abelsmal.« Heimatlosigkeit wird, zwangsläufig und freilich gegen den Willen dessen, der seine Heimat verliert, dem sie
genommen wird, zum Aufenthalt, zur Wohnung, die etwas enthält und bereithält, womit nicht gleich zu rechnen war, ein Mehr an Erfahrung und Erlebnis.

Das ist denen verwehrt, die zurückbleiben: »Die Daheimgebliebenen sind
immer noch fremd in London und Rom und New York, Gott hat sie mit
Provinzialismus geschlagen, und der Emigrant von gestern ist nicht einmal
fremd in der Wüste oder im Dschungel, er ißt mit Stäbchen und wirft
Speere und trägt ein Leopardenfell und tanzt fremde Tänze und betet in
fremden Kirchen und weint bei fremden Beerdigungen. Weil er mehr erfahren hat, weiß er mehr, und weil er mehr weiß, ist er mehr. Weil er nirgends zu Hause ist, kann er nirgends mehr vertrieben werden. Er hat kein
Heimweh.«[1]

Hier soll keine Beschönigung stattfinden, keine nachträgliche Idyllisie-
rung des Lebens unter fremden Umständen, wie es Thomas Mann beschrieben hat: »das Herzasthma des Exils, die Entwurzelung, die nervösen
Schrecken der Heimatlosigkeit«[2]. Dennoch soll festgehalten werden, daß
die Beklemmung eine andere Seite, ihr zugehörig, kannte, einen Aspekt der
Befreiung. In diesem Zusammenhang vor allem wird bei den folgenden
Überlegungen das Wort »Akkulturation« verstanden: als Gelegenheit (oder
als Sehnsucht nach ihr), das eigene Leben, nachdem es seiner gewohnten
Basis beraubt wurde, auf etwas Neues einzurichten *und* zugleich wesentliche
Bestandteile des vorherigen Lebens, der mitgebrachten Erfahrung, zu er-
halten.

II

Diese Möglichkeit bieten, wo immer, vor allem die großen Städte. Sie boten auch Anknüpfung für die jüdischen Emigranten, die nach der nationalsozialistischen Machtübernahme aus der großen Stadt Berlin vertrieben wurden. Von ihnen soll hier die Rede sein, auch wenn ihre Erfahrung bis zu einem gewissen Grad auch für andere gelten mag. Die Berlinerinnen und Berliner suchten, wenn ich ihre Texte richtig lese und die zahlreichen Gespräche mit ihnen richtig interpretiere³, nicht abstrakt »Heimat«; sie suchten *Stadt als Heimat*, eine ganz besondere Heimat, die mit dem Städtischen zu tun hatte, das in Berlin, in einem »gewissen« Berlin der zwanziger Jahre (Hélène Strohl) seinen stärksten Ausdruck gefunden hat, sie suchten es auf den Straßen, in den Kaffeehäusern und Zeitungsredaktionen, im *Betrieb* all dieser »fremden« Städte, die ihnen um so eher zur Heimat werden konnten, je »fremder« sie der jeweiligen Landeskultur waren. Die fremdeste (und vertrauteste) aller Städte war New York.

»New York City, *the long-time metropolis* of the refugee/immigrant, of the stateless, *of those in but not quite of America.* New York, in 1951 the mecca of millions who spoke with an accent, where everyone was immigrant-related, the city had become a home to the homeless from World War II, this New York was a separate country, a Europe in the New World. (...) The city, not accidentally, was situated mid-point, so to speak, between the new and the old, between the future and the past, between the fluid post-frontier west and the rigid but well-defined ways of the ›east‹ – Europe.«⁴

Ähnliche Bilder werden aus London überliefert, das während des Krieges zur – vorübergehenden – Heimat von vielen »highly educated and experienced minds« wurde, »nurtured by all the streams of thought and experimentation that characterized European culture in the decades straddling World War I«. Henry Huttenbach schreibt: »Torn from their native environs, robbed of language, podium, lectern, stage, publishing outlets, they vented their creative energies while in exile in extraordinarily verbal sessions, twenty-four-hour rounds of endless talk, fertilizing and crossfertilizing one another, thrown together pitilessly, forced to find satisfaction from one another in a pressure-cooker London in which they were freely caged.«⁵

III

Hier soll die These vertreten werden, daß Habes zunächst eher atmosphärisch als analytisch zu fassende Darstellung selbst dort nachzuvollziehen ist, wo von »Exil« gar keine Rede sein sollte. Der Ort, von dem hier gehandelt wird, Tel-Aviv, erhob ja den Anspruch, Heimat zu sein und nicht

Exil, künftiger Aufenthalt und nicht Zwischenstation. In diesem Jahrbuch war vom Leben deutscher Juden in Israel immer wieder die Rede, von Arnold Zweig beispielsweise oder von anderen Autoren, die in deutscher Sprache geschrieben haben oder noch schreiben, die deshalb ihr Publikum nicht in dem Land fanden, in dem sie leben – oder das sie wieder verließen; ihre Situation konnte wohl kaum anders definiert werden als durch den umstrittenen Begriff, und der liest sich in der Regel als Anklage (Nathan Schacham läßt seinen Protagonisten im *Rosendorf-Quartett* sagen: ›Ich hätte vorgezogen, meine Aufzeichnungen *Tagebuch eines Exils* zu nennen, aber was in Paris erlaubt ist, ist in Tel-Aviv verboten‹[6]). Ich möchte in diesen Ton nicht einstimmen; zuviel Unerfreuliches schwingt da mit: eine verspätete Wiederholung der Überheblichkeit gegenüber den »Ostjuden«, die jetzt als israelisches Establishment gekennzeichnet werden, überhaupt eine Kritik der israelischen Gesellschaft, der man – wenn schon anders nicht – mit dem Argument beizukommen sucht, sie habe es an Verständnis für diese Einwanderer mangeln lassen.

Diese Haltung, ausgesprochen oder nicht, ist mir nicht geheuer; ich sehe für die kulturwissenschaftliche Großstadtforschung, der ich mich zugehörig fühle, einzig die Möglichkeit der genauen, alltagsorientierten Beobachtung beziehungsweise der behutsamen Rekonstruktion. »Wenn je ein Gelehrter die Idee gehabt hätte«, heißt es in einem Reisebericht der *Frankfurter Zeitung* vom Januar 1926, »Soziologie experimentell zu betreiben, er hätte nichts Besseres sich wünschen können, als dieses aus ganz anderen Antrieben entstandene jüdische Kolonisationswerk zum Beobachtungsfeld zu haben.«[7] Leider ist kaum ein Gelehrter auf diese Idee gekommen; deshalb ist die Aufforderung nach wie vor aktuell: »Jeder ernsthafte Soziologe müßte heutzutage unbedingt nach Israel reisen«, schreibt Isaiah Berlin[8], und er begründet diese Herausforderung so: »In keinem Land sind so vielfältige Ideen, Menschentypen, *so viele Haltungen, den Alltag zu meistern,* plötzlich so heftig gegeneinander geschleudert worden wie hier.« Das ist der Ausgangspunkt für die vorliegende Studie, die genau in diesem Prozeß – oder, da es immer um einzelne Lebensgeschichten geht: in diesen Prozessen – den Begriff der Akkulturation ansiedeln möchte; nicht also nur in der An-Eignung eines schon Vorhandenen, im Anschluß an Bestehendes, sondern im »gegeneinander Schleudern« unterschiedlicher Haltungen, Einstellungen, Lebensformen ereignet sich, was wir »Akkulturation« nennen.

Die deutschen jüdischen Emigranten, die in den Jahren nach 1933 in Tel-Aviv ankamen, schufen sich dort eine Heimat, indem sie diese Stadt bauten. Und gerade weil diese Stadt Tel-Aviv den Beigeschmack des Fremden sich erhalten und nie verloren hat, konnte sie denen, die als Fremde kamen, einen Platz anbieten. Dieser Platz war offen für die Träume vieler Menschen. »It seems then that the All-Jewish City was the dream of millions. No two dreamed alike. None was too sure even of his own dream.«[9] Zu fragen wäre, welche Gestaltungsfreiheit – auch für die Träume – dieser Ort geboten hat und bietet, welche Freiräume sich hier, innerhalb einer Entwicklung hin zur Vereinheitlichung, zu einer israelischen Nationalkultur, dem Abweichenden, dem Besonderen anbieten; ich behaupte, daß Tel-Aviv *als große Stadt*, als »city in the making«, diese Freiräume eher angeboten hat als andere Orte, daß in dieser Stadt, die selbst als Fremdkörper erscheinen mochte, der Umbau vom Exil zur Heimat eher gelingen konnte als anderswo.[10]

»Tel-Aviv takes its place among the cities«

Tel-Aviv, 1909 als Gartenvorstadt von Jaffa gegründet, unversehens und ungeplant zur großen Stadt herangewachsen in den zwanziger Jahren, geprägt von Einwanderungswellen aus Odessa und Warschau, ist der zentrale Ort für eine ganze Reihe von Auseinandersetzungen über den Charakter und die zukünftige Entwicklung der jüdischen Gesellschaft auf dem Weg zum eigenen Staat. Die Idee der *chaluziut*, des Pioniertums, der Eroberung des Landes durch die Bearbeitung und Verteidigung des Bodens, wie sie vor allem aus der Zweiten Alijah (1904–1909) geboren wurde, sah sich durch die bloße Existenz dieser Stadt herausgefordert. Sie erschien manchen, wohl nicht zu Unrecht, im Gegensatz zu den Kwuzoth, den landwirtschaftlichen Siedlungen, deren Funktion vor allem in der Einebnung von Unterschieden zu sehen ist und im Angebot zum *Neubeginn*, als Schauplatz einer »Kultur des Unterschieds« (R. Sennett) – denn das ist einmal das Wesen der großen Stadt – und als Bewahrerin überkommener, *mitgebrachter* Lebensformen. Deshalb war Tel-Aviv umstritten, deshalb stand diese Stadt, wie keine andere, auf dem Prüfstand. Die verschiedenen Einwanderergruppen brachten ebensoviele verschiedene Erfahrungen und Zukunftsvorstellungen mit, Konzepte, die (vielleicht mehr als ihre Träger selbst ahnten) vom Leben, von der Kultur der Herkunftsländer mitbestimmt waren.

Straßenbilder sind das deutlichste Signal für die Veränderung, die Tel-Aviv in wenigen Jahren erfahren hat. Sarah Leah berichtete 1910 noch von werdenden Straßen: »Breit und gerade liegt vor uns die Straße, deren Abschluß das Gymnasium ist. Zu ihren beiden Seiten liegen die andern Straßen, in der Mitte der Herzl-Boulevard, mit seinen schönsten Häusern. Überall wird noch gearbeitet, überall gebaut (...). Der Spaziergang in der Kolonie ist mühselig, weil die Trottoirs erst gearbeitet werden. Man kommt zur zweiten Straßenecke, der Straße, die vielleicht Rothschildstraße benannt wird, und plötzlich muß man überrascht aufhorchen, denn ein Mädchenchor läßt hebräische Lieder ertönen.«[11] Das ist das *Little Old Tel-Aviv*, wie es Nachum Guttman in seinen Mosaiken aus der Erinnerung gezeichnet hat.

Der Pfiff der mit Sonnenuntergang ankommenden Lokomotive, die den Zug von Jerusalem nach Jaffa führt und an Tel-Aviv vorbeidampft, war das Zeichen für die Kinder, nach Hause zu gehen. Am Abend sitzen die Erwachsenen »auf den mondübergossenen Sandhügeln« und machen ihr eigenes Sinfoniekonzert. Mit dieser Idylle ist es bald vorbei, und zu Beginn der zwanziger Jahre beginnt die kleine Stadt aus sich herauszuwachsen.

»Aber ist es menschenmöglich, daß das erst seit dem Krieg emporgewachsen ist, in zwei, drei Jahren? Oder nein, wächst das nicht, während ich hinsehe, unter meinen Füßen? *Wird die Straße nicht immer länger, während ich sie durchschreite?*«[12]

Tel-Aviv, die »neue« Stadt, ist, so sagen viele, »einfach« über ihr Kindheitsstadium hinausgewachsen, ohne exakten Plan, aus der Notwendigkeit heraus, es hatte wenig Zeit, sich als Stadt zu definieren. Im Städtevergleich aber – und der drängt sich Reisenden auf, die aus europäischen oder amerikanischen Städten kommen, die bei ihrer Reise vielleicht durch Kairo oder Damaskus kamen, auf jeden Fall aber durch Jerusalem – muß sich auch Tel-Aviv an Kriterien messen lassen, die keine Rücksicht auf diese besonderen Bedingungen nehmen. Auf dem Prüfstand steht Tel-Aviv nicht nur als »jüdische« Stadt, als »europäische Stadt im Orient«, als »Mittelmeerstadt«, sondern auch, ganz allgemein, als eine Stadt unter anderen, in den Worten eines Berichts von der Levante-Messe: »Tel-Aviv takes its place among the cities«.

»Die außerordentliche Entwicklung Tel-Avivs *von einer kleinen Siedlung zu einer großen Stadt,* deren Einwohnerzahl vielleicht in einem Jahre die 100.000-Grenze erreicht haben wird«, schreibt Walter Preuß im Juni 1934, sei »eine der ungewöhnlichsten Tatsachen der Nachkriegsentwicklung nicht nur in Palästina, sondern in der ganzen Welt.«[13] Eine mühsam zusammengestellte Statistik – 1933 wurden insgesamt 1.766.600 Pfund investiert, auf einer Baufläche von 353.322 Quadratmetern, der Elektrizitätsverbrauch hat sich von 1927 bis 1932 verdreifacht, 1931 waren 30,4 % der Bevölkerung in Industrie und Handwerk tätig, nur 15,5 % im Handel, und doch steigt Tel-Avivs Bedeutung als Handelszentrum, als »Stapelplatz des immer wachsenden Exports und Imports«, als »natürlicher Mittelpunkt einer reichen landwirtschaftlichen Umgebung« – soll nachweisen, daß die Stadt ihr Lebensrecht hat, kein »Wasserkopf« geworden ist.

Im März-Heft 1936 der Zeitschrift *Palästina* versucht W. Lesser, Tel-Aviv in diesem allgemeinen Sinne zu verorten. Dabei entwirft er auch ein Bild idealer Stadtentwicklung, dem keine Stadt ganz entsprechen kann, an dem sie sich aber messen lassen muß: »Das Werden einer Stadt bis zur tatsächlichen Genesis der Großstadt setzt sich entsprechend den Bedürfnissen der Bewohner und den Gesetzen des modernen Städtebaus aus Einzelphasen zusammen, wie der Anlage von Wohnvierteln, der Gruppierung von Plätzen, Frei- und Grünflächen nach Gesichtspunkten, die der Hygiene, dem Verkehr und der Ästhetik Rechnung tragen, der separaten Gründung von Fabrikvierteln in der Nähe von Straßen, Eisenbahnen, Wasserläufen und konträr der herrschenden Windrichtung zur Stadt usw. Während nun diese Lehren – gewissermaßen vom Reißbrett herunter – zu Schöpfungen der Menschenhand verarbeitet – in die Natur übersetzt werden, gibt es einen anderen Prozeß ohne Theorie und System, der aber deswegen nicht minder intensiv – von innen heraus – zur Genesis der Großstadt beiträgt: Das ist die Auflösung des Stadtgebietes in einzelne Branchenviertel.«

Es bilden sich, so Lesser, »Bezirke im Kleinen innerhalb der Städte«, Viertel für die Politik, für die Banken, für den Großhandel, die Konfektion, Zeitungen, für bestimmte Märkte. Diese Bereiche suchen sich, praktisch ungeplant, geeignete Gegenden in der Stadt, sie siedeln sich dort an, wo ihren Zwecken am besten gedient ist, wo verwandte Bereiche schon »wohnen«, wo die äußeren Bedingungen passen. Das heißt, diese Branchen reagieren auf die vorhandene Stadt, ziehen etwa gelegentlich um, aber sie erschaffen die Stadt auch, drücken einzelnen Quartieren ihren bestimmten Stempel auf. Im Laufe der Zeit und der Erfahrungen bildet sich so ein Netzwerk verschiedener Viertel, die in vielfältiger Beziehung zueinander und zur ganzen Stadt stehen, daraus entstehen wiederum ganz unterschiedliche öffentliche Straßenräume, Plätze, Märkte, Übergänge, und im Zusammenspiel der einzelnen Viertel – vermittelt und erlebt durch die Menschen, die sie nutzen – entsteht: die Stadt. »Nunmehr beginnt sich dieser Prozeß auch in den palästinensischen Städten in Resonanz der Kommerzialisierung des Landes zu vollziehen, und besonders heben sich in Tel-Aviv immer deutlicher vor dem prüfenden Auge des Beschauers die Konturen der Interessensphären einzelner Branchen ab. Dies begegnet um so geringeren Schwierigkeiten, als die Stadt bisher ohne städtebaulichen Guß und ohne festen Charakter war.«[14]

Jerusalem ist »die Stadt der Vergangenheit und der Ewigkeit«, ist Sitz der – britischen – Regierung, daraus und durch ihre abseitige Lage in den Bergen bedingt sich ihr »ernster Charakter in dem vielfältigen Völkergemisch des Orients«; Haifa ist die gediegene, schöne Stadt, gekennzeichnet durch den – englischen – Kriegshafen und durch seine Lage, den »theatralischen Aufbau auf dem Karmel längs des Meeres«, vergleichbar mit Lissabon, Genua und Odessa. Beide Städte sind also in einem Muster, etwa: Orient, oder: Meerstadt, zu verorten, zu vergleichen, sie haben ihren Platz unter den Städten (auch den, den andere, die Engländer etwa, die arabischen Bewohner Haifas und Jerusalems, die anderen beiden großen Religionen, ihnen zuweisen). »Bei Tel-Aviv versagt aber bisher eine solche Charakterisierung nach außen; innerlich ist die Stadt gezeichnet als Refugium für die Juden, wie 1909 im Jahre ihrer Gründung beim Exodus aus Jaffa, so heute für die Juden der Welt; dadurch hat sich ihre Einwohnerschaft nahezu im Rekordtempo ver-

mehrt und in ein paar Jahren verdoppelt und verdreifacht (...). Nur so kann
die primitive Struktur der Stadt erklärt werden; denn vor 27 Jahren und erst
recht später, als der Grundriß für die Stadt festgelegt wurde, waren die Städ-
tebau-Lehren der Raymond Unwin, Camillo Sitte, Baumeister, Stübben
u.a. längst Gemeingut der städtebaulich-wissenschaftlichen Welt. *Tel-Aviv
aber wurde nur aus Straßen und Häusern erbaut.* Noch heute erfreut keine
Grünfläche in der Stadt das Auge – ein Nonsens in europäischem Sinne –
bei einer Einwohnerschaft von zirka 130.000, kein größerer Platz, keine
Monumentalanlage offenbart das Gesicht der Stadt.«

In diesem Jahr 1934 feiert die Stadt ihr 25-jähriges Bestehen. »Fifty years,
of course, is the proper jubilee period and twenty-five a semi-jubilee. *But
Tel-Aviv has no time, Tel-Aviv is impatient, Tel-Aviv lives in another tempo
than that of ordinary cities.* A mushroom city, will say the critical visitor,
doomed to pass as quickly as it arose. Why? Has Chicago suffered thus from
having started as a mushroom city? Or Los Angeles? Can it be supposed that
those who have sunk so much money, so much energy, indeed their whole
lives into the building-up of Tel-Aviv have done it just for the fun of consti-
tuting a record or of Americanising the Holy Land? (...) And now, having
satisfied itself that it has well withstood the vicissitudes of the past and that
it does exist and thrive and is not nearly as bankrupt as Mr. Amery [der britische Finanzkommissar] has been led to believe, Tel-Aviv turns from the
past and looks toward the future.«[15]

Die Zuwanderung erschafft Tel-Aviv. Yehuda Nevidi, der Stadtschreiber,
berichtet aus der Zeit der illegalen Immigration: »Britische Panzer, die die
Landung der jüdischen Flüchtlinge verhindern wollten, fanden den Weg
versperrt, als die aufgebrachte Bevölkerung Tel Avivs den Asphalt der
Straßen anzündete. Denn wir wollten, daß jeder heimkommen konnte, der
es wünschte. Der Leuchtturm winkte, und das Tor stand offen.«[16] Das ist
die eine Seite: steter Zuzug, stete Bewegung, unaufhörliche Veränderung.
Die andere drückt sich aus in Plänen und Projekten, mit denen der Versuch
unternommen wird, Normalität aufrechtzuerhalten, etwa mit dem ›Grün-
blatt‹-Projekt, »das in der Tat eine Aufgabe des Städtebaues größten Formats
darstellt und geeignet ist, den Charakter der Stadt Tel-Aviv grundlegend zu
verändern«, und bei dem es darum ging, den gesamten Strandbereich zwischen der Weichbildgrenze von Jaffa und dem alten arabischen Friedhof im
Norden der Stadt zu bebauen, »hier soll eine große Anlage nach Art der bekannten Fremdenorte, wie Nizza, Monte Carlo usw. geschaffen werden.«
Entlang einer immerhin 1700 Meter langen Promenade sollen Hotels, Ga-
lerien, Cafés, Theater, Kinos, Banken, aber auch große Grünanlagen mit
Spielplätzen, Schwimmhallen und Sportanlagen entstehen. Tel-Aviv, so die
Befürworter des Projekts, wird »eine sehenswerte Stadt ersten Ranges wer-
den. Die Stadt, am Mittelmeer gelegen, weist zurzeit keinerlei Attraktionen

auf: Eine neue Stadt ohne Charakteristikum, ohne Ausgrabungen, ohne Monument, ohne markantes Gebäude, ohne Grünflächen, die das Auge der Bewohner und Besucher erfreuen (...). Nunmehr soll sich Tel-Aviv unter die wirklich schönen Plätze des Mittelmeers reihen!«[17]

Planung muß sein – »any one who has seen how Tel-Aviv or Hadar Hacarmel [in Haifa] originally planned as Garden Cities were turned into *wildernesses* of beton and brick (...), knows what dangers are hidden in anarchic building«[18] –, aber eine Planung, die dem Gewachsenen, und sei es auch chaotisch gewachsen, nachträglich aufgesetzt wird, muß vorhandene Strukturen zerstören, in denen sich die Stadt eingerichtet hat. Das Lob, das die Stadt von Besuchern erfahren hat, galt ja häufig ihrer Fähigkeit, mit den Widrigkeiten der Existenz unter so schwierigen Bedingungen zurechtzukommen, sie sogar auf neue Art zu nutzen. »Tel-Aviv is the expression of an ecstasy«, schreibt Bolitho[19], und Marcus Ehrenpreis formuliert: »There is something thrilling about Tel-Aviv. The first impression on seeing this youngest city is one of amazement and all impulse to criticism disappears in the face of so much that is new and astonishing. At the first blush I don't know whether I like Tel-Aviv, but I admire it.«[20]

Der Charme und die Herausforderung der »over-night town« (D. R. Kahn[21]) entstammen ihrer Unfertigkeit; soll »urban maturity« bedeuten, sie wird eine Stadt wie jede andere? Gar eine Stadt wie Nizza oder Monte Carlo? Dorothy R. Kahn hat versucht, den besonderen Charakter der Stadt zu erfassen, zu beschreiben, ihr bot sich Tel-Aviv an als ein städtisches Gelände, in dem sie sich frei bewegen konnte. Das ist nicht das geringste Lob für eine Stadt, es hat auch nicht allein damit zu tun, daß »Belästigungen« hier geringer waren als anderswo; es geht vielmehr um die Möglichkeit einer direkten Kontaktaufnahme mit der Stadt, mit ihrem Wesen, ihrer Stimmung, ihrer Musik. »And now, whenever I hear a Jew say that he does not like Tel-Aviv because it is a smaller edition of Brooklyn, Atlantic City or Blackpool, I conclude that perhaps he spent his first night unpacking clothes (I didn't unpack for three days). Or perhaps he called on friends. At all events, something definitely came between him and the opening chords of the music in the freedom of the feet.«[22]

Die reale Größe ist nicht der entscheidende Faktor. Tel-Aviv, die vorausgeträumte Stadt, »has been waited for«, jetzt muß es in die Träume hineinwachsen. »This literature, since its inception, related to Tel Aviv as the ›big city‹. It was considered a grand, open, dynamic metropolis even before this vision became a reality. Tel Aviv already appeared as a Zionist Utopia everywhere a Hebrew city was described (...). Clearly it was difficult for these authors, who were for the most part European immigrants, familar with big cities, to view Tel Aviv as a city in the usual sense, but it fulfilled the *function of a city* even before it actually became one.«[23]

Tel-Aviv ist der steingewordene Ausdruck einer – umstrittenen, aber im Angesicht ihrer bloßen Existenz nicht mehr zu leugnenden – Unterschiedlichkeit auch dieser Menschen, die in Palästina ein neues Land aufbauen wollen. »Hier ist der Schnittpunkt aller Lebenslinien, jener, die ins Licht führen, und jener, die irgendwo unten im Elend verlaufen. Hier haben sich die jüdischen Schicksale kunterbunt zusammengeballt, und die große Stadt, mit ihren prächtigen Fassaden und ihren Elendsquartieren nach Jaffa hin, erdröhnt von einem harten, rücksichtslosen Lebenskampf, vom Aufschrei der Verzweifelten und vom Triumph der Erfolgreichen.«[24] Die neue Architektur, deren Entwicklung zum »Tel-Aviv Housing Block« mit Ze'ev Rechters Gebäude auf dem Rothschild-Boulevard 1934 beginnt, dem ersten auf Säulen gestellten Haus, erreicht gegenüber dem Eklektizismus der zwanziger Jahre eine offene Uniformität, einen Bautyp, der allen Städtern das Gefühl von Einheitlichkeit vermittelt, ohne unterschiedliche Wohnformen zu verhindern.

In vielen Darstellungen zur Geschichte Israels nehmen die landwirtschaftlichen Siedlungen einen überproportional großen Raum ein. Ihre innovative Bedeutung soll auch hier keineswegs unterschätzt werden, aber die Zahl ihrer Bewohner blieb während aller Einwanderungswellen stets in der Minderheit gegenüber denen, die sich in den Städten niederließen. Isaac Deutscher beschreibt eine alltägliche Version dieser Haltung: »›Wir sind Stadtmenschen, wir wollen keine Feldtölpel werden!‹, sagen der ehemalige Schneider aus Bukarest wie der Hausierer aus Wilna.«[25] Tel-Aviv wuchs wohl nicht organisch, »it grew *out of the Return*«[26] und nahm Schneider und Hausierer aus Wilna oder Bukarest auf, es versorgte sie mit dem, was Stadtmenschen brauchen. »On the paperstands one sees papers in all the languages of the world, and out of this human kaleidoscope Tel-Aviv is making a homogenous community.«[27] Die Stadt nimmt Traditionen auf, die ihr von überall her zugeführt werden, jüdisches Erbe und städtische Erfahrung. Den Vorwurf, sie würde nicht arbeiten, kann sie überzeugend zurückweisen, 1934 schreibt Walter Preuß, »sie ist eine Stadt der Arbeit und der Arbeiter, in der 60 % ihrer Beschäftigten in Fabriken, Werkstätten, am Bau und im Transportwesen arbeiten«.[28]

Preuß argumentiert hier auch gegen den häufig geäußerten Vorwurf, die auf den Sanddünen nördlich von Jaffa errichtete Stadt sei »auf Sand gebaut«. Es gibt zahlreiche Geschichten, in denen sie das Unwahrscheinliche ihres schnellen Wachstums selbst ironisiert.[29] Und viele Besucher greifen das Bild der Goldgräberstadt begierig auf. »Diese Stadt mit ihren etwa 50.000 Einwohnern mutet beinahe an wie ein einziges großes Geschäft.«[30] Wie stellt sich die »Handelsstadt«, die Stadt der kleinen Kapitalisten, in den Augen eines sozialistisch gesinnten Besuchers dar? Kurt Stechert überliefert 1934 den *Palästina-Bericht eines Nichtjuden*, seine Einschätzung ist durchaus kritisch, er mokiert sich über die Sehnsucht Tel-Avivs, als Großstadt anerkannt zu werden, aber auch er findet in Tel-Aviv etwas, das über sein Bild der modernen Stadt, der jüdischen Stadt auch, hinausreicht, etwas, das imstande ist, ihn zu erschüttern: »Tel-Aviv richtig, ohne Übertreibungen zu schildern, ist eine gewagte Sache, weil die Tel-Aviver in der Kritik sehr empfindlich sind. Sie wollen immer nur das beste hören und glauben, das Modernste vom Modernen erbaut zu haben, und niemand wundert sich, daß ein Zionist, der mal in Berlin war, einen etwas bewegteren Platz Tel-Avivs den ›Potsdamer Platz‹ Palästinas nennt. Es gibt auch Theater in Tel-Aviv. Die neue Oper, auf deren Dach sich ein offenes Kino befindet, ist recht schön. Daß das Postamt so schrecklich klein ist, hat die rasche Entwicklung verschuldet. Die ganze Stadt ist wie ein Anzug auf Maß (...), und obwohl dieser Anzug auf Wachstum berechnet wurde, platzen überall die ›Nähte‹. Wer konnte auch wissen, daß aus dem Meeressand einmal eine solche Stadt herausspringen würde! In amerikanischem Tempo entstand die Stadt, eigentlich nie richtig als Stadt geplant. Wäre sie nach strengen Plänen aufgerichtet, wäre es Tel-Aviv vielleicht so ergangen wie dem verkrüppelten Afula im Emek. Diese Stadt sollte ›gemacht‹ werden. Man fing mit Hotels und anderen Dingen an, aber eine Stadt ist es bis heute nicht.«[31]

Es ist faszinierend zu sehen, wie sich der leicht überlegene Ton des sozialistischen Besuchers aus dem kapitalistischen Deutschland nach und nach verliert, wie er sich selbst als »verwöhnten Europäer« zu sehen lernt, wie er sich – etwa angesichts von Straßen, die noch im Sande verlaufen – »das Lächeln abgewöhnt« und statt dessen auf die hohe Verbreitung von Zeitungen, auf das allgemeine Wahlrecht, auch für Frauen, auf die Theater, Volksheime, Krankenhäuser und Schulen zu sprechen kommt. Selbst die Einschränkung wird unversehens zum Lob: »Stilvoll ist es aber nicht, es ist nur Ausdruck des Volkes; Elemente der ganzen Welt sind in ihr enthalten, und in diesem Sinne ist Tel-Aviv auch eine ›Weltstadt‹« – Experimentiergelände, nicht allein für das Land, sondern auch für die Vorstellung vom Zusammenleben von Gruppen aus den unterschiedlichsten Herkunftsländern an einem Ort.

Kleinbürgerstadt

Der Vorwurf der »bürgerlichen« Stadt kommt von den »open-necked pioneers«; oft meinen sie wohl eigentlich: kleinbürgerlich. Vielleicht liegt auch darin eine der Tugenden Tel-Avivs: die Rehabilitierung des Kleinbürgertums. Die immer wieder aufgestellte Alternative »sozialistisch oder bourgeois« ist ja eine Idealkonstruktion; von den Rändern der Extreme her gibt es sogar eine Annäherung. Die vielen kleinen Händler sind keine »Bürger«, und die Tel-Aviver Arbeiter mit ihrem Traum vom eigenen Heim sind keine sozialistischen »Helden der Arbeit«. Tel-Aviv, »turned toward the future, this city without a history was *built by people of the lower middle class* on dunes that had no legend«[32], es ist eine Stadt der Kleinbürger.

Das ist wohl ein erstaunliches Lob; aber einer der wenigen Autoren, die dieses Kleinbürgertum, die Hefe der großen Städte, nicht mit Verachtung gezeichnet haben, war – Theodor Herzl. In einem Feuilleton von 1899 beschreibt er das Bild vom Quartalswohnungswechsel in Wien: »Von allen sozialen Fragen, die dabei auftauchen – denn es gibt nicht eine – ist die des umhergeschleuderten, vernachlässigten Kleinbürgertums die fesselndste. Jetzt, wenn sie aus einer Wohnung in die andere ziehen, liegt ihr schweres, tapferes Dasein flüchtig auf der Gasse, und es spricht aus ihrem Hausrat zu dem, der es vernimmt. (...) Planlos, wie ihre Übersiedlungen, ist auch ihr sonstiges Tun. *Sie haben sich noch nicht in die Gegenwart eingefunden, die Kleinbürger, dieser Schatz einer jeden modernen Nation.* Sie schließen sich vorläufig noch den Forderungen anderer Klassen, der unteren, wenn nicht der oberen an, weil ihre eigenen noch nicht treffend formuliert sind. Und sie werden doch wahrscheinlich berufen sein, *die Rechte und Freiheiten des Individuums nach oben und nach unten zu verteidigen*«[33] – vielleicht dann, wenn es einmal eine Stadt gibt, in der die traditionellen Grenzen zwischen oben und unten verschwimmen, eine Stadt, von Kleinbürgern errichtet.

Maurice Samuel greift das Bild von der Mittelklassestadt auf und geht dabei auch auf die Voraussetzungen für eine Entwicklung individueller Freiheit, wie Herzl sie beschwor, ein: »Tel Aviv is a composite city, with a character of its own. It has its workers, its middle class, its professionals and its Yemenite Jews, but it is regarded as the most bourgeois city in Jewish Palestine. Now a bourgeois city of forty thousand is as a rule one of the least pleasant of human creations. But Tel Aviv is *sui generis.* For the bourgeoisie of Tel Aviv is drawn, on the whole, from a liberal and intellectual Jewry dotted through Europe. It has, roughly, a good bookshop for every two thousand inhabitants. The company one finds here would satisfy, in variety and level of culture, the most fastidious. The level of municipal politics is superior to the national politics of some countries; for here we have large numbers of men and women who actually understand and discuss principles. There is nothing provincial about the city. Built, organized, maintained by Jews, it is a good example of what Jews can do even without preparation. For it is a city built largely by amateurs. (...) After having known a great many cities, I can say that nowhere is the good side of the human mind given as free a chance as here.«[34]

Das Märchen Tel-Aviv

Die heftigste Kritik an Tel-Aviv *als Stadt* übt Arthur Koestler; er benutzt eine Formel, die viele andere übernommen haben (auch Nathan Shacham läßt einen seiner Musiker im *Rosendorf-Quartett* davon sprechen), dabei ist sie, genau besehen, ungeheuerlich: »Tel Aviv's architecture is the drab functionalism of the early twenties at its worst. The streets have no skyline; the cheap, peeling stucco on the concrete blocks makes the whole town look as if it had the measles; the sea-front is hemmed in by a row of sordid little cafés with blaring loudspeakers (...). The boiling air is saturated with the noise of radios, café orchestras and children yelling from the streets up to their mammas on the second floor. But all this pandemonium lacks the local colour, and hence the specific charm, of an oriental bazaar or an old Italian port. *It is the colourless, shapeless bustle of Jewish suburbs all over the world, of Whitechapel or Nalewki, Orchard Street or the Faubourg du Temple.*

They have imposed over the country their own immigrant's pattern; but unlike other pioneers, who had roots in the national traditions of their mother country out of which the branch of their colonial civilization developed, the Jewish colonists had no particular mother country and no specific cultural roots of their own. They came from the Diaspora, from the ghettoes and D.P. camps all over the world, and brought with them bits of alien civilizations picked up in transit. That is perhaps why life in Israel's capital has such a shapeless, nondescript quality about it, and why Tel Aviv gives *the impression of being the large Jewish suburb of a non-existent city.*«[35]

Es wäre wohl müßig, den Urheber der Formel finden zu wollen. Schon 1923 schreiben Artur Rundt und Richard A. Bermann in ihrem Palästina-Reisebuch: »Schon ist es, mit seinen sechzehntausend Einwohnern, eine Art Großstadt, mit jeder Art Betrieb. Nein, die Vorstadt einer Großstadt, die nicht da ist. Unsichtbar liegen neben diesem Tel-Awiw all die großen Städte der Welt, in denen Juden wohnen. Sie sind es, die sich die neue Vorstadt bauen, mit aller städtischen Routine, aller Gewohnheit, auch mit allem Ungeschmack modernen Großstadtwesens. Die Geschäfte in Tel Awiw sehen alle aus, als wären sie die zwölfte Filiale eines weitverzweigten Unternehmens. (...) Die Häuser, nie war ein Funkelnagel so neu, sehen aus, als wären sie vom Mond herabgeschneit und hätten miteinander noch keine Bekanntschaft geschlossen.«[36]

Tel-Aviv ist *ganz Stadt*, »drunk with growth, intoxicated with youth, mad with change«[37], und will auch gar nichts anderes sein. »People drawn from all corners of the earth, with conflicting ideals and ideas, rebirthing a city at a terrific, breath-taking speed«[38] – »all are hurled together, to make the ugliest and yet, perhaps, the most vital city I have ever seen«[39]. Es ist »a place that has sprung up overnight, or an exhibition on the day of the opening«[40].

Solche Bilder erinnern an die Beschreibungen aus den selbstbewußten Städten, aus den Meer- und Grenzstädten, die Tel-Aviv sich zum Vorbild nahm, aber natürlich auch an die aus New York und aus Berlin. Auch für sie ist nicht Größe die entscheidende Kategorie: »I was told that Tel-Aviv now has about 200,000 inhabitants. That figure seemed difficult to believe, for *the city gives the impression of being in the half-million category at least. It is a small big city*, with a vividly pulsating life of its own. It is neither shabby nor provincial.«[41]

Mit dieser Feststellung nimmt Martin Feuchtwanger an einer Debatte teil, die für die Entwicklung Tel-Avivs in den dreißiger Jahren von großer Bedeutung ist. Aus der Vielzahl der Texte, die ein Bild von der Stadt entwerfen, die größer scheint als sie tatsächlich ist – oder ist der Eindruck vielleicht realer als die Zahl? –, wähle ich noch einen aus der *Jüdischen Rundschau* vom Januar 1932. Diese zionistische Zeitung war, bei allem Enthusiasmus, der dem Aufbauwerk in Palästina im allgemeinen galt, doch skeptisch, wenn es um Tel-Aviv ging. Ihr Korrespondent beschreibt das Strandleben am »Samstag nachmittag«, bewegt und bunt ist das Bild, und vor allem heftig bevölkert. »Tel-Awiw macht seinen Schabbath-Spaziergang. Man wundert sich: wieviel Hunderttausende faßt diese Stadt? Zwei, drei, vier, eine halbe Million? Und man besinnt sich mit Mühe, daß es nur einige Zehntausende sind und vor wenigen Jahrzehnten nur ein paar Tausende waren. Dieses Tel-Awiw ist eben ein seltsames Produkt.«[42] Die Überschrift zu diesem Beitrag lautet, es konnte kaum anders sein, *Das Märchen Tel-Awiw*, und da liegt die Assoziation zum Motto von Herzls Roman *Altneuland* nahe: »Wenn ihr wollt, ist es kein Märchen«. Ein Jahr später, im Februar 1933, wenige Tage nach der Machtübernahme durch die Nationalsozialisten, als auch Tel-Aviv für die Leserschaft der *Jüdischen Rundschau* plötzlich kein Märchen mehr ist, sondern eine dringende Möglichkeit, veröffentlicht die Zeitung einen ganz anderen Artikel über die Stadt, da ist kein Wort mehr vom »verzerrten Levantinismus«, jetzt heißt die Überschrift *Die Zukunft von Tel-Aviv*. »Tel-Awiw ist die lebendigste Stadt des Landes, sie konzentriert alle möglichen gesellschaftlichen sozialen, kulturellen Unternehmungen und macht in ihrer Lebendigkeit, ihrem gewaltigen Verkehr, ihrer großen Bewegtheit den Eindruck einer Stadt von mehreren Hunderttausenden.«[43] Was gerade noch, 1932, eher als Signal für die Überheblichkeit einer Stadt formuliert wurde, die mehr scheint als sie ist, wird jetzt, 1933, zum Signal der Zukunftswürdigkeit ihrer Existenz, zur Einladung. Die »großen Pläne« zur Schaffung eines Industrieviertels, zur Errichtung eines permanenten Ausstellungsgeländes, die Versuche, »Kapitalinvestitionen in Tel-Awiw zu erleichtern«, Werkstättenbauten zu errichten, Pläne, wie sie eine Gesellschaft zur Entwicklung Tel-Avivs unter der Leitung von Meir Dizengoff entwirft – wie kann das anders verstanden werden als: Kommt, es ist Zeit!

Großstadt-Pioniere

Jetzt, nach der Machtübernahme durch die Nationalsozialisten in Deutschland, kommen Städter, in deren Augen Tel-Aviv noch klein erscheint. »Das ist Tel-Aviv – als Straßenbild, wie es der müßige Betrachter sieht. Von so flanierender Sorte gibt's noch nicht viele in der fleißigen Stadt, und wird man bei längerem Aufenthalt noch immer mit der Kamera getroffen, so hört man wohl die vorwurfsvoll erstaunte Frage ›... ja, haben Sie denn soviel Zeit??‹ Ferne noch liegt der jungen Kolonistenstadt die Gemächlichkeit europäischer Rentnerstädte wie München oder Wien, gleich ferne orientalischer Zeitüberfluß etwa des reichen, satten Kairo. Nun aber ist in Tel-Aviv, wer dort als Jude spazierengeht, kein Nur-Tourist, der um sich zu zerstreuen registriert, was ihm gefällt, was seinen Neigungen entgegenkommt. *Hier kommst du der Stadt entgegen*, erregt, erfreut, entrüstet. Gespannt, besorgt wie deine Brüder, gestern deine Nachbarn noch, sich eingerichtet haben. In was für eine Stadt sind sie verschlagen? *Was hat es auf sich mit der kleinen Großstadt Tel-Aviv?*«[44]

Eine Stadt, die keine Geschichte hat, sondern Geschichte *macht*, diese kleine große Stadt verändert sich unter den Augen der Beobachterin, es ist Annie Mainz aus Berlin, die ihren Text für die deutschen Einwanderer und für die Unentschiedenen schreibt, die noch in Deutschland sind und ihren Zeitungen kritische Berichte über Tel-Aviv entnommen haben. Sie will den Einwanderern aus Deutschland bewußt machen, daß sie in eine unfertige Stadt kommen, in eine Stadt, die ihr Bild noch sucht, »heute umspielt sie noch der zauberhafte Reiz des Werdens«[45].

Gideon Ofrat hat über einen Aufsatz *Der Chaluz in der israelischen Kunst* als Motto eine Liedzeile ausgewählt: »Mi jivne bajit be Tel-Aviv – Anu ha'chaluzim!« (»Wer wird ein Haus bauen in Tel-Aviv? – Wir, die Chaluzim!«); Bracha Zefira hat dieses Lied gesungen, der Umschlag ihrer Schallplatte trägt, neben ihrem Porträt, ein Foto von den Bauarbeiten für die Levante-Messe 1934.

Bei seiner Suche nach Zeugnissen einer entstehenden israelischen Kunst, die den Chaluz zeichnet, »der die wildeste Hora tanzt, die höchsten Gipfel erklimmt, sich die Erde unterwirft«, ist Ofrat auf eine besondere Darstellung gestoßen: »Werfen wir einen Blick auf Mosche Matusovskys *Tel-Aviv-Chaluzim* von 1931! Diese riesige Leinwand lagerte völlig vergessen in den Kellern des Tel-Aviver Museums, bis ein altgedienter Museumsbeamter darauf aufmerksam machte. Auf diesem Bild wurden die Gründer und Erbauer Tel-Avivs zu nichts Geringerem als (...) Astronauten, die surrealistisch durch die Lüfte über der Stadt schwimmen, und die Baugerüste zu Abschußrampen, während die Häuser sozusagen voller Ehrfurcht in die Knie sinken – der Chaluz als Gott.« Und warum nicht? Ihr Beitrag, der Beitrag der Großstadtpioniere, zum Wachstum des Staates Israel war nicht geringer als der der landwirtschaftlichen Helden, sie haben sich ihre eigene Ikonographie verdient.

Und ihre eigenen Geschichten, die als Stadt-Geschichten zu lesen sind. Eine der Berlinerinnen hat Beispiele aus der Nachbarschaft für sich notiert: Berliner in Tel-Aviv. »Ein junger Cabarettleiter und Rundfunksprecher – hat in Tel-Aviv ein Vermittlungsbüro für Wohnungen und alle Arten von Personal«, »ein junges Mädchen aus vermögendem Haus, in Berlin Reklamechefin bei einem Konzern – morgens serviert sie in einer Pension, tagsüber hat sie eine Stellung als Kindermädchen, abends wieder in der Pension«, »ein Bücherrevisor – er macht eine Waschanstalt auf«, »ein Direktor von Karstadt – jetzt hat er hier eine ganz erstklassige Schlächterei«, »Leiter eines Warenhauserfrischungsraums in Berlin – er hat in einer Etage ein Restaurant eröffnet, klein aber kultiviert«. Hier ist nicht vom Abstieg die Rede, nicht vom Verlust und nicht von der Demütigung, die anderen Exilgeschichten so häufig eignet, eher wird der Wille sichtbar, sich von den veränderten Umständen nicht entmutigen zu lassen, das Bemühen, einen eigenen Platz und eine eigene Tätigkeit zu finden. Dabei wurden die Berliner Erfahrungen – wie denn auch – nicht einfach über den Haufen geworfen, der radikale Neubeginn ist im Alltag nicht mehr als ein Wort. »Tel-Aviv«, so heißt es in den Aufzeichnungen der Emigrantin, »ist im Lauf eines Jahres aus einem polnischen Städtchen eine Stadt mit ›Betrieb‹ geworden.« Eine Stadt mit Betrieb – nur eine Berlinerin konnte so etwas schreiben. Und Berlin hatte die Großstadtpioniere mit einer Energie ausgerüstet, die es ihnen erlaubte, die Anfangsschwierigkeiten zu überwinden.

Die Berliner wurden durchaus skeptisch empfangen: »Tel Aviv ist *ein Anziehungspunkt für diejenigen aus Deutschland kommenden Juden, die, an Großstadtleben gewöhnt, dieses nicht entbehren zu können glauben,* und denen hier in Cafés, Tanzbars und Kinos europäische Genüsse vorgesetzt werden, die ihnen in dieser Aufmachung weder das werdende Haifa noch das innerlich vertiefte, aber philisterhaft kleinstädtische Jerusalem bieten können.«[46] Die Verachtung steht deutlich hinter den Worten – ach, sie konnten nicht entbehren? Wo doch »Entbehrung«, zumal in den landwirtschaftlichen Siedlungen, die erste Voraussetzung für ein Gelingen der Arbeit war? Entbehrung war Programm, in doppeltem Sinne, Verzicht auf die Annehmlichkeiten des »falschen« Lebens in der Diaspora und Verzicht, Zurückstellung persönlicher Interessen zugunsten des gemeinsamen Ganzen; und da waren Einwanderer, »an Großstadtleben gewöhnt«, die davon nicht lassen wollten?

Aber es war ja tatsächlich so. Sie waren Großstadtleben gewöhnt und wollten nicht darauf verzichten – nur bedeutete »Großstadt« für sie keineswegs »Café, Tanzbar und Kino«, die waren nicht mehr als Fassade, wohltuende Ausstattungselemente vertrauter Umgebung. Großstädtisch zu leben, bedeutete für sie viel mehr; warum sollten sie auf die Möglichkeiten und Fähigkeiten, die das Leben in den großen Städten, in Berlin, ihnen vermittelt hatte, verzichten? Brauchte das Land nicht, neben der Agrarwirtschaft, auch Industrie? Brauchte es keine Banken, keine Dienstleistungsbetriebe, keine funktionierenden Versorgungseinrichtungen? Keine Justiz, keine Medizin? Keine Bücher?

Alle Probleme der Akkulturation, die andere Exil-Länder und Städte stellten, waren auch hier zu finden: von den Sprachschwierigkeiten[47] über die oft demütigenden Herausforderungen einer beruflichen »Umschichtung« bis zu den in vielen Berichten überlieferten Gefühlen einer gesellschaftlichen Nichtzugehörigkeit. In anderen Darstellungen zu dieser Thematik wurde immer wieder der Gegensatz zwischen den Ankömmlingen aus Deutschland und den bereits Anwesenden hervorgehoben; nicht völlig zu Unrecht. Anders als andere, früher angekommene Gruppen fanden die deutschen Einwanderer in Palästina keine *Enklave* vor, »die ihre Lebensart, ihren Stil und ihre Sprache besaß«, kein vertrautes Milieu, in dem sie sich hätten zurechtfinden können, kein Netzwerk von Bekanntschaften und Familienbindungen, das ihnen »als Vermittler mit der fremden Umgebung« hätte dienen können. Vor 1933 waren nur etwa 2.000 deutsche Juden in das Land gekommen. Die nach 1933, in großer Zahl und mit unklaren Vorstellungen, ins Land kamen, sahen sich mit einer jüdischen Gegenwart konfrontiert, die sie nicht gut verstanden: »Was hatte man mit den Inhalten und Formen des ostjüdischen Städtchens zu schaffen, das für die anderen Heimat und Gegenstand der literarischen Darstellung war?«[48]

Aber die Einwanderer aus Deutschland haben sich diesen Raum geschaffen (und nebenbei einiges über Inhalte und Formen der anderen jüdischen Kulturen gelernt), gerade weil Tel-Aviv beides bot, die nötige Freiheit und die lebensgeschichtliche Notwendigkeit. Akkulturation hieß also in diesem besonderen Falle: Neben die durchaus vorhandene Anforderung an die Immigranten, sich anzupassen und einzufügen, die Sprache zu erlernen, die üblichen Sitten zu befolgen und all das neu Erworbene dem Eigenen anzugewöhnen, trat eine Anforderung, die diese Immigranten ihrerseits an den Ort ihrer Ankunft richteten: sich vorzubereiten für eine gelernte Großstadtbevölkerung, einige Untugenden der pionierhaften Kindheit abzustreifen, erwachsen zu werden und die Rolle als große Stadt im neuen Land verantwortungsvoll zu übernehmen. Im Dialog und im Konflikt zwischen diesen beiden Anforderungen ist Tel-Aviv gewachsen, und in der Stadt hat sich eine selbstbewußte Gruppe deutsch-jüdischer Herkunft erhalten. Tel-Aviv wäre, hätte es sich diesem Stück Berlin verschlossen, Exil geblieben. Indem sich die Stadt für »Berlin« öffnete, konnte sie zur Heimat werden.

1 Hans Habe: *Erfahrungen*. Olten 1973, S. 233. — 2 Thomas Mann: Offener Brief. In: *Aufbau* (New York), 28.9.1945, danach im *Augsburger Anzeiger* vom 12.10.1945. In: *Gesammelte Werke*, Bd. XII, *Reden und Aufsätze* 4, S. 953 unter dem Titel: »Warum ich nicht nach Deutschland zurückgehe«. — 3 Im Rahmen der Vorbereitungen für ein Ausstellungsprojekt mit dem Arbeitstitel *Berlin – Tel-Aviv* konnte ich zahlreiche Interviews in Tel-Aviv und in Berlin führen. Für die Vermittlung von Gesprächspartnern danke ich besonders dem Referat »Emigranten« bei der Berliner Senatskanzlei und seinen Mitarbeiterinnen Elleonora Schulte-Goebel und Brigitte Röper sowie den Mitarbeitern des Irgun Olei Merkaz Europa in Tel-Aviv. — 4 Henry Huttenbach: »Le Déraciné. Finding New Roots In Exile.« In: *American Jewish Archives*, Vol. XL, Nr. 2, November 1988: *The German-Jewish Legacy in America, 1938-1988. A Symposium*. Cincinnati 1988, S. 313-320. — 5 Ebd., S. 316. — 6 Nathan Schacham: *Rosendorf-Quartett*. Frankfurt/M. 1990, S. 278. — 7 »Vom neuen Palästina. Reiseeindrücke, 1. Teil«. In: *Frankfurter Zeitung* Nr. 34 vom 14. 1. 1926. — 8 Isaiah Berlin: »Ideen in der Wüste. Von der Diaspora zum Staate Israel«. In: *Der Monat*, 8.Jg., Nr. 85, Oktober 1955, S. 21-32; hier S. 31. — 9 Dorothy R. Kahn: *Spring Up, O Well*. London 1936, S. 121 f. — 10 Hier steht also im Vordergrund die Stadt Tel-Aviv selbst, das Gelände, das die Immigranten aus Berlin bei ihrer Ankunft vorfanden. Ihr Beitrag zur Veränderung und Weiterentwicklung der Stadt wurde an anderer Stelle beschrieben: Joachim Schlör: »Von Berlin nach Tel-Aviv«. In: *Menora. Jahrbuch für deutsch-jüdische Geschichte*. Bd. 5. München 1994, S. 231-259. — 11 Sarah Leah: »Tel-Awiw ... der Hügel des Frühlings«. In: *Die Welt. Zentralorgan der Zionistischen Bewegung*. XIV. Jg., Köln, 17. Oktober 1910, No. 41/42, S. 1010-1012. — 12 Artur Rundt und Richard A. Bermann: *Palästina. Ein Reisebuch*. Leipzig, Wien, Zürich 1924, S. 13. — 13 Walter Preuß: »Tel-Aviv – 25 Jahre alt«. In: *Palästina. Zeitschrift für den Aufbau Palästinas*. XVII. Jg., Nr. 6/7, Juni/Juli 1934, S. 217-233; hier S. 217, 219. — 14 »Das Bankenviertel von Tel-Aviv. Städtebauliche Betrachtungen über die Handelsstadt«. Von Dipl.Ing. W. Lesser, Tel-Aviv. In: *Palästina*. X. Jg., März 1936, S. 135-139; hier S. 135. — 15 »The Jubilee Exhibition«. By S. Hoofien, President of the Chamber of Commerce, Jaffa. In: *Palestine and Near East Economic Magazine: The IVth Palestine and Near East Exhibition and Fair*. Tel-Aviv, Palestine, 7th-30th April, 1929. Festivities in Celebration of the 20th Anniversary of the Founding of Tel-Aviv, S. 109. — 16 Zit. bei Petrus Huigens: *Begegnungen in Israel. Israel – Abenteuer unserer Generation. Der junge Staat im Lichte biblischer Prophetie*. Kassel 1961, S. 84. — 17 »Das Strandprojekt für Tel-Aviv«. Von Dr. Ing. W. Lesser, Tel-Aviv. In: *Palästina*. Aug.- Sept. 1937, S. 432. — 18 Leo Kaufmann: »Housing for the Working Class«. In: *Housing in Jewish Palestine. Jewish Agency for Palestine, Economic Research Institute*. Jerusalem 1938, S. 92-109; hier S. 99. — 19 Hector Bolitho: *Beside Galilee. A Diary in Palestine*. London 1933, S. 103. — 20 Marcus Ehrenpreis: *The Soul of the East. Experiences and Reflections*. Translated from the Swedish by Alfhild Hübsch. New York 1928, S. 83. — 21 Kahn (wie Anm. 9), S. 100. — 22 Ebd., S. 97. — 23 Nurit Govrin: »Jerusalem and Tel Aviv as metaphors in hebrew literature«. In: *Modern Hebrew Literature*, New Series No. 2, Spring 1989, S. 23-27; hier S. 24 f. — 24 Manfred Sturmann: *Palästinensisches Tagebuch. Aufzeichnung einer Reise*. Berlin 1937, S. 47. — 25 Isaac Deutscher: »Israels geistiges Klima«. In: *Der nichtjüdische Jude. Essays*. Berlin 1988, S. 35-58; hier S. 47. — 26 Norman Bentwich: *Fulfilment in the Promised Land*. London 1938, S. 80. — 27 Ladislas Farago: *Palestine on the eve*. London 1936, S. 84. — 28 Walter Preuß: »Tel-Aviv, 25 Jahre alt«. In: *Palästina*. Juni-Juli 1934, S. 222. — 29 Zum Beispiel diese: »Anno 1925 kam ein Jude ins Land; Geld hatte er natürlich keines, doch von besseren Tagen war ihm noch ein schwerer Silberlöffel verblieben. Auf diesen Silberlöffel hin lieh ihm ein ehemaliger Landsmann 2 pal. Pfund, mit denen unser Freund Mitglied einer Kredit-Kooperative wurde und eine Anleihe von 20 Pfund erhielt. Mit diesem Kapital ging er zur Terraingesellschaft und erwarb mit einer ersten Anzahlung ein Grundstück, auf das er dann eine stolze Tafel setzte: ›Baugrund des Mr. N.N.‹ Kaum war das geschehen, da begannen schon die Agenten zu laufen: ›Sie werden doch keine ausländischen Ziegel benützen. Unsere sind 150mal so stark, und Sie sind doch ein Zionist. Was, Sie haben jetzt kein Geld? Aber wozu, ein paar Wechsel genügen.‹ Kaum werden am anderen Tag die Ziegel abgeladen, da kommt schon der Vertreter der Baukoope-

rative. ›Als guter Jude werden Sie doch nur mit uns bauen. Ach, das mit dem Zahlen erledigen wir ein anderesmal.‹ Und bevor noch das erste Stockwerk fertig war, hatte unser Freund alle drei Stockwerke vermietet und die Miete auf drei Jahre vorausbezahlt erhalten. Und das alles durch einen Silberlöffel.«(Kurt Grunwald: »Bank- und Kreditwesen in Tel-Aviv«. In: *Palästina*. VII. Jg., April-Mai 1934, S. 165–169; hier S. 165.) — 30 Oskar Neumann: *Fahrt nach Osten. Impressionen einer Erez-Israel-Fahrt.* Mukacevo 1933, S. 41. — 31 Kurt Stechert: *Palästina-Bericht eines Nichtjuden.* Leipzig, Wien 1934, S. 69 f. — 32 Edmond Fleg: *The Land of Promise.* New York 1923, S. 128. — 33 Theodor Herzl: »Der Novembertermin« (1899). In: *Theodor Herzl. Ein echter Wiener.* Feuilletons, kommentiert von André Heller. Wien o.J. [1986], S. 33–38; hier S. 38. — 34 Maurice Samuel: *What happened in Palestine. The events of August, 1929, their background and their significance.* Boston, Mass. o.J., S. 66 f., 68. — 35 Arthur Koestler: *Promise and Fulfilment. Palestine 1917 – 1949.* New York 1949, S. 326. — 36 Artur Rundt und Richard A. Bermann: *Palästina. Ein Reisebuch.* Leipzig, Wien, Zürich 1924, S. 14. — 37 Kahn (wie Anm. 9), S. 110. — 38 Ebd., S. 108. — 39 Bolitho (wie Anm. 19), S. 101. — 40 Norman Bentwich: *Fulfilment in the promised land.* London 1938, S. 80. — 41 Martin Feuchtwanger: »In Praise of Tel-Aviv. A newcomer's impression«. In: *The Palestine Post* vom 5.11.1939. — 42 »Das Märchen Tel-Awiw«. Von AG., Tel-Awiw, im Dezember. In: *Jüdische Rundschau*, Monatsausgabe, Januar 1932, S. 5 f. — 43 »Die Zukunft Tel-Awiws. Große Pläne zur Entwicklung der Stadt«. Von gl [d.i. Gerda Luft], Tel-Awiw, 7. Februar 1933. In: *Jüdische Rundschau*, Monatsausgabe Nr. 2, Februar/März 1933, S. 6. — 44 Annie Mainz: *Das ist Tel-Aviv!* Hamburg o.J. [1934], S. 5 f. — 45 Ebd., S. 10. — 46 Paul Mühsam: *Ich bin ein Mensch gewesen. Lebenserinnerungen.* Hg. u. mit einem Nachw. v. Ernst Kretzschmar. Berlin/DDR 1989, S. 270. — 47 Vgl. dazu Helene Maimann: »Sprachlosigkeit. Ein zentrales Phänomen der Exilerfahrung«. In: *Leben im Exil. Probleme der Integration deutscher Flüchtlinge im Ausland 1933 – 1945.* In Verbindung mit Walter Hinck, Eberhard Lämmert und Hermann Weber hg. von Wolfgang Frühwald und Wolfgang Schieder. Hamburg 1981, S. 31–38. — 48 Gerda Luft: *Heimkehr ins Unbekannte.* Wuppertal 1977, S. 124.

Thomas Strack

Fritz Lang und das Exil

Rekonstruktionen einer Erfahrung mit dem amerikanischen Film

Im Dezember 1929 schrieb Fred Zinnemann an seinen Freund Herbert Rappaport unter dem Eindruck erster kleiner Erfolge an der amerikanischen Westküste: »Hollywood ist ein fabelhaft schönes place, das kommt mir immer zum Bewußtsein, und dann möcht' ich mich am liebsten am Boden hauen und strampeln und brüllen!«[1] Jener anfänglichen Begeisterung läßt sich eine gleichermaßen emotionale, diesmal aber desillusionierte Äußerung aus dem Jahr 1931 gegenüberstellen. In den großen Studios, so der spätere Regisseur so wichtiger amerikanischer Filme wie *High Noon* (1952) und *From Here to Eternity* (1953), »geht jede künstlerische Sorgfalt langsam zum Teufel. Es ist jedem Menschen schlurz, ob ein Film ein paar nette Einstellungen und Ideen enthält oder nicht. Man (...) trachtet höchstens, das Wohlgefallen des Studio-Oberbonzen zu erwecken. Was das Publikum zu der also entstehenden Scheiße sagt, ist ja dann nicht des Studiopersonals Sache (...). Ich hoffe nur, daß mich Hollywood nicht ebenso restlos verdirbt, wie es bisher noch die meisten Leute umgebracht hat.«[2]

In der zeitgenössischen Filmkritik und den historischen Filmwissenschaften werden Erfahrungen wie diese immer wieder zu Positionsbestimmungen gegenüber der Kulturindustrie benutzt. Vielfach wird dabei den Produkten dieser Industrie aus neuhumanistischer Perspektive der kulturelle Wert und damit das Potential eines Beitrags zur Bildung des autonomen Individuums abgesprochen. Andernorts werden die Produkte der Kulturindustrie unter der Maßgabe linker Kapitalismuskritik als Instrumente der Massenmanipulation entlarvt. Bertolt Brechts Kapitalismuskritik und seine daraus nachgerade zwangsläufig folgende, klare politische Ablehnung der Arbeitsbedingungen und der Produkte Hollywoods stellen allerdings einen Sonderfall dar. Vielmehr durchdringen neuhumanistische Bildungs- und Kulturbegriffe auch linke Formen der Kritik; hier verbindet sich die Vorstellung von der Einzigartigkeit des Kunstwerkes und einer weitgehenden Autonomie von Künstler und Kunstwerk mit einer Kritik an der »Massenkultur unterm Monopol«[3]. So befanden die USA-Exilanten Max Horkheimer und Theodor W. Adorno, daß »Lichtspiele und Rundfunk sich nicht mehr als Kunst auszugeben brauchen. Die Wahrheit, daß sie nichts sind als Geschäft, verwenden sie als Ideologie, die den Schund legitimieren soll, den sie vorsätzlich herstellen«.[4] In der großen Mehrzahl der Autobiographien deutschsprachiger Emigranten und Exilanten werden die Filmindustrie, die Rolle des Künstlers und die Herstellung der Filme allerdings unter unzweideutig neuhumanistischen Vorgaben kritisiert.[5] In diesen Texten treffen kommerzorientierte Vorstellungen von der Urheberschaft am Kunstwerk und dem (Markt-)Wert der produzierten Filme auf diametral entgegengesetzte Begriffe von der autonomen Innerlichkeit kreativer Prozesse.[6]

In diesem Zusammenhang entwickelte sich auch der »Mythos« Fritz Lang.[7] Sein Kampf mit der Filmindustrie nahm legendären Charakter an, um schließlich in Jean-Luc Godards Le Mépris (F 1963) seinen Höhepunkt zu finden. In diesem Film setzt Lang, als Regisseur eines Films im Film, ein anspruchsvolles Projekt gegen den verhaßten amerikanischen Produzenten Prokosch durch, der am Ende gar zu Tode kommt. »Ein Filmproduzent«, befindet Lang in Le Mépris, »ist eine Sorte Mensch, ohne die ich sehr gut auskommen könnte.« Langs Arbeit war, so die Sekundärliteratur, reich an solchen Kämpfen, »in denen der Regisseur seine künstlerischen Absichten zu verteidigen hatte«, und zwar »gegen die ideologischen Auflagen der Traumfabrik«.[8] Als Lang nach der Arbeit an Beyond a Reasonable Doubt (1956) der Stadt am Pazifik den Rücken kehrte, schrieb François Truffaut, Lang sei ohne Zweifel »nicht nur ein genialer Künstler, sondern auch der isolierteste und unverstandenste unter den heutigen Filmautoren«[9]. Lang selbst berichtete, er »habe genug von Hollywood« gehabt, denn dort hätte er bereits »zu viele Leute an Herzinfarkt sterben sehen«[10]. Dieser harte Blick auf die eigene Vergangenheit ließ kaum mehr Differenzierungen zu und nahm selbst ideologischen Charakter an.

Im folgenden soll Langs Akkulturationsprozeß in den USA dargestellt werden, und zwar in einer kritischen Auseinandersetzung mit den Aussagen des Exilanten selbst und in Abgrenzung gegenüber einer Reihe rekonstruktiver werkgeschichtlicher Analysen. Diese beschränken sich häufig auf den Nachweis ausgewählter Motive oder Denkfiguren, die die deutschen Filme Langs mit denen der »amerikanischen Periode« verbinden sollen. Andere vergleichen Langs deutsche und amerikanische Filme und fällen scharfe Werturteile, die entweder die Verflachung intellektueller Ansprüche herausarbeiten oder aber Langs außerordentlichen Beitrag zu den im Studiosystem fest verankerten Genres hervorheben. Einem Großteil dieser Betrachtungsweisen liegt ein statisches Künstlerbild zugrunde. Um aber nach der »Exilerfahrung im Werk«[11] und damit nach Langs Reaktionen auf sich verändernde Produktionsbedingungen zu fragen, bedarf es einer Revision solcher Positionen in der Lang-Forschung.

Entgegen der Einschätzung vieler filmhistorischer Untersuchungen war Lang in den USA sehr erfolgreich.[12] Viele Filme europäischer Regisseure feierten im Studiosystem künstlerische und finanzielle Erfolge, auch wenn diese Filme explizit kontinentalen Einfluß zeigten. So begann Erich von Stro-

heim, trotz seiner berüchtigten Auseinandersetzungen mit dem Produktionsapparat, Hollywood-Traditionen[13], die von Regisseuren wie Ernst
Lubitsch und Billy Wilder fortgesetzt wurden oder gar zu Hollywood-
Spezialitäten avancierten, wie etwa der Lubitsch-Touch oder William Dieterles biographisch-historische Filme.[14]

Zudem ist die einfache Aufzählung der Schwierigkeiten deutschsprachi-
ger Regisseure mit der Kulturindustrie ein fragwürdiger Gegenstand der
Exilforschung, wird doch oft übersehen, daß auch die amerikanischen
Künstler ideologische Schwierigkeiten mit dieser Industrie hatten. Der Film
Barton Fink (USA 1991, 20th-Century Fox)[15] der Brüder Joel und Ethan
Coen erzählt, nicht ohne Ironie gegenüber dem Künstler als Held, von einem Theaterdichter, der in den vierziger Jahren das kultivierte New York
verläßt und ins finanziell lukrativere Los Angeles übersiedelt. Fink geht es
aber eigentlich um »a new American theatre«. Sein Agent bestärkt ihn in seinen Plänen, denn »a brief tenure in Hollywood could support [him]
through the writing of any number of plays«. In Los Angeles verlangt man
allerdings von »the serious-minded Barton to write a low-budget wrestling
movie« – eine typische Auftragsproduktion also, wie man sie auch von den
Emigranten und Exilanten erwartete. Fink scheitert, so der Filmverleih, unter grotesken Umständen an »a nasty case of writer's block« – was wohl ein
satirisches Schlaglicht auf die Begegnung der Welt der Kunst mit der des
Kommerz werfen soll.

Die amerikanischen Filmschaffenden waren aber immerhin in ihrem eigenen kulturellen Kontext erfolgreich oder scheiterten und konnten dieses
Scheitern sich selbst oder der »Unmenschlichkeit« der Filmindustrie im allgemeinen zuschreiben. Im Gegensatz zu den Europäern blieb ihnen die eigene Kultur, wie Barton Finks Ideal eines »new American theatre«, als feste
Bezugsgröße erhalten. Als Lang, mit einem Vertrag von MGM in der Ta-
sche, in die USA emigrierte[16], mußte er einen neuen kulturellen Kontext in
die Bestimmung künstlerischer und lebenspraktischer Positionen einbezie-
hen. Dies führte ihn zu immer neuen Entwürfen einer sinnhaften Lebens-
und Werkgeschichte.[17] Seine Arbeiten in etablierten Genres und die zunehmende Internationalisierung des Filmgeschäfts führten dabei aber weder zu
einer exilinduzierten Identitätskrise, noch zur Übertragung deutscher Inhalte in amerikanische Kulissen. Der Wechsel nach Hollywood verstärkte vielmehr die bereits in Deutschland begonnene technische und intellektuelle
Internationalisierung seiner Arbeit. Diese Modernisierung vollzog sich als
Emanzipation von bildungsbürgerlichen Deutungen einer deutschen kulturellen Identität und als Entpflichtung von der in Deutschland dominanten
»regressiv-antikapitalistischen Kritik der Moderne«[18]. Aus der komplexen
intellektuellen Gemengelage der Weimarer Republik nahm Langs Werk in
den letzten Jahren vor der Emigration vor allem Einflüsse der Neuen Sach-

lichkeit auf, und hier besonders deren Bezug auf die gegebene soziale, politische und ökonomische Wirklichkeit. Dieser Wirklichkeit galt auch das Interesse der linken Kapitalismuskritik; letzterer blieb Lang jedoch fremd, was sich später auf seine Zusammenarbeit mit Bertolt Brecht an *Hangmen Also Die* (USA 1943) auswirken sollte.

Bei der Rekonstruktion der intellektuellen Entwicklung Langs hat man es allerdings mit Problemen des autobiographischen Schreibens und der Biographie zu tun, wobei der Showbusiness-Kontext der verwerteten Materialien nicht gerade zu deren Brauchbarkeit beiträgt.[19] Zudem kaprizierte sich Lang in Interviews auf die Position, daß er eigentlich gar nichts über sich selbst sagen wolle; zudem könne jeder Psychoanalytiker doch aus seinen Filmen alles über deren Urheber erfahren. Michael Töteberg stellt in diesem Zusammenhang enttäuscht fest, daß Lang dem Filmhistoriker zwar die Rolle des Psychoanalytikers zugewiesen hätte, selbst jedoch »jede Aufhellung der persönlichen Hintergründe [verweigerte], jenes biographische Material, ohne das (...) Themenfixierungen, Obsessionen gleich, nicht entschlüsselbar sind«[20]. Lang, so beobachtet er mit Verwunderung, »zog sich vielmehr auf anekdotische Geschichten zurück«[21]. Langs Äußerungen erscheinen im nachhinein als Ironie gegenüber seinen Biographen; es zeigt sich gar bei der Untersuchung von Langs frühen Projekten in den USA, daß er immer wieder versuchte, Entwürfe zu seiner Person und zu seinem Werk zu manipulieren. Er bot Interpretationen zur eigenen Lebens- und Werkgeschichte an, um sich die von den Filmwissenschaften immer wieder herausgearbeitete Problematik seiner Integration in den amerikanischen Produktionsapparat als intellektuell produktives Moment seiner künstlerischen Laufbahn zu erhalten.[22] In Biographien und filmhistorischen Untersuchungen fand Lang dankbare Abnehmer für diese Entwürfe.

So diskutiert Lotte Eisner, bildungsbürgerlichen Kunstkriterien verbunden, den ideologischen Einfluß Hollywoods auf den Film der Weimarer Republik. In diesem Zusammenhang erscheinen ihr Langs Werke als »klassisch« im Gegensatz zu den weniger interessanten Werken aus dem Bereich des »kommerziellen Films«.[23] Auch Hans Borgelt arbeitet am Mythos Fritz Lang, wenn er ihn als »genialen Filmstrategen« beschreibt, der sich während der Arbeit an *Metropolis* »für nichts anderes mehr als für sein Werk interessiert, das er rücksichtslos durchzieht, rücksichtslos gegen sich selbst und alle Mitarbeiter, auch gegen die Firma, die ihn engagiert hat, von deren Problemen er nichts weiß, nichts wissen will.«[24] Diese Vorstellung vom »Originalgenie«, das in einem aufopfernden Akt ewige Wahrheiten in ein auch formal zeitloses Gewand zu kleiden versteht, wurde im 18. Jahrhundert von Dichtern als Abwehrreaktion gegen Marktmechanismen erfunden, von den Theoretikern der Ästhetik aufgegriffen und nachfolgend von Literaturhistorikern dankbar zur Kanonisierung von Meisterwerken genutzt.[25] Der expressionistische Künstler profitierte von diesem Nimbus der »Olympier« der Goethezeit, hatte aber auch Teil an deren Weltferne. Lang beschrieb sich selbst gerne in dieser Tradition (hier während des Spartakus-Aufstands 1919): »Am ersten Drehtag wurde mein Auto auf dem Weg zum Studio dauernd von bewaffneten Aufständischen angehalten, aber es hätte mehr als einer Revolution bedurft, mich aufzuhalten, meinen ersten Film zu inszenieren.«[26] In Interviews und Werkkommentaren zur amerikanischen Periode verstärkte Lang die in diesem statischen Künstlerbild angelegte Mythenbildung noch durch die Stilisierung seiner Auseinandersetzungen mit Hollywood.

Weniger stark biographisch orientierte Untersuchungen konzentrieren sich auf ästhetische Bewertungen der amerikanischen Werke und betonen Langs Meisterschaft in der mis-en-scène, stets mit Verweis auf seine bedeutendsten deutschen Filme. So entwirft Cornelius Schnauber in einer Analyse von Langs Filmvorlage »Tod eines Karrieregirls« (1965) seine Version von Kontinuität in Langs Werk. Lang habe »durch großartige Regieleistungen (...) einseitige und melodramatische Überzeichnungen überdeckt«, wobei der »Realist Lang« schließlich in der für ihn typischen Meisterschaft in der mis-en-scène »das Einseitige glaubwürdig oder zumindest ergreifend«[27] habe wirken lassen. Andere »Rekonstruktionen« der Gestalt des *auteurs* Lang konzentrieren sich auf die Dichotomie von Moral und Schicksal, unter deren Vorgaben Kontinuitäten im Gesamtwerk herausgearbeitet werden.[28] Lesarten wie die letztere, so allerdings die berechtigte Kritik von Stephen Jenkins, »create Lang«. Die gegenteilige Annahme, daß Lang in den eigentlichen Hollywood-Genres kaum Bedeutendes geschaffen hätte, »causes him to disappear«.[29]

Um diese nachträglichen Konstruktionen eines *auteurs* im Sinne der *Cahiers du Cinéma* der fünfziger Jahre zu vermeiden, versucht Jenkins, einen »Raum« zu erhellen, der mit dem Namen Lang verbunden werden kann.[30] Dieser wird als Struktur im Sinne von Christian Metz' *Language et Cinéma* (1972) verstanden – was aber letztlich zur Trennung der Person Lang von den Strukturen führt, die sie geschaffen hat. Reynold Humphries greift in einer Studie aus dem Jahre 1989 zwar auf Überlegungen Christian Metz' zurück, doch betont er im Rückgriff auf *auteur*-Theorien wieder die Bedeutung der Person des Regisseurs. Denn gerade die Untersuchung von »recurring themes and motifs« habe zu der notwendigen Neubewertung von Genres und »a reappraisal of the American careers of Hitchcock and Lang« geführt. Doch Humphries sieht auch die Problematik dieses Ansatzes und warnt: »The idea of evolution tended to be excluded from auteur theory because of the need to fix the stakes once and for all, outside history.«[31] Lang bestand aber auf eben dieser Geschichtlichkeit seiner Arbeiten und betonte, daß seine Vorstellungen vom Film »remain fluid, believing set formulations, rules and rigid procedures to be the deadly enemy of creativeness«. Lang ging es um Positionen, die er als »inconclusive and subject to change«[32] beschrieb, und damit waren eben auch – in einem gar nicht abstrakten Sinne – sich verändernde Einsichten in die sozio-ökonomische und politische Situation gemeint. Lang nahm immer wieder neue Impulse auf und stand keineswegs über eine formalisierte Ästhetik in einem über eben diese Ästhetik bereits festgelegten Verhältnis zum Produktionsapparat oder zur Genreproduktion. Langs Werk widersetzt sich der Kategorisierung und ist geradezu gekennzeichnet von einem Eklektizismus, der eindeutige Zuordnungen unmöglich macht.[33] Lang hatte »nicht nur keine Angst vor Kolportage, vor stereotypisierten Figuren, vorm Genre; auf ihnen baute er sein Kino auf.«[34]

In Langs expressionistischen Filmen erschien die Gegenwart noch als eine vielschichtige soziale Wirklichkeit, die von Zerstörung bedroht war, da ihr universelle Bezugspunkte in Religion, Politik und Moral fehlten. In seiner Vorliebe für Spionage und Verbrechen griff er immer wieder »die Durchlöcherung scheinbar festgefügter, abgeschirmter Organismen« auf. Spionage war hier kein Mittel fremder Mächte, »sie war selbst die fremde Macht«[35], und sie verwies auf den Wertepluralismus in der kapitalistischen Massengesellschaft, in der Traditionen ausgelöscht wurden und Werte zerfielen, aber auch immer wieder neue Antworten auf diese Krise die Massen in Bewegung brachten. Dies waren Grundfiguren einer allgemeinen Kulturkrise, die sich in der Literaturkrise der Weimarer Republik spiegelte und mit vielen Emigranten und Exilanten ins Ausland ging.[36]

Hatte die intelligente Gegenwartsanalyse der deutschen Romantik noch auf einen pathologischen Sozialisierungsdruck verwiesen, dem die Hoffnung auf Erlösung durch übergeordnete geschichtsmächtige Kräfte entgegengesetzt wurde, so war dieser Verweiszusammenhang in dem expressionistischen Film *Metropolis* zum Klischee erstarrt.[37] Diese Arbeit schloß im Grunde Langs expressionistische Phase ab, indem sie ihre Elemente noch einmal in Übergröße präsentierte – was Lang vielfältige Kritik seitens der Intellektuellen einbrachte.[38] Auch Luis Buñuel sprach von »schwerfälliger und abgestandener Romantik«, wandte sich dann aber begeistert Langs Darstellung »einer unbeschreiblich schönen Öde, einer für unsere Augen völlig neuen Poesie« zu, Technik, die der Hand des Menschen entglitt.[39] Hier konnte Lang seine Arbeit weiterführen, indem er sich auf die Auseinandersetzung des Menschen mit dieser zunehmend entfremdungsgeladenen Umwelt konzentrierte, die intellektuellen Inhalte des Expressionismus aber hinter sich ließ. Im Kriminellen, den diese Gesellschaft ausgrenzte, erfuhr die städtische Gesellschaft selbst problematische Aspekte ihrer neuen sozialen Mobilität, die in einer Faszination durch das Verbrechen resultierte, das Lang immer wieder delektierlich beschrieb. Lang verband schließlich sein

Interesse an der »Auswertung des Films als Zeitdokument«[40] mit vertieften Einsichten in die emotionale Befindlichkeit des Menschen in der modernen Industriegesellschaft, die ihm in den USA in einem fortgeschritteneren Stadium als in der Weimarer Republik entgegentrat.

Lang war bereits im Jahre 1924 zusammen mit dem Produzenten Erich Pommer in den Vereinigten Staaten gewesen, um dort UFA-Filme zu vermarkten. Er hatte dort Wichtiges über den internationalen Film gelernt und fragte sich selbstironisch: »Was wissen die Leute in Pasadena von Siegfrieds Kampf mit dem Drachen?«[41] Zudem kam es Mitte der zwanziger Jahre in Deutschland zu einer realistischeren Auseinandersetzung mit der sozialen Wirklichkeit der Städte. Die Autoren der Neuen Sachlichkeit wandten sich vom gefühlsbetont-subjektiven, utopisch-idealistischen Expressionismus ab und einer zumeist wissenschaftlich informierten, objektiven Dinglichkeit zu.[42] Dem »Zwange der Zeit« entsprechend wurde ein »scharfes, unsentimentales, fast amerikanisches« Programm verfolgt.[43] Doch auch die Neue Sachlichkeit hatte ihre Ideologie: »Die Illusion von der sachlichen Lösung aller Widersprüche in der rationalisierten und industrialisierten Gesellschaft der Zukunft [stellte] einen Teilaspekt der übergreifenden Ideologie vom sachlichen Staat dar«.[44]

In diesem intellektuellen Kontext hatte sich Lang intensiv mit den kriminologischen und massenpsychologischen Aspekten des Verbrechens beschäftigt und den staatlichen Umgang mit dem Verbrecher untersucht (so am Fall des Kindermörders von Düsseldorf). Bei seiner Zeitungslektüre war er damals stets auf der Spur »des Lebensrhythmus unserer Tage, der Sachlichkeit der Zeitepoche, durch die wir eben durchgehen«[45]. Siegfried Kracauer hatte allerdings bereits an vielen Reportagen mit realistischem Impetus kritisiert, daß »hundert Berichte aus einer Fabrik sich nicht zur Wirklichkeit der Fabrik addieren, sondern in aller Ewigkeit hundert Fabrikansichten bleiben«[46]. Lang sah dieses zentrale Problem des Dokumentarismus; seine Vorstellung eines dokumentarischen Realismus war über eine Abbildung der Wirklichkeit hinaus auch an den Grenzen psychologischer Analysen interessiert. Jenseits einer lediglich dokumentarischen oder wissenschaftlich-psychologischen Bearbeitung der Wirklichkeit setzte Lang den Zuschauer »widersprüchlichen Emotionen und Ängsten aus«[47] und traf damit sehr viel genauer deren Erfahrung der Gegenwart. Lotte Eisner hat in diesem Zusammenhang bereits auf die »große Einfachheit von *M* [hingewiesen], wo die Wirklichkeit ganz naturgemäß Seltsames mitklingen läßt«[48]. Damit richtete sich Lang gegen jede Mechanisierung in der Erklärung gesellschaftlicher Zusammenhänge und verwies auf einen unerklärlichen Restbestand an Handlungsenergie sowohl in der Masse als auch im Individuum. In *M* wandte sich der Kindermörder nicht nur an die über ihn zu Gericht sitzenden Ganoven, sondern auch ans Publikum, als er den gesellschaftlichen Wertekonsensus und damit die Grundlagen der Macht der Gesellschaft über den Einzelnen mit dem Verweis auf psychologische Abgründigkeiten in der individuellen Psyche in Frage stellte. Lang beschäftigte sich später immer intensiver mit der Problematik des großstädtischen Lebens und analysierte Aspekte von »öffentlicher Meinung«, Polizei, Staatsanwaltschaft und sich wandelnden Begriffen von Recht und Gesetz in der Massendemokratie (von *Fury* 1936 über den oberflächlich schwachen Western *The Return of Frank James* aus dem Jahre 1940 bis zu *While the City Sleeps* 1956). »Ich wollte«, so beschrieb sich Lang schon in Deutschland, »von solchen Monsterfilmen wie ›Metropolis‹ oder ›Frau im Mond‹ wegkommen, ich wollte [mit *M*] einen intimeren, einen tiefergehenden Film machen.«[49]

Langs *Das Testament des Dr. Mabuse* wurde 1933 wegen Gefährdung der öffentlichen Ordnung und Sicherheit verboten (*M* wurde später vom gleichen Schicksal ereilt). Lang versuchte tags darauf, den Mabuse-Film in einem direkten Gespräch mit Goebbels wieder freizubekommen. Er kolportierte dessen Angebot, die Leitung des deutschen Films zu übernehmen.[50] Lang mußte Deutschland also sicher nicht verlassen, weil er mit Mabuse auf Hitler gezielt hatte. Töteberg widerspricht dieser Selbstdarstellung aus dem Jahre 1943: »Skepsis, ob Lang nicht nachträglich etwas in den Film hineingedeutet hat, ist sicher berechtigt«.[51]

Nach einem Zwischenaufenthalt in Frankreich emigrierte Lang 1934 in die USA. Er war, so berichtete er Peter Bogdanovich 1967, »very, very happy to get a chance to live [in the US] and become an American. In those days, I refused to speak a word of German (...). I read only English. I read a lot of newspapers, and I read comic strips – from which I learned a lot. (...) I drove around in the country and tried to speak with every cab driver, every gas station attendant – and I looked at films. (...). So I gained, I hope, a certain knowledge, not more. And I got a certain feeling of what I would call American atmosphere.«[52]

Als er in den USA ankam, galt Lang dort bereits als bedeutender Regisseur anspruchsvoller Filme von Weltgeltung. Trotzdem aber betrachtete man ihn, so D.W.C. 1936 in der *New York Times*, »with unconcealed suspicion. In the first place he was a ›foreigner‹ and those fellows are notorious for being ›arty‹. To the further confusion of the natives, he wore a monocle, something to which the town cannot become accustomed.«[53] Aus jener Phrase des »notorious for being ›arty‹« sprach das Urteil eines pragmatischen Filmschaffens, dem eine sehr konkrete Künstlertypologie zugrunde lag. Es ließ einen Konflikt zwischen Hollywood und dem Exilanten unausweichlich erscheinen, der seine deutschen Selbstentwürfe als Künstler, die intellektuelle Produktivität und Individualität, aber auch den Eklektizismus der Weimarer Republik mitbrachte.

Doch er brachte auch, wie bereits angeführt, außerordentliche Voraussetzungen für einen Erfolg mit sich. Dieser Aspekt ist, ganz besonders im Kontext der Arbeiten an seinem ersten größeren Projekt »Hell Afloat«, bislang weitgehend im Dunklen geblieben oder doch nur polemisch behandelt worden – nicht zuletzt, weil Lang selbst ein negatives Bild von seinen Anfängen in Hollywood pflegte. D.W.C. ging 1936 auf den Druck ein, dem Lang in Hollywood ausgesetzt war: »Realizing that he must successfully cope with it, succumb to it or be driven from pictures, Lang is seeking adjustment to Hollywood without, in any vital point, compromising. Metro, Lang understands, makes $8.000.000 a year. They do it largely with Cindarella stuff. He has no quarrel with that. But he believes that the screen has a responsibility, if not to the public, at least to itself.«[54]

Lang reagierte auf diese widersprüchlichen Anforderungen und entwarf für sich selbst die Doppelrolle des »picture-creator as well as business man«[55]. Bevor er aber erfolgreich in dieser Rolle agieren konnte, mußte er sich in die Produktionsbedingungen einarbeiten. Er setzte sich intensiv und erfolgreich mit der Genreproduktion als der mehr oder weniger kreativen Bedienung von Film-Mythen auseinander, denn auch in Deutschland war er schon erfolgreich mit Genres umgegangen.[56]

Bei Langs erstem Vorhaben handelte es sich um die Entwicklung des Drehbuches »Hell Afloat«, einer von Lang im Jahre 1934 ausgearbeiteten Idee zu einem Abenteuerfilm.[57] Dieses Projekt wurde nach mehreren Umarbeitungen im Sommer 1935 von MGM – als fertiges Script – endgültig abgelehnt und zu den Akten gelegt. Die Änderungen am Drehbuch zeigen aber, wie Lang, der sämtliche Entwürfe begutachtete und mit Korrekturen versah, sich mit den Anforderungen Hollywoods und denen der Team-Arbeit auch im künstlerischen Bereich erfolgreich auseinandersetzte und dabei Wichtiges lernte. Im Rückblick entwarf er jedoch für seine Biographen das Bild eines schmerzlichen Anfangs und klammerte Lernprozesse hinsichtlich des Produktionsprozesses aus.

In Deutschland hatte Erich Pommer seinem Schützling Lang stets die benötigten Mittel zur Verfügung gestellt.[58] In den USA war dies weit schwieriger, weil der künstlerische Prozeß als Teamarbeit sehr viel enger mit der geschäftlichen Abwicklung der Projekte verbunden war.[59] Lang hielt sich aber Wege offen, die Vorgaben des Drehbuchs in seinem Sinne zu beeinflussen. Gegenüber Lotte Eisner bemerkte er einmal, auf seine Arbeit in Amerika zurückblickend: »What is a finished manuscript? It is not, as might be assumed, a manuscript ready for shooting. It is a manuscript of a story which is far from being a manuscript ready for shooting.«[60] Außer Hitchcock, Hawks und Ford konnten aber nur wenige Regisseure ihre Filme während des ganzen Entstehungsprozesses betreuen, und Lang war 1934 kaum in einer solch starken Position, was er seine Biographen in vielfältiger Form hat wissen lassen.

In Bogdanovichs Buch über Fritz Lang heißt es in der Filmographie lakonisch: »1934 Hell Afloat (unrealized project). A story by Lang and Oliver H.P. Garrett, based on the disastrous S.S. Morro Castle fire of September, 1934 (in which 125 people died), written at MGM and rejected by Selznick«.[61] Lang soll 1965 gegenüber Bogdanovich zu diesem Projekt bemerkt haben: »Selznick liked it very much – on Christmas Eve; three days later, it was the lousiest thing he had ever read. After that – for a year – I was no longer given the chance to do anything.«[62] Lang stand den Aufzeichnungen Bogdanovichs allerdings kritisch gegenüber und mahnte Lotte Eisner zur Vorsicht bei deren Verwendung – wohl auch mit der Absicht, Einfluß auf deren biographische Darstellung zu nehmen.[63] Doch auch gegenüber Lotte Eisner hatte sich Lang negativ zur Arbeit an »Hell Afloat« geäußert: »Selznick, in a Christmas mood, said he liked it a lot; but three days later, under the influence of others, he found it very bad; intrigue and slander spread quickly in the film world.«[64] Im Anhang zu Lotte Eisners Fritz-Lang-Monographie, die auch auf Bogdanovichs Material zurückgreift, findet sich daher: »In 1934, Lang wrote, with Oliver H.P. Garrett, a story based on the S.S. Morro Castle fire in which over a hundred people died. David O. Selznick rejected the story for MGM.«[65] Kaplans sehr materialreiche Bibliographie erhob diese Version zur Grundlage der weiteren Lang-Forschung.[66]

So, wie Lang die Ereignisse für seine Biographen rekonstruierte, sind diese damals allerdings nicht abgelaufen; die Bürokorrespondenz belegt dies eindeutig.[67] Aus der Korrespondenz geht vielmehr hervor, daß Selznick die Geschichte 1934 keineswegs ablehnte, sondern das Projekt seit seinen Anfängen im September energisch unterstützt hatte. Gegenüber dem Hays-Office vertrat Selznick den Inhalt des Drehbuchs energisch, das im Juni 1935 in der von ihm gewollten Form vorlag.[68] Die sich über ein halbes Jahr hinziehende Bearbeitung der Entwürfe durch Lang und seinen amerikanischen Mitarbeiter Oliver Garrett, die Einflußnahme Selznicks, die Vorschläge von dessen Dramaturgin Leonore Coffee und die Umarbeitungen des Scripts unter der Leitung des von Selznick herangezogenen Autors Philip Barry führten zu entscheidenden Änderungen an Langs inhaltlichen und filmtechnischen Konzepten. So fand zum Beispiel Langs Titel-Idee »Hell Afloat« wenig Gegenliebe bei Selznick: »The Sales Department is definitely opposed to ›Hell Afloat‹, which they think will keep women out of the theatres.«[69]

In der Produktion spielten die Finanzen auf allen Ebenen eine zentrale Rolle. Lang benutzte in den Drehbüchern oft die Anweisung »Dissolve into . . .«, für deren technische Durchführung er ein neues Verfahren verwenden wollte. Selznick antwortete auf einen Vorstoß Langs in dieser Richtung: »I am fearful that an audience won't know what we are aiming at and we will get confusion merely from which will mean nothing, whatsoever, as far as

entertainment value goes.«[70] Auf Langs zögernde Bearbeitung des ursprüng-
lichen Entwurfs reagierte Selznick gereizt: »I feel that these are services spe-
cifically called for under your contract in getting the script to our satisfaction.«[71] Damit drohten auch dramaturgische Änderungen. Leonore Coffee,
Selznicks Dramaturgin, schrieb in dieser Sache an Lang: »I am not going to
waste time on a discussion of the fact that there are too many extraneous
characters and that even with these cut down in number, their calibre is a
little too unpleasant and to bitter.«[72] Da Garrett zu diesem Zeitpunkt bereits
meistenteils für Goldwyn arbeitete, schlug Selznick vor, einen neuen Autor
heranzuziehen. Dieser neue Mann, Philip Barry, nahm schließlich die entscheidenden Kürzungen und Straffungen des Drehbuchs vor. Lang schätzte
diese Zusammenarbeit über seinen Kopf hinweg nicht besonders und versuchte, auf Barry Einfluß zu nehmen. Selznick wurde dann auch deutlicher:
»I'm afraid if he works with you the way Garrett did it will be an awfully
long time before the draft is completed. My suggestion is that we let Phil go
right ahead with the first draft of all the changes and leave him alone.«[73]
Lang und sein Co-Autor Wright, der für das ›richtige Englisch‹ bei dem
Österreicher zuständig war, bearbeiteten schließlich die Darstellung der
Gangster, während Barry sich mit den Änderungen am Rest des Scripts be-
schäftigte.

Bemerkenswert ist in diesem Zusammenhang, daß Lang sich dabei nicht
nur in den kollektiven Schaffensprozeß einarbeitete, sondern Barry auch alle Neufassungen des Anfangs der Geschichte vorlegte und in seinen Mitteilungen *Teamgeist* bewies: »Naturally, we do not suggest that you use these
exact lines, but just the context.«[74] Lang stand stets in engem Kontakt mit
Barry; beiderseitige Änderungen wurden zumindest besprochen. Barry
wandte sich in einem Telegramm vom 23. Mai 1935 an Lang: »I have gone
over the script this evening with your suggestions in mind and would like
another day or two on it by myself before we meet to begin the detail work«.
Drei weitere Fassungen entstanden so.[75]

Doch die Charaktere erschienen Selznick und dessen Dramaturgin immer
noch zu ambivalent: »Naturally the crooks must be unpleasant characters,
but I think that we can loose a few of the disillusioned people on the boat.«[76]
Daraufhin verschwand die psychologische Analyse weitgehend zugunsten
von Aktionen, die durch eindeutige moralische Werte motiviert waren. In
der endgültigen Version des Projekts, nun unter dem Titel »Gold for Davy
Jones«, waren die Figuren im Sinne der neuen ›personal story‹ geändert,
indem Ambivalenzen weitgehend herausgestrichen und durch Klischees
ersetzt wurden.

Die Bearbeitungen erstreckten sich schließlich auch auf das filmische Ausdrucksmittel der mis-en-scène. Im allgemeinen bevorzugte es Lang, Objek-
te für sich selbst sprechen zu lassen (in *M* ist der Luftballon des Kindes, der

im Moment seines Todes aufsteigt, eines der bekanntesten Beispiele), und er überstieg jeden dokumentarischen Realismus, indem er auf Tiefendimensionen individueller und gesellschaftlicher Triebreservoirs verwies. In diesem Sinne legte er vor allem im ersten Entwurf von »Hell Afloat« besonderen Wert auf Details.[77] Der Hinweis auf Unterbewußtes durch die optische Erfassung von Gegenständen, die in Beziehung zu diesem Unterbewußten gebracht werden konnten, wurde Lang als gestalterische Möglichkeit anfangs allerdings weitgehend verwehrt, zumindest bei der Arbeit am Script. Man einigte sich aber schließlich auf eine Version, die die Ideen Langs und seine Bearbeitungsvorschläge, aber auch die Einlassungen der anderen Beteiligten beinhaltete. Von der künstlerischen Qualität des Endprodukts überzeugt, schrieb Barry an die Produktionsleitung: »I do hope you won't let anyone monkey with it and that if it should prove to be too long that the cutting will not be done in the passages which give it life and color and credibility.«[78]

Mit *Fury* (1936), seinem ersten finanziell und künstlerisch erfolgreichen US-Film, konnte Lang seine Position festigen. Doch auch dieses Projekt war trotz seines kommerziellen Erfolgs bei Metro unbeliebt. D.W.C. schrieb 1936 in der *New York Times* mit Bezug auf den sozialkritischen Inhalt des Films: »Metro was reluctant to make ›Fury‹. Today they still think it was a mistake. How can you sell a picture like that to the public? they ask bewilderedly. Metro was convinced that ›Fury‹ was B fare.«[79] Lang hatte sich für *Fury* über Lynchjustiz als quantifizierbares soziales und politisches Phänomen informiert und führte seine Überlegungen exemplarisch am Beispiel einer amerikanischen Kleinstadt aus. »Massenpsychologie«, so Lang in diesem Zusammenhang, »faszinierte mich.«[80] Hatte er einst die eigenen Erfahrungen der Unwägbarkeiten der menschlichen Existenz angesichts des Krieges und der Wirren der Weimarer Republik in expressionistischer Überhöhung ans Publikum weitergegeben, wandte er sich nun den Institutionen der Massendemokratie und der Existenz des Individuums in eben dieser Lebenswelt zu.

Joe Wilson, Hauptfigur in *Fury*, wird unschuldig wegen eines sensationellen Falles von Kidnapping eingesperrt. Eine rasende Menschenmenge versucht, ihn in seiner Zelle zu verbrennen. Wilson weiß ganz genau, wer dahintersteckt, nämlich »these respectable business men«. Diese arbeiten mit der Presse zusammen, die ihrerseits den niedrigsten Instinkten der Massen willfährig entgegenkommt. Die Massen, so Joe, »get a big kick out of seing a man burned alive«. In diesem Film thematisierte Lang die Komplexität des Rechtsstaates, die Mechanik des juristischen Systems und seine Funktionsfähigkeit angesichts vielfältiger Manipulationsmöglichkeiten in der Massendemokratie. Doch auch hier versuchte er wieder, die Grenzen der Sozialkritik und eines jeden psychologischen Realismus aufzuzeigen, indem er auf emotionale Unwägbarkeiten verwies. Wilsons Freundin betont, mit Bezug auf Joes Rachegelüste, daß »strong emotions« zu psychologischen Störungen führen können (siehe *Das Testament des Dr. Mabuse*!). Langs ursprünglicher Plan, der aber von der Produktionsleitung abgelehnt wurde, bestand darin, die Anführer des Mobs ihrem Todesurteil zuzuführen. Joe sollte nicht zu ihrer Rettung eilen, sondern von einer Kleinigkeit dazu bewegt werden, seine Rache gänzlich auszuführen: Sein Hund war in dem Feuer, das der Mob im Gefängnis gelegt hatte, zu Tode gekommen.[81] Wilson selbst gibt eine Erklärung für seine psychologische Befindlichkeit: »People got funny impulses, if they resist they are sane«. Am Ende zwang man Lang allerdings, dem Film ein Happy-End anzufügen, in dem Spencer Tracy die Todgeweihten rettet und sich mit seiner Freundin versöhnt.

Trotz solcher Probleme mit den Studios hatte sich Lang mit dem Erfolg von *Fury* praktisch und künstlerisch in den USA etabliert, wie der thematische Realismus des Films und dessen mis-en-scène belegen. Dieser Film, so Graham Greene, war der einzige, »to which I have wanted to attribute the epithet of ›great‹«[82]. Lang hatte nun größere Freiheiten, wie man sich anhand seiner ständigen Überarbeitungen von Synopsen, Treatments und Drehbuchentwürfen vergegenwärtigen kann.[83] Schnauber widerlegt in diesem Zusammenhang Töteberas Behauptung, Lang habe nach dem angeblichen Mißerfolg von *You Only Live Once* (1937) nicht mehr für A-pictures unter Vertrag gestanden.[84]

Lang brachte diese neu gewonnene Freiheit des Regisseurs, aber auch die Aufmerksamkeit für sein amerikanisches Publikum in die Zusammenarbeit mit Bertolt Brecht an *Hangman Also Die* (1943) ein. Brecht berichtet in seiner Abgrenzungsarbeit gegenüber dem Kapitalismus von Begegnungen zwischen ihm selbst, Lang und dem Produzenten Arnold Pressburger: »wie ich diese kleinen hitzewellen hasse, die in der nähe von geld jedermann erfassen.«[85] Er blieb reserviert gegen die »brotarbeit«[86], die er in Hollywood, dem »zentrum des weltrauschgifthandels«, als der »letzte der tuis dieses gewerbes« abzuliefern hatte.[87] So berichtet er, wie Lang »oben im studio mit den geldleuten verhandelt. wie in einem propagandafilm dringen herunter die ziffern und todwunden aufschreie: ›30000 $ – 8 % – I can't do it‹.«[88] In diesem Zusammenhang arbeitete Brecht selbst am Mythos eines schwierigen Umgangs mit Hollywood. Seine Ablehnung der kapitalistischen Filmindustrie, in der er nicht an die Erfolge von *Dreigroschenoper* und *Kuhle Wampe*[89] anknüpfen konnte, richtete sich auch gegen Lang, den er als einen Repräsentanten des Systems wahrzunehmen schien.[90] Er warf Lang vor, daß er ihn beim Honorar für das Drehbuch übervorteilt und bei der Arbeit am Drehbuch selbst nur »licenses für das boxoffice« im Auge gehabt hätte.[91]

Brechts Berichte werden von Schnauber weitgehend widerlegt[92]; zudem belegt die Heterogenität der zeitgenössischen Rezensionen, daß Lang durchaus nicht in einem abwertend gemeinten Sinne hollywood-konform und damit klischeehaft gearbeitet hatte. So wies der Rezensent der *Los Angeles Times* darauf hin, daß *Hangmen Also Die* »alle üblichen Hollywood-Techniken vermeidet (...). Deshalb bin ich mir nicht sicher, ob *Hangmen Also Die* dem Unterhaltungsbedürfnis des Publikums entspricht. Der Film ist zu schwer und zu brutal.«[93] Lang selbst betonte, daß es zum Streit mit Brecht gekommen sei, weil er selbst, unter Zeitdruck und ohne Brecht zu konsultieren, das viel zu lange Manuskript (250 Seiten) auf die immer noch zu langen 192 Seiten gekürzt hatte.[94] Erstaunlich ist Langs amerikanisierte Haltung gegenüber der Teamarbeit und die geringe Bedeutung, die er der Kontrolle des individuellen Autors über jeden Aspekt des Produkts, an dem er beteiligt war, beimaß: »Es gab von Haus aus nicht die geringste Differenz zwischen Brecht und mir an dem Inhalt des Manuskripts, da ich ja Mitautor der Outline war.«[95] Im Bogdanovich-Interview führte Lang weiter aus, daß er als Regisseur stets offen für die Ideen der Mitarbeiter gewesen sei, denn »a) I can only learn something and b) if I find some good idea, it's a feather in my cap.«[96] Zudem behielt sich Lang als Perfektionist Änderungen bei der endgültigen Umsetzung eines jeden Scripts vor, womit Brecht Schwierigkeiten hatte.[97] Die Auseinandersetzung mit Brecht zeigt aber, wie erfolgreich sich Lang dem System angepaßt hatte und auf Erfahrungen seiner ersten Jahre in Hollywood zurückgriff, um Eigenes zu schaffen.

Mit *Hangmen Also Die*, so Lang, habe er seinen »wichtigsten anti-nationalsozialistischen Film«[98] gemacht. Er habe aufzeigen wollen, daß der Mensch trotz des physischen Untergangs im Angesicht der Nazis seine Würde behalten könne, und zwar im Erbringen eines »sacrifice for those who live after him. This is not man as the victim of fate or man dying for nothing«.[99] Damit schuf er allerdings eine Reihe von Problemen für die Rezensenten, die »ein unausgeglichenes Werk« vorfanden, das ihrem Lang-Bild nicht entsprach: »Neben guten, echten Langschen Szenen und Sequenzen kommt viel Schwarzweißschematismus vor.«[100] Lang ging es aber um die Reaktion auf eine politische Krise, die nach klaren Linien und propagandistischen Elementen verlangte. In diesem Zusammenhang wandte er sich explizit gegen deutsche Traditionen: »It is significant that in the Fascist states there was a marked return to the mystical concept of Fate.«[101] Mit diesem Einblick in den der Moderne unzeitgemäßen Charakter faschistischer Einheits- und Ursprungsmythen vollzog Lang endgültig die Wende zur Massendemokratie. Lang fand »a greater maturity expressed in the people's belief that the future does not come of itself – it must be achieved«[102]. Der schicksalhafte Untergang erschien ihm nun als »a defeatist ending, a tragedy for nothing brought about by an implacable fate«[103]. Er sah nach dem Zweiten Weltkrieg die Aufgabe des Filme-Machers darin, den Glauben des Publikums an eine positive Zukunft in seinen Filmen zu realisieren.[104] Dies sei in Hollywood durchaus möglich; auch dort könne man »good (mature) pictures«[105] machen. Einfache Schuldzuweisungen an die Filmindustrie lehnte er ab.

Hier blieb Lang aber weder in seiner Bewertung der Gegenwart noch künstlerisch stehen. Er nahm seinen Optimismus hinsichtlich politischer und sozialer Entwicklungen wieder zurück. Persönliche Enttäuschungen im Studiosystem und die Verbitterung nach dem Weltkrieg, der nicht die erwartete Erneuerung, sondern den McCarthyism brachte, führten Lang immer mehr hinein in die Analyse von Verwerfungen innerhalb der kapitalistischen Massengesellschaft. Er unternahm den Versuch, Beobachtungen zum Triebhaushalt des Individuums mit den Ergebnissen der forensischen Psychatrie zu verbinden, um den individuellen Menschen unter dem Druck seiner schwierigen sozialen Rollen darzustellen, allerdings ohne jeden endgültigen Erklärungsanspruch.

In *While the City Sleeps* (1956) rücken Sex und Macht ins Zentrum der Aufmerksamkeit. Dokumentarische Darstellungen des Verbrechens treten hier zurück vor dem Interesse am gesellschaftlichen Umgang mit dem Verbrechen. Individualpsychologische Verwerfungen, so vor allem in der Gestalt des zynischen Zeitungsreporters Mobley, werden zu Symptomen einer Krise innerhalb der wertepluralen Massengesellschaft.[106] Im Sinne des *film noir* beschreibt Lang hier die Erfahrungen des modernen Menschen in dieser Gesellschaft: »Jenseits von allem Anschein, was ist Schuld und was ist Unschuld?«[107] Robert Siodmak, der mit Filmen wie *The Spiral Staircase* (1945) und *The Killers* (1946) im *film noir* Erfolge feierte, betonte im gleichen Kontext: »Das Gute und das Böse sind kaum voneinander zu scheiden. Auch ein moralisches Bewußtsein von Schuld (...) existiert nicht.«[108]

Diese Einsicht ließ sich im Hollywood der Studios durchaus darstellen, wie Truffaut und Godard in ihren Untersuchungen zu Hollywood-Genres bemerkt haben. Dieses Faktum wurde im Rückblick von Lang und anderen aber oft eigenartig verzerrt. So hat Daniela Sannwald für Robert Siodmak festgestellt, daß dieser die Entwicklung seines eigenen Stils »selbst offenbar gar nicht wahrnahm«, wenn er sich darüber beklagte – und sie zitiert ihn -, daß er »nicht genügend Zeit gehabt hätte, die Filme vorzubereiten oder seinen eigenen Stil zu finden«.[109] Fritz Lang ging im Zorn über die Arbeiten an *Beyond A Reasonable Doubt* (1956) und mit Wahrnehmungen, die denen von Siodmak glichen, in die Bundesrepublik. Auslöser war, so Töteberg, ein Streit mit dem Produzenten über die Realitätsnähe von *Beyond A Reasonable Doubt* (Lang hatte die Todeszellen in Sing Sing und San Quentin besucht).[110]

Die Situation war nicht einfach für den Rückkehrer: »Die veröffentlichte Meinung«, so Dillmann, »suchte Anknüpfungspunkte, behauptete Kontinuitäten; die Filmproduzenten wollten Remakes, das Vorvergangene in neuem Gewand, noch in den Söhnen die berühmten Väter sehen.« Die Rückkehrer »beugten sich dem Erwartungsdruck in den allermeisten Fällen und gaben der eigenen Sehnsucht nach Sinnstiftung nach«[111] – was unweigerlich zu Problemen führte. Langs frühe Mabuse-Filme, so betonte der Rezensent der *Filmkritik*, seien noch »wohlgezielte Warnrufe vor der drohenden Heraufkunft der hitlerischen Verbrechensherrschaft« gewesen, deren Fortsetzung aber sei »forciert bis zur Albernheit«.[112]

In diesem Entwurf zur Person des Exilanten wird deutlich, was man in Deutschland von Lang erwartete, nämlich die Erlösung aus der damaligen Filmmisere. Man knüpfte an bildungsbürgerliche Leitbilder vom Meisterwerk und seinem Urheber an und bezog sich auf kanonisierte Vorkriegswerke. Solche Leitbilder konnten aber in der deutschen Filmindustrie so wenig wie in den USA durchgehalten werden. Gottfried Reinhardt, der wie Lang mit Artur Brauner zusammenarbeitete, beklagte in einem zornigen Rückblick »die technische Unzulänglichkeit, den Mangel an Vorbereitung, die Improvisation, die schlecht formulierten Verträge, die vielen, horrenden Überzahlungen, das Fehlen jeder Produktionsleitung«.[113] Alexander Kluge bestätigt, daß Lang Ärger mit Brauner hatte, der »jede zweite Idee von Fritz Lang als zu teuer, als zu abwegig unterminierte. Zum Trost erhielt Fritz Lang am Abend Sekt, den er nicht trank. Das war die Zerstörung eines Filmkonzepts.«[114]

Wie Claudia Dillmann mit einer detaillierten Liste belegt, war Lang in dieser Zeit ständig unterwegs und pendelte zwischen Deutschland, den USA, Italien und Indien und war eigentlich viel eher ein Künstler mit internationalem Betätigungsfeld als ein Remigrant, so daß die Frage nach der Rückkehr in die alte Heimat an Schärfe verliert. Zugleich belegt diese Beobachtung aber auch Langs Entfremdung vom deutschen Kino. Lang äußerte 1971, also nach seinen schwierigen Arbeiten in der Bundesrepublik, in einer Rekonstruktion damaliger Befindlichkeiten: »Ich selbst wollte nie zurückgehen und war außerdem seit 1939 amerikanischer Staatsbürger.«[115]

Trotz der ideologischen und persönlichen Schwierigkeiten bleibt aber festzuhalten, daß sich Lang im internationalen Filmgeschäft durchsetzen konnte. Seine Arbeit in der Weimarer Republik hatte schon stark auf dem Erzählerischen basiert und kam damit der Hollywoodproduktion, dem Erzählen von meist spannenden Geschichten, entgegen. Lang wandte sich diesem Produktionsstil, seiner neuen Umgebung und deren sozialen Problemen zu. Im Studiosystem erfuhr Lang allerdings einen schmerzhaften Lernprozeß, der ihn zu jenem zornigen Blick zurück und der Verzerrung der Ereignisse gegenüber Bogdanovich und Eisner veranlaßte. Langs spätere Integration in den amerikanischen Produktionsapparat wird aber nach kritischer Analyse nachvollziehbar, trotz gegenteiliger, aus den Enttäuschungen der fünfziger und sechziger Jahre verstehbaren Erklärungen Langs. Die

Fähigkeit zur Entwicklung, nicht das Festhalten an Motiven und Denkzu-
sammenhängen, eröffnete ihm die Möglichkeit, sich in einen neuen ideologischen Kontext einzubringen. Lang hat immer wieder neu den Versuch
unternommen, Filme zu machen, die eine schwierige Gegenwart kommen-
tierten – was eben auch in den USA möglich war. Er hinterfragte seine Erfolge in den Hollywoodgenres immer wieder, um gegenüber der zunehmen-
den Anzahl filmhistorischer Untersuchungen seine künstlerische Identität
in Anlehnung an klassische Künstlerbilder als eine statische zu rekonstruieren. Aspekte seines Werkes schienen ihm darin Recht zu geben: Es gab weder mit den Helden der deutschen Filme, noch mit denen seiner *films noirs*
Identifizierungsmöglichkeiten; sie standen in ihrer extremen Lebensproble-
matik zumeist jenseits der Erfahrungen des Publikums. Es ist aber überaus
problematisch, mit Töteberg von einem »zutiefst pessimistischen Menschenbild«[116] zu sprechen, das alle Filme Langs miteinander verbinden soll.
Langs Charaktere und ihre Erfahrungen zeigen vielmehr eine differenzierte
Untersuchung von pathologischen Aspekten des Zeitalters an, die Lang seinem Publikum in gelegentlich überzogener Darstellung, aber immer wieder
mit Bezug auf die direkte Gegenwart anbot. Die besondere Anziehungskraft
von Langs Werk liegt nicht in den sicher vorhandenen Kontinuitäten, sondern in seinen Modernisierungstendenzen, die nicht durch das Exil hervor-
gebracht, aber doch durch die damit verbundenen Erfahrungen verstärkt
wurden. Diese Erfahrungen bestätigten Lang in seinem ideologischen und
ästhetischen Eklektizismus und trugen zur jeweiligen Aktualität seiner
Werke bei.

In seinen Entwürfen zur eigenen Lebensgeschichte verband Lang Dichtung und Wahrheit zu einer sinnfälligen Lebensgeschichte im 20. Jahrhundert, um eigene Wandlungen in den Griff zu bekommen. Im Zusammenhang mit seinen Arbeiten an dem phantastischen Abenteuerfilm *Das
indische Grabmal* (1959), einem Projekt, mit dem er sich schon während
seiner Anfänge im Film beschäftigt hatte, bemerkte er: »Es war, als ob der
Kreis sich schlösse.«[117] Dieser Sinnentwurf, den er nur als unverwirklichte
Möglichkeit präsentieren kann, verweist für Langs individuelle Existenz auf
ein Thema, das er auch in seinen Filmen, allerdings mit unterschiedlichen
Ergebnissen in unterschiedlichen ideologischen Kontexten, aufgegriffen
hatte. Lang thematisierte einen der modernen Welt inhärenten Wertplura-
lismus, den er letztlich als einen Sinnverlust wahrnahm. Lang hatte die Weimarer Republik miterlebt, schwierige Anfänge in den USA, Erfolge und
Mißerfolge in der Filmindustrie und die ideologische Verfestigung nach
dem Zweiten Weltkrieg. Er wußte sehr genau, daß es auch dem Zeitalter
nicht mehr gelingen konnte, »den Kreis zu schließen«.

1 Fred Zinnemann: »Hollywood ist ein fabelhaft schönes place«. Fred Zinnemanns Ankunft in Amerika«. In: *Filmexil* (1992) H. 1, S. 49. — 2 Ebd., S. 51. — 3 Max Horkheimer/ T. W. Adorno: *Dialektik der Aufklärung.* Frankfurt/M. 1969, S. 128. — 4 Ebd., S. 129. Diese Einschätzung war durchaus im Kontakt mit der Filmindustrie entstanden; so kannte Horkheimer z.B. William Dieterles Projekte näher (vgl. Marta Mierendorf: »William Dieterle – Vergessene Schlüsselfigur der Emigration«. In: H. D. Daviau und L.M. Fischer (Hg.): *Das Exilerlebnis.* Columbia, SC, 1982, S. 87). — 5 Zur Genese neuhumanistischer Konzepte von Bildung und Kultur und deren Geschichte als kulturell einflußreiche Deutungsmuster in Deutschland vgl. Georg Bollenbeck: *Bildung und Kultur. Glanz und Elend eines deutschen Deutungsmusters.* Frankfurt/M. und Leipzig 1994. Überhaupt sei hier auf diese Studie verwiesen, da im vorliegenden Essay der Raum fehlt, den Umgang mit der industriellen Produktion von Kunst im Kontext dieses Deutungsmusters und über das Thema Fritz Lang hinaus detaillierter zu diskutieren. — 6 So z.B. Sirks Wahrnehmung seines Exilstatus und die Auswirkungen seiner Arbeitsbedingungen auf seine Arbeit in Hollywood (vgl. *Sirk on Sirk. Interviews with John Halliday.* New York 1972, S. 60 ff.). — 7 Die Entwicklungsgeschichte dieses Mythos wurde bereits 1972, allerdings mit stark ideologischen Vorzeichen, von Rolf Hempel untersucht (»Fritz-Lang-Mythos – für wen?« In: *Prisma* (Ostberlin 1972) H. 3, S. 236–251). — 8 Michael Töteberg: *Fritz Lang.* Reinbek bei Hamburg 1985, S. 115–16. — 9 Truffaut zit. in ebd., S. 121. S. a. François Truffaut: »Loving Fritz Lang«. In: Leo Braudy und Morris Dickstein (Hg.): *Great Film Directors. A Critical Anthology.* New York 1978. Truffaut erklärt hier am Beispiel von *The Big Heat,* warum die jungen französischen Regisseure so von Lang begeistert waren (S. 607 ff.). — 10 Töteberg (wie Anm. 8), S. 121. — 11 Wulf Koepke hat versucht, den Gegenstand der Exilforschung in diesem Sinne einzukreisen (s. »Probleme und Problematik der Erforschung der Exilliteratur«. In: *Das Exilerlebnis* (wie Anm. 4), S. 339). — 12 Cornelius Schnauber diskutiert solche Verzerrungen der Werkgeschichte am Beispiel von Paul M. Jensens *The Cinema of Fritz Lang* (New York 1969). Vgl. Schnauber: *Fritz Lang. Der Tod eines Karrieregirls und andere Geschichten.* Wien 1987. — 13 Vgl. Thomas Quinn Curtis: *Von Stroheim,* New York 1971 zu Stroheims Arbeit an *The Wedding March* (1926–28), S. 218–236; s. a. Joel W. Finler (Hg.): *Greed – A Film by Erich von Stroheim.* London 1972, bes. S. 9–11. Zu Lubitschs amerikanischen Erfolgen vgl. William Paul: *Ernst Lubitsch's American Comedy.* New York 1983. — 14 Vgl. Finler (wie Anm. 13), S. 9; siehe auch Mierendorf (wie Anm. 4), S. 82 f. — 15 *Barton Fink* erhielt 1991 die Goldene Palme in Cannes. — 16 Vgl. Peter Bogdanovich: *Fritz Lang in America.* New York 1967, S. 15. — 17 Lang sah sich, nicht anders als Robert Siodmak oder Douglas Sirk, gezwungen, in die USA zu emigrieren. Er hatte allerdings weniger Probleme als andere (s. Michael Stern zu Douglas Sirks Rolle in der Weimarer Republik und seinen Problemen mit Hollywood in *Douglas Sirk.* New York 1979). In den dreißiger Jahren war eine Vielzahl deutscher Künstler in die USA gekommen, oft mit der Hilfe des European Film Fund, in dem William und Charlotte Dieterle besonders aktiv waren. Dieterle stand im Zenit seiner Karriere, konnte mit Geld und Affidavits, aber auch über seine Beziehungen helfen, denn er hatte »Zugang zum Script-Markt«(Mierendorf (wie Anm. 4, S. 84). Lang hat hier vielfach geholfen und auch Brechts Einreise finanziell gefördert (vgl. Schnauber 1987 (wie Anm. 12), S. 121 ff.). — 18 Vgl. Bollenbeck: *Bildung und Kultur* (wie Anm. 5), S. 27 ff. — 19 Die Zahl der Interviews ist nachgerade unübersehbar (vgl. E. Ann Kaplan: *Fritz Lang, a Guide to References and Indexes,* 1981). Töteberg (wie Anm. 8) gibt eine umfangreiche Liste von Interviews (151). Besonders bedeutend für die Lang-Forschung wurden Moullets und Bogdanovichs Interviews sowie die Gespräche, die Eisner mit Lang führte (Lotte Eisner: *Fritz Lang.* New York 1977). Lang verfaßte einen sechsseitigen »Lebenslauf« für die Biographie der befreundeten Lotte Eisner; daneben gibt es Aussagen mit nachgerade juristischer Präzision wie die gegenüber dem Brecht-Forscher James K. Lyon 1971 über die Zusammenarbeit mit Brecht an *Hangmen Also Die* (Lyon: *Brecht in America.* Princeton 1980). — 20 Töteberg (wie Anm. 8), S. 18. — 21 Ebd., S. 7. — 22 Vgl. Thomas Strack: »Akkulturation und amerikanische Methode – Fritz Langs erstes Projekt in Hollywood«. In: *Massenmedien und Kommunikation* (1993) H. 85, S. 2–21. In diesem Essay geht es ganz speziell um Langs erstes größeres Projekt in den USA, »Hell

Afloat«. — 23 Lotte Eisner: *Die dämonische Leinwand.* 2. Aufl. Frankfurt/M. 1980, S. 323. — 24 Hans Borgelt: *Die Ufa – ein Traum. 100 Jahre deutscher Film: Ereignisse und Erlebnisse.* Berlin 1993, S. 119. — 25 Vgl. Jochen Schmidt: *Die Geschichte des Genie-Gedankens in der deutschen Literatur, Philosophie und Politik 1750–1945.* Darmstadt 1985, bes. S. 195 ff. — 26 Vgl. Eisner 1980 (wie Anm. 23), S. 14. — 27 Schnauber 1987 (wie Anm. 12), S. 199. — 28 Vgl. Julien Petley: *Fritz Lang: Cinema of Destiny.* University of Exeter, MA thesis 1973, und Paul M. Jensen, der »struggle« als Leitmotiv seiner Untersuchung zu Kontinuitäten in der Werkgeschichte ausgewählt hat (wie Anm. 12). — 29 Stephen Jenkins: *Fritz Lang. The Image and the Look.* London 1981, S. 6. — 30 Ebd., S. 7. — 31 Reynold Humphries: *Fritz Lang. Genre and Representation in His American Films.* Baltimore – London 1989, S. x. — 32 Lang: »Happily Ever After«. In: *Penguin Film Review.* (January 1948) H. 5, S. 22. — 33 Vgl. Töteberg (wie Anm. 8), der in *Metropolis* sehr zutreffend auf Elemente des Expressionismus, der Neuen Sachlichkeit und der Trivialliteratur hinweist (S. 55). In großer Detailliertheit findet sich eine Darstellung von Langs Eklektizismus neuerdings in Heide Schönemann: *Fritz Lang. Filmbilder und Vorbilder. Filmmuseum Potsdam.* Berlin 1992. — 34 Frieda Grafe et al.: *Fritz Lang.* München 1976, S. 7. — 35 Ebd., S. 97–98. — 36 Vgl. Koepke (wie Anm. 11), S. 342 ff. — 37 Lang hatte Harbous »abgegriffene Wendungen und stereotype Erfindungen« als »Anknüpfungspunkte für Visuelles« benutzt, von denen aus er »Ausfälle machte in Bereiche des Präverbalen und Unbewußten« (Grafe et al. (wie Anm. 34), S. 25). — 38 Borgelt (wie Anm. 24), S. 126. — 39 Zit. a.a.O., S. 150. — 40 Lang 1924, zit. n. Töteberg (wie Anm. 8), S. 37. — 41 Zit. in ebd., S. 51. — 42 Vgl. Helmut Lethen: *Neue Sachlichkeit.* Stuttgart 1970 und Karl Prümms kritische begriffsgeschichtliche Analyse von dessen Ausführungen (»Neue Sachlichkeit. Anmerkungen zum Gebrauch des Begriffs in neueren literaturwissenschaftlichen Publikationen«. In: *Zeitschrift für deutsche Philologie* (1972) H. 91, S. 606–616). S. a. Klaus Peters: »Neue Sachlichkeit? Stilbegriff, Epochenbezeichnung oder Gruppenphänomen?« In: *Deutsche Vierteljahresschrift* (1982) H. 56, S. 463–477. — 43 Vgl. Christian Ernst Siegel: *Die Reportage.* Frankfurt/M. 1978, S. 83. Die Diskussionen um die Literaturwürdigkeit der Neuen Sachlichkeit als komplementärer und schließlich dominanter Literaturrichtung in den zwanziger Jahren wurde im Film aufgenommen (vgl. Eisner 1980, S. 333). — 44 Inge Stephan: »Literatur der Weimarer Republik«. In: *Deutsche Literaturgeschichte.* 2. Aufl. Stuttgart 1984, S. 347. — 45 Zit. in Töteberg (wie Anm. 8), S. 68; vgl. auch Fritz Lang: »Mein Film ›M‹ – ein Tatsachenbericht«. In: *Filmwoche* (20. Mai 1931) H. 21, S. 658 ff. — 46 Siegfried Kracauer: *Schriften.* Bd. 1. Frankfurt/M. 1971, S. 216. — 47 Töteberg (wie Anm. 8), S. 69. — 48 Eisner 1980 (wie Anm. 23), S. 223. — 49 Zit. in Töteberg (wie Anm. 8), S. 68. — 50 Bogdanovich (wie Anm. 16), S. 15. — 51 Töteberg (wie Anm. 8), S. 74. — 52 Bogdanovich (wie Anm. 16), S. 15. — 53 »Fritz Lang bows to Mammon«. *New York Times* (14.06.1936) Sunday Supplement, S. 2. — 54 Ebd. — 55 Lang: »Happily Ever After« (wie Anm. 32), S. 23. — 56 Vgl. Eisner 1980 (wie Anm. 23), S. 80. — 57 Diesem Projekt ging nur die Arbeit an »Der andere in uns« im Jahre 1934 voraus (vgl. Schnauber 1987 (wie Anm. 12), S. 199). — 58 Borgelt (wie Anm. 24), S. 118. — 59 Schnauber hat Langs Arbeitsweise beim Umgang mit Drehbüchern am Beispiel von »Men Without A Country« untersucht (»Fritz Langs Methode des Drehbuchschreibens. Texte zu Tonfilmen im Fritz-Lang-Nachlaß der USC, Los Angeles«. In: *Diskurs Film* (1992) H. 5, S. 117–146, bes. S. 127 ff.). — 60 Eisner 1977 (wie Anm. 19), S. 370. — 61 Bogdanovich (wie Anm. 16), S. 128. — 62 Ebd., S. 15. — 63 »Bogdanovich ist überhaupt völlig nachlässig in der Übertragung dessen, was ich ihm gesagt habe vom tape-recorder aufs Papier (. . .). Erwähne ihn nicht oder wenigstens nicht so oft.« (Brief aus dem Besitz von Cornelius Schnauber, dem hiermit für die Benutzung seiner Materialien gedankt sei). — 64 Zit. in Lotte Eisner 1977 (wie Anm. 19), S. 160. — 65 Ebd., S. 415. — 66 Vgl. Kaplan (wie Anm. 19), S. 393. — 67 Der eigentliche Grund für das Scheitern des Projektes lag wohl in Selznicks Abschied von MGM und der ablehnenden Haltung L.B. Mayers, mit dem Lang später direkt verhandeln mußte. Unverständlich bleibt, warum Maibohm das Scheitern des Projektes einzig in der ablehnenden Haltung der Schiffahrtsgesellschaften begründen will (vgl. Ludwig Maibohm: *Fritz Lang.* München 1981,

S. 183). — **68** Selznick, Memo vom 8. Juli 1935 (Archivalien der University of Southern California). — **69** Memo vom 13. November 1934. — **70** Memo vom 24. November 1934. — **71** Brief Selznicks an Lang vom 14. Februar 1935, Bezug nehmend auf die Version vom 15. Januar. — **72** Brief Coffees und Selznicks an Lang vom 7. Februar 1935, Bezug nehmend auf die Version vom 15. Januar. — **73** Selznick, Memo vom 28. März 1935. — **74** Memo vom 15. Mai 1935. — **75** Memo vom 21. Juni 1935. — **76** Memo vom 2. Juli 1935. — **77** Vgl. Strack (wie Anm. 22), S. 16. — **78** Brief vom 29. Juni 1935. — **79** »Fritz Lang Bows to Mammon« (wie Anm. 53), S. 2. — **80** Frederick Ott: *The Films of Fritz Lang*. Secaucus 1979, S. 43. — **81** Lang in Bogdanovich (wie Anm. 16), S. 20. — **82** Graham Greene: »Fury«. In: *Great Film Directors. A Critical Anthology* (wie Anm. 9), S. 600. — **83** Schnauber 1992 (wie Anm. 59), S. 139. — **84** Vgl. Schnauber 1987 (wie Anm. 12), S. 204. — **85** Bertolt Brecht: *Arbeitsjournal,* zitiert nach Jürgen Schebera (Hg.): *Henker sterben auch (Hangmen Also Die)*, Berlin 1985, der S. 171 ff. über die Hecht-Edition hinaus Materialien anführt (hier vom 27. Juni 1942). Weitere Zitate aus dem *Arbeitsjournal* nach Scheberas Sammlung. — **86** 20. Juli 1942. — **87** 27. Juli 1942. — **88** 5. Juli 1942. — **89** Vgl. Wolfgang Gersch: *Film bei Brecht. Bertolt Brechts praktische und theoretische Auseinandersetzung mit dem Film.* München 1975. S. a. die problematische Darstellung der Kämpfe Brechts mit Hollywood, S. 177 ff. — **90** Vgl. Schnauber: »Brecht und Lang: Hangmen Also Die. Ein Bericht.« In: Helmut G. Asper (Hg.): *Wenn wir von gestern reden, sprechen wir von heute und morgen. Festschrift für Marta Mierendorf zum 80. Geburtstag.* Berlin 1991, besonders die Schlußbewertung der Zusammenarbeit Brecht-Lang (S. 195 ff.). — **91** *Arbeitsjournal* vom 16. Oktober 1942. — **92** Vgl. Schnauber 1991 (wie Anm. 90), S. 191 ff. — **93** Zit. in Schebera (wie Anm. 85), S. 195. — **94** Ebd., S. 168. — **95** Lang zit. in ebd., S. 168. — **96** Bogdanovich (wie Anm. 16), S. 50. — **97** Ebd. — **98** Lang in Schebera (wie Anm. 85), S. 170. — **99** Fritz Lang: »Happily Ever After« (wie Anm. 32), S. 27. — **100** Jerzy Toeplitz zit. n. Schebera (wie Anm. 85), S. 231. — **101** »Happily Ever After« (wie Anm. 32), S. 27. — **102** Ebd., S. 29. — **103** Ebd., S. 28. — **104** Ebd., S. 29. — **105** Ebd., S. 23. — **106** Vgl. Kaplan (wie Anm. 19), S. 18. — **107** Zit. in Töteberg (wie Anm. 8), S. 90. — **108** Zit. in Daniela Sannwald: »Von Schatten und Ratten. Robert Siodmaks Neuanfänge in Hollywood und in der Bundesrepublik Deutschland«. In: *Filmexil* (1993) H. 3, S. 35. — **109** Ebd., S. 35. — **110** Töteberg (wie Anm. 8), S. 121. — **111** Claudia Dillmann: »Treffpunkt Berlin. Artur Brauners Zusammenarbeit mit Emigranten«. In: *Filmexil* (1993) H.3, S. 17. — **112** In: *Filmkritik* (1960) H. 11, S. 317. — **113** Zit. in Dillmann (wie Anm. 111), S. 20. — **114** Klaus Eder / Alexander Kluge: *Ulmer Dramaturgien.* München 1980, S. 102 f. — **115** Lang zit. in Schebera (wie Anm. 85), S. 165. — **116** Töteberg (wie Anm. 8), S. 121. — **117** »Wer bin ich, was sind wir? Aus französischen Interviews mit Fritz Lang.« In: *Filmkritik* (1963) H. 7, S. 311.

Barbara von der Lühe

Der Musikpädagoge Leo Kestenberg

Von Berlin über Prag nach Tel Aviv

Leo Kestenberg, einer der bedeutendsten Musikpädagogen im Deutschland
der zwanziger und dreißiger Jahre, wurde am 27. November 1882 als Untertan der habsburgischen Monarchie in Rosenberg geboren, dem slowakischen Rucomberok, das die dort ansässigen ungarischen k.u.k.-Offiziere
und Beamten Roszahegyi nannten. Obwohl seine Mutter ihm als Kind slowakische und jiddische Volkslieder vorsang, war es in dieser multikulturellen Umgebung der deutsche Kulturkreis, der Kestenberg prägte, denn, so
schrieb er später, die Juden hätten nun einmal die deutsche Sprache als
Muttersprache geliebt.[1] Sein Vater, der schon als Kind das Elternhaus in
Lodz verlassen hatte, und der es im Laufe seines Lebens aufgrund seiner
musikalischen Begabung bis zum Oberkantor in Reichenberg brachte, trug
dazu bei, die Liebe seines Sohnes zur deutschen Kultur zu wecken: »Steige
ich hinab in den tiefen Schacht meines Erinnerungsvermögens, dann sehe
ich mich als 3jährigen Knaben unter dem Klavier auf dem Boden kauernd,
der wohltönenden Stimme meines Vaters lauschend, der – von einem Hon-
ved-Hauptmann begleitet – den Leiermann von Schubert singt. (...) Dieser
Kindheitseindruck hat sich tief in mein Ohr, in meine ganze Seele geprägt.«[2]
Leo Kestenberg war drei Jahre alt, als die Familie nach Prag zog, wo der Vater Kantor der berühmten Pinkas-Synagoge wurde, und sieben Jahre, als ein
abermaliger Ortswechsel die Kestenbergs nach Reichenberg führte, dem
heutigen Liberec. Dort verbrachte er die meisten Jahre seiner Jugend, und
Reichenberg liebte Leo Kestenberg zeitlebens als seine eigentliche Heimat,
obwohl er von der antisemitischen sudetendeutschen Bevölkerung viel Haß
erleiden mußte. Kestenbergs Lebensmaximen: »Musik und Sozialismus,
Kunst und religiöses Gefühl«[3] formten sich im Elternhaus, wo der Vater in
seinem Sohn nicht nur die Liebe zur klassischen Musik weckte, sondern ihn
auch schon als Kind mit sozialistischem Gedankengut vertraut machte.
Lebhaft schildert Kestenberg in seinen Erinnerungen den plötzlichen Sin-
neswandel seines Vaters, der sich nach der Lektüre von August Bebels *Die
Frau und der Sozialismus* vom orthodoxen Judentum abwandte und Sozia-
list wurde.[4]

Wohl mehr dem Ehrgeiz seines Vaters als dem eigenen Vorsatz folgend,
schlug Kestenberg in seiner Jugend die Pianisten-Laufbahn ein. Seine Ausbildung erhielt er trotz der knappen finanziellen Mittel der Eltern nicht nur

in Reichenberg, sondern auch bei Lehrern in Deutschland, in Zittau, Dresden und in Berlin. Im Sommer 1900 nahm Kestenberg in Weimar an einem Meister-Kurs bei Ferruccio Busoni teil, den er außerordentlich verehrte. Unter seinem Einfluß spezialisierte er sich mit bemerkenswertem Erfolg auf das Werk von Franz Liszt. Seit 1904 lebte und arbeitete Kestenberg in Berlin, um seinem Mentor Busoni nahe zu sein. Obwohl er sich bis 1914 in Berlin als Konzert-Pianist und als Kammermusiker mit dem »Kestenberg-Trio«[5] einen Namen machte, war es die musikpädagogische Tätigkeit, die ihm erst mit Privatschülern, seit 1908 als Klavier-Lehrer am Sternschen Konservatorium und später am Klindwort-Scharwenka-Konservatorium ein regelmäßiges Einkommen verschaffte. Im Herbst 1908 heiratete Kestenberg die Berlinerin Grete Kussel, die beiden Töchter Ruth und Rahel wurden 1910 und 1918 geboren. Preußischer und damit deutscher Staatsbürger wurde er erst nach dem Ersten Weltkrieg als preußischer Staatsbeamter.[6] Die jüdische Gemeinde Berlin zählte ihn zu ihren Mitgliedern, doch seine Tochter Ruth Kestenberg-Gladstein erinnert sich daran, daß die Familie zwar das Weihnachtsfest beging, nicht aber die jüdischen Feiertage.[7] Berlin, sagte sie, habe ihr Vater sehr geliebt. Er habe aber auch gewußt, daß er »irgendwie nicht dazugehörte«. Manchmal habe er gesagt: »Ja, tatsächlich habe ich doch über viele Deutsche zu bestimmen – und die empfinden mich als fremd.«[8]

Seit seiner Jugend Mitglied der SPD[9], später der USPD[10], hatte er in Berlin seinen Beruf als Pianist und Musikpädagoge stets mit kulturpolitischen Aktivitäten in den Bildungsausschüssen der SPD und im künstlerischen Ausschuß der Freien Volksbühne verbunden.[11] Über 20 Jahre lang war er für die anspruchsvollen Musikprogramme der Freien Volksbühne verantwortlich[12]: »Der Ausgangspunkt dieser umfassenden pianistischen, künstlerischen und organisatorischen Tätigkeit war das Bestreben, in der Musik einen ethischen Erziehungsfaktor zu erkennen, im Sozialismus nicht nur das materielle Streben zu betonen, sondern stets gleichermaßen seinen gefühlsmäßigen Charakter durch die Chiffrenschrift der Kunst.«[13] Auch seine Mitarbeit im Paul Cassirer Verlag verstand Kestenberg in diesem Sinne – 1916 gab er acht Monate lang die pazifistische Zeitschrift *Der Bildermann* mit Lithographien von Ernst Barlach, Käthe Kollwitz, Oskar Kokoschka, Max Slevogt und anderen heraus, und er veröffentlichte von 1916 bis zum November 1918 Schriften von Rosa Luxemburg, Ferdinand Lassalle, Gustav Landauer und Else Lasker-Schüler.

Am 1. Dezember 1918 trat Leo Kestenberg als Referent für musikalische Angelegenheiten in das Preußische Ministerium für Wissenschaft, Kunst und Volksbildung ein.[14] Er war sich durchaus darüber im Klaren, wie skeptisch und kritisch alle höheren Beamten des damaligen Kultusministeriums gegenüber den Neulingen waren, »die wir von den sozialistischen Parteien ins Ministerium hineingewählt wurden«[15]. Er beherrschte jedoch nicht nur innerhalb kurzer Zeit den Umgang mit dem komplizierten Verwaltungsapparat, sondern gewann allmählich auch das Vertrauen seiner Vorgesetzten. Entgegen vieler politischer Widerstände wurde er 1921 mit dem Auftrag, das Musikwesen in Preußen zu verwalten, zum etatmäßigen Professor der Hochschule für Musik ernannt, und, in Anerkennung seiner Verdienste, 1929 zum Ministerialrat.[16]

Kestenbergs Vision hieß »Erziehung zur Menschlichkeit mit und durch Musik im gesamten musikalischen Erziehungswesen«[17]. In seiner Schrift *Musikerziehung und Musikpflege*[18] entwarf er 1921 die Grundzüge der Neugestaltung der Musikerziehung in Preußen, die teilweise an Reformansätze anschloß, die in die Zeit vor dem Ersten Weltkrieg zurückreichten, in ihrer Grund-Idee jedoch etwas völlig Neues darstellten[19]: Beginnend beim Kleinkind, dessen musikalischer Beeinflussung Kestenberg besondere Bedeutung beimaß, reichte das Reformkonzept von den Volksschulen, höheren Fachinstituten, Musik-Gymnasien, Volkshochschulen, Orchesterschulen und pädagogischen Akademien bis zu den Meisterschulen und der Akademie für Kirchen- und Schulmusik. Der Privat-Musikunterricht wurde kontrolliert und die Prüfungen verstaatlicht. »Das Ziel war, den Musik-*Lehrer* in einen Musik-*Erzieher* umzuwandeln; die Musik sollte kein *Fach*, sondern ein Ausdrucksmittel werden.«[20] Viele seiner Pläne konnten innerhalb eines knappen Jahrzehnts im Rahmen der »Kestenberg-Reform« in engster Abstimmung mit den wechselnden Ministern und Staatssekretären, besonders aber mit Carl Heinrich Becker, verwirklicht werden.[21] Kestenberg beklagte allerdings, daß alle seine Reformen »ohne einen stützenden Unterbau auf der politischen Ebene ins Werk gesetzt werden mußten[22], und tatsächlich verhinderten politische Querelen und finanzielle Zwänge mitunter eine wirkungsvolle Durchsetzung der Erlasse und Verordnungen.[23] Ein wichtiger Bestandteil des Reformwerkes war die Umgestaltung des Instituts für Kirchenmusik in der Berliner Hardenbergstraße in die Akademie für Kirchen- und Schulmusik, die zum Ausgangspunkt aller Musikerziehung werden sollte. Der Akademie wurde das Seminar für Volks- und Jugendmusik im Schloß Charlottenburg angegliedert, das unter der Leitung Fritz Jödes stand.[24] Als Mitarbeiter der 1920 gegründeten Kunstabteilung des Zentralinstituts für Erziehung und Unterricht leitete Kestenberg seit 1921 die Unterabteilung Musikerziehung.[25] Hier bildete sich ein Kreis aktiver Förderer der Kestenbergschen Ideen, hier wurden von 1921 bis 1928 acht Schulmusik-Wochen organisiert, die seit 1927 als »Reichsschulmusikwochen« eine über Preußen hinausreichende Bedeutung erlangten. Eberhard Preußner, ein enger Mitarbeiter Kestenbergs am Zentral-Institut, würdigte ihn als einen Mann, der soziales Künstlertum vorgelebt habe: »In diesem Punkt war er original und wirklich ein großer Reformator.«[26]

Leo Kestenberg war nicht nur die treibende Kraft der Schulmusikreform in Preußen, allgemeines Aufsehen erregte auch seine Berufungspolitik, die er von seinem Büro im Ministerium Unter den Linden / Ecke Wilhelmstraße betrieb und die ihm sogar den Spottnamen »Musikpapst« eintrug: Er setzte sich für die Berufung namhafter Komponisten und Musiker an die Meisterklassen der Akademie der Künste und an die Musikhochschule Berlin ein, darunter Ferruccio Busoni und Arnold Schönberg, Franz Schreker und Hans Pfitzner, Paul Hindemith, Artur Schnabel, Edwin Fischer und Carl Flesch. Auch die Umwandlung des Kölner Konservatoriums zur Musikhochschule mit den Professoren Walter Braunfels und Hermann Abendroth als Direktoren ging auf sein Wirken zurück. Kestenberg gehörte außerdem zu den Initiatoren des »Experiments Krolloper«, für das er Otto Klemperer als musikalischen Leiter gewann.[27]

Unter der Regierung Papen endete Kestenbergs Karriere im Jahre 1932 abrupt – mit einem Schreiben vom 21. November 1932 wurde ihm wenige Tage vor seinem 50. Geburtstag mitgeteilt, daß das von ihm verwaltete Amt mit Ablauf des Monats aufhöre und er zum 1. Dezember in den »einstweiligen Ruhestand« versetzt würde.[28] Daß er zu den ersten Opfern des herannahenden Nazi-Regimes zählte, wunderte ihn letztlich nicht. Denn schon seit über einem Jahrzehnt war er den Rechtsparteien als Jude, unabhängiger Sozialdemokrat, als Ausländer und Nichtakademiker ein Dorn im Auge gewesen.[29] Hämisch hatten seine politischen Gegner in Deutschland auf seine Herkunft hingewiesen, seine Tochter Ruth erinnert sich, daß es etwa 1922 in einer Zeitung geheißen habe, er sei »mit ausgefransten Hosen aus Galizien nach Berlin gekommen«. Kestenbergs Mutter, damals zu Besuch in Deutschland, habe sich sehr darüber aufgeregt: sie habe ihm für seine erste Reise nach Berlin doch extra einen Anzug machen lassen.[30] Für die Nationalsozialisten zählte Leo Kestenberg seit Beginn der zwanziger Jahre zu den wichtigsten Repräsentanten der verhaßten Republik, für die »janze Richtung«[31]: in Zeitungsartikeln und einschlägigen Büchern[32] eiferten sie sich über den »marxistischen Musikdiktator in Preußen«, der »Juden auf alle ihm erreichbaren Posten geschoben« habe[33] und bei dem das »ganze System der jüdischen Musikverwaltung gewissermassen wie eine Pyramide in ihrer Spitze« zusammenlaufe.[34] Daß er in dem schrecklichen antisemitischen Film *Der Ewige Jude* sechs Sekunden lang als »Jude, der im Preußischen Kultusministerium die deutsche Musik betreute«, zu sehen ist, hat Leo Kestenberg vielleicht nie erfahren.[35]

Nach seiner erzwungenen Pensionierung blieb Kestenberg nur noch wenige Monate in Deutschland.[36] Als er am 23. März 1933 vom Anhalter Bahnhof mit dem Mittags-Zug nach Prag fuhr, lagen Wochen der Angst hinter ihm. Mit unmißverständlichen Drohungen hatte man ihn telefonisch, in Briefen und öffentlichen Äußerungen in den Medien verfolgt. Er

hatte nur noch bei Freunden übernachtet, seinen Aufenthaltsort ständig ge-
wechselt. Schließlich hatte man ihn vor seiner bevorstehenden Verhaftung
gewarnt. Doch er hatte Glück, unbehelligt erreichte er Prag. Im März 1933
war Kestenberg nicht nur besorgt um seine Frau und die beiden Töchter,
die noch in Deutschland geblieben waren[37], er war auch von der »Emigran-
tenmisere« bedrückt.[38] Und dennoch: nach eigenem Empfinden kehrte er
zurück in seine frühere Heimat[39], denn in Prag hatte er als Kind von 1885
bis 1889 gelebt. Er kehrte also heim und wurde bald tschechoslowakischer
Staatsbürger, doch die tschechische Sprache mußte er »neu erlernen«[40]. In
seiner alt-neuen Heimat baute sich Leo Kestenberg dank seiner vielfältigen
beruflichen und privaten Beziehungen zielstrebig eine neue Existenz auf.
Mit Hilfe des späteren Außenministers der Tschechoslowakei, Kamil
Krofta, gelang es Kestenberg, die Internationale Gesellschaft für Musikerziehung ins Leben zu rufen, die einer neugegründeten Abteilung des
Außenministeriums unterstand.[41] Im Juni 1934 nahm Kestenberg seine
Amtsgeschäfte im Palais Toscana auf dem Hradschin auf[42], 16 Monate nach
seiner Emigration aus Deutschland hatte er wieder einen festen Arbeitsplatz
in einem Ministerium.[43] Kestenberg hoffte, sein musikpädagogisches Werk,
das er in Berlin begonnen hatte, nun auf internationaler Ebene weiterführen
zu können. Allerdings war für ihn »unzweifelhaft, daß diese Gesellschaft mit
einem Januskopf ausgestattet sein müßte: einem tschechoslowakischen Gesicht, das alle nationalen Aspirationen der Tschechoslowaken befriedigen,
und einem internationalen, das alle Staaten, die guten Willens waren, mit
dieser Gesellschaft verbinden sollte.«[44] Neben vielen anderen Aktivitäten organisierten Kestenberg und seine Mitarbeiter in den nächsten Jahren drei
internationale Kongresse: 1936 in Prag, 1937 im Rahmen der Weltausstel-
lung in Paris und 1938 in der Schweiz.[45] Sein Wunsch, »den Ideenaustausch
und die gegenseitige Verständigung innerhalb der ganzen demokratischen
Völkerfamilie« zu fördern, schien in Erfüllung zu gehen.[46] Kestenberg hoffte auf eine Zukunft in Prag: mit seiner Familie, die er wenige Monate nach
seiner Emigration zu sich geholt hatte, bezog er 1933 eine Wohnung im
Neubauviertel Dejvice, im Nordwesten der Stadt[47], und richtete sie mit
seinen Berliner Möbeln ein. Um seinen Lebensstandard zu finanzieren,
mußte er sich allerdings anstrengen. Die knapp bemessene Pension, die man
ihm 1932 nach seiner Entlassung zugestanden hatte, war ihm gestrichen
worden, weil er im Ausland lebte[48], und sein Gehalt von der Gesellschaft für
Musikerziehung war zu niedrig, um davon leben zu können.[49] So kehrte Kestenberg in Prag gewissermaßen zu seinen beruflichen Ursprüngen zurück:
Er frischte sein Klavierspiel wieder auf und veranstaltete musikpädagogische
Abende, in denen er als Vortragender und Pianist in Prag und anderen Städten des Landes auftrat. Er sprach im Rundfunk, in der Prager Urania und
auf Veranstaltungen der zionistischen Jugendorganisation Blau-Weiß. Seine

Wohnung in der Velvarská wurde zu einem musikalischen Zentrum, denn eine Prager Bekannte arrangierte private Vortragszirkel über 2000 Jahre Musikgeschichte, die Kestenberg über mehrere Jahre hinweg an jedem Freitag-Nachmittag abhielt. Hier gab er auch auf einem gemieteten Flügel wieder Klavierunterricht.[50] Zu seinem Kreis einheimischer und aus Deutschland emigrierter Freunde zählten neben einer jüdischen Industriellenfamilie viele Künstler und Schriftsteller, darunter Oskar Kokoschka, Ernst Bloch, Golo Mann, Johannes Urzidil und Max Brod. Dazu gehörte auch H. H. Stuckenschmidt, der begeistert war von der ungeheuren Aktivität, mit der sich Kestenberg für Bekannte und frühere Mitarbeiter einsetzte, und wie er in der »etwas angespannten Atmosphäre der Prager Emigration (...) den objektiven Sinn für diejenigen behielt, die aus irgendwelchen Gründen in Deutschland blieben oder bleiben mußten«[51]. So initiierte Kestenberg den Zusammenschluß emigrierter Pädagogen zu der »Fachgruppe ehemaliger reichsdeutscher Pädagogen«, die er bis zum Herbst 1938 leitete, und die neben caritativen auch wissenschaftliche Aufgaben verfolgte.[52] Sein Engagement im 1937 gegründeten Volksbühnenbund, in dem sich deutschsprachige Theatertruppen im Kampf gegen den Nationalsozialismus vereinigt hatten[53], erwähnt er in seinen Erinnerungen allerdings nicht. Ebensowenig ließ Kestenberg in seinen Memoiren und privaten Aufzeichnungen durchblicken, ob er in der ČSR mit einheimischen oder exilierten SPD-Politikern in Verbindung trat – es erweckt fast den Anschein, als habe seine über dreißigjährige Parteizugehörigkeit seit dem Grenzübertritt keine Bedeutung mehr für ihn gehabt.

Kestenberg bewegte sich in Prag sowohl in Kreisen der tschechischen Regierung und des Prager Establishments als auch in Emigrantenzirkeln. Fühlte er sich hin- und hergerissen? Seine positiven Zukunftserwartungen in Prag wurden jedenfalls nach einigen Jahren erschüttert, dies betraf ganz besonders die Internationale Gesellschaft für Musikerziehung. Tiefgehende Konflikte mit den vom Außenministerium bestellten einheimischen Mitarbeitern bahnten sich seit 1937 an: »Die nationalistischen Kreise stellten die Interessen der tschechischen und slowakischen Musikerziehung, wie auch auf dem Gebiet der Folklore und bei künstlerischen Werken, in den Vordergrund, und der internationale Charakter wurde immer mehr bestritten, und meine Kompetenzen wurden immer mehr eingeengt.«[54] Außerdem verfolgte ihn die antisemitische Propaganda in der sudetendeutschen Presse, die den anhaltenden wütenden Angriffen der Presse und des Rundfunks in Deutschland um nichts nachstand.[55] Kestenberg fühlte sich zunehmend unsicher in Prag, und als er 1938 Paul Hindemith nach einem Kammerkonzert im Neuen Deutschen Theater traf, sprachen beide nur sehr zurückhaltend miteinander, Kestenberg hatte Mühe, seine frühere Unbefangenheit gegenüber dem alten Bekannten zu bewahren.[56] Dennoch konnte er sich

Ende August 1938, als die politische Krise schon drohende Schatten warf, nicht dazu entschließen, ein lukratives berufliches Angebot aus dem Ausland anzunehmen: Heinrich Simon, ein Bekannter von Kestenberg, der seit 1936 General-Manager des Palestine Orchestra in Tel Aviv war, schlug ihm vor, seine Nachfolge beim Orchester anzutreten.[57] Es werde ihm sicher noch einmal leid tun, den Vorschlag abgelehnt zu haben, antwortete Kestenberg nach kurzer Bedenkzeit, doch könne er sich nicht entschließen, sein Werk, das er fünfeinhalb Jahre mit aufgebaut habe, im Stich zu lassen und der Tschechoslowakei, die ihn in einem persönlich-kritischen Moment aufgenommen und gefördert habe, in einem für sie gefahrvoll erscheinenden Augenblick den Rücken zu kehren.[58]

Schon eineinhalb Monate später war Leo Kestenberg wieder auf der Flucht: Im Oktober 1938 teilte man ihm mit, daß er das Land sofort verlassen müsse, und händigte ihm eine kleine Summe Bargeld aus.[59] Mit dem Flugzeug trat das Ehepaar Kestenberg am 15. Oktober 1938 die Reise nach Paris an. Mit sich nahmen sie Gift[60], denn die Route führte über Deutschland, und tatsächlich mußte das Flugzeug notlanden, aber jenseits des Rheins, bei Straßburg.[61] In Paris klammerte sich Kestenberg an die Idee, die Internationale Musikgesellschaft weiterzuführen, und hoffte dabei auf Unterstützung von Freunden und Kollegen in der ganzen Welt, insbesondere in Frankreich. Seine Pläne, die er in französischer Sprache Mitgliedern des Erziehungsministeriums und der Deputiertenkammer vortrug, fanden zunächst Zustimmung. Kestenberg mußte aber erkennen, »dass sich die Etablierung einer neuen internationalen Zentralstelle in Paris ohnedies außerordentlich schwer ins Werk setzen ließ und daß jedenfalls augenblicklich die politischen Verhältnisse jeder internationalen Tätigkeit begreiflicherweise im Wege« standen.[62] Außerdem wurde sein Optimismus dadurch gebremst, daß niemand von einer Bezahlung seiner Arbeit sprach.[63] Seine Pläne schienen besiegelt, als seine ehemaligen Mitarbeiter in Prag entgegen früheren Absprachen jegliche Kooperation verweigerten und er seine gesamten Unterlagen, in Kisten verpackt und unerreichbar, der Vernichtung bestimmt wähnte.[64] Kestenberg war darüber sehr verbittert; erst einige Monate später wurde ihm klar, daß eine weitere Verbindung mit ihm wegen der veränderten politischen Verhältnisse in Prag untragbar geworden war.[65]

Als ihn im November 1938 die erneute Bitte Heinrich Simons und des damals weltbekannten Violinisten Bronislaw Huberman erreichte, das Management des Palestine Orchestra zu übernehmen, zögerte er nicht mehr, sich in Tel Aviv ein Bild von dieser Tätigkeit zu machen. Am 12. Dezember 1938 reiste er über Marseille in das britische Mandatsgebiet.[66] Das Palestine Orchestra war erst einige Jahre zuvor auf Initiative von Bronislaw Huberman gegründet worden: jüdische Musiker, die in Europa wegen ihrer Herkunft keine berufliche Zukunft hatten, sollten mit ihren Leistungen die antisemitische Propaganda ad absurdum führen. Zwei Drittel der Orchestermitglieder waren erst 1936 meist aus Deutschland und Polen eingewandert. Unter den Streichern befanden sich viele prominente Solisten und Konzertmeister, und den Reigen der berühmten Gast-Dirigenten des Orchesters eröffnete Arturo Toscanini am 26. Dezember 1936 mit dem ersten Konzert.[67] Kestenberg war denn auch von dem hohen Niveau des Palestine Orchestra sehr beeindruckt, als er kurz nach seiner Ankunft die Aufführung von Beethovens 9. Sinfonie erlebte.[68] Ende Dezember 1938 unterschrieb er seinen Vertrag, der ihm mit 40 £P pro Monat für die Verhältnisse des Landes ein Spitzengehalt bot.[69]

Kestenbergs rasche Entscheidung war wohl mehr seiner Not als seiner Neigung zuzuschreiben.[70] Tel Aviv war zunächst nur eine Zuflucht, auch für seine nächsten Familienangehörigen, denen er mit Hilfe des Orchesters und anderer Institutionen binnen einiger Monate die Einwanderung ermöglichte.[71] Aber schon wenige Wochen nach seiner Ankunft empfand er Palästina als »eine echte Heimat«[72]. Wieder mußte er sich eine neue Sprache aneignen, von den drei Landessprachen Englisch, Arabisch und Iwrith entschied er sich für letztere.[73] Es sollte allerdings noch Jahre dauern, bis er Iwrith so weit beherrschte, daß er Vorträge halten und unterrichten konnte.[74] Im April 1941 erwarben er und seine Frau die Staatsangehörigkeit des britischen Mandatsgebietes Palästina.[75] Zu Kestenbergs Wohlbefinden in Tel Aviv trug seine Dreizimmerwohnung in einem Neubau bei, in den noch andere Einwanderer aus Prag einzogen.[76] Offenbar fühlte er sich seinen Bekannten aus der früheren ČSR besonders nahe, da für ihn »diese letzte Episode auf unserer Wanderung doch die eindrucksvollste war«[77]. Seine Wohnung stattete er mit Bildern und Plastiken aus, die ihm Ernst Barlach und andere Künstler in Deutschland geschenkt hatten[78], sein Porträt von Oskar Kokoschka aus dem Jahr 1926 nahm darin einen beherrschenden Platz ein.[79] Wieder versammelte er mit Vorträgen und Konzerten in privatem Rahmen einen Kreis von Bewunderern um sich, darunter viele Freunde aus Europa, die inzwischen ebenfalls nach Palästina eingewandert waren. Else Lasker-Schüler, die ihn öfter in Tel Aviv besuchte, widmete ihm ein Gedicht: »Wenn Leo Kestenberg Flügel spielt, / Ist er ein heiliger Mann; / Erweckt Liszt aus steinernem Schlaf, / Bach feiert Himmelfahrt. / Mit Schumann wird Leo ein Kind / Und Schwärmer am Süßfeuer Chopins.«[80]

Freilich mußte er in seiner neuen Heimat Abstriche von seinen Überzeugungen machen: er war kein Zionist, und gegen Krieg und Nationalismus hatte er zeitlebens gekämpft. Nun tobte aber in dem Land, in dem er jetzt lebte, ein blutiger Kampf zwischen arabischen und jüdischen Nationalisten, gab es harte Fronten zwischen der englischen Mandatsmacht und der jüdischen und arabischen Bevölkerung des Landes. Mit Abscheu kommentierte Kestenberg die blutigen Aktionen jüdischer Revisionisten und arabischer

Extremisten, die in diesen Monaten einen Höhepunkt erreichten. Erbittert registrierte er die restriktive englische Einwanderungspolitik[81], die ihn zwang, Bekannte und Kollegen zurückzuweisen, die ihn von Europa aus um Hilfe bei der Flucht nach Palästina förmlich anflehten.[82] Freunden gegenüber äußerte er sich zudem irritiert über die Proteste, die im Sommer 1939 aus Kreisen des »Jischuw«[83] gegen den nichtjüdischen deutschen Dirigenten Hermann Scherchen laut wurden, der das Palestine Orchestra einige Wochen lang leitete.[84] Dennoch überwog bei Leo Kestenberg die Erleichterung darüber, den Nationalsozialisten entronnen zu sein: »Trotz der Unruhen hier im Lande haben wir das Gefühl, irgendwie zu Hause und geborgen zu sein. Der Wegfall dieses schrecklichen Gefühls, daß jeder Mensch, den man auf der Straße trifft, zunächst einmal mehr oder weniger die andere Rasse spüren läßt, entschädigt hier für vieles.«[85]

Andererseits war für ihn, der sich in Prag zu einem »Kosmopoliten mit ganz grosser internationaler Ausstrahlung entwickelt hatte«[86], die zunehmende Isolation in Tel Aviv nur schwer zu ertragen, denn Palästina lag abgeschieden von den internationalen Musikzentren: »Wir haben hier alle eine begreiflich intensive Sehnsucht, mit allen unseren Freunden in der Welt in dauernder enger Fühlung zu sein«, versicherte er dem Musikologen Curt Sachs, der im amerikanischen Exil lebte.[87] Die 1939 noch umfangreiche Korrespondenz, die Kestenberg mit Freunden, früheren Mitarbeitern und Kollegen in Europa und in den USA führte, schlief allmählich ein, und während der Kriegsjahre erreichten ihn nur noch sporadisch die ersehnten Briefe aus dem Ausland.[88] Seine hochgesteckten Pläne, prominente Komponisten, darunter Paul Hindemith, Darius Milhaud, Ernest Bloch und Béla Bartók, auf Kosten des Palestine Orchestra einzuladen, scheiterten an der Geldknappheit, unter der das Orchester litt.[89] Kestenberg mußte erkennen, daß er nun nicht mehr im Dienste eines Ministeriums stand, sondern als leitender Angestellter eines privaten Unternehmens finanziell genau zu kalkulieren hatte. Vergeblich waren seine Versuche, im Frühjahr 1939 von Tel Aviv aus mit Hilfe von Musikpädagogen in den Niederlanden die »Internationale Gesellschaft für Musikerziehung« wieder zu beleben.[90] Es stellte sich heraus, daß »man sich dort nicht mehr sicher genug« fühlte, »um diesem Gedanken eine neue Zukunftsstätte zu geben«[91]. Er unternahm seit Beginn des Jahres 1939 auch Anstrengungen, mit Ansprechpartnern in Ägypten und der Türkei eine Zusammenarbeit auf dem Gebiet der Musikpädagogik in die Wege zu leiten. Im Februar 1939 erörterte er mit Dr. Mahmoud el Hefny, der als Ministerialdirektor und Leiter der Musikadministration des ägyptischen Kultusministeriums tätig war, Pläne über einen Musikpädagogischen Kongreß für den vorderen Orient.[92] Kestenberg nahm außerdem Verbindung auf zu Ernst Praetorius am Staatlichen Konservatorium in Ankara[93] und bat Paul Hindemith um einen Bericht über seine musikpädagogische Tätigkeit in der Türkei.[94] Doch diese Versuche, eine Kooperation von Musikpädagogen im gesamten Nahen Osten und in Nordafrika zustande zu bringen, waren angesichts der politischen Spannungen und erst recht seit Ausbruch des Zweiten Weltkrieges illusionär und führten zu keinem Ergebnis.

Schließlich blieb Kestenberg nur die Hoffnung, seine musikpädagogische Tätigkeit in Palästina entfalten zu können: »Ich gebe die Absicht, auch hier meiner Lebensarbeit, der Musikerziehung, treu zu bleiben, nicht auf; im Gegenteil hoffe ich, dass sich hier einmal die Möglichkeit bieten wird, ein Orchester von hohem künstlerischen Rang in den Mittelpunkt einer groß angelegten Musikerziehungsarbeit zu stellen.«[95] Um »eine Basis für eine saubere Musikpädagogik« im Sinne seiner in Preußen erlassenen Richtlinien auch in Palästina zu schaffen[96], arrangierte er im Sommer 1939 einen musikpädagogischen Kurs für Kindergärtnerinnen und bemühte sich um die Vereinigung von Musikschulen und Konservatorien im Mandatsgebiet.[97] Er dachte sogar daran, »in Jerusalem, wo natürlicherweise ein sehr lebhaftes internationales Leben herrscht, und das von vielen Fremden der ganzen Welt besucht wird, etwas Ähnliches zu gründen, wie ich es in Prag versucht habe.«[98] Nicht alle Ideen Kestenbergs fanden den Widerhall, den er sich wünschte – zur Gründung einer Gesellschaft für Musikpädagogik unter seiner Leitung kam es nicht, und die Direktoren der meisten Musikschulen und Konservatorien waren keinesfalls gewillt, sich von dem »Musikdiktator« aus Berlin[99] bevormunden zu lassen, und beharrten auf ihrer Eigenständigkeit.[100] Dennoch legte Leo Kestenberg schon 1939 die Fundamente für seine zukünftige Aufgabe als Musikpädagoge im Lande. Im Herbst des Jahres wurde er in den pädagogischen Rat eines Konservatoriums in Tel Aviv berufen, selber richtete er Kurse für Musiklehrer ein[101] und gab Klavier-Stunden.

Außerdem hatte er als General Manager des Palestine Orchestra eine nicht unbedeutende Stellung im Musikleben des britischen Mandatsgebietes. Doch er war über diese Tätigkeit nicht sehr glücklich, für sein Unbehagen wählte er häufig die Metapher, er befinde sich »am anderen Ufer« seiner »natürlichen Tätigkeit und Anlage«[102]: es fiel ihm schwer, die Musik nicht mehr unter musikpädagogischen Gesichtspunkten, sondern nur als Element der Unterhaltung und Zerstreuung zu betrachten. Ihn befremdete, daß er bei seiner Programm-Planung auf den Erfolg an der Konzert-Kasse Rücksicht nehmen mußte.[103] Kestenberg fügte sich den Gegebenheiten, verglich aber das Eingehen auf Publikumswünsche und auf die Forderungen der Solisten und Dirigenten abschätzend mit der Tätigkeit eines Zirkusdirektors. Wenig Raum blieb unter solchen Umständen für seine Absicht, das Publikum durch die Konzerte des Palestine Orchestra zu bilden und mit zeitgenössischer Musik vertraut zu machen. Selbst die Werke einheimischer Komponisten waren nicht sehr beliebt: »die Gefolgschaft, die ich hier im Lande finde, ist so klein und literarisch, dass ich bei der Lösung dieser Aufgabe dauernd auf Widerstand stoße.«[104] Vor allem klagte Kestenberg über mangelnde Disziplin im Orchester, ihm fehlte nach eigenen Aussagen das nötige Durchsetzungsvermögen. Nach fünf Jahren anstrengender Tätigkeit kündigte er Ende 1944 die ungeliebte Stellung, zermürbt von den häufigen Querelen um die Programme, um die Sitzordnung der Musiker und geplagt von der ständigen Sorge um die von Geldmangel bedrohte Zukunft des Palestine Orchestra.[105]

Leo Kestenberg war nun wieder frei, sich seiner eigentlichen Berufung zu widmen, der Musikpädagogik. Seit seiner Ankunft in Palästina hatte er sich mit besonderer Aufmerksamkeit der systematischen Musikpflege in den Kindergärten gewidmet.[106] Nicht nur, daß dem Kindergarten im Jischuw als »Schmelztiegel« für die Integration der Kinder aus den vielen Einwanderer-Ländern eine besondere Bedeutung zukam.[107] Kestenberg war auch der Auffassung, »dass in den Kindergärten der Städte und der Kolonien ausserordentlich interessante musikpsychologische Versuche angestellt werden können, da der Zusammenstoss von europäischen und arabischen Umwelteinflüssen zu einer eigenartigen Synthese führt«[108]. So erfüllte er sich einen lang gehegten Wunsch, als er im Herbst 1945 zusammen mit dem Musiklehrer Imanuel Amiran und anderen Musikpädagogen, darunter der aus Deutschland stammenden Rhythmiklehrerin Käthe Jacob, in Tel Aviv das »Seminar für Musikerziehung« gründete.[109] Diese Institution, die sich aus zunächst bescheidenen Anfängen gut entwickelte, bildet in einem dreijährigen Studiengang Musiklehrer für Kindergärten, Schulen, Internate und Seminare sowie Privatmusiklehrer aus und wird vom Staat unterstützt.[110] Als Leo Kestenberg mit 72 Jahren infolge einer Netzhautablösung fast völlig erblindete, mußte er seine Tätigkeit als Leiter und Lehrer des Seminars für Musikerziehung aufgeben. Obwohl er nach der Staatsgründung von der israelischen Regierung in einen Rat für musikalische Angelegenheiten berufen wurde, hatte er keine Ambitionen mehr, »mit dem Versuche einer ›staatlichen‹ Musikerziehung zu beginnen«[111]. Vielmehr beschied er sich mit der Erkenntnis, daß sein »eigentlicher Platz am Klavier mit meinen heranwachsenden Schülern ist, mit denen ich mich mit mehr Begeisterung als Überlegenheit in meinem neuerlernten Hebräisch verständige.«[112] Noch bis zu seiner schweren Erkrankung 1961 gab er privaten Klavierunterricht, und er durfte den internationalen Ruhm zweier seiner Meister-Schüler – Menahem Pressler und Sigi Weißenberg – miterleben. So trug Leo Kestenberg mit dazu bei, die reformpädagogischen Ideen auf musikalischem Gebiet von Europa nach Israel zu übertragen.[113]

Kestenbergs Verhältnis zu Deutschland war seit Kriegsende einigen Wandlungen unterworfen. Er trauerte um seine Verwandten und Freunde, die in nationalsozialistischen Vernichtungslagern ermordet worden waren. Nur zögernd nahm er wieder Verbindung zu früheren Kollegen auf, die während des »Dritten Reiches« im Land geblieben waren. Als ihn die ersten Briefe aus Deutschland erreichten, konnte er sich zunächst eines »gewissen skeptischen und sogar bitteren Gedankens trotz aller Beteuerungen von Freundschaft, die aus diesen Briefen spricht, nicht erwehren.«[114] Resigniert stellte er Ende 1947 fest: »Im Grunde sind ja doch all diese Armen um alles geprellt, vor allem um den Glauben an die Reinheit einer Gesinnung und die Ehrlichkeit einer Überzeugung. Denn jetzt werden sie niemals wieder zu einem geraden, innerlich glaubensstarken Weg zurückfinden können.«[115] Doch dann überwog die Sympathie zu den einstigen Weggefährten, er erneuerte Bekanntschaften und knüpfte wieder an weit zurückliegende fachliche Diskussionen an. Unter dem Eindruck der nun auflebenden Kontakte holte Leo Kestenberg die Vergangenheit ein, er träumte von Begebenheiten aus seiner beruflich erfolgreichsten Zeit in Berlin.[116] Als in der Bundesrepublik kontroverse Diskussionen über seine Schulmusik-Reform aufflammten, zeigte er allerdings kein Interesse, sich öffentlich zu äußern, über diese Zeit war für ihn »ein eiserner Vorhang« gefallen, den er nicht zu lüften wünschte.[117] Im Sommer 1953 besuchten Kestenberg und seine Frau Deutschland für drei Monate: 20 Jahre nach seiner Emigration war es Leo Kestenberg schließlich noch vergönnt, wieder im Triumph in Berlin empfangen zu werden.[118] Schon anläßlich seines 70. Geburtstages hatte man ihm seine Pension als Ministerialrat a.D. zuerkannt, die ihm und seiner Frau einen sorgenfreien Lebensabend ermöglichte.[119] Im Kurort Badenweiler empfing er unter anderem Paul Hindemith und Fritz Jöde, Annette Kolb und Heinz Tietjen. In Berlin, wo er sich erfolgreich um eine Wiedergutmachung bemühte, ehrte man ihn als verdienstvollen Musikpädagogen, dessen Schulmusikreform auch während des Naziregimes ihre Gültigkeit behalten hatte und die nun die Grundlage der Musikerziehung in Westdeutschland darstellte.[120]

So glücklich Kestenberg über diese Begegnungen auch war, Bitten und Ratschläge, sich doch in Deutschland, den USA oder in Italien zur Ruhe zu setzen, weil die Lebensumstände in dem jungen Staat Israel damals sehr schwierig waren, lehnte er ab. Denn Israel war für ihn nun seine Heimat, hier hatte der Sohn des Kantors zurück zu dem Glauben seiner Kindheit gefunden: »Ich habe gesagt, ich sei nicht von Anfang an Zionist gewesen. Aber in Israel bin ich es geworden, mit der hebräischen Sprache und durch die inneren Kräfte, die das Judentum mir gibt.«[121] Zutiefst berührt von der starken Religiosität, die er im Lande spürte, bekannte er: »Ich bleibe in Israel. Ich möchte in einem Staat leben, der aus einer Idee heraus geboren ist.«[122]

Leo Kestenberg starb am 13. Januar 1962 in Tel Aviv an den Folgen eines Schlaganfalls.

216   Barbara von der Lühe

1 Leo Kestenberg: *Bewegte Zeiten*. Wolfenbüttel – Zürich 1961, S. 5. — 2 Ebd., S. 5. — 3 Ebd., S. 5. — 4 Ein »Apikojross«, ein »Ketzer«; Interview mit Ruth Kestenberg-Gladstein, Haifa 1986. — 5 Kestenberg gründete die Gruppe 1911 zusammen mit dem Violinisten Louis van Laar und dem Cellisten Marix Loewensohn. Das Trio konzertierte in Deutschland, Österreich und in Belgien. Kestenberg machte es zu seiner besonderen Aufgabe, klassische und moderne Kammermusik in Berliner Partei- und Gewerkschaftskreisen zu verbreiten. Leo Kestenberg, masch. geschr. Lebenslauf, Kestenberg-Nachlaß, Universität Tel Aviv. — 6 Als preußischer Staatsbeamter war er nach eigener Erinnerung automatisch Preuße geworden. Kestenberg: *Bewegte Zeiten*, a.a.O., S. 80. — 7 Interview mit Ruth Kestenberg-Gladstein, Haifa 1986. — 8 Ebd. — 9 Schon in seiner Gymnasialzeit trat er in die SPD ein und wurde Mitarbeiter der Reichenberger Parteizeitung *Der Freigeist*. In Berliner Partei- und Gewerkschaftskreisen engagierte sich Kestenberg für musikalische Bildung im weitesten Sinne, seit 1905 als musikalischer Berater der Berliner Freien Volksbühne und außerdem seit 1906 als musikalischer Berater des Zentralbildungsausschusses der SPD. Masch. geschr. Lebenslauf Leo Kestenbergs, Kestenberg-Nachlaß, Universität Tel Aviv. — 10 Kestenberg wechselte während des Ersten Weltkrieges von der SPD zur USPD, da er schon 1914 zu den entschiedenen Gegnern der Bewilligung der Kriegskredite durch die SPD gehörte. Später schlossen sich seine Frau und er auch dem Bund Neues Vaterland an, der, soweit möglich, für den sofortigen Frieden ohne Annexionen eintrat. Kestenberg: *Bewegte Zeiten*, a.a.O., S. 35. — 11 Kestenberg wurde später auch Vorsitzender des Verbandes der Volksbühnen und des Berliner Volkschores, an dessen Gründung er beteiligt war. Masch. geschr. Lebenslauf Leo Kestenbergs, Kestenberg-Nachlaß, Universität Tel Aviv. — 12 Die Leitung der musikalischen Veranstaltungen oblag seit 1911 Leo Kestenberg als Mitglied des künstlerischen Ausschusses der Freien Volksbühne. Walther G. Oschilewski: *Freie Volksbühne Berlin*. Berlin 1965, S. 35. Vgl. auch Albrecht Dümling: »Vision einer schöpferischen Gemeinschaft. Musik in der Freien Volksbühne«. In: Dietger Pforte (Hg.): *Freie Volksbühne Berlin 1890–1990. Beiträge zur Geschichte der Volksbühnenbewegung in Berlin*. Berlin 1990, S. 107–122. — 13 Masch. geschr. Lebenslauf Leo Kestenbergs, Kestenberg-Nachlaß, Universität Tel Aviv. — 14 Der unabhängige Sozialdemokrat Adolf Hoffmann und der Mehrheits-Sozialdemokrat Conrad Hänisch, Minister mit gleichen Rechten, hatten ihn 1918 berufen; sie kannten Kestenberg aus der künstlerisch-organisatorischen Tätigkeit an der Volksbühne, aus den Arbeiter-Bildungsausschüssen und den Gewerkschaften. Leo Kestenberg: *Bewegte Zeiten*, a.a.O., S. 40 ff. — 15 Masch. geschr. Lebenslauf Leo Kestenbergs, Kestenberg-Nachlaß, Universität Tel Aviv. — 16 Kestenberg wurde zum 1. Januar 1921 als Professor für Klavier berufen. Seine Lehrtätigkeit an der Hochschule ruhte jedoch: »Er wird bis auf weiteres im Ministerium für Wissenschaft, Kunst und Volksbildung voll beschäftigt.« Staatl. akad. Hochschule für Musik in Berlin zu Charlottenburg: *Jahresbericht für den Zeitraum vom 1. Oktober 1920 bis zum 30. September 1921*. Berlin 1921, S. 7. Siehe auch: Leo Kestenberg: *Bewegte Zeiten*, a.a.O., S. 66 und S. 52. Über die Daten seiner Berufskarriere scheint Kestenberg nicht immer ganz sicher gewesen zu sein. So nennt er in seinen Erinnerungen als Jahr seiner Berufung zum Professor sowohl das Jahr 1921 als auch 1922, und in manchen seiner selbstverfaßten Lebensläufe wird auch 1928 als Datum seiner Ernennung zum Ministerialrat angegeben. — 17 Masch. geschr. Lebenslauf Leo Kestenbergs, Kestenberg-Nachlaß, Universität Tel Aviv. — 18 Leo Kestenberg: *Musikerziehung und Musikpflege*. Leipzig 1921. — 19 Ulrich Günther: *Die Schulmusikerziehung von der Kestenberg-Reform bis zum Ende des Dritten Reiches. Ein Beitrag zur Dokumentation und Zeitgeschichte der Schulmusikerziehung mit Anregungen zu ihrer Neugestaltung*. Darmstadt 1967. — 20 Käthe Jacob: Nachruf auf Leo Kestenberg, o.D. (1962), Kestenberg-Nachlaß, Universität Tel Aviv. — 21 Leo Kestenberg: *Bewegte Zeiten*, a.a.O., S. 42 ff. — 22 Ebd., S. 76. — 23 Zur Kestenberg-Reform siehe: Gerhard Braun: *Die Schulmusikerziehung in Preußen von den Falkschen Bestimmungen bis zur Kestenberg-Reform*. Kassel – Basel 1957; Ulrich Günther: *Die Schulmusikerziehung von der Kestenberg-Reform bis zum Ende des Dritten Reiches. Ein Beitrag zur Dokumentation und Zeitgeschichte der Schulmusikerziehung mit Anregungen zu ihrer Neugestaltung*. Darmstadt 1967; und Johannes Hodek: »Zur Funktionsbestimmtheit der Musik. Musikpädagogik als Ideologie und Herrschaftstechnik«. In: *Das Argument. Zeitschrift für*

Philosophie und Sozialwissenschaften 14. Jg. (1972) H. 11/12, S. 1006–1028. — **24** Leo Kestenberg: *Bewegte Zeiten*, a.a.O., S. 57 ff. — **25** *Zehn Jahre Zentralinstitut für Erziehung und Unterricht 1915–1925*. Berlin 1925. Günther Böhme: *Das Zentralinstitut für Erziehung und Unterricht und seine Leiter. Zur Pädagogik zwischen Kaiserreich und Nationalsozialismus.* Neuburgweiler 1971. — **26** Eberhard Preußner: Leo Kestenberg und das Berliner Musikleben der Zwanzigerjahre. Masch. geschr. Manuskript o.D. (1957), Kestenberg-Nachlaß, Universität Tel Aviv. — **27** Kestenberg zählte die Krolloper neben der »Kommission für vorbildliche Arbeitermöbel« und der Zeitschrift *Bildermann* im Paul Cassirer Verlag »zu den drei idealistisch übersteigerten, ja geradezu utopischen Projekten, die vielleicht von vornherein dazu verurteilt waren, Schiffbruch zu erleiden«. Kestenberg, *Bewegte Zeiten*, a.a.O., S. 66. Vgl. auch Hans Curjel: *Experiment Krolloper 1927 bis 1931*. Aus dem Nachlaß hg. von Eigel Kruttge. München 1975; und Hans J. Reichhardt: »*... bei Kroll 1844 bis 1957*«. Berlin 1988. — **28** Kopie eines Schreibens des Preußischen Ministers für Wissenschaft und Volksbildung vom 21.11.1932, gez. Der Kommissar des Reiches Kaehler, Kestenberg-Nachlaß, Universität Tel Aviv. — **29** Kestenberg, *Bewegte Zeiten*, a.a.O., S. 52. — **30** Interview mit Ruth Kestenberg-Gladstein, Haifa 1986. — **31** Paul Bekker: *Briefe an zeitgenössische Musiker.* Berlin 1932, S. 45 f. — **32** »Ministerialrat Kestenberg: Verjüdelte erfolgreich das Musikleben in Preußen, schützte überall Juden und Marxisten und wurde verdientermaßen abserviert.« Bildunterschrift in: Johann von Leers: *Juden sehen Dich an.* Berlin 1933, S. 62. — **33** Theo Stengel / Herbert Gerigk: *Lexikon der Juden in der Musik.* Veröffentlichungen des Instituts der NSDAP zur Erforschung der Judenfrage. Frankfurt/M. – Berlin 1943, Sp. 144–146. — **34** *Die Juden in Deutschland.* Hg. vom Institut zum Studium der Judenfrage. München 1935 (2. Auflage), S. 367. — **35** Stig Hornhöj-Möller, Protokoll des Films *Der ewige Jude*, unveröffentlichtes Manuskript, S. 97. — **36** Kestenberg nutzte den »Ruhestand« und studierte ein Liszt-Programm ein, das er Ende Dezember 1933 im Atelier des Malers Oppenheimer spielte, zugunsten der Jugend-Alijah, die von Recha Freier ins Leben gerufen worden war. Kestenberg, *Bewegte Zeiten*, a.a.O., S. 79. — **37** Ruth Kestenberg-Gladstein fuhr am 2. April 33 nach Amsterdam zu einer Schwester ihrer Mutter, von dort später nach Prag, Interview Ruth Kestenberg-Gladstein, Haifa 1986. — **38** Kestenberg, *Bewegte Zeiten*, a.a.O., S. 79. — **39** Ebd., S. 79. — **40** Ebd., S. 80. — **41** Wichtige Hilfestellung leistete auch der Busoni-Schüler Edward Dent in London, der Präsident der Internationalen Gesellschaft für Neue Musik, der Kestenbergs Pläne auf dem Musikfest der Gesellschaft in Florenz zu Ostern 1934 einem internationalen Fachpublikum bekannt machte. Kestenberg, *Bewegte Zeiten*, a.a.O., S. 80 ff. — **42** Kestenberg, *Bewegte Zeiten*, a.a.O., S. 83. — **43** Jaroslav Jindra wurde vom Außenministerium bestimmt, Kestenberg zu unterstützen, und im Frühjahr 1934 wurde ein erweitertes Präsidium ernannt, dem alle Ordinarien für Musikwissenschaft der tschechoslowakischen Universitäten angehörten: Prag (tschechische Universität), Brünn (mährische Universität), Preßburg (slowakische Universität). Der als deutschnational bekannte Präsident der deutschen Universität in Prag wurde nicht in die Planungen einbezogen. Bei den entscheidenden Beratungen zur Gründung der Gesellschaft, bei denen es um die finanziellen Fragen ging, war Kestenberg nicht anwesend, ihm wurde am Schluß der Sitzung die positive Entscheidung über die Gründung der Musikgesellschaft bekanntgegeben. Kestenberg, *Bewegte Zeiten*, a.a.O., S. 83. — **44** Ebd., S. 81. Siehe auch: Leo Kestenberg: *Die Gesellschaft für Musikerziehung in Prag.* Voraussetzungen, Arbeitsplan und Erster Internationaler Kongreß 1936. Sonderabdruck *Prager Rundschau*, Jg. VI (1936) Nr. 3. — **45** Der 1. Kongreß in Prag sollte einen Überblick über die Musikerziehung in 20 Staaten verschaffen, der 2. Kongreß in Paris war dem Jugendkonzert in all seinen Auswirkungen gewidmet und der 3. Kongreß in der Schweiz (Zürich, Bern und Basel) war dem Thema Heilpädagogik gewidmet. — **46** Kestenberg: *Bewegte Zeiten*, a.a.O., S. 87. — **47** In der »Velvarská«. Kestenberg, *Bewegte Zeiten*, a.a.O., S. 92. — **48** Abschrift eines Schreibens des Preußischen Ministers für Wissenschaft, Kunst und Volksbildung an Leo Kestenberg, 28.8.1933, Kestenberg-Nachlaß, Universität Tel Aviv. — **49** Kestenberg, *Bewegte Zeiten*, a.a.O., S. 90. — **50** Ebd., S. 90f. — **51** Dreiergespräch: Leo Kestenberg zum 75. Geburtstag. Prof. Dr. Mersmann, Prof. H. H. Stuckenschmidt, Dr. Limbach. Masch.geschr. Manuskript, RIAS Berlin 1957. Kestenberg-Nachlaß, Universität Tel Aviv. In der

Transkription des RIAS-Gesprächs heißt es mißverständlich »…und wie er auch das ist wichtig, auch in dieser etwas gespannten Atmosphäre der Prager Emigration niemals den objektiven Sinn sich für diejenigen behielt, die aus irgendwelchen Gründen in Deutschland blieben oder bleiben mußten.« Aus dem Gesprächszusammenhang geht aber eindeutig hervor, daß Stuckenschmidt der Meinung war, Kestenberg habe seine Objektivität behalten. – H. H. Stuckenschmidt lebte seit August/September 1937 ständig in Prag und arbeitete als Feuilleton-Redakteur des *Prager Tagblatts.* H. H. Stuckenschmidt: *Zum Hören geboren.* München 1982, S. 145 und 148 ff. Vgl. auch Stuckenschmidts positives Urteil über Kestenberg in H. H. Stuckenschmidt: *Neue Musik.* Frankfurt/M. 1981, S. 241. — 52 Leo Kestenberg bat Thomas Mann im Sommer 1939, sich bei Hubertus Prinz zu Löwenstein wegen eines Stipendiums für Gerhard Scholz einzusetzen, der offenbar dieser Gruppe von Pädagogen angehört hatte. Scholz war aus der ČSR nach Stockholm geflohen, wo er sich 1939 mittellos aufhielt. Leo Kestenberg an Thomas Mann 30.7.1939. Kestenberg-Nachlaß. Universität Tel Aviv. Siehe zur »Fachgruppe ehemaliger reichsdeutscher Pädagogen«: Hildegard Feidel-Mertz / Hermann Schnorbach: *Lehrer in der Emigration. Der Verband deutscher Lehreremigranten (1933–1939) im Traditionszusammenhang der demokratischen Lehrerbewegung.* Weinheim – Basel 1981, S. 106 f. Siehe zu Hubertus Prinz zu Löwenstein und der von ihm ins Leben gerufenen Hilfsorganisation »American Guild for German Cultural Freedom«: Werner Berthold / Brita Eckert / Frank Wende (Hg.): *Deutsche Intellektuelle im Exil: ihre Akademie und die »American Guild for German Cultural Freedom«. Eine Ausstellung der Deutschen Bibliothek.* Frankfurt/M. – München u.a. 1993. — 53 *Exil in der Tschechoslowakei, in Großbritannien, Skandinavien und Palästina.* Leipzig 1987, S. 99 f. — 54 Leo Kestenberg: *Bewegte Zeiten,* a.a.O., S. 87. — 55 Ebd., S. 90. — 56 Leo Kestenberg an Paul Hindemith, 10.2.1939, File 640, IPO-Archiv, Tel Aviv. — 57 Kestenberg kannte Heinrich Simon, den Enkel des Verlegers Leopold Sonnemann, noch aus Deutschland, als dieser Redakteur und Mitinhaber der *Frankfurter Zeitung* war. Simon verlor 1934 seine Stellung im Verlag und wurde im Dezember 1936 auf Anregung von Bronislaw Huberman Generalmanager des Palestine Orchestra. 1939 emigrierte Simon in die USA, 1941 wurde er in Washington Opfer eines ungeklärt gebliebenen Mordanschlages. — 58 Leo Kestenberg: *Bewegte Zeiten,* a.a.O., S. 96. — 59 Ebd., S. 94. — 60 Interview mit Ruth Kestenberg-Gladstein, Haifa 1986. — 61 Leo Kestenberg: *Bewegte Zeiten,* a.a.O., S. 94. — 62 Leo Kestenberg an Herbert Rosenberg, 7.6.1939, Kestenberg-Nachlaß, Universität Tel Aviv. — 63 Leo Kestenberg: *Bewegte Zeiten,* a.a.O., S. 95. — 64 Leo Kestenberg an Alfred Einstein, 5.3.1939, Kestenberg-Nachlaß, Universität Tel Aviv. — 65 Im Frühsommer 1939 erfuhr Kestenberg, daß ein Kontakt zum früheren tschechoslowakischen Außenminister und zu dem seinerzeitigen Vorstand der Internationalen Musikgesellschaft (S.H.V.) nicht in Frage kam: »Wie ich von Freunden aus der Schweiz erfahre, sind Minister Krofta und seine früheren Mitarbeiter im Konzentrationslager, und jede Erwähnung der S.H.V. würde alle damaligen tschechischen Mitglieder schwer belasten, ohne dass sachlich irgendetwas davon zu erwarten wäre.« Leo Kestenberg an Paul F. Sanders, 25.6.1939, Kestenberg-Nachlaß, Universität Tel Aviv. Siehe auch Kestenberg, *Bewegte Zeiten,* a.a.O., S. 94 f. — 66 Ebd., S. 94. — 67 Barbara von der Lühe: »Vom Orchester der Einwanderer zu einer nationalen Musikinstitution Israels. Die ersten Jahre des Israel Philharmonic Orchestra«. In: *Das Orchester, Organ der Deutschen Orchestervereinigung. Zeitschrift für Orchesterkultur und Rundfunk-Chorwesen* 41. Jg. (1993) Heft 10, S. 1046–1053. — 68 Kestenberg, *Bewegte Zeiten,* a.a.O., S. 97. — 69 Vertrag mit dem Palestine Orchestra, File 640, IPO-Archiv Tel Aviv. Zum Vergleich: das Gehalt eines Konzertmeisters des Palestine Orchestra betrug 1939 monatlich bis zu 18 £P (Palästinensische Pfund), ein Taxifahrer verdiente im jüdischen Teil des Mandatsgebietes Palästina 20 bis 25 £P, ein ungelernter Arbeiter zwischen 6 bis 7 £P. — 70 Leo Kestenberg hatte anscheinend auch eine Emigration in die USA erwogen. Jedenfalls bedankte er sich Anfang Januar 1939 bei dem Musikwissenschaftler Curt Sachs für dessen »überaus freundschaftliche Bemühungen«, ihm »einen Job in Amerika zu verschaffen«. Leo Kestenberg an Curt Sachs, 4.1.1939, File 640, IPO-Archiv, Tel Aviv. — 71 Die Familie Kestenbergs lebte zum Jahreswechsel 1938/39 verstreut in ganz Europa: Seine Frau Grete war noch in Frankreich geblieben, die beiden Töchter und Kestenbergs Mutter warteten in Prag auf eine Ausreisemöglichkeit. Sein zukünftiger Schwiegersohn Tunja Gladstein befand sich als Staatenloser auf der Flucht und hielt sich einige Zeit illegal bei Verwandten in Lodz auf. Der jüngeren Tochter Rahel gelang 1939 dank eines Stipendiums der Radcliffe-Universität in Cambridge die Emigration in die USA. Grete Kestenberg wanderte im Januar 1939 nach Palästina ein, während Tochter Ruth im Laufe des Frühjahres 1939, und ihr Verlobter Tunja Gladstein im Herbst mit Zertifikaten der Hebräischen Universität Jerusalem einreisen konnten. Kestenbergs Mutter gelangte erst im Oktober 1939 mit Hilfe des Palestine Orchestra nach Tel Aviv. — 72 Leo Kestenberg an Curt Sachs, 4.1.1939, File 640, IPO-Archiv, Tel Aviv. — 73 Leo Kestenberg: *Bewegte Zeiten,* a.a.O., S. 98. — 74 Leo Kestenberg an Hermann Reichenbach, 25.12.1947, Kestenberg-Nachlaß, Universität Tel Aviv. Frühere Mitglieder des Palestine Orchestra berichteten, er habe nicht gut Iwrith gesprochen. Allerdings hatte er mit den Musikern nur bis 1944 engen Kontakt. Ruth Kestenberg-Gladstein versicherte, ihr Vater habe nach einiger Zeit akzentfrei Iwrith gesprochen. Dennoch habe er in Israel die deutschsprachige Zeitung gelesen. Interviews mit Ruth Kestenberg-Gladstein, Haifa 1986, und mit früheren Mitgliedern des Orchesters, Heinz Berger und Heinrich Schiefer, Tel Aviv 1986. — 75 Einbürgerungs-Urkunde des Ehepaares Kestenberg vom 4.4.1941, Kestenberg-Nachlaß, Universität Tel Aviv. — 76 Interview mit Ruth Kestenberg-Gladstein. Siehe auch Leo Kestenberg an Heinz Politzer, 7.7.1939, und an Hermann Grab, 18.7.1939, Kestenberg-Nachlaß, Universität Tel Aviv. — 77 Leo Kestenberg an Hermann Grab, 18.7.1939, Kestenberg-Nachlaß, Universität Tel Aviv. — 78 Leo Kestenberg: *Bewegte Zeiten,* a.a.O., S. 76. — 79 Leo Kestenberg an Oskar Kokoschka, 17.5.1940, Kestenberg-Nachlaß, Universität Tel Aviv. — 80 Else Lasker-Schüler: »Leo Kestenberg«, zitiert nach Leo Kestenberg: *Bewegte Zeiten,* a.a.O., S. 37. — 81 »Sie wissen ja auch, daß die Engländer jetzt täglich neue Schikanen ausdenken, um jede Einwanderung auszuschließen.« Kestenberg an Hermann Grab, 18.7.1939, Kestenberg-Nachlaß, Universität Tel Aviv. — 82 Leo Kestenberg an Hermann Grab, 18.7.1939, und an B. Sommer-Kalman, 18.7.1939, Kestenberg-Nachlaß, Universität Tel Aviv. — 83 Jischuw: Jüdische Bevölkerung in Palästina. — 84 Barbara von der Lühe: »Hermann Scherchen in Palästina.« In: Hansjörg Pauli / Dagmar Wünsche (Hg.): *Hermann Scherchen 1891–1966.* Berlin 1986, S. 35–41. — 85 Leo Kestenberg an Herbert Rosenberg in Kopenhagen, 7.6.1939, Kestenberg-Nachlaß, Universität Tel Aviv. — 86 Dreiergespräch: Leo Kestenberg zum 75. Geburtstag. Prof. Dr. Mersmann, Prof. H. H. Stuckenschmidt, Dr. Limbach. Masch. geschr. Manuskript, RIAS Berlin 1957. Kestenberg-Nachlaß, Universität Tel Aviv. — 87 Leo Kestenberg an Curt Sachs, 22.2.1939, File 640, IPO-Archiv, Tel Aviv. — 88 Dies wird bei der Lektüre der Korrespondenz deutlich, die im IPO-Archiv und im Kestenberg-Nachlaß, Universität Tel Aviv, vorhanden ist. — 89 Bronislaw Huberman wies Kestenberg wegen seiner Pläne scharf zurecht, denn er sah einen »solchen Aufwand, wenn wir ihn aus unserm Budget finanzieren sollen, als völlig unökonomisch« an. Bronislaw Huberman an Leo Kestenberg, 2.4.1939, abgedruckt in Ida Ibbeken / Zvi Avni (Hg.): *An Orchestra is born.* Tel Aviv 1969, S. 66 f. — 90 Leo Kestenberg an Eduard Dent, 5.5.1939, Kestenberg-Nachlaß, Universität Tel Aviv. — 91 Leo Kestenberg an Sam. Fisch, 25.6.1939, Kestenberg-Nachlaß, Universität Tel Aviv. — 92 Hefny, der versuchte, in Ägypten eine Musikpädagogik nach europäischem Vorbild zu schaffen, hatte Musikwissenschaft in Europa studiert und war Kestenberg in Berlin begegnet. Leo Kestenberg an Mahmoud el Hefny, 10.2.1939, Bericht Kestenbergs über sein Treffen mit Mahmoud el Hefny im Februar 1939 (o.D.), und Leo Kestenberg an Curt Sachs, 22.2.1939, File 640, IPO-Archiv, Tel Aviv. — 93 Leo Kestenberg an Ernst Praetorius, 28.8.1939, Kestenberg-Nachlaß, Universität Tel Aviv. — 94 Leo Kestenberg an Paul Hindemith, 10.2.1939, File 640, IPO-Archiv, Tel Aviv. Paul Hindemith bat Kestenberg, sich wegen der Berichte an das Unterrichtsministerium in Ankara zu wenden, da seine eigenen Aufzeichnungen für ihn unerreichbar in Berlin lagerten. Paul Hindemith an Leo Kestenberg, 28.3.1939, File 640, IPO-Archiv, Tel Aviv. — 95 Leo Kestenberg an Herbert Rosenberg, Kopenhagen, 7.6.1939, Kestenberg-Nachlaß, Universität Tel Aviv. — 96 Leo Kestenberg an Alfred Einstein, 5.3.1939, File 640, IPO-Archiv, Tel Aviv. — 97 Er plante zunächst vier Tel Aviver Konservatorien zu vereinigen. Leo Kestenberg an Mimi Scheiblauer, 14.7.1939, Kestenberg-Nachlaß, Universität Tel Aviv. — 98 Leo Kestenberg an Curt Sachs, 4.1.1939, File 640, IPO-

220   Barbara von der Lühe

Archiv, Tel Aviv. Curt Sachs, der selber in die USA emigriert war und in New York lebte, riet Kestenberg allerdings von »der Organisierung einer höchst fraglichen Internationalität« ab: »Sie sind kein Eindringling, sondern bei den Ihren, zu denen Sie gehören, und für die mehr zu tun sein wird als für irgendein Land«. Curt Sachs an Leo Kestenberg, 20.1.1939, File 640, IPO-Archiv, Tel Aviv. — **99** Raphael da Costa: »A Music ›Dictator‹«. In: *Palestine Review* vom 27.1.1939. — **100** Zwar berichtete Kestenberg im Sommer 1939 von dem Zusammenschluß von vier Konservatorien, er hoffte dadurch die Gründung eines Privatmusiklehrer-Seminars zu ermöglichen. Doch tatsächlich wurde der von Kestenberg gewünschte Zusammenschluß der Musikinstitute in Tel Aviv erst 1954 Wirklichkeit, allerdings hatte er zu diesem Zeitpunkt keinen großen Einfluß mehr auf das Geschehen. Leo Kestenberg an B. Sommer-Kalman, 18.7.1939, Kestenberg-Nachlaß, Universität Tel Aviv. — **101** Leo Kestenberg an B. Sommer-Kalman, 3.12.1939, Kestenberg-Nachlaß, Universität Tel Aviv. — **102** Masch. geschr. Lebenslauf Leo Kestenbergs, Kestenberg-Nachlaß, Universität Tel Aviv. — **103** Ebd. — **104** Leo Kestenberg an Walter Jacob, 1.1.1940, Kestenberg-Nachlaß, Universität Tel Aviv. — **105** »So schwer die sechs Jahre waren, die ich als Generalmanager des Palästina-Orchesters verbrachte, es waren fraglos die sechs schwersten Jahre meines Lebens –, so muß ich doch zurückschauend bekennen, daß sie mich lehrten, niemals eine Tätigkeit zu übernehmen, die meiner Natur nicht entspricht, wie es hier offensichtlich der Fall war.« Kestenberg, *Bewegte Zeiten*, a.a.O., S. 100. — **106** Leo Kestenberg am Mimi Scheiblauer, 1.12.1939, Kestenberg-Nachlaß, Universität Tel Aviv. — **107** Leo Kestenberg an B. Sommer-Kalman, Kestenberg-Nachlaß, Universität Tel Aviv. — **108** Leo Kestenberg an Mimi Scheiblauer, 1.12.1939, Kestenberg-Nachlaß, Universität Tel Aviv. — **109** Leo Kestenberg: *Bewegte Zeiten*, a.a.O., S. 100 ff., und Leo Kestenberg, Handschriftliches Manuskript, Kestenberg-Nachlaß, Universität Tel Aviv. — **110** *Directory of Music Institutions in Israel.* The Israel Section of the International Music Council (Hg.). Jerusalem 1977. — **111** Leo Kestenberg an Frau Rubensohn, 7.2.1949, Kestenberg-Nachlaß, Universität Tel Aviv. — **112** Ebd. — **113** »Musikerziehung in den Kindergärten und Volksschulen von Tel Aviv«, masch. geschr. Manuskript, Kestenberg-Nachlaß, Universität Tel Aviv. — **114** Leo Kestenberg an Hermann Reichenbach, 25.12.1947, Kestenberg-Nachlaß, Universität Tel Aviv. — **115** Ebd. — **116** Ebd. — **117** Leo Kestenberg an Gerhard Braun, 23.2.1952, Kestenberg-Nachlaß, Universität Tel Aviv. — **118** Grete Kestenberg an das Ehepaar Lewertoff, 31.10.1953, Kestenberg-Nachlaß, Universität Tel Aviv. — **119** Leo Kestenberg: *Bewegte Zeiten*, a.a.O., S. 108. — **120** Die Bedeutung und Wirkung der Kestenberg-Reform in der Bundesrepublik Deutschland diskutieren ausführlich: Gerhard Braun: *Die Schulmusikerziehung in Preußen von den Falkschen Bestimmungen bis zur Kestenberg-Reform*, a.a.O.; und Ulrich Günther: *Die Schulmusikerziehung von der Kestenberg-Reform bis zum Ende des Dritten Reiches*, a.a.O. Vgl. zur Bedeutung der Kestenberg-Reform in der DDR: Eva Rieger: *Schulmusikerziehung in der DDR.* Schriftenreihe zur Musikpädagogik. Frankfurt/M. u.a. 1977. — **121** Gespräch Leo Kestenbergs mit Ernst Sander, Badenweiler, 1953, masch. geschr. Manuskript, Kestenberg-Nachlaß, Universität Tel Aviv. — **122** Ebd.

Ingolf Schulte

Exil und Erinnerung
Über den vergessenen Autor Soma Morgenstern

I

Als ich beschloß, dem Namen nachzugehen, der mir lange zuvor in einigen
Brieferwähnungen begegnet war, ahnte ich nicht, worauf ich stoßen sollte
und was daraus werden würde.[1] Nahezu vergessen ist das Werk Soma
Morgensterns im deutschsprachigen Raum. Das hat zweifellos auch damit
zu tun, daß dieser einstige Wiener Feuilletonmitarbeiter der *Frankfurter
Zeitung* zu jenen österreichischen Autoren zählte, die nicht eben sonderlich
bekannt waren, als für sie die Zäsur des Exils eintrat. Einen einzigen Roman
hatte er kurz zuvor veröffentlicht, und der durfte im Hitlerreich »nur an
Juden« verkauft werden.[2] Mindestens ebensosehr aber ist solche Vergessenheit ein Resultat jenes doppelten Desinteresses, worin die kollektive
Gleichgültigkeit gegen das Los der Juden und der nicht-konformen Einzelnen sich in die postfaschistische Ära verlängerte: generelles Desinteresse am
Schicksal der Exilierten zum einen, an jüdischer Literatur als solcher zum
andern.

Diese Indolenz schlug sich in der Publikationspraxis nieder. Während
Morgensterns Romantrilogie in den USA, wohin er sich gerettet hatte, bald
nach dem Kriege zu erscheinen begann[3], rührte sich im befreiten deutschsprachigen Bereich dafür keine Hand. Erst Mitte der sechziger Jahre kam
ein Bruchstück der Trilogie heraus, unter einem mißverständlichen Titel,
zudem in gekürzter Fassung[4], im Jahr darauf ein weiteres Buch[5], dann noch
das Eingangskapitel seines letzten Romans, und schließlich erschienen verstreut ein paar kleine Erinnerungsstücke über bekanntere Zeitgenossen, Joseph Roth, Robert Musil, Ernst Weiss. In der abstrusen Logik einer solchen
Publikationsgeschichte liegt es, daß für die zuständige Wissenschaft Soma
Morgenstern bis heute ein Autor ohne Werk ist; irgendwo las man seinen
Namen, doch was er schrieb, blieb unentdeckt.[6] Vereinzelt ein Hinweis auf
unveröffentlichte Erinnerungen an Alban Berg, an Joseph Roth. Aber die
Literaturwissenschaft, wie sie ist, braucht wohl stärkere Reize. Ein Manifest
dieser Vergessenheit sind die Nachschlagewerke; wenn überhaupt, bieten sie
nur dürftigste Daten, oft falsche. Und so ist es von präzisem Witz, daß dieser Autor eines Tages in ein lexikalisches Werk über – Schriftstellerinnen[7]
geriet, sozusagen inkognito. Die Gleichgültigkeit gegen ihn entsprang dem

liquidierenden Vergessen einer Gesellschaft, die an ein Werk nicht erinnert werden wollte, das auf so eindringliche Weise ein Bild des von ihr Zerstörten gibt.

II

Sein Schreiben stand in engster Beziehung zum Verlauf seines Lebens. Dieses Leben sei zunächst umrissen. Salomo Morgenstern kam am 3. Mai 1890 in einem Dorf der ostgalizischen Ortsgemeinde Budzanów bei Tarnopol am Fluß Sereth, unweit der russischen Grenze, zur Welt. Zusammen mit zwei Brüdern und zwei Schwestern wuchs er in verschiedenen Dörfern des Strypatals auf. Die vorherrschenden Umgangssprachen im ›Königreich Galizien und Lodomerien‹, einem Kronland der österreichisch-ungarischen Doppelmonarchie, waren Polnisch und Ukrainisch. In der tiefgläubigen Familie Morgenstern sprach man jiddisch und lebte nach orthodox-jüdischer Tradition. In diesen Bahnen verlief auch Morgensterns frühe Erziehung: vom vollendeten dritten Lebensjahr an Unterweisung durch Hauslehrer, dann Cheder, die jüdische Elementarschule mit Hebräisch- und Bibelunterricht. Doch der Vater, ein gelehrter Chassid, von Beruf nacheinander Kaufmann, Gutspächter und Gutsverwalter, hatte eine besondere Leidenschaft: die deutsche Sprache. Oft, so erzählt Morgenstern, hörte er seinen Vater sagen: »Du kannst lernen was immer – wenn du Deutsch nicht kannst, bist du kein gebildeter Mensch.« Und so sorgte der Vater dafür, daß alle seine Kinder schon vor der Schulzeit Hauslehrer hatten, die auch die deutsche Sprache lehren konnten. Dann besuchte Morgenstern einige polnische und ukrainische Volksschulen. Beim Eintritt ins Tarnopoler Gymnasium sprach er Jiddisch, Hebräisch, Deutsch, Polnisch und Ukrainisch; hinzu kamen Griechisch und Latein, etwas später noch Englisch und Französisch. Den säkularen Bildungsgang allerdings: Besuch des Gymnasiums und ein Universitätsstudium, mußte Morgenstern gegen den väterlichen Widerstand erst durchsetzen. Schließlich erreichte er die Einwilligung, allerdings mit dem Gelöbnis, Jura zu studieren und Richter, niemals aber Advokat zu werden. Er hielt sein Versprechen, als er im Herbst 1912 – der Vater war schon tot – das Studium an der Wiener Universität aufnahm, wenn er sich auch nebenher den Wunsch erfüllte, literaturgeschichtliche und philosophische Vorlesungen zu hören. Hier in Wien entwickelte sich die Freundschaft mit Joseph Roth, den er einige Jahre zuvor in Lemberg kennengelernt hatte. Roth studierte, nun ebenfalls in Wien, Germanistik. Nach der Unterbrechung durch den Kriegsdienst in der österreichischen Infanterie an der Ost- und Südostfront beschloß Morgenstern sein Studium in Wien 1921 mit der Promotion zum Doktor jur., die er nie beruflich genutzt hat.

Er ging nun langgehegten literarischen Neigungen nach, legte sich den Vornamen Soma zu und schrieb zwei Theaterstücke, für die sich jedoch keine Bühne fand. In der Hoffnung, wenigstens als Theaterkritiker sein Leben verdienen zu können, siedelte er Mitte der zwanziger Jahre in die Theater- und Zeitungsstadt Berlin über, wo er zunächst Buchkritiken vor allem für Ernst Heilborns Zeitschrift *Die Literatur* und die *Vossische Zeitung* schrieb. Das trug ihm Ende 1927 eine Stelle in der Feuilletonredaktion der renommierten *Frankfurter Zeitung* ein; als einer ihrer Kulturkorrespondenten konnte er bald in seine Stadt Wien zurückkehren. Schon einige Jahre zuvor hatte Morgenstern in Wien Alban Berg und dessen Frau kennengelernt; die Freundschaft mit Berg sollte eine der beglückendsten Erfahrungen seines Lebens werden. Nach Kriegsende wider Willen polnischer Staatsbürger geworden – Galizien war im Friedensvertrag von Saint-Germain-en-Laye an Polen gekommen –, erlangte Morgenstern, wie Roth, nach langwierigen Bemühungen die österreichische Staatsbürgerschaft. Bald darauf, 1928, heiratete er Ingeborg von Klenau, die er im Hause Alban Bergs kennengelernt hatte, eine Tochter des dänischen Komponisten Paul von Klenau und seiner Frau Annemarie, geborene Simon, Schwester des Herausgebers der *Frankfurter Zeitung*, Heinrich Simon. Im Jahr darauf wurde ein Sohn geboren.

Um von Morgensterns Umgang der Wiener Jahre eine ungefähre Vorstellung zu geben, seien einige weitere Namen genannt. Zu seinem ältesten Freundeskreis gehörten, neben einigen anderen osteuropäischen Juden, der Komponist Karol Rathaus, der Dirigent Jascha Horenstein und der Pianist Eduard Steuermann. Auch mit dem Wiener Architekten Josef Frank, dem damals gefeierten Rezitator Ludwig Hardt und dem Journalisten Karl Tschuppik war Morgenstern befreundet. Gut bekannt war er mit dem Komponisten Hanns Eisler, mit Abraham Sonne, dem am Wiener Jüdischen Pädagogium lehrenden hebräischen Lyriker, mit Robert Musil, mit Alma Mahler und Franz Werfel, dann auch mit dem Dirigenten Otto Klemperer und dessen Tochter Lotte, mit denen er bis zuletzt freundschaftlich verbunden war. Ferner war er bekannt mit Berthold Viertel, Rudolf Kolisch, Anton Webern. Ein zwischen Nähe und Distanz wechselndes Verhältnis entwickelte sich zu dem jungen Theodor Wiesengrund-Adorno, nachdem dieser 1925 nach Wien gekommen war, um bei Berg Komposition zu studieren. In den dreißiger Jahren schließlich verkehrte Morgenstern auch in einem Freundeskreis, der sich im Wohnatelier Anna Mahlers, der Tochter Gustav Mahlers, vis-à-vis der Wiener Staatsoper traf; zu ihm zählten der Bildhauer Fritz Wotruba, dessen Schülerin Anna Mahler war, Hermann Broch, Ernst Křenek, Elias Canetti, und während ihres kurzen Wiener Exils auch Ernst Bloch, den Morgenstern seit längerem kannte, und Karola Piotrkowska. Die beiden heirateten in Wien, Morgenstern war ihr Trauzeuge. Anna Mahler und den Blochs blieb er zeitlebens verbunden.

Im Jahre 1930 – sein Interesse an journalistischer Arbeit war nach schwe-
lenden Konflikten mit der Redaktion der *Frankfurter Zeitung* bereits einigermaßen abgekühlt – begann er mit der Arbeit an seiner Romantrilogie,
welche später den Titel *Funken im Abgrund* erhielt. Den ersten Teil, *Der
Sohn des verlorenen Sohnes*, beendete Morgenstern im Frühjahr 1934 in Paris, wohin er aus Entsetzen über »den schäbigen Sieg« des Dollfuß-Regimes
gegen die aufständischen österreichischen Sozialisten für einige Monate geflüchtet war. Dieser erste Roman konnte, durch Vermittlung Stefan Zweigs
und Robert Musils, Ende 1935 noch in Berlin bei Erich Reiss erscheinen,
der seinen Verlag seit der Machtübernahme der Nazis ganz in den Dienst jüdischer Autoren gestellt hatte. Nur wenige Tage nach diesem für Morgenstern wichtigen Datum starb sein engster Freund, Alban Berg, erst fünfzig
Jahre alt. Morgensterns wirtschaftliche Lage war inzwischen sehr schwierig
geworden, da er durch die Arier-Bestimmung des NS-Schriftleitergesetzes
seine Mitarbeiterstelle bei der *Frankfurter Zeitung* verloren hatte und die
Tantiemen für seinen Roman nicht nach Österreich ausgeführt werden
durften. Am Tage des »Anschlusses« Österreichs an Nazideutschland flüchtete Morgenstern – da sein Sohn erkrankt war, in letzter Minute und allein
– erneut nach Paris. Der zweite Roman der Trilogie – sein endgültiger Titel
ist *Idyll im Exil* – war im Manuskript so gut wie abgeschlossen.

Morgensterns Exildasein war das der großen Exilantenmasse: mißtraui-
sche Beobachtung der politischen Lage in Europa, immerwährende Sorge
um die Aufenthaltsgenehmigung, die oft verzweifelte Jagd nach den zur
Emigration in »sichere« Länder notwendigen Papieren, notorische Geldnö-
te, und doch der Wille, sich im Alltag wenn auch notdürftig einzurichten.
Morgenstern zog bald nach seiner Ankunft in Paris in das bescheidene
Hôtel de la Poste, Rue de Tournon Nr. 18, im 6. Arrondissement, wenige
Schritte vom Jardin du Luxembourg entfernt. Bis zur deutschen Invasion
wohnte er hier, zunächst mit dem Freund Joseph Roth, dessen Tisch im
zugehörigen Café Tournon ein Treffpunkt namentlich der österreichischen
Emigranten war. Roth in einem Brief an die ›American Guild for German
Cultural Freedom‹: »Ich lebe zusammen, in kameradschaftlicher Liebe mit
dem österreichischen Schriftsteller Soma Morgenstern. Ich bitte, ihn, den
ich litterarisch hoch schätze, ohne durch meine private Beziehung zu ihm
beeinflußt zu sein, die ihm vom Prinzen Loewenstein zugesagte Beihilfe
zukommen zu lassen.«[8] Hier in Paris setzte Morgenstern die Arbeit an der
Trilogie fort und begann mit dem dritten Roman, *Das Vermächtnis des verlo-
renen Sohnes*. Eine Zeitlang zahlte ihm, auf besondere Fürsprache Thomas
Manns, Stefan Zweigs, Ernst Tollers und Joseph Roths, die ›American
Guild‹ ein Arbeitsstipendium von monatlich 30 Dollar, damals etwa 1200
Francs, von denen sein Leben fristete.[9] Zugleich betrieb er, mit Hilfe von
Freunden, seine Emigration in die USA. Als das Einreise-Visum endlich be-

willigt wurde, kündigte man ihm »mindestens ein Jahr« Wartezeit an, da er der Quota-Regelung für polnische Einwanderer unterlag, und diese Frist verschob sich von Mal zu Mal.[10] Unterdes flüchtete seine Frau mit dem fast neunjährigen Sohn von Wien nach Kopenhagen. Im Mai 1939 starb Joseph Roth, keine fünfundvierzig Jahre alt. Morgenstern später an Rudolf Olden: »Ich bin noch immer in dem Hotelchen, wo ich zwei Jahre, schwere Jahre, mit Joseph Roth gehaust habe, Sie können sich denken in welcher Verlassenheit und Trauer.«[11]

Der Kriegsbeginn verhinderte die inzwischen eingeleitete Emigration nach Israel. Morgenstern, nun als Österreicher und damit als »feindlicher Ausländer« behandelt, wurde für einige Zeit im Lager von Montargis (Loiret) interniert. Anfang 1940, wieder in Paris, wurde er Mitglied der deutschen Sektion des Exil-PEN; Roth hatte noch für ihn gesprochen, auch Hermann Kesten und Stefan Zweig.[12] Als im Mai 1940 die deutsche Invasion einsetzte, wurde er auf der Straße verhaftet und ins Internierungslager von Audierne gebracht, einem Fischerdorf im bretonischen Finistère. Im folgenden Monat gelang ihm die Flucht aus dem bereits von deutschen Truppen übernommenen Lager, bevor die Gestapo eintraf, und auf einer wochenlangen Fußwanderung schlug er sich ins unbesetzte Südfrankreich durch. Alle seine in Paris zurückgelassenen Manuskripte, Aufzeichnungen und Briefe waren bei einer Haussuchung in die Hände der Gestapo gefallen. Die verlorenen Teile des Romans rekonstruierte er in Marseille, wo er sieben Monate zubrachte, und in Casablanca, einer weiteren Station auf seiner Flucht aus Europa. In Marseille betrieb das von Varian Fry geleitete ›Centre Américain de Secours‹, im Auftrag des amerikanischen ›Emergency Rescue Committee‹, auch für Morgenstern die Ausreiseformalitäten, und Freunde, die inzwischen in die USA gelangt waren, unter ihnen Karol Rathaus, Jascha Horenstein, Hermann Kesten und der Maler Laszlo Gabor, bemühten sich, seine Rettung zu beschleunigen.[13] In Lissabon gelang es ihm schließlich, einen Platz auf der »Guiné« zu buchen, die am 1. April 1941 den Hafen verließ.[14] Unter den Passagieren: Hans Sahl, Henry William Katz und Valeriu Marcu. Am 15. April erreichte das Schiff New York.

Für mehr als fünfundzwanzig Jahre bewohnte Morgenstern nun ein Zimmer in dem unter Emigranten damals nur zu bekannten Hotel Park Plaza in New Yorks Upper West Side, in unmittelbarer Nähe des Central Park. Eine Weile lebte er in Hollywood, kehrte aber im Frühjahr 1943 nach New York zurück. In dieser Zeit beendete er die Romantrilogie, deren amerikanische Ausgabe ihm allgemeine Anerkennung bei der Literaturkritik und den ›Samuel H. Daroff Fiction Award‹ des Jewish Book Council of America eintrug. 1946 wurde ihm die amerikanische Staatsbürgerschaft zugesprochen, bald darauf konnte auch seine Frau mit dem Sohn in die USA übersiedeln.

Doch die Nachrichten über das ganze Ausmaß der Naziverbrechen und das Ende der eigenen Mutter, zweier Geschwister und vieler anderer Verwandter hatten Morgenstern in eine tiefe Lebenskrise gestürzt, die über Jahre andauern sollte. Am Seder-Fest 1949 spricht er im Tagebuch von der schweren Erinnerung: »An Feiertagen denke ich stundenlang an meine Eltern, an meine Schwestern, an meine Brüder.«[15] Und etwas später: »Wie oft in den letzten Jahren dachte ich an Selbstmord. Seit 1945 verging kaum ein Tag ohne solche Gedanken. Es ist kein Vorsatz dahinter, kein Entschluß, kein Vorhaben. Nur kann ich kein anderes Ende für mich sehen. (...) Im Grunde war es schon so in Paris. So lange also ist es schon!«[16]

In diesen Jahren hatte er, in Erwartung seines nahen Endes, den Wunsch, nach Israel zu gehen, wo eine Schwester lebte. Ein Jahrzehnt später heißt es im Exposé eines – nicht ausgeführten – Romans über einen jüdischen Dramatiker aus Wien, der das KZ Dachau als Gefolterter überstanden hat: »By disgust with anything German even with the German language he becomes unarticulate and plans to end his frustrated life by poison. To see his brother for the last time he goes to Israel.« Doch angesichts seiner ökonomischen Lage konnte Morgenstern den Wunsch nicht wahrmachen. Nur für wenige Wochen besuchte er Israel 1950 anläßlich seines ersten, ausgedehnten Aufenthalts im Nachkriegseuropa, von dessen Provinzialität enttäuscht er nach New York zurückkehrte. Eine aus der Krise resultierende Schreibblockade überwand er erst nach Jahren, und niemals völlig. Unter großen Mühen entstand seit 1948 ein Buch, das er später den Epilog zu seiner Romantriologie genannt hat, *Die Blutsäule. Zeichen und Wunder am Sereth.*

Von nun an konzentrierte sich Morgensterns Interesse aufs Autobiographische. In diesen letzten beiden Jahrzehnten seines Lebens scheint er durchweg mehrspurig gearbeitet zu haben. Es entstand ein Romanbericht über die Zeit des Exils nach Joseph Roths Tod, *Flucht in Frankreich*[17]. Wohl noch während der Arbeit an diesem Manuskript begann Morgenstern die Kapitel über seine Freundschaft mit Alban Berg und mit Joseph Roth zu diktieren; Anfang der siebziger Jahre stellte er sie dann zu zwei separaten Konvoluten zusammen, die er noch zur Veröffentlichung vorbereitete: *Alban Berg und seine Idole* sowie *Joseph Roths Flucht und Ende.*[18] Und schließlich begann er eine lange Reihe von Prosastücken über seine Anfänge in Ostgalizien zu diktieren. Bis zuletzt war er mit seinen Lebenserinnerungen befaßt, hat sie jedoch nicht mehr vollenden können.

Nahezu dreißig Jahre nach seiner Flucht aus Wien hatte Morgenstern mit seiner Frau 1967 in New York wieder eine eigene Wohnung bezogen, wenige Straßen von seiner bisherigen Unterkunft entfernt. Hier entstand, neben der autobiographischen Prosa, noch ein Roman, in den wohl auch der Schock einer Herzattacke eingegangen ist, die der Neunundsiebzigjährige erlitt. Der Roman trägt den lapidaren Titel *Der Tod ist ein Flop*[19]. Am 17. April 1976 ist Soma Morgenstern, von der literarischen Öffentlichkeit kaum bemerkt, in New York gestorben.

III

Von Beginn an stand im Zentrum seiner Pläne die Literatur. In seinen Erinnerungen an die Jugendjahre spricht er von dem kulturellen Hunger in den Provinzstädten Ostgaliziens um die Jahrhundertwende. Als Gymnasiast seit 1904 in der kleinen Bezirkshauptstadt Tarnopol wohnend, die mit 30 000 jüdischen, polnischen und ukrainischen Einwohnern kein Theater hatte, nahm er jede sich bietende kulturelle Anregung wahr, er spielte im Schulorchester Cello, sang im Schulchor die Solopartien, und mit Freunden unterhielt er ein Abonnement bei einer Lemberger Leihbibliothek. Der Glücksfall war ein neu an die Schule gekommener ungewöhnlicher Lehrer, ein Literaturhistoriker, der eine gut sortierte Bibliothek besaß. Durch ihn angeregt und beraten, trieb der junge Morgenstern außerhalb der Schule bald schon systematische Studien. So etwa las er die fünf Bände von Georg Brandes' *Hauptströmungen der Litteratur des neunzehnten Jahrhunderts*. Auch in der Faszination, die das Theater für ihn hatte und zeitlebens behielt, zeigten sich damals seine literarischen Neigungen. In Tarnopol, wo jiddische, polnische und ukrainische Gruppen häufig gastierten, wurde er ein geradezu besessener Theatergänger, der »wie ein Trinker, dem kein Alkohol zu schlecht ist, von jeder Theatervorstellung beglückt war«[20]. Eine Aufführung des polnischen Versdramas *Die Richter* von Stanislaw Wyspiański beeindruckte ihn 1908 im Lemberger Theater so tief, daß er beschloß, nicht etwa Schauspieler oder Dramatiker, sondern »erstaunlicherweise«, wie der alte Morgenstern meint, Theaterkritiker zu werden. Mit der ihm eigenen Energie nahm er in den folgenden Jahren lesend die dramatische Weltliteratur seit der Antike auf. Doch er hatte nicht die Absicht, Journalist zu werden, der er auch in den zehn Jahren seiner Tätigkeit für Zeitungen im Grunde nicht gewesen ist. Er dachte an die Literatur.

In Wien, gleich nach der Promotion, übersetzte er Wyspiańskis Stück ins Deutsche, schrieb danach zwei Theaterstücke und suchte für die Aufführungen vergeblich eine Bühne. Notgedrungen wandte er sich den Zeitungen zu. Seine weit über zweihundert gedruckten Beiträge, zumeist zwischen 1927 und 1934 für die *Frankfurter Zeitung* geschrieben, umfassen alle Sparten des Feuilletons, Theater- und Musikkritiken, Buchrezensionen, Reportagen, Zeitpolemiken, Reiseberichte, Kurzerzählungen und anderes mehr. In der prononciert subjektiven, nämlich bei gelebter Erfahrung ansetzenden Schreibweise wirkt ein unverkennbar literarischer, sowohl aus der

Tradition Heines als auch aus dem zeitkritischen Wiener Feuilleton lebender Impuls. Durch Daniel Spitzer sah er sich gerechtfertigt: »Ein Artikel, der nicht in die Zeitung gehört und doch darin steht, ist ein Feuilleton.«[21] Aber die Frankfurter Redaktion erwartete von einem Kulturkorrespondenten anderes. In einem eher privat gehaltenen Brief gab der Herausgeber Heinrich Simon im Herbst 1931 Morgenstern zu bedenken: »Die Schwierigkeit liegt darin, daß Sie in Ihrer Arbeit nicht Korrespondent der *Frankfurter Zeitung* sind, sondern der Schriftsteller Morgenstern, der in Wien lebt, er könnte ebenso gut woanders leben, und hie und da einen Beitrag liefert. Da die Beiträge sozusagen aus dem Bezirk des literarisch Produktiven stammen und sich nicht dem Dasein eines schlichten Berichterstatterbedürfnisses verdanken, gelingt ein Beitrag und der andere nicht.« Der Zeitungsmann also attestierte, wohl nicht ganz grundlos, dem »Schriftsteller Morgenstern« einen Mangel an journalistischem »Bedürfnis«, der die Verwertbarkeit seiner Produkte einschränke. Derlei Differenzen mit der Redaktion führten Morgenstern in eine innere Distanz zum Pressebetrieb. Schon Mitte 1928 hatte er Siegfried Kracauer, der eigene Konflikte mit der Leitung der Zeitung austrug, bekannt: »Ich kann nur arbeiten, wenn ich weiß, daß es irgend einen Sinn hat, was ich schreibe und wie ich schreibe und wenn ich annehmen kann, daß es wenigstens für ein paar Menschen, für Reifenberg, für Sie – auch einen Sinn hat. Wozu die Anstrengung, das Interesse und das ganze Metier, wenn der letzte Dreck gleich gut gewertet wird??«[22]

In dieser Situation bereiteten sich in ihm literarische Pläne vor. Er dachte an ein neues Theaterstück, das jedoch über die Anfänge nicht hinauskam. Eines Tages, im September 1929, besuchte er den in Wien stattfindenden internationalen Kongreß der ›Agudas Jisroel‹, eines Weltverbandes toratreuer Juden, um darüber für die *Frankfurter Zeitung* zu berichten. Der Bericht blieb ungeschrieben: Morgenstern war außerstande, den Artikel zu liefern. Unter der Gewalt der Eindrücke entstand vielmehr die Idee eines Romans, der die Geschichte einer Rückkehr zum Judentum erzählen sollte. Im Jahr darauf machte sich Morgenstern an die Niederschrift. Der Roman, von Anfang an auf mehrere Bände angelegt, wurde im Laufe der nächsten zwölf, dreizehn Jahre zur Trilogie, welche dann den Titel *Funken im Abgrund* erhalten sollte. Die Handlung spielt vornehmlich in jener ländlichen Welt Podoliens, in der Morgenstern selbst aufgewachsen war. Im Zentrum steht das Vermächtnis des »verlorenen Sohnes«, eines vom Glauben abgefallenen, aus dem Ersten Weltkrieg nicht zurückgekehrten Juden, sowie die Geschichte seines Sohnes, der, in assimilierter Umgebung in Wien aufgewachsen, unter dem Eindruck eines Weltkongresses toratreuer Juden sich entschließt, der Einladung seines Onkels auf dessen Gut in Ostgalizien zu folgen. Hier entdeckt er für sich den Sinn jüdischer Existenz und findet zum Glauben seines Volkes zurück: im »Abgrund« des zweifachen Exils, des irdischen Daseins

und der jüdischen Diaspora mit ihren Bedrohungen, wird er der göttlichen
»Funken« gewahr. Und so widmet er schließlich den ihm vererbten Gutshof
als landwirtschaftliche Ausbildungsstätte der Vorbereitung junger Juden auf
Palästina, dem Aufbau des künftigen Israel.

Einen seiner Höhepunkte hat der erste Band in der Schilderung jenes
Kongresses, dem die Romanidee sich verdankte und von dem die Haupt-
handlung des gesamten Romans ihren Ausgang nimmt. Der Kongreß beginnt mit einer Totenfeier:

»Als, Schlag vier, die Lichte entzündet wurden, fiel ein matter Schimmer auf
die Gesichter der Podium- und der vorderen Parterrereihen, die er erreichte,
ein schwacher fahler Schimmer, der alle weiteren Sitzreihen und die Logen
im Halbtagdämmer des Saals zurückließ. Darum dauerte es eine gute Weile,
ehe die Stille, die von dem Podium und von den ersten Sitzreihen sich aus-
breitete, den ganzen Saal groß und hoch überspannte, jene beklemmende
Stille, die den Ausbruch einer jüdischen Totenklage eröffnet: vokalisch noch
eine Stille ohne Atem, musikalisch schon der erste Ton des Gebets, der Ton
des Todes.

Ehe noch die Fernen, die es nicht wußten, von den Nahen erfahren konnten, daß Tote gefeiert werden sollten, war ein Kantor auf dem Podium erschienen und vor das Tischchen mit dem Leichentuch und dem entzünde-
ten Leuchter getreten. Vor ihm war hier die Stille. Hinter ihm, der das
Gesicht dem Saal zugewandt, vor einem Publikum stand, erhoben sich die
auf dem Podium. Da standen auch die im Parterre und die in den Logen auf
und – mit dem Atemhauch des ersten Tons des Gebets wurde aus dem Publikum eines Kongresses eine andächtige Gemeinde des Volks, das seine To-
tenhäuser Häuser des Lebens nennt.

Der Kantor aber war ein ›Baal Bechi‹: – ein Meister des Geweins. Seine
gedämpfte, wie in einer Gruft singende Stimme flocht gleich die ersten, lei-
se und demütig gesetzten Tonworte zu einem bittlichen, flehentlichen An-
schlag, der alle frommen Herzen aufbrach. Dann goß die Stimme, Tropfen
um Tropfen, all den uralten Jammer einer Totenklage, deren Melodie nichts
weniger ist, als eine vollendete Koloratur des Schluchzens, eine fanatisch
aufflackernde Melodie, die ihr ganzes klingendes Feuer vom ewigen Herd
jüdischer Tränen bezieht. Wie ein heißer Wind strich der Gesang über die
fahlen Gesichter der Zuhörer, daß ihre Augen entbrannten.

(...) Der Kantor hatte den Namen jenes Rabbi Ischmael haCohen zu den
Toten aufgerufen, der nach dem Zeugnis eines französischen Journalisten
von seinen heiligen Büchern weggeschleppt, getötet und auf der Straße auf-
gefunden wurde. Als der Kantor nun den Gesang fortsetzte und die Formel
des Gebets nach dem Zwang des Anlasses variierend, von dem toten Rabbi
Ischmael nicht als von einem Dahingeschiedenen, sondern als von einem

zur Heiligung des Namens Gemordeten, noch einmal den höchsten Ton ergreifend, sang: – geschah es wiederum, daß der Zaddik von Ger laut stöhnend in dem Saal aufschluchzte. Und es ging diese weinende Männerstimme, den Gesang des Kantors zerbrechend, wie ein Alarm durch den Saal und wühlte die Menge auf.«[23]

Diese längere Passage sei zitiert nicht allein, um einen ersten Eindruck von dieser heute unbekannten Literatur zu vermitteln, sondern weil ein entscheidender Moment im Buch und im Leben Morgensterns hier prägnante Gestalt gewann. Was die jüdische Totenfeier, im Buch wie in der Wirklichkeit, ist: rettende Erinnerung der Hingeschiedenen und Gemordeten, das bedeutete für Morgenstern von nun an das Schreiben. Wie im Roman der junge Alfred Mohylewski, seiner jüdischen Abkunft mehr und mehr innewerdend, in die ostgalizische Welt seiner Familie zurückkehrt, so schrieb Morgenstern seinen Roman im Gedenken an das verlorene Land seiner Kindheit, das er bald nach Kriegsbeginn mit Mutter und Schwester auf einer hastigen Flucht mit dem Pferdegespann über die Karpaten verlassen hatte, gleich Tausenden anderer Flüchtlinge. Damals, so erinnert er sich, »hab ich zum ersten Mal in meinem Leben alles verloren: meine Bücher, meine Tagebücher, meine Jugend, meine Heimat«[24]. Im Ursprung seiner Romanidee steht das Eingedenken, und in seinem Zeichen sollte Morgenstern von nun an alle seine literarischen Arbeiten schreiben. Was entstand, ist ein wesentliches Stück jüdischer Literatur deutscher Sprache, das zugleich, ähnlich seinen Jugenderinnerungen, ein authentisches Dokument der zerstörten Welt osteuropäischen Judentums darstellt. Als der erste Band der Trilogie 1935 in Berlin erschien, fand er denn auch bei den Lesern, jüdischen wie nichtjüdischen, starke Resonanz und wurde von der Kritik als ein herausragendes Zeugnis einer neuen Blüte jüdischer Epik gewertet. Jedoch die politische Entwicklung: Judenverfolgung, Exil und Krieg, schnitt die literarische Wirkung ab, ehe sie noch recht begonnen hatte.

Während Morgenstern in Wien, später im französischen Exil an seiner Trilogie weiterarbeitete und sie dann in New York beendete, brach auch über die Juden Osteuropas eine »Flut von Weltgeschichte«[25] herein, aus der nur wenige ihr Leben retten konnten. »Die Tinte, mit der das Manuskript geschrieben worden war«, so merkt er in einem englisch abgefaßten Lebenslauf an, »war kaum getrocknet, als auf diese Weise ein zeitgenössisches Werk zum historischen Roman wurde – ein wahrscheinlich einzigartiger Fall in der Geschichte der Weltliteratur.«[26] Die Nachrichten und Bilder, die ihn im amerikanischen Exil aus Europa in immer wachsender Menge erreichten, zerstörten ihm den Sinn seines Daseins. »Ich fühlte mich nicht gewachsen, einer von den Überlebenden zu sein, wo meine Welt ermordet wurde.«[27] Nur der Gedanke an seine Frau und seinen Sohn hielt ihn damals vom

Äußersten ab. Unerbittlich setzte er sich den grauenvollen Berichten, Bildern und Filmen aus, überzeugt, »daß ein jüdischer Schriftsteller, der sich von diesem ungeheuren Geschehen abwendet und seinem Beruf weiter nachgeht wie bisher, es nicht verdient, die Mörder überlebt zu haben«[28]. An anderer Stelle formuliert er nicht ohne Sarkasmus: »Wenn ich daran denke, wie so ein Romandichter tief darüber nachbrütet, wann sein Held eine Zigarette oder gar eine Zigarre anzünden soll, während in der Ukraine Hunderttausende gemordet werden, mischt sich in meine Bewunderung ein Schuß Verachtung für die Schöpfer und die Werke, die sie schufen.«[29]

Die unmittelbare Folge dieser Lebenskrise aber war das Verstummen, Jahre »vollständiger Unartikuliertheit, da ich mitten im Trubel von New York umherging wie ein Mensch, der Furchtbares träumt und schreien möchte, um zu sagen wie fürchterlich es ist, aber sooft er zu schreien versucht, bemerkt, daß er keine Stimme hat. Ich hatte zu viel und zu oft mir Bilder von Auschwitz, Treblinka und andere solche Bildberichte angeschaut – mehr als ich vertrug. Und so bin ich unartikuliert geworden: ich habe die Sprache verloren.«[30] Im Tagebuch notierte er damals: »Ich habe mich in die Deutschen so verhaßt, daß ich auch die deutsche Sprache nicht lieben kann. Und ein Schriftsteller, der seine Sprache nicht liebt, hat keine Sprache.«[31] Begleitet war diese Sprachlosigkeit von einer Schreibblockade, die er in immer neuen Versuchen endlich so weit zu überwinden vermochte, daß die Arbeit an einem neuen Buch möglich wurde.

Was er nun schrieb, unter größten Mühen und immer wieder stockend schrieb, steht in einem unendlich verschärften Sinne im Zeichen des Erinnerns: es ist ein Nekrolog auf die Opfer der Shoah. *Die Blutsäule. Zeichen und Wunder am Sereth* unternimmt den wahrlich schwierigen Versuch, den SS-Mord an den jüdischen Einwohnern eines ostgalizischen Städtchens am Fluße Sereth literarisch zu verarbeiten. Morgenstern hatte für diesen Text den Plan gefaßt, »so zu schreiben, als hätte ich nie ein anderes Buch gelesen als unsere Heilige Schrift«[32]. Keiner der Prosagattungen ganz zugehörig, setzt sein Buch Elemente der realen Ereignisse in Spannung zu Motiven und Stilcharakteren aus Legende und Parabel. Von Sarkasmen und satirischen Verfremdungen durchbrochen, redet der Text in einer Art ›heiliger Sprache‹, die von den Stößen der geschichtlichen Katastrophe untergründig erschüttert wird. Dieses Buch ist nicht weniger als die Anstrengung, im Eingedenken gerade des Unbegreiflich-Grauenvollsten Kraft zu finden für eine neue Zukunft. Wie kein anderes seiner Bücher ist es Schauplatz des quälenden Widerstreits zwischen geschichtlicher Erfahrung und geschichtlicher Hoffnung. Das bedeutet: Nicht schon Erfahrung selbst ist hier vorab theologisch fundiert, vielmehr geht sie als ungemildert katastrophische ins Schreiben ein; wohl aber ist es ihre Verarbeitung, wie sie im Werk sich manifestiert. Morgenstern setzt alles daran, die Shoah – nach *Exodus 13, 21*[33] – als eine dritte Säule zu begreifen, als eine *Blutsäule,* die auf dem Weg ins verheißene Land Israel das jüdische Volk künftig führen wird. »Ein Buch, das nicht in Hoffnung endet«, so meinte in einem Gespräch mit dem amerikanischen Rabbi Wolfe Kelman der alte Morgenstern, »wenn es nicht hoffnungsvoll ist, ist kein jüdisches Buch.«[34] Und er setzte hinzu: »Aber natürlich sind die Juden organisch außerstande, Pessimisten zu sein.«[35]

Die Blutsäule erschien 1955 in amerikanischer Übersetzung, fast ein Jahrzehnt später auch in einer deutschsprachigen Ausgabe und 1976 schließlich in hebräischer Übersetzung in Israel. Einige Passagen daraus wurden – neben dem Gedicht *Wenn die Propheten einbrächen* von Nelly Sachs – in ein konservativ-jüdisches Gebetbuch für die Hohen Feiertage[36] aufgenommen und damit fester Bestandteil jüdischer Liturgie an Jom Kippur – für Morgenstern die denkbar höchste Auszeichnung.

IV

Erinnerung, »die bleiche Schwester und Begleiterin des Lebens«[37], war die Quelle, aus der Morgenstern als Autor geschöpft hat. Bis ins Innerste ist sein Schreiben von gelebter Erfahrung bestimmt, die seinen Texten ihre auffallende Präsenz verleiht. Nach Abschluß seines vierten Buches wandte er sich ganz dem autobiographischen Interesse zu, das schon in der Trilogie unverkennbar wirksam gewesen war. Seit Mitte der fünfziger Jahre war er damit beschäftigt, den langgehegten Plan einer Autobiographie auszuführen. Auf Korrespondenzen und Aufzeichnungen konnte er sich dabei kaum stützen – auch dies ein zeitgenössisches Spezifikum; das meiste nämlich hatte er, zusammen mit seiner Bibliothek, durch die Flucht aus Galizien im Ersten Weltkrieg und aus Europa fünfundzwanzig Jahre später verloren. Die autobiographische Arbeit stellte sein Erinnerungsvermögen auf eine ungleich härtere Probe als alles Bisherige. Gelegentliche Äußerungen geben darüber einigen Aufschluß. Morgenstern, der Prousts *Recherche* schätzte, scheint der ›objektiven‹ Erinnerung grundsätzlich vertraut zu haben. »Nicht das Erinnern«, schreibt er, »der sich Erinnernde färbt die Vergangenheit mit den Farben der Gegenwart.«[38] Es ging ihm demnach nicht so sehr um willentliche Erinnerung, um die beliebig abrufbaren Daten des Gedächtnisses, sondern um jenes Vergessene, das unserem Willen entzogen, aus der Tiefe der Zeit allein im »unkontrollierten Assoziationsprozeß« aufsteigt. »Man kann die Erinnerung nicht melken. Man überlasse sie ihrem freien Fluß. Eine spätere Erinnerung wird schon dartun, daß ihr scheinbar verworrener, scheinbar zufälliger Drang einen fast immer richtig assoziierten Zusammenhang hatte.«[39] Aber es sollte sich zeigen, daß die Erinnerung des Überlebenden die Brüche seiner Zeit auch selber in sich trug, und kein Assoziationsfluß, ob

durch Proust inspiriert oder durch Freud, konnte diese Brüche überwinden.
»Wieviel liebe Gesichter trug ich jahrelang mit in mein späteres Leben! Wieviel trug ich noch selbst in die Neue Welt mit! Wieviel sind verlorengegangen, vermutlich für immer aus dem Bewußtsein hinaus in den taubstummen Sand des Vergessens gefallen!«[40] Nach so schmerzlichen Verlusten in seinem Leben blieb ihm die Erfahrung dieses endgültigen Verlustes nicht erspart.

»Eigentlich sollte das, was ich seit Jahren schreibe, den Titel haben: Ein Leben mit Freunden. Aber leider kann ich diesen Titel nicht verwenden, weil ich zu der unglücklichen Generation gehöre, die in einer Flut von Weltgeschichte verunglückte, aus der nur einige ihr Leben gerettet haben, aber keinesfalls ohne Schaden davongekommen sind.«[41] Die autobiographische Absicht, aus der heraus Morgenstern nun schrieb – genauer gesagt: zumeist diktierte[42] –, stieß auf massive Widerstände. Das hundertfach gebrochene Dasein des Einzelnen, welcher über die faschistische Ära hinaus seiner personalen Bedeutung de facto beraubt ist – von der Wiege bis ins Grab Objekt ökonomischer und bürokratischer Vollzüge, bloßes Instrument des realen Allgemeinen und allenfalls statistisch von Belang –, solcher Existenz bleiben persönliche Einheit und Dignität von vornherein versagt. Die Realität verdinglichten und fragmentierten Daseins erweist die überkommene Vorstellung einer integralen ›Lebensgeschichte‹ als durch und durch illusionär, wenn sie auch als »Curriculum vitae«, »Biographie«, »Nekrolog« weiterhin in offizieller Funktion steht. Auch die akribische Darstellung aller erreichbaren Details verbürgt mitnichten die individuelle ›Lebensgeschichte‹, denn sie vermag die fehlende biographische Kohärenz nicht zu ersetzen. Biographie ist Gegenstand einer Konstruktion; heute wird diese wahnhaft, wo sie anderes sieht als ein Kontinuum von Brüchen. Zwar hielt Morgenstern bis zuletzt am Vorsatz der ›Lebensbeschreibung‹ fest, doch die entstandenen Texte reden in der ihnen immanenten Brüchigkeit eine andere Sprache. Dieser ›Stoff‹ widersetzte sich dem inneren Formprinzip des Erzählens. Wider die Absicht des Autors – keineswegs jedoch, weil die Arbeit unvollendet blieb – fügen die fertigen Stücke sich nicht zur ›Lebensgeschichte‹. Auch darin erweist sich ihre Wahrheit. Sie geben Bruchstücke aus einem Dasein, dem es selbst nicht vergönnt war, anders denn bruchstückhaft zu existieren. »Was mich an jener Zeit heute interessiert«, so heißt es in dem Bericht eines Schicksalsgenossen über die Zeit des Massenexils, »ist nicht mehr der Kriminalroman einer Massenflucht ohne erhebliche individuelle Abweichungen, sondern die Geschichte vom Leben und Sterben einer Kultur, die in *unserem* Leben und Sterben ihren sinnfälligsten Ausdruck finden sollte.«[43]

In der Fülle dessen, was Morgensterns Erinnerungen vom ostgalizischen Judentum der Jahrhundertwende, von der Wiener Zeit mit Alban Berg, von

Joseph Roth in Paris und den Jahren des französischen Exils mitteilen, sind sie ein eindringlicher Bericht vom »Sterben einer Kultur«. Ein letztes Buch, das er einst in Israel hatte schreiben wollen, sollte schließen[44]: »Der Abend war milde. Im Westen sah man am zartblaugrünen Firmament den Abendstern blässlich schimmern: ein fahles Totenlicht für die Sonne, die eben in weiter Ferne über einem christlichen Europa erloschen und in's Grab gesunken war.«

1 Der Gedanke, eine mehrbändige Werkedition zu veranstalten, der im Laufe meiner Beschäftigung mit Soma Morgenstern Gestalt annahm, wurde durch die Hebung und Sichtung des New Yorker Nachlasses 1991/92 noch bekräftigt. Der Verwirklichung kam er näher, nachdem ich für dieses mit beträchtlichem Risiko beladene Projekt den Dietrich zu Klampen Verlag in Lüneburg gewinnen konnte. Obwohl eine wesentliche Förderung von öffentlicher oder privater Seite, trotz intensiver Bemühungen, nicht zu erlangen war, konnte unsere Ausgabe der Werke in Einzelbänden inzwischen eröffnet werden mit dem Band *Joseph Roths Flucht und Ende. Erinnerungen*, der im September 1994 erschienen ist. Ihm wird der Band *Alban Berg und seine Idole. Erinnerungen und Briefe* im Frühjahr 1995 folgen. — 2 Soma Morgenstern: *Der Sohn des verlorenen Sohnes. Roman.* Berlin (Erich Reiss Verlag) 1935. — 3 Soma Morgensterns Romantrilogie *Funken im Abgrund* umfaßt die Teile: *Der Sohn des verlorenen Sohnes, Idyll im Exil* und *Das Vermächtnis des verlorenen Sohnes.* Die amerikanische Ausgabe trägt den Gesamttitel *Sparks in the Abyss,* ihre Teile: *The Son of the Lost Son.* Translated by Joseph Leftwich and Peter Gross. Philadelphia (The Jewish Publication Society of America); New York (Rinehart) 5706/1946; *In My Father's Pastures.* Translated from the German manuscript by Ludwig Lewisohn. Philadelphia (The Jewish Publication Society of America) 5707/1947; *The Testament of the Lost Son.* Translated from the German manuscript by Jacob Sloan in collaboration with Maurice Samuel. Philadelphia (The Jewish Publication Society of America) 5710/1950. — 4 Soma Morgenstern: *Der verlorene Sohn. Roman.* Köln, Berlin (Kiepenheuer & Witsch) 1963. Die Verbindung zu dem Verleger J. C. Witsch hatte Benno Reifenberg geknüpft, den Morgenstern noch aus der Feuilletonredaktion der *Frankfurter Zeitung* kannte. Am 2. Januar 1966 berichtete ihm Morgenstern aus New York, »daß Dr. Witsch hier war, irgendwann im Sommer, und zum Entschluß gekommen ist, meine Trilogie nächsten Herbst herauszubringen. Er hat eingesehen, daß es falsch war, mit dem gekürzten dritten Teil herauszukommen. Wir haben sogleich einen Vertrag abgeschlossen.« (Deutsches Literaturarchiv Marbach: A: Reifenberg, Konv. FAZ M) Als nicht lange danach Witsch gestorben war, wurde dieser Vertrag vom Verlag annulliert. — 5 Soma Morgenstern: *Die Blutsäule. Zeichen und Wunder am Sereth.* Wien, Stuttgart, Zürich (Hans Deutsch Verlag) 1964. In einer Textbearbeitung und unter der Regie Heinz von Cramers sendeten der Südwestfunk Baden-Baden und der Norddeutsche Rundfunk 1963 und 1965 eine Hörspielfassung. Zuerst ist das Buch freilich in amerikanischer Übersetzung erschienen: *The Third Pillar.* Translated from the German by Ludwig Lewisohn. Philadelphia (The Jewish Publication Society of America; Copyright by Farrar, Straus & Cudahy, New York) 1955/5715. Eine hebräische Ausgabe erschien unter dem Titel: *Amud Hadamim.* Übersetzt von Manfred Winkler. Tel Aviv (Mossad Abraham Joshua Heschel) 1976. — 6 Zwei Ausnahmen gibt es: Alfred Hoelzel, Professor der Germanistik an der University of Massachusetts at Boston: »Soma Morgenstern 1890–1976«. In: *Midstream* (New York) 23 (1977) H. 3, S. 41–50; Ders.: »Soma Morgenstern«. In: John M. Spalek und Joseph Strelka (Hg.): *Deutschsprachige Exillite-*

ratur seit 1933. Bd. 2: *New York.* Bern, München 1989, S. 665–689 (eine knappgefaßte Auswahlbibliographie enthält der 1994 erschienene Bd. 4, S. 1346–1348); und Joan Allen Smith, Professorin der Musiktheorie an der University of California at Santa Barbara: »Berg's Character Remembered«. In: Douglas Jarman (Hg.): *The Berg Companion.* London (The Macmillan Press) 1989, S. 13–32; Dies.: »Alban Berg and Soma Morgenstern: A literary Exchange«. In: Anne Trenkamp u. John G. Suess (Hg.): *Studies in the Schoenbergian Movement in Vienna and the United States. Essays in Honor of Marcel Dick.* (Studies in History and Interpretation of Music; Bd. 26.) Lewiston, N. Y. (The Edwin Mellen Press) 1990, S. 33–56. Eine summarische Nachlaßbeschreibung erschien erstmals in John M. Spaleks *Guide to the Archival Materials of German-speaking Emigration to the United States after 1933.* Bern 1978, S. 1046. Aus dem nicht-wissenschaftlichen Feld sei genannt der Interview-Bericht von Israel Shenker: »Morgenstern«. In: *Present Tense* (New York) 1 (1974) H. 3, S. 6–7.   — 7 Vgl. Sigrid Schmid-Bortenschlager und Hanna Schnedl-Bubeniček: *Österreichische Schriftstellerinnen 1880–1938. Eine Bio-Bibliographie.* (Stuttgarter Arbeiten zur Germanistik; 119.) Stuttgart 1982, S. 124. — 8 Joseph Roth an die American Guild for German Cultural Freedom, Paris, 25. August 1938 (Deutsche Bibliothek, Deutsches Exilarchiv 1933–1945, Frankfurt a.M.: American Guild – EB 70/117). — 9 Die entsprechenden Korrespondenzen der American Guild for German Cultural Freedom, Akte »Soma Morgenstern«, bewahrt die Deutsche Bibliothek, Deutsches Exilarchiv 1933–1945, Frankfurt a.M. (American Guild – EB 70/117). — 10 Soma Morgenstern an Volkmar von Zühlsdorff, Paris, 10. März 1939 (Deutsche Bibliothek, Deutsches Exilarchiv 1933–1945, Frankfurt a.M.: American Guild – EB 70/117). — 11 Soma Morgenstern an Rudolf Olden, Paris, 6. Februar 1940, ebd. (Exil-PEN – EB 75/175). — 12 Die entsprechenden Korrespondenzen des Exil-PEN besitzt ebenfalls die Deutsche Bibliothek (Exil-PEN – EB 75/175). — 13 Diesbezügliches Material besitzt wiederum die Deutsche Bibliothek (Emergency Rescue Committee – EB 73/21). Desgleichen sind im Morgenstern-Nachlaß verschiedene Dokumente und Materialien erhalten. — 14 Im Nachlaß fand sich ein Ausriß der Zeitungsannonce, worin die ›Companhia Colonial de Navegação‹ in Lissabon die Abreise ihres Schiffs für den 1. April um 16 Uhr bekanntmachte; auch das auf diesen Tag ausgestellte Schiffsbillett Morgensterns ist erhalten. — 15 Soma Morgenstern: *Tagebuch, Heft 13: Amerikanisches Tagebuch* (1949), S. (9), Eintrag vom 17. April 1949 (Nachlaß). — 16 Soma Morgenstern: *Tagebuch, Heft 13: Amerikanisches Tagebuch* (1949), S. (34), Eintrag vom 18. Mai 1949 (Nachlaß). — 17 So der innerhalb der Werkedition vorgesehene Titel; das abgeschlossene Typoskript im Nachlaß trägt lediglich den handschriftlichen Vermerk »Frankreich«. — 18 Soma Morgenstern: *Alban Berg und seine Idole,* Typoskript im Nachlaß. *Joseph Roths Flucht und Ende. Erinnerungen.* Hg. von Ingolf Schulte. Lüneburg 1994. — 19 Als von dem Roman noch nicht allzuviel vorgelegen haben dürfte, veröffentlichte Morgenstern das Eingangskapitel: »Die offene Tür«. In: *Gratulatio für Joseph Caspar Witsch zum 60. Geburtstag am 17. Juli 1966.* Köln 1966, S. 223–228. — 20 *Alban Berg und seine Idole.* Typoskript, S. 185. — 21 Daniel Spitzer: *Wiener Abstecher.* Auswahl aus Gedrucktem und Ungedrucktem von Wilhelm A. Bauer. *Wiener Drucke,* 1923, S. 169. — 22 Soma Morgenstern an Siegfried Kracauer, Wien, Juli 1928 (Deutsches Literaturarchiv Marbach: A: Kracauer 72.2741/3). — 23 Soma Morgenstern: *Der Sohn des verlorenen Sohnes. Roman.* Berlin (Erich Reiss Verlag) 1935, S. 116 ff. — 24 *Joseph Roths Flucht und Ende,* a.a.O., S. 23. — 25 Ebd., S. 291. — 26 »The ink with which the manuscript had been written had scarcely dried when a contemporary work thus became a historical novel – – an occurence probably unique in the history of world literature.« Soma Morgenstern: *Genesis of the Works and Curriculum Vitae.* Typoskript im Nachlaß. — 27 Soma Morgenstern: *Motivenbericht zu diesem Buch.* Typoskript im Nachlaß, S. 1 (es handelt sich um ein später entstandenes Vorwort für die hebräische Ausgabe der *Blutsäule*). — 28 Soma Morgenstern: *Motivenbericht zu diesem Buch,* S. 6. — 29 *Joseph Roths Flucht und Ende,* a.a.O., S. 130. — 30 Soma Morgenstern: *In einer anderen Zeit.* Kap. *Freunde aus der Schulzeit,* Typoskript im Nachlaß. — 31 Soma Morgenstern: *Tagebuch, Heft 13: Amerikanisches Tagebuch* (1949), S. (35), Eintrag vom 18. Mai 1949 (Nachlaß). — 32 *Motivenbericht zu diesem Buch,* S. 9. — 33 In der Übersetzung von Leopold Zunz: »Und der Ewige zog vor ihnen her des Tages mit einer Wolkensäule, sie des

Weges zu leiten, und des Nachts mit einer Feuersäule, ihnen zu leuchten, daß sie gehen mochten Tages und Nachts.« Diese Stelle hat Morgenstern seinem Buch als Motto vorangestellt; unbegreiflicherweise fehlt das zum Verständnis nicht nur des Buchtitels unverzichtbare Motto in der deutschsprachigen Ausgabe von 1964. — 34 »A book which doesn't end with hope, if it is not hopeful, it is not a Jewish book.« *A Conversation with Dr. Soma Morgenstern.* The Eternal Light, Chapter 1129. Presented by The National Broadcasting Company as a public service and prepared under the auspices of The Jewish Theological Seminary of America. NBC/Radio Network, September 30, 1973. Mimeographie im Nachlaß, S. 7. — 35 »But, of course, the Jews are organically not capable to be pessimists.« *A Conversation with Dr. Soma Morgenstern,* a.a.O., S. 7 — 36 *Mahzor for Rosh Hashanah and Yom Kippur. A Prayer Book for the Days of Awe.* Edited by Rabbi Jules Harlow. New York (The Rabbinical Assembly) 1972, S. 565. — 37 Soma Morgenstern: *Der Duft des Pfannkuchens.* Typoskript im Nachlaß. — 38 *Alban Berg und seine Idole.* Typoskript, S. 35 f. — 39 Ebd., S. 36. — 40 Ebd., S. 30 f. — 41 *Joseph Roths Flucht und Ende,* a.a.O., S. 291 f. — 42 Zur Sprache der Erinnerungsschriften von Morgenstern siehe Verf.: »Soma Morgenstern – der Autor als Überlebender«. In: *Joseph Roths Flucht und Ende,* a.a.O., S. 323 ff. — 43 Hans Sahl: *Exil im Exil. Memoiren eines Moralisten II.* Frankfurt/M. 1991, S. 11. — 44 Soma Morgenstern: *Tagebuch, Heft 13: Amerikanisches Tagebuch* (1949), S. (32), Eintrag vom 17. Mai 1949 (Nachlaß).

René Geoffroy

Veröffentlichungen deutschsprachiger Emigranten in ungarischen Verlagen (1933–1944)

Im April 1934 befragte die Film- und Theaterzeitschrift *Szinházi Élet* (Theaterleben) einige ungarische Schauspielerinnen nach ihren Lesegewohnheiten. Der mehrseitige Beitrag war mit Fotos illustriert, auf denen die Damen, vor ihren Bücherregalen oder am Sekretär stehend, im Sessel sitzend oder sogar im Abendkleid lässig auf der Chaiselongue liegend, mit aufgeschlagenen Büchern in der Hand zu sehen waren. Einige der Titel dieser Bücher sind unschwer zu erkennen, und sie sind es denn auch, die diesen Artikel zum nicht alltäglichen Zeitdokument der Verbreitung deutschsprachiger Exilliteratur in Ungarn werden lassen. Gelesen oder zumindest in der Hand gehalten werden da Joseph Roths *Hiob*, Thomas Manns *Jakob* und Georg Finks *Mich hungert*.[1]

Von der Verbreitung deutschsprachiger Exilliteratur in Ungarn zeugen auch die Interventionen der Deutschen Gesandtschaft in Budapest. Hier hielt man im Dezember 1933 das *Braunbuch über den Reichstagsbrand* in den Händen und erwirkte dessen Verbot beim Außenminister.[2] Zu Beginn des Jahres 1935 erreichte man den Entzug des Postdebits für das anonym in Karlsbad erschienene Buch *Adolf Hitler, Deine Opfer klagen an*, für Wilhelm Hoegners *Der Faschismus und die Intellektuellen* und Georg Deckers *Revolte und Revolution*.[3] Zur gleichen Zeit stieß sich der Organisationsleiter der Ortsgruppe Budapest der NSDAP an der Schaufensterauslage der sozialdemokratischen Buchhandlung Népszava, in der er unter anderem Georg Bernhards *Die Deutsche Tragödie* erblickt hatte.[4] Wieder gelang es der Deutschen Gesandtschaft, die »Entfernung und Verhinderung der weiteren Verbreitung« des Buches durchzusetzen.[5] Die Kunde, daß in Ungarn Werke »verachtenswerter Emigranten angepriesen« werden konnten, drang sogar bis ins Propagandaministerium in Berlin, das noch im März 1939 Anstoß daran nahm, daß eine Budapester Buchhandlung ein Verzeichnis »Ausserdeutscher Literatur der Gegenwart« in Umlauf gebracht hatte und die diplomatische Vertretung in Budapest daraufhin anwies, »Schritte gegen solche und ähnliche Veröffentlichungen« zu unternehmen.[6]

Daß die deutschsprachige Exilliteratur in Ungarn durch die Naziaktivitäten keinen noch größeren Schaden erlitt, verdankt sie sehr wahrscheinlich der Tatsache, daß die deutsche Gesandtschaft in Budapest recht unzulänglich über die Buchproduktion der ungarischen Verlage informiert war. So

verstieg sich der deutsche Gesandte Erdmannsdorff, als das Propagandaministerium im Dezember 1938 Informationen über die »in jüdischem Besitz«
befindlichen Verlage Pantheon und Athenaeum erbat, zu der Behauptung,
daß dort »Emigrantenliteratur« nicht verlegt werde.[7] Und dies, obwohl gerade der Athenaeum-Verlag mit 26 Titeln bis 1938 (und 30 bis 1944) sowie
der Pantheon-Verlag mit respektive 12 bzw. 17 Titeln zu jenen ungarischen
Verlagsanstalten zählten, die – neben dem Nova-Verlag (15 Titel bis 1938
und 22 bis 1944) – führend an der Verbreitung deutschsprachiger Exilliteratur in Ungarn beteiligt waren (siehe Diagramm 1).

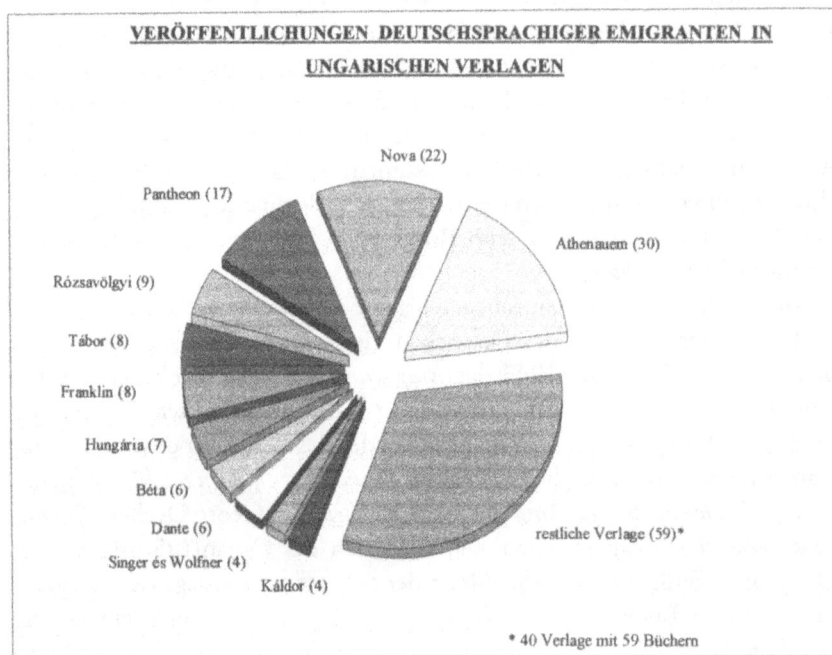

Diagramm 1

Zu den Autoren des Athenaeum-Verlags zählten beispielsweise Vicki Baum,
Heinrich und Thomas Mann, Emil Ludwig, E.M. Remarque, aber auch die
nach Ungarn emigrierte Ärztin Berta Ottenstein. Im Pantheon-Verlag waren unter anderem die Werke von Lion Feuchtwanger, Karl Mannheim, Alfred Neumann, Arnold Zweig und Stefan Zweig erschienen.
    Übernimmt man die Kriterien, die Albrecht Betz bei seiner Bibliographie
der ins Französische übersetzten Exilliteratur zu Grunde legte[8], so kommt
man für Ungarn auf die Zahl von insgesamt 180 Titeln von 85 Autoren, deren Werke man gemeinhin zur deutschsprachigen Exilliteratur zählt. Bei

166 dieser Bücher handelt es sich um Übersetzungen ins Ungarische, 7 Titel erschienen in Hebräisch und 7 weitere in Deutsch. Bei den nicht in Ungarisch erschienenen Büchern handelt es sich, allem Anschein nach, überwiegend um Erstveröffentlichungen, die in der Folge keine anderweitige Veröffentlichung mehr erfuhren.

In ungarischer Übersetzung erschienen auch 12 weitere Bücher von Exilautoren, die in Temeschburg und in Pressburg verlegt worden waren und in Ungarn – soweit ihnen nicht das Postdebit entzogen worden war[9] – vertrieben wurden. Zehn dieser Bücher waren Publikationen des Eugen Prager-Verlags.[10] Nicht unerwähnt sollten auch jene 7 Bücher bleiben, die die Amsterdamer Verlage Querido und Allert de Lange sowie der Humanitas-Verlag (Zürich) in Ungarn drucken ließen.

Mit 180 Titeln würde Ungarn in der von Horst Halfmann 1969 erstellten Statistik der Verleger der deutschsprachigen Exilliteratur[11] hinter Frankreich und noch vor Großbritannien und Schweden einen bemerkenswerten siebten Platz einnehmen. Nun wissen wir aber, daß Halfmanns Statistik mit Vorsicht zu betrachten ist, was schon allein die Tatsache verdeutlicht, daß in ihr Ungarn mit nur drei (!) Titeln vertreten ist. Für ein Land wie Frankreich kommen sowohl Hélène Roussel[12] als auch Albrecht Betz[13] auf eine Anzahl von Titeln, die fast doppelt so hoch liegt wie bei Halfmann vermerkt. Doch ungeachtet der wie auch immer bewerteten Relationen müssen bei dem Vergleich der verlegerischen Leistungen Faktoren berücksichtigt werden, die Zahlen allein kaum widerspiegeln können. Gefragt werden muß nach den Bedingungen, unter welchen die jeweilige verlegerische Leistung zustande kam. Hundert in einem Land wie der Sowjetunion erschienene Titel scheinen uns nicht denselben Stellenwert zu besitzen wie die gleiche Zahl in einem kleinen Land wie Ungarn, wo es keine Staatsverlage gab und somit das ganze Risiko der Herausgabe eines Buches vom privaten Verleger zu tragen war und wo schon bevölkerungsmäßig[14] der potentielle Leserkreis keinerlei Vergleich duldete. Und natürlich wird man darüber hinaus auch in Betracht ziehen müssen, daß es keineswegs einerlei war, ob 100 Titel (beispielsweise) in Frankreich oder die gleiche Anzahl in Horthys Ungarn erscheinen konnten. Frankreich war ein demokratisches Land, wo die Entscheidung, ob das Buch eines deutschsprachigen Emigranten veröffentlicht werden sollte, allein vom Engagement (oder der Profitkalkulation) des jeweiligen Verlegers abhing; hier gab es Exilverlage, hier intervenierten oder zensurierten keinerlei staatliche Instanzen. Ganz anders im – auf Regierungsebene so eng mit Nazideutschland befreundeten – Ungarn. Dort mußte sich ein Verleger schon sehr genau überlegen, wen oder was er zu veröffentlichen gedachte, mögliche Freiräume konsequent sondieren, richtig einschätzen und geschickt ausnützen. Verschätzte er sich, so durfte er gewiß sein, sich vor dem berüchtigten Szemak-Senat des Budapester Strafgerichtshofes[15] verantworten zu müssen. Im Dezember 1934 leitete die Staatsanwaltschaft ein Verfahren gegen den Verleger sowie den Übersetzer (!) des Buches *Sowjetrußland kämpft gegen das Verbrechen* von Lenka von Koerber[16] ein, weil sie im »Inhalt des Werkes den Tatbestand des auf den Umsturz der staatlichen und gesellschaftlichen Ordnung gerichtetes Vergehen erblickt« hatte.[17] Nicht viel besser erging es im selben Jahr dem Herausgeber von *Gulliver entdeckt das dritte Reich*[18], einem Sammelband von Reportagen, der unter anderen auch Beiträge von Arthur Holitscher, Alfred Kerr und Ernst Toller enthielt.[19] Das Buch wurde verboten, jedoch bis in das Jahr 1937 hinein in sozialdemokratischen Buchhandlungen weitervertrieben.[20] Erst dann wurde es auf Betreiben einer faschistischen Zeitung, zusammen mit E.E. Kischs gerade in ungarischer Übersetzung in Pressburg erschienenem *Asien gründlich verändert*, beschlagnahmt und eingestampft.[21] Daß, soweit uns bekannt, außer diesen beiden Büchern keine weiteren in Ungarn verlegten Werke von Emigranten der Zensur zum Opfer fielen, mag daran liegen, daß die ungarischen Verleger sehr behutsam bei der Auswahl der von ihnen veröffentlichten Titel vorgingen. Vergleicht man die in Ungarn herausgebrachte Exilliteratur mit der in Frankreich publizierten, so stellt man fest, daß zumindest bei den in beiden Ländern erfolgreichsten Exilautoren auffallende Ähnlichkeiten, aber auch eine Reihe sehr charakteristischer und aussagekräftiger Unterschiede herauszukristallisieren sind. Stefan Zweig und Vicki Baum führen in beiden Ländern die Liste der Erfolgsautoren an und kamen hier jeweils annähernd auch auf die gleiche Anzahl veröffentlichter Titel. Während Thomas Mann mit neun Titeln in Ungarn den dritten Platz einnimmt, rangiert er in Frankreich mit derselben Anzahl von Büchern hinter Emil Ludwig – von dem in Ungarn nach 1933 nur vier Titel erscheinen konnten (15 in Frankreich) – lediglich auf dem vierten Platz. Auf doppelt so viele Übersetzungen wie in Frankreich konnten Franz Werfel und Lion Feuchtwanger in Ungarn kommen, wo sie respektive den vierten und sechsten Platz in der »Erfolgsskala« einnahmen. Autoren wie Joseph Roth, Alfred Döblin, E.M. Remarque oder Arnold Zweig belegten mit maximal drei Übersetzungen in beiden Ländern die hinteren Ränge des Mittelfeldes. Auffallend unterrepräsentiert ist, neben Emil Ludwig, Heinrich Mann mit in Ungarn nur zwei veröffentlichten Büchern (in Frankreich 5 Übersetzungen).

Der Verdacht, daß der Grad der Verhaßtheit eines Exilautors im »Dritten Reich« und die Dynamik seines antifaschistischen Engagements Faktoren gewesen sein könnten, die bei der Entscheidung über die Herausgabe eines Buches von verlegerischer Seite her mitberücksichtigt wurden, verdichtet sich noch, wenn man feststellt, daß eine ganze Reihe von Namen in der Liste der in Ungarn herausgebrachten Exilliteratur nicht auftaucht. Kommunistische Schriftsteller wie Willi Bredel, Gustav Regler, Ludwig Renn, Anna Seghers oder F.C. Weiskopf wurden in den dreißiger Jahren ins Französische

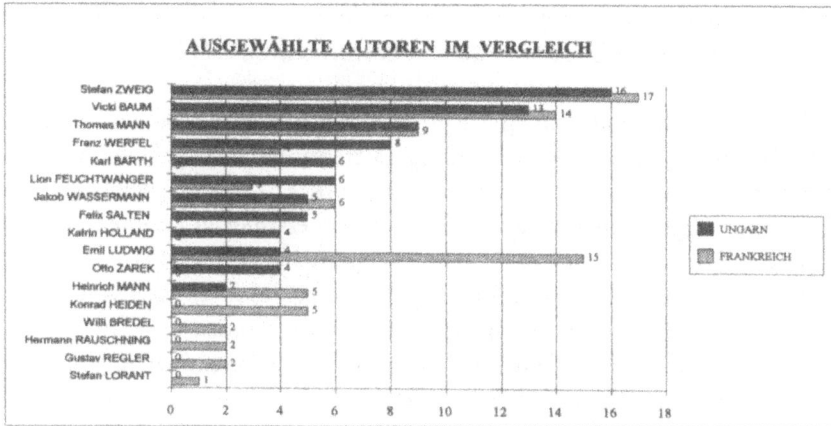

Diagramm 2

übersetzt; in Ungarn erschien dagegen kein einziges Buch von ihnen. Dies trifft selbst für den in Ungarn geborenen Arthur Koestler zu, der sich sogar 1933 drei Monate lang in seiner Heimat aufgehalten hatte und einige Beiträge im *Pester Lloyd* unterbringen konnte.[22] Aber auch für konservative Hitlergegner wie Hermann Rauschning, Konrad Heiden oder Stefan Lorant, die seinerzeit mit ihren Publikationen für weltweites Aufsehen gesorgt hatten, fand sich in Ungarn kein Verleger.

Im Fall von Stefan Lorant, der damals noch die ungarische Staatsbürgerschaft besaß und für dessen Befreiung aus der Nazihaft sich die ungarische Regierung – nach massivem Druck liberaler Kreise – eingesetzt hatte, erscheint dies besonders auffällig. Hielt er sich doch von September 1933 bis April 1934 in Budapest auf, wo er als Redakteur des liberalen *Pesti Napló* wirkte und wo er sein berühmt gewordenes Tagebuch *Ich war Hitlers Gefangener* sogar erst vollendete. Die »Fürsorge«, welche die ungarische Regierung Stefan Lorant angedeihen ließ, muß jedoch sehr zweifelhafter Natur gewesen sein, wenn man bedenkt, daß sein Name im sogenannten Schwarzbuch[23] der Horthy-Polizei auftaucht. Hier befand er sich übrigens in recht illustrer Gesellschaft, neben Béla Balász, Tibor Déry (der Werke von Vicki Baum, Emil Ludwig und Richard Katz ins Ungarische übertragen hatte), aber auch Jolan Földes, Andor Gábor, Julius Hay, dem Baron Lajos von Hatvany[24], Ödön von Horváth, dem Grafen Mihály von Károly, Maria Leitner, Georg Lukács, Karl Mannheim, László Moholy-Nagy und Anna Seghers. Alle waren als »politisch unzuverlässig« bzw. »Kommunisten« eingestuft. Nun muß sich der Umstand, in dieser Liste zu firmieren, nicht zwangsläufig – wie das Beispiel von Karl Mannheim belegt[25] – als Hindernis für das Erscheinen einer Publikation erwiesen haben. Wobei vielleicht

einschränkend hinzugefügt werden sollte, daß es sich bei der Publikation
Karl Mannheims lediglich um einen Sonderdruck von 22 Seiten gehandelt
hatte...

Doch vielleicht braucht man gar nicht so weit zu gehen, denn auch dort,
wo ein Autor publiziert wurde, gibt es interessante Unterschiede, wie das
Beispiel Thomas Mann zu verdeutlichen vermag. Daß in einem kleinen
Land wie Ungarn genausoviel Bücher von ihm erscheinen konnten wie in
Frankreich, ist sicherlich schon eine verlegerische Leistung, die für sich
selbst spricht. Sieht man sich jedoch genauer an, was in Ungarn von Thomas Mann erschien und was nicht, so stellt man fest, daß bezeichnenderweise weder seine unter dem Titel *Achtung Europa!* gesammelten *Aufsätze
zur Zeit* noch seine Rede *Vom kommenden Sieg der Demokratie* übersetzt und
verlegt wurden. Die Tatsache, daß der *Pester Lloyd* den titelgebenden Aufsatz des Bandes *Achtung Europa!* in zwei Folgen abdruckte[26], beweist, daß
manche ungarischen Chefredakteure und Zeitungsverleger es anscheinend
besser als ihre Kollegen vom Verlagswesen verstanden, die ihnen durch die
Zensur gebotenen Freiräume auszureizen.[27] Dem nicht Deutsch sprechen-
den Leser wird dies jedoch kaum zum Trost gereicht haben.

Ein anderer, nicht unwesentlicher Punkt, nämlich die Frage, ob die ungarischen Ausgaben der Werke deutschsprachiger Exilautoren immer voll und
ganz mit dem Originaltext übereinstimmten oder ob sie gelegentlich durch
Auslassungen politischer Natur für den »Horthy-Buchmarkt« angepaßt
wurden, wird endgültig erst durch eine zeitaufwendige Vergleichsarbeit zu
beantworten sein. Anhaltspunkte, die in diese Richtung deuten, existieren.
So sind bereits in der 1937 erschienenen Übersetzung von Ernst Glaesers
Der Letzte Zivilist Textauslassungen auszumachen, deren politischer Charakter kaum zu leugnen ist. Wenn man zudem in einem Brief des Lektorats
des Pantheon Verlages an László Dormándi[28] liest, daß es in Franz Werfels
Der veruntreute Himmel »Passagen gäbe, die hier politisch nicht gehen«, sie
aber nicht viele seien und man sie »deshalb rauslassen könne«[29], so kann
man sogar nicht mehr ausschließen, daß die verhältnismäßig hohe Zahl der
in Ungarn übersetzten Exiltitel durch Konzessionen an die herrschenden
politischen Verhältnisse und auf Kosten der Werktreue erkauft sein könnte.

Von den 180 in Ungarn publizierten Exiltiteln erschienen 139 bis 1940.
Im Unterschied zu Frankreich, wo ab Mai 1940 an die Herausgabe von
Exilliteratur schon nicht mehr zu denken war, fanden in Ungarn bis 1944
noch weitere 41 Titel deutschsprachiger Emigranten den Weg in die Buchhandlungen (siehe Diagramm 3). Und dies, obwohl die meisten großen ungarischen Verlagsanstalten inzwischen nach Inkrafttreten der ungarischen
Judengesetze »arisiert« worden waren und die Verleger darauf achten mußten, daß das »Verhältnis der jüdischen Schriftsteller nicht dominiert(e)«[30].
Obwohl uns keine Vergleichszahlen vorliegen, dürfen wir annehmen, daß

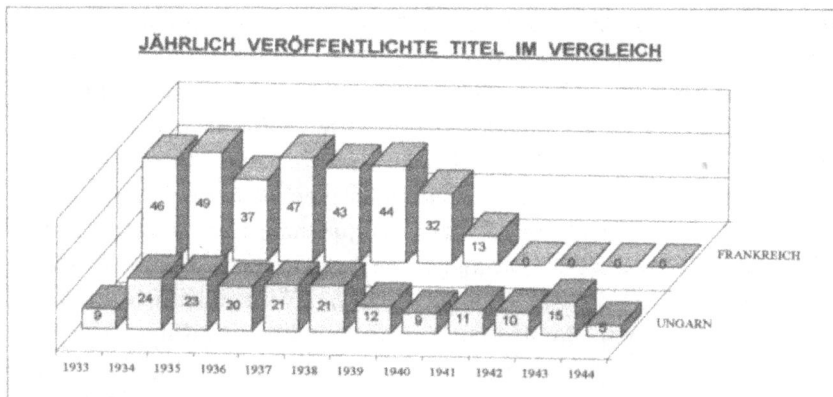

Diagramm 3

der Nazi-Satellit Ungarn mit dieser Zahl von Emigrantenbüchern eine Konkurrenz höchstens noch von damals sich neutral verhaltenden Staaten (Schweiz, Schweden) zu fürchten hatte. Unter den Titeln, die nach 1940 übersetzt wurden, scheint uns Heinrich Manns *Die Jugend des Königs Henri Quatre* am bemerkenswertesten zu sein. Das Buch erschien 1944, also ziemlich spät, wenn man bedenkt, daß es ursprünglich 1935 im Querido-Verlag veröffentlicht worden war, der *Pester Lloyd* im Oktober desselben Jahres einen Auszug gebracht hatte[31] und es in Frankreich bereits 1938 übersetzt worden war. Eine im Zentralorgan der Ungarischen Sozialdemokraten *Népszava* (Volksstimme) publizierte Rezension belegt, daß Heinrich Manns Werk spätestens Ende Februar 1944 herausgebracht worden ist und somit noch vor der Besetzung Ungarns durch die deutsche Wehrmacht (19. März 1944) erschien. Daß dieser Roman gerade zu diesem Zeitpunkt in einem bislang, zumindest was die Verbreitung von Exilliteratur betrifft, völlig unbekannten Verlag veröffentlicht wurde, hat in unseren Augen recht wenig mit rein literarästhetischen Kriterien zu tun.

Über die Publikation eines Buches entschied in Ungarn damals letztendlich nicht der Verleger, sondern die über ihm waltenden Instanzen der Horthy-Zensur. Wenn es also erscheinen konnte, so bedeutet dies nicht etwa, daß die Zensoren plötzlich eine Affinität zu Heinrich Mann entwickelt hätten oder so dumm waren, die antifaschistische Dimension des Werkes nicht zu erkennen, sondern daß dieses Buch erscheinen konnte, weil es erscheinen durfte oder sogar sollte. Schaut man sich noch einmal das Diagramm 3 an, so fällt auf, daß sich die Zahl der jährlich publizierten Exilautoren mit Inkraftsetzung der ungarischen Judengesetze (1938) fast halbiert (von 21 im Jahre 1938 auf 12 im Jahre 1939), um dann bis 1942 auf einem annähernd identischen Niveau von durchschnittlich 10 Veröffentlichungen zu bleiben.

Im Jahre 1943 konstatiert man plötzlich wieder ein Anwachsen auf 15 Publikationen. Hiermit ist zwar das Niveau der Jahre vor 1938 (mit in der Regel über 20 Titel pro Jahr) noch nicht ganz erreicht, aber immerhin eine (relative) Steigerungsrate von 50% festzustellen. Erdreistet man sich, die im ersten Quartal des Jahres 1944 (bis zum Einmarsch der Nazitruppen) erschienenen 5 Titel auf das gesamte Jahr hochzurechnen, so käme man sogar wieder auf das vor dem Inkrafttreten der Judengesetze durchschnittliche Maß von 20 Publikationen. Die in unseren Augen einzig logische Erklärung für die ab 1943 wieder anwachsende Zahl von Werken deutschsprachiger Exilautoren liegt in der Spezifik des damaligen politischen Klimas. Das Jahr 1943 ist für das Horthy-Regime die traumatisierende Erfahrung der katastrophalen Niederlage der 2. Ungarischen Armee bei Woronesch (80.000 Tote). Nicht noch einmal möchte man, wie bereits 1918/19, auf seiten der Verlierer stehen, alles das wieder aufs Spiel setzen, was man durch Hitlers Gnaden an Gebietszuwächsen (1. und 2. Wiener Schiedsspruch) bislang (wieder)erlangt hatte. Der Mythos der Unbesiegbarkeit der Naziarmeen ist seit Stalingrad, der Kapitulation der Heeresgruppe Afrika und der Landung sowie dem Vorrücken der Westalliierten in Italien wohl nur noch in den fanatisierten Kreisen der Szálasi-Anhänger ungebrochen. Und so kommt es denn auch 1943 zu der sogenannten »Schaukelpolitik« von Ministerpräsident Kállay. Treffen zwischen oppositionellen Kreisen und Regierung finden statt, neue Töne werden in offiziellen Reden angeschlagen, Fühler in Richtung Westalliierte ausgestreckt und sogar Emissäre zur Sondierung der Bedingungen eines Separatfriedens ausgesandt. Kurzum: die Eventualität eines Absprungs von der Achse wird 1943 ernsthaft in Erwägung gezogen. Innenpolitisch schlägt sich diese Phase der ungarischen Politik in einer moderaten Liberalisierung der Repression oppositioneller Bestrebungen nieder. So zum Beispiel in einer Lockerung der Zensur gegenüber jener liberalen Presse, die, wie es hieß, den »europäischen Geist verkörpert(e)«[32], und in Zugeständnissen in Richtung Sozialdemokratie, was die Organisationsfreiheit anbelangte.[33] Und hier, so meinen wir, liegt auch die Erklärung für die ab 1943 wieder anwachsende Zahl veröffentlichter Exiltitel und somit letztendlich auch für das Erscheinen eines Romans wie dem von Heinrich Mann. Mit der Veröffentlichung dieses Werkes, das den wahren humanistischen »europäischen Geist« verkörperte, lieferte man der Opposition den Beweis, daß man es ernst meinte, und spekulierte vielleicht zugleich auf die Signalwirkung, die vom Erscheinen eines solchen Buches in Ungarn auf die Westalliierten ausgehen würde.

Auf eine erstaunliche Resonanz stieß im Herbst 1942 Wilhelm Röpkes in Zürich erschienene Abhandlung *Die Gesellschaftskrise der Gegenwart*, die in der ungarischen Tagespresse in – teilweise ganzseitigen – Rezensionen besprochen wurde. Während man Röpke jedoch noch sechs Jahre zuvor, anläßlich eines in Budapest gehaltenen Vortrages über *Sozialismus, Planwirtschaft und den Konjunktur-Zyklus* als »liberalen deutschen Emigranten«[34] vorstellen konnte, zog man es jetzt vorsichtshalber vor, ihn lediglich als »Schweizer Universitätsprofessor« einzuführen.[35] Schon 1942 tauchte in den Überschriften einiger ungarischer Besprechungen der Begriff des »Dritten Weges« (harmadik út) auf, und unter diesem Titel wird denn auch gegen Ende des Jahres 1943 die ungarische Übersetzung des Buches erscheinen und gleich zwei Auflagen erfahren. Genauso programmatisch und zukunftsorientiert wie der Titel der ungarischen Übertragung klingt auch der Name des Verlages, in dem sie veröffentlicht wurde: Aurora. Die Frage, ob und inwieweit Röpkes Krisendiagnostik das Denken jener liberalen Kreise in Ungarn beeinflußt haben könnte, die damals zwangsläufig nach Zukunftsperspektiven zwischen »Totalitarismus« (sprich den mit dem Hitlerfaschismus verbündeten Horthysmus) und dem von ihnen genauso gefürchteten »Sozialismus« Ausschau hielten und denen darüber hinaus Röpkes Fixierung auf die Schweiz als vorbildliches Staatswesen auch für Ungarn als Zukunftsmodell recht verlockend erscheinen mußte, wäre sicherlich ein Thema, das es verdiente, von kompetenter Seite erforscht zu werden. Wilhelm Röpke konnte noch Anfang Februar 1944 einen Beitrag in der liberalen Tageszeitung *Az Ujság* (Die Zeitung) veröffentlichen.[36] Einige Monate zuvor hatte er dem Franklin-Verlag die Rechte für seine *Lehre von der Wirtschaft* übertragen.[37] Anscheinend schon zu spät, um noch vor der Okkupation Ungarns[38] übersetzt und verlegt werden zu können.

59% der in Ungarn bis 1944 verlegten Exilliteratur stammt aus den Jahren nach der Machtübernahme der Nationalsozialisten, 26% aus dem Zeitraum davor, und bei 15% der Titel war es uns nicht möglich, das Datum der Erstveröffentlichung zu ermitteln. Diese Zahlen unterscheiden sich kaum vom Bild der in Frankreich verlegten Exilliteratur (62%, 24% und 14%).[39] Während Ungarn sich auf dem Gebiet der Belletristik ein wenig aktueller erwies als Frankreich, wo 38% der Titel aus den Jahren vor 1933 stammten (Ungarn: 31%), weist es leichte Aktualitätsdefizite im nicht belletristischen Bereich aus.

Hervorgehoben muß jedoch werden, daß der nicht belletristische Anteil an der Gesamtzahl der in Ungarn veröffentlichten Exiltitel (26%) im Vergleich zu Frankreich (53%) äußerst gering war (siehe Diagramm 4). Fächert man die nicht belletristische Literatur auf (z.B. in Judaistik, wissenschaftliche Abhandlungen, politische Schriften, theologische Schriften, Sachbücher usw.), so stellt man fest, daß der Anteil am Gesamtaufkommen durch die – im Vergleich zu Frankreich – fast unbedeutende Zahl von nur sechs politischen Schriften nach unten gedrückt wird. Von diesen Titeln wird man bestenfalls vier – die zumeist in Form von Broschüren vor 1936 in sozialdemokratischen oder linken Verlagen erschienen – als aus der Feder

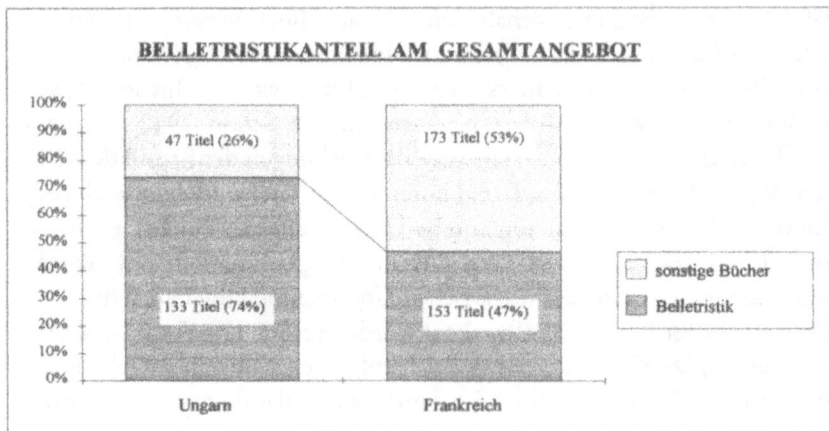

BELLETRISTIKANTEIL AM GESAMTANGEBOT

Diagramm 4

von prononciert antifaschistischen Autoren stammend bezeichnen können (Otto Bauer, Gregor Bienstock, Albert Einstein). Kampf- bzw. Aufklärungs-schriften, Dokumentationen, Reportagen oder Erlebnisberichte über die Zustände in Hitlerdeutschland, wie sie zuhauf in Frankreich oder anderen demokratischen Ländern erscheinen konnten, fehlen völlig.

Biographische und historische Romane sowie anspruchsvolle – oder auch weniger anspruchsvolle – Unterhaltungsliteratur bestimmten das Angebot der großen Verlage im belletristischen Bereich. Deutschland-Romane, die sich offen und ungeschminkt mit der Realität des »Dritten Reiches« ausein-andersetzten, fanden vereinzelt durch das mutige Engagement kleinerer Verlage den Weg zum ungarischen Leser. So erschien Feuchtwangers *Die Geschwister Oppenheim* nicht etwa in einem seiner Stammverlage (Pantheon bzw. Nova), sondern 1935 bei Káldor, wo auch die Bücher des in Vergessen-heit geratenen Georg Fink (d.i. Kurt Münzer) und Joseph Roths *Hiob* ver-legt worden waren. Ernst Glaesers *Der letzte Zivilist* wurde 1936 im gerade erst zwei Jahre zuvor gegründeten jüdischen Tábor-Verlag und Lili Körbers *Eine Jüdin erlebt das neue Deutschland*[40] im kurzlebigen linken Kosmos-Ver-lag veröffentlicht. Mit Hans Habes Roman *Drei über die Grenze*, der Ende 1937 vom angesehenen Nova-Verlag herausgebracht worden war und vom *Ost-Kurier* seines Vaters als »Sensation des internationalen Büchermarktes« gepriesen wurde[41], fand der ungarische Bücherfreund erstmals ein Werk vor, das den Versuch unternahm, den Existenzkampf der Hitlerflüchtlinge zu thematisieren.

Wie hoch waren die Auflagen der in ungarischer Übersetzung erschiene-nen Exilliteratur? Mit Hilfe der Ungarischen Nationalbibliographie[42] kann man die Anzahl der Neuauflagen, die ein Buch erfuhr, bestimmen. Interne

Korrespondenzen der Verlage Pantheon und Dante[43] erlauben es zudem, diese Angaben in – sehr begrenzten – Einzelfällen zu präzisieren. Von Vicki Baums *Hotel Shanghai* wurden bis 1943 fünf Auflagen gedruckt und allein bis Ende Februar 1941 7000 Exemplare verkauft.[44] Mit 5873 verkauften Exemplaren erzielte sie einen vergleichbaren Erfolg für ihren noch aus der Weimarer Republik stammenden, aber in Ungarn erst 1933 erschienenen Roman *Hell in Frauensee*.[45] Da für dieses Buch weitere Auflagen nicht vermerkt sind, muß die Startauflage sehr hoch angesetzt worden sein. Nur Stefan Zweig konnte in Ungarn eine noch positivere Bilanz erzielen: sechs Auflagen mit *Marie Antoinette*, fünf Auflagen mit *Ungeduld des Herzens* und jeweils drei Auflagen für vier weitere seiner nach 1933 in Ungarn verlegten Werke. Konkrete Verkaufszahlen sind für Zweig nicht bekannt. Geht man jedoch davon aus, daß sogar einer seiner weniger erfolgreichen Romane (*Maria Stuart*) 1935 mit einer Startauflage von 6000 Exemplaren auf den Markt kam und noch im selben Jahr die zweite Auflage mit dem Vermerk »7.–9. Tausend« gedruckt wurde und berücksichtigt man zudem, daß von einem seiner in »nur« drei Auflagen erschienenen Essaybänden – laut Inventur seines Verlegers – nach 1945 noch ganze sechs Exemplare vorhanden waren[46], so darf man mit einiger Sicherheit annehmen, daß Stefan Zweig auch für ungarische Verleger alles andere als ein »Verlustgeschäft« war. Über vier Auflagen konnten sich auch Franz Werfel (*Die vierzig Tage des Musa Dagh*) und über jeweils drei Auflagen Ernst Sommer (*Botschaft aus Granada*) und Thomas Mann (*Die vertauschten Köpfe*) freuen.

Feuchtwangers *Der falsche Nero* und Arnold Zweigs *Erziehung vor Verdun* erreichten jeweils nur eine einmalige Auflage, die jedoch allem Anschein nach fast restlos verkauft werden konnte. Vom ersten Buch waren nach Kriegsende – laut bereits zitierter Inventur – lediglich drei, vom zweiten Buch noch sechs Exemplare vorhanden.[47] Wesentlich größeres Kopfzerbrechen müssen dem Pantheon-Verlag Alfred Neumanns *Neuer Caesar* und Martin Gumperts *Dunant* bereitet haben, da sich von beiden Werken nach 1945 noch je 600 Exemplare im Verlagssortiment befanden. Zumindest was letzteres Buch anbelangt, wissen wir, daß es Mitte Februar 1939 die Zensur durchlief[48], Ende April 1939 in einer Auflage von 1800 Exemplaren[49] erschien, von denen bis zum 16. Juni 1939 jedoch lediglich 192 Stück verkauft werden konnten. Und dies, obwohl der Pantheon-Verlag mit dem Druck von 4000 Prospekten nichts unversucht gelassen hatte, um potentielle Interessenten zu erreichen.[50]

Konkrete Zahlen im belletristischen Bereich lassen sich noch für Ludwig Winders 1938 in zwei Bänden veröffentlichten historischen Roman *Der Thronfolger* nachweisen. Er kam bis zum 31.12.1943 auf insgesamt 2565 verkaufte Exemplare. Von Felix Saltens Jugendbuch *Perri*, das 1938 in einer Auflage von 3000 Exemplaren auf den Markt gelangte, fanden bis Mitte Juni 1939 1174 Stück den Weg zum Leser[51], und auch die Restauflage wird in dem darauffolgenden Zeitraum ihre Abnehmer gefunden haben, denn ganze 20 Exemplare dieses Buches konnten in der Bestandsaufnahme des Jahres 1946 noch nachgewiesen werden.

Was den nicht belletristischen Bereich anbelangt, so könnte man hier die drei Auflagen von Hans Reichenbachs *Atom und Kosmos* (in Deutschland erstmalig 1930 erschienen) und die zwei Auflagen von Wilhelm Röpkes Abhandlung über *Die Gesellschaftskrise der Gegenwart* erwähnen. Vielleicht auch noch Josef Wechsbergs *Visum für Amerika*, ein Buch, das der Dante-Verlag vom Kittl-Verlag in Mährisch-Ostrau übernommen hatte und dessen Verkauf sich erstaunlicherweise schleppend gestaltete. In einer Auflage von 1500 Exemplaren Mitte 1939 herausgebracht, konnten bis Ende 1939 lediglich 456 Stück und bis Ende 1945 weitere 232 Stück abgesetzt werden. Weniger als die Hälfte der Startauflage also, was einigermaßen überrascht, hätte doch dieser »Ratgeber für die Auswanderung nach den Vereinigten Staaten und Kanada«[52] im historischen Kontext einen weitaus größeren Leserkreis ansprechen müssen: jene ungarischen Staatsbürger nämlich, denen durch die antisemitischen Horthy-Gesetze der Jahre 1938 und 1939 die Lebensgrundlage entzogen worden war.

In Auflagen von 10.000 Exemplaren und mehr erschienen einige von der Sozialdemokratischen Partei Ungarns in der Reihe »Bibliothek des sozialistischen Wissens« herausgebrachte Broschüren, darunter auch Gregor Bienstocks *Zwischen den Weltkriegen* und Otto Bauers *Der Aufstand der österreichischen Arbeiter*[53].

Die Konditionen, die Exilautoren bzw. ihre bevollmächtigten Vertreter bei Vertragsabschluß über die Übertragung der Rechte an ihren Werken aushandeln konnten, bewegten sich im Rahmen der internationalen Gepflogenheiten. Der unterste Tantiemensatz scheint bei 5% des Ladenpreises gelegen zu haben. Erfolgsautoren wie Vicki Baum bekamen Sonderkonditionen eingeräumt: 6% für die ersten 5000 Exemplare, 8% von 5001 bis 10.000 Exemplare und 10% ab dem 10.001 Exemplar.[54] Franz Werfel wurden für die ersten 3000 Exemplare sogar 7,5% gewährt.[55] Auch gegen Pauschal-Honorare wurden Rechte veräußert bzw. angekauft. Für so manchen Autor, der nicht zu den wenigen Großverdienern des Exils gehörte, stellten die Überweisungen aus Ungarn eine willkommene Einnahmequelle dar. Heinrich Mann etwa schrieb am 13. August 1936 an den Pantheon-Verlag: »Das Ergebnis Ihrer Abrechnung befriedigt mich sehr und ich danke Ihnen für den erfolgreichen Vertrieb. Darf ich Sie bitten, den Betrag, sobald es möglich ist, zu überweisen (...).«[56]

Der Ende 1934 durch den Rechtsanwalt Jenö Kerpel ins Leben gerufene *Mideuropean Literary Service*[57] vertrat in den darauffolgenden Jahren die Interessen vieler in Ungarn verlegter Exilautoren, nachweislich von Vicki

Baum, Gina Kaus, Josef Wechsberg, Franz Werfel, Otto Zarek und Stefan Zweig. Besonders nach Kriegsausbruch, als viele dieser Autoren schon nicht mehr auf dem europäischen Kontinent weilten und kaum noch in der Lage waren, ihre Interessen selber wahrzunehmen, sorgte er auch weiterhin für das reibungslose Inkasso der Tantiemen und deren Überweisung durch die Ungarische Nationalbank. Gleichzeitig hielt er sie aber auch über die in Ungarn – infolge der sogenannten »Judengesetze« – eingetretenen Veränderungen in der Verlagslandschaft auf dem laufenden und informierte sie über die noch bestehenden Möglichkeiten, ihre Bücher in Ungarn unterzubringen.[58]

Die ungarischen Übersetzer deutschsprachiger Exilliteratur waren in ihrer Mehrzahl selbst angesehene Schriftsteller, Publizisten oder Journalisten, deren Lebensläufe nicht selten von Erfahrungen geprägt waren, die sich substanziell nur unwesentlich von denen der von ihnen übertragenen Autoren unterschieden. Nicht wenige unter ihnen hatten bereits am eigenen Leib erfahren, was es bedeutete, Emigrant zu sein – Zoltán Horváth zum Beispiel, der mit zwölf übersetzten Exiltiteln eifrigste und engagierteste aller ungarischen Übersetzer. Er war – wie der bereits erwähnte Tibor Déry – nach der Niederwerfung der ungarischen Räterepublik nach Wien emigriert und erst in den zwanziger Jahren nach Budapest zurückgekehrt; 1938 trieb ihn das Horthy-Regime erneut außer Landes. Rudolf Szántó, der Werke von Jakob Wassermann und Franz Werfel übersetzt hatte, und József Nádass, der in Ungarn für den Pressburger Prager-Verlag Leonhard Frank und Egon Erwin Kisch übertrug, waren beide auch erst 1926 aus dem Exil in ihre Heimat zurückgekehrt. Andere Übersetzer wiederum wurden Ende der dreißiger Jahre in die Emigration getrieben: Pál Tábori, Jenö Pálmai und László Dormándi. Letzterer, der zugleich Direktor des Pantheon-Verlages gewesen war, emigrierte nach Frankreich, von wo aus er auch weiterhin Einfluß auf die Geschicke seines Verlages nahm und sich Ende 1938 um die französischen Rechte von Feuchtwangers *Erfolg* und *Der falsche Nero* bemühte.[59]

Erst gar nicht nach Ungarn zurückgekehrt waren eine ganze Reihe Übersetzer, die als ungarische Emigranten für den Prager-Verlag in Pressburg Werke ihrer deutschsprachigen Schicksalsgenossen ins Ungarische übertrugen: István Bodnar, Janka Gergely, Jenö Hajnal und Pál Kéri.

Vom Horthy-Regime in den Tod getrieben oder von den Nazihorden bzw. ihren Helfershelfern ermordet wurden György Sárközi, László Fenyö, Soma Braun, Jenö Pálmai – der 1941 aus Frankreich nach Ungarn zurückgekehrt war – und Rudolf Szánto.

Zumindest bis 1936 war es in Ungarn fast unbegrenzt möglich, sich auch Exiltitel zu beschaffen, die außerhalb der Landesgrenzen erschienen waren. Kaum ein Buch eines exilierten Autors, das in Ungarns Presse nicht eingehend besprochen oder dessen Erscheinen nicht zumindest angezeigt worden wäre[60] – von B wie Brecht und Bredel über H wie Heiden oder Hoegner bis hin zu S wie Seghers oder Scharrer. Selbst anonym erschienene Tatsachenberichte wurden dem interessierten Leser zur Kenntnis gebracht; gelegentlich sogar Auszüge daraus publiziert.[61]

Zu beziehen waren diese Bücher entweder über die sozialdemokratische Buchhandlung Népszava oder aber auch über eine ganze Reihe von kleineren und größeren Leihbibliotheken, die regelmäßig die eingetroffenen Neuerscheinungen in der Tagespresse oder in Literaturzeitschriften annoncierten, sich teilweise anboten, jedes gewünschte Buch zu beschaffen und sogar in die Provinz lieferten. Die kleineren unter ihnen befanden sich in Buchhandlungen oder manchmal auch nur in Privatwohnungen; die größeren waren zumeist Anhängsel liberaler Tageszeitungen (*Ujság*-Leihbibliothek, *Magyar Hirlap*-Leihbibliothek) oder angesehener Literaturzeitschriften (*Literatura*-Leihbibliothek). Neben der *Ujság*-Leihbibliothek über die bereits im Oktober 1933 auch fast die gesamte Exilpresse zu beziehen war[62], gehörte die Leihbibliothek Dr. Nobert Langer zu den aktivsten Verbreitern nicht in Ungarn verlegter Exilliteratur.

In die Leihbibliotheken gelangten diese Bücher nicht selten auf konspirativem Wege. Bücher der Verlage Malik (Prag) und Prager (Pressburg) zum Beispiel wurden im halbfertigen Zustand über die Grenze geschafft, die Buchdeckel und Titelblätter später getrennt nachgeliefert und zusammengefügt.[63]

Mit der Zeit konnte natürlich diese – wie es damals im Horthy-Jargon so schön hieß – »bolschewistische Propaganda« nicht unentdeckt bleiben. Bereits im Jahr 1936 erhielt das Kgl. Ungarische Innenministerium einen ausführlichen Polizeibericht über die »Verbreitung kommunistischer (sic!) Literatur«. In ihm waren allein sieben Budapester Leihbibliotheken namentlich aufgeführt, denen vorgeworfen wurde, Bücher »deutscher Emigranten« – darunter auch auf dem Index stehende – vertrieben zu haben.[64] Namentlich über die *Ujság*-Leihbibliothek wurde folgendes referiert: »(...) Im Katalog figurieren die Arbeiten deutscher Emigranten – auch jene, die in Ungarn verboten sind; darüber hinaus die Bücher (...) der Éditions [du] Carrefour, Paris, des Graphia-Verlages, Zürich (sic!), des Querido-Verlages, Amsterdam [und] des Prager-Verlages, Pressburg (...).«

Wir wissen nicht, ob die Tätigkeit dieser Leihbibliotheken nach 1936/37 eingeschränkt bzw. unterbunden wurde. Fakt ist lediglich, daß in den darauffolgenden Jahren Presseannoncen von ihrem Wirken bzw. ihrer Existenz nichts mehr berichten.

Vorbemerkungen zu der nachfolgenden Bibliographie

Bei den mit einem Sternchen versehenen Namen handelt es sich um Autoren, die nach Ungarn emigriert sind oder um sogenannte Rückkehrer, das heißt um ungarische Staatsbürger, die vor der Machtübernahme Hitlers bzw. vor der Annexion Österreichs in Deutschland oder Österreich gelebt und gewirkt hatten.

In runden Klammern ist der Titel der deutschen Originalausgabe aufgeführt; ist dieser Titel nicht bekannt, so folgt die Übersetzung des ungarischen Titels in eckigen Klammern.

Folgende bei Sternfeld/Tiedemann aufgeführte Bücher bzw. Autoren wurden von uns nicht übernommen, weil sich ihre Publikation bislang nicht nachweisen ließ (Bruno Adler, Alfred Neumann) oder weil sie auch im »Dritten Reich« erscheinen konnten (Theodor H. Hoch-Turcsan):

Bruno Adler: *Kampf um Polna.* Budapest: Janda 1934.

Theodor H(ellmuth) Hoch-(Turcsan): *Das Klangspiel.* Budapest: Lauffer 1942.

Theodor H(ellmuth) Hoch-(Turcsan): *Andreas Ady.* Umdichtungen aus dem Ungarischen. Budapest: Lauffer 1942.

Theodor H(ellmuth) Hoch-(Turcsan): *Das Sonnenjahr.* Budapest: Taurus 1943.

Alfred Neumann: *Kaiserreich.* Budapest: Janda 1938/39.

Ebenfalls nicht übernommen wurden die Publikationen des nach Ungarn zurückgekehrten Biologen Raoul Francé und seiner Gattin, der Romanschriftstellerin Annie Harrar, deren Bücher im »Dritten Reich« weitererscheinen konnten.

Bei den hebräischen Titeln folgt auf die ungarische Transkription eine deutsche Transkription in Klammern, die des leichteren Verständnisses wegen manchmal von den wissenschaftlichen Regeln abweicht. Für die Transkriptionshilfe und die Übersetzung der hebräischen Titel möchten wir Frau Dr. Rachel Heuberger (Judaica-Abteilung der Stadt- und Universitätsbibliothek Frankfurt/M.) sehr herzlich danken.

I. Buchpublikationen in ungarischen Verlagen

ABRAHAM, Pál (Paul)*
1. Roxy und das Wunderteam. Vaudeville
   BUDAPEST: Marton 1937
   Anm.: Gesangstexte v. Alfred Grünwald u. Hans Weigel
ADLER, Alfred
2. Emberismeret. Gyakorlati individuálpszichológia
   Übers.: Kulcsár István
   BUDAPEST: Rekord 1937
   (= Menschenkenntnis, 1929)
   Anm.: 1. Auflage: Budapest : Gyözö 1933
APTOWITZER, Avigdor (Victor)
3. L'toldot pérusé Rasi l'Talmud
   [Le-toldot perusch Raschi le-talmud]
   BUDAPEST: Gewürcz ny. 1941
   [= Zur Geschichte des Raschi-Kommentars zum Talmud]
ARNAU, Frank
4. Halálra itélem
   Übers.: Márkus Tibor
   BUDAPEST: Körmendy 1944
   [= Ich verurteile zum Tode]
   Anm.: 1. Auflage: Budapest: Athenaeum 1932
BARTH, Karl
5. Hiszek. A dogmatika fökérdései az Apostoli Hitvallás alapján
   Übers.: Vasady Béla
   DEBRECEN: Tiszántúli ref. egyházkerület ny. 1935
   (= Credo, 1935)
   Anm.: 16 Vorträge gehalten in Utrecht Febr.–März 1935
6. Isten kegyelmi kiválasztása. Négy elöadás az eleveelrendelésröl
   Übers.: Vasady Béla, Nagy Barna
   DEBRECEN: Városi ny. 1937
   [= Auserwählung durch Gottes Gnaden. Vier Vorträge über Gottes Vorsehung]
7. Az egyház jelene és jövöje. Három elöadás
   Übers.: Kozma Tibor
   DEBRECEN: Városi ny. 1937
   [= Die Gegenwart und die Zukunft der Kirche]
   Anm.: Vorträge; Co-Autor: Révész Imre

8. Szempontok a Szentlélekröl szólo tanhoz
   Übers.: Kozma Tibor
   KLAUSENBURG: 1942
   [= Standpunkte zur Lehre vom Heiligen Geist]
   Anm.: Vorträge; Verlagsort seit 1940 zu Ungarn gehörig
9. Jézua és a vak ember
   NAGYENYED [Aiud]: 1942
   [= Josua und der blinde Mann]
   Anm.: Co-Autor József Nagy; Verlagsort seit 1940 zu Ungarn gehörig
10. Istenismeret és istentisztelet a reformátori tanítás szerint
    Übers.: Maller Kálmán
    BUDAPEST: Sylvester ny. [1944]
    [= Gotteskenntnis und Gottesdienst im Lichte der reformatorischen Lehre]
    Anm.: 20 Vorträge (Gifford lectures)
BAUER, Otto
11. A demokráciaért
    BUDAPEST: Szocialista Tudás Könyvtára 1934
    [= Für die Demokratie]
12. Elhibázott volt-e a felkelés?
    BUDAPEST: Szocialista Tudás Könyvtára 1935
    [= War der Aufstand verfehlt?]
BAUM, Vicki
13. Hell meg a nök
    Übers.: Z. Tábori Piroska
    BUDAPEST: Dante 1933
    (= Hell in Frauensee, 1927)
14. Baleset
    BUDAPEST: Athenaeum 1933
    (= Zwischenfall in Lohwinckel, 1930)
15. Dent Oliver
    Übers.: Benedek Marcellné
    BUDAPEST: Dante 1933
    [= Oliver Dent]
16. Az utolsó tánc
    Übers.: Lányi Viktor
    BUDAPEST: Athenaeum 1934
    (= Die Tänze der Ina Raffay, 1921)
17. Tisztítótüz
    Übers.: Déry Tibor
    BUDAPEST: Athenaeum 1934
    (= Feme, 1926)
18. Keddtöl szombatig
    Übers.: Pálmai Jenö
    BUDAPEST: Athenaeum 1935
    (= Das große Einmaleins, Querido 1935)

19. Karrier
Übers.: Pálmai Jenö
BUDAPEST: Athenaeum 1936
(= Die Karriere der Doris Hart,
Querido 1936)
20. Grand Hotel
Übers.: Ottlik Pálma
BUDAPEST: Athenaeum 1936
(= Menschen im Hotel, 1929)
Anm.: 1. Auflage: 1930
21. Tavaszi vásár
Übers.: Szábo Sándor
BUDAPEST: Athenaeum 1937
(= Der große Ausverkauf, Querido
1937)
22. Szerelem és halál Báli szigetén
Übers.: Pálmai Jenö
BUDAPEST: Athenaeum 1938
(= Liebe und Tod auf Bali, Querido
1937)
23. Hotel Shanghai
Übers.: Szalay Gyula
BUDAPEST: Athenaeum 1939, 40,
41, 42, 43
(= Hotel Shanghai, Querido 1939)
24. Viharos éjszaka
Übers.: Nagy István
BUDAPEST: Hungária 1941
[= Stürmische Nacht]
25. A nagy komédia
Übers.: Báro Bornemisza János
BUDAPEST: Hungária
o.J. [1942, 43]
(= Die große Pause, Bermann-Fischer
1940)
BIENSTOCK, Gregor
26. Két világháború közt
Übers.: Szekszárdi László
BUDAPEST: Szocialista Tudás
Könyvtára
(= Zwischen den Weltkriegen, Prag
1934)
Anm.: Broschüre, 23 Seiten
BORSTENDÖRFER, Adolf
27. Krisztina királynö
Übers.: Tábori Pál
BUDAPEST: Singer és Wolfner
1943
(= Christine von Schweden, 1928)
BROD, Max
28. Reubeni herceg
Übers.: Horváth Zoltán
BUDAPEST: Tabor 1934
(= Reubeni, Fürst der Juden, 1925)

BUBER, Martin
29. A zsidóság megújhodása
BUDAPEST: Magyar Cionista
Szövetség 1940
[= Die Erneuerung des Judentums]
30. Száz chászid történet
Übers.: Pfeiffer Izsák
BUDAPEST: Magyar Pro Palesztina
Szövetség [1943]
(= Hundert chassidische Geschich-
ten)
CARLEBACH, Esriel
31. Exotikus zsidók. Élmények és beszá-
molók
Übers.: Is Jehudi / Kolb Jenö
BUDAPEST: Pro Palesztina
Szövetség [1942]
(= Exotische Juden. Berichte und
Studien, 1932)
COUDENHOVE-KALERGI,
Graf Richard
32. Totális állam, totális ember
Übers.: Gáspár Zoltán
BUDAPEST: Századunk 1938
(= Totaler Staat, totaler Mensch,
Wien 1937)
DÖBLIN, Alfred
33. Berlin Alexanderplatz
Übers.: Braun Soma
BUDAPEST: Nova 1934
(= Berlin Alexanderplatz, 1929)
ECKSTEIN-DIENER, Berta
(Sir Galahad)
34. Bizánc
Übers.: Lorsy Ernö
BUDAPEST: Athenaeum 1938
(= Byzanz, Wien 1937)
EINSTEIN, Albert
35. Hogyan látom a világot
Übers.: Szécsi Ferenc/Somogyi
Mihály
BUDAPEST: Faust 1935
(= Mein Weltbild, Querido
1934)
EIS, Egon
36. Chester Sullivant körözik
BUDAPEST: Athenaeum 1934
[= Nach Chester Sullivan wird
gefahndet]
FEUCHTWANGER, Lion
37. A zsidó háború
Übers.: Dormándi László
BUDAPEST: Pantheon 1933
(= Der jüdische Krieg, 1932)
Anm.: 2 Bände

38. A csúnyá hercegnö
Übers.: Dormándi László
BUDAPEST: Pantheon 1935
(= Die häßliche Herzogin Margarete
Maultasch, 1923)
39. Az eredmény
Übers.: Braun Soma
BUDAPEST: Nova 1935
(= Erfolg, 1930)
Anm.: 2 Bände
40. Oppenheim-testvérek
Übers.: Turóczi-Trostler Jószef
BUDAPEST: Káldor 1935
(= Geschwister Oppenheim, Queri-
do 1933)
41. A római zsidó
Übers.: Dormándi László
BUDAPEST: Pantheon 1936
(= Die Söhne, Querido 1935)
Anm: 2 Bände
42. A hamis Néró
Übers.: Dormándi László
BUDAPEST: Pantheon 1938
(= Der falsche Nero, Querido
1936)
FINK, Georg
43. Éhes vagyok
Übers.: Fenyö László
BUDAPEST: Káldor 1933, 34
(= Mich hungert, 1930)
44. Utat téveszrettél?
Übers.: Hornyánszky Miklós
BUDAPEST: Káldor 1935
(= Hast du dich verlaufen?, 1930)
45. A fájdalom gyermekei
Übers.: Berend Miklósné
BUDAPEST: Nova 1937
(= Schmerzenskinder, Humanitas
1937)
FINKELSTEIN, Z.F.
46. Tövises úton
Übers.: G. Gerö László
BUDAPEST: Klein ny. 1935
(= Schicksalstunden eines Führers
/=Herzl/, Wien 1937)
Anm.: In Österreich auf der Verbots-
liste
FRANK, Bruno
47. Az élet vándora. Cervantes regényes
élete
Übers.: Halász Ernö
BUDAPEST: Músza 1943
(= Cervantes, Querido 1934)

FREUD, Sigmund
48. A lélekelemzés legújabb eredményei
Übers.: Lengyel József
DEBRECEN: Pannonia ny. 1943
(= Neue Folge der Vorlesungen zur
Einführung in die Psychoanalyse,
1933)
GERBER, Artur
49. Betrachtungen über Kunstwerke der
Villa Stavropulos zu Grignano di
Trieste
BUDAPEST: Hungária 1939
Anm.: anonym erschienen
GLAESER, Ernst
50. Hazátlanok
Übers.: Horváth Zoltán
BUDAPEST: Tabor 1937
(= Der letzte Zivilist, Europäischer
Merkur, 1935)
GUMPERT, Martin
51. Dunant. A vöröskereszt regénye
Übers.: Juhász Vilmos
BUDAPEST: Pantheon 1939
(= Dunant, Bermann-Fischer 1938)
GUTTMANN, Heinrich*
52. A magyarországi zsidók III.
Károly korában
BUDAPEST: Neuwald 1940
[= Die Juden Ungarns unter
Karl III.]
Anm.: Sonderdruck aus: Gedenk-
buch für Arnold Kiss
53. Marannen und Apostaten unter
den spanischen Juden
BUDAPEST: Neuwald 1943
Anm.: Sonderdruck aus: Gedenk-
buch für Michael Guttmann
GUTTMANN, Michael*
54. Liskat hasz'farim – L'zékher nismat
Hájim Nahman Bialik
[Lischkat has-sefarim-le -zeker
nischmat Hagyim Nahman Bialiq]
BUDAPEST: Gewürcz ny. 1934
[= Das Bücherwesen – Zur Erinne-
rung an die Seele von Chaim Nach-
man Bialik]
Anm.: 38 Seiten
55. Jés méájin ó hómer kadmon [Yesch
me-ayn o chomer qadmon]
BUDAPEST: Gewürcz ny. 1934
[= Aus dem Nichts oder die antike
Materie]
Anm.: Eine historische Anschauung
über ein Kapitel aus der Schöpfungs-
geschichte; 52 Seiten

56. Emlékkönyv Hevesi Simon pesti vezetö förabbinak papi müködése 40.
évfordulójára
BUDAPEST: Neuwald 1934
[= Gedenkbuch zum 40jährigen
Wirken des Oberrabbiners Simon
Hevesi]
Anm.: Gedenkbuch; Mithrsg.:
Hevesi Ferenc
57. J'zsodé hajahadut b'piszké
haRaMbaM [Yesode ha-Yehadut
be-pisqe ha-Rambam]
BUDAPEST: Gewürcz ny. 1936
[= Die Grundlagen des Judentums
in den Entscheidungen des Maimo-
nides]
58. Maimonides über das biblische »jus
talionis«
BUDAPEST: Arany János ny. 1937
Anm.: Sonderdruck
59. Kadmonijot sebik'dusá v'kadmonijot
sel hulin. Sz'kirá al kadmonijot
sebahalakhá [Qadmoniot sche-be-
queduscha ve-qadmoniot schel chulin
– Seqira al qadmoniot sche-ba-
halacha]
BUDAPEST: Gewürcz ny. 1938
[= Heilige und säkulare Altertümer –
Eine Abhandlung über Altertümer in
der Halacha]
Anm.: 15 Seiten
60. Emlékkönyv dr. Kiss Arnold budai
vezetö förabbi 70. születésnapjára
BUDAPEST: Neuwald 1939
[= Gedenkbuch zum 70jährigen Ge-
burtstag des Oberrabbiners Arnold
Kiss]
Anm.: Mithrsg.: Hevesi Simon und
Löwinger Samuel
61. Hatalmud v'hahérut ... l'haráv Jozséf
J'hudá ... Gattinara
[Ha-Talmud ve ha-Cherut ... le-ha-rav
Yosef Yehuda ... Gattinara]
BUDAPEST: Gewürcz ny. 1939
[= Der Talmud und die Freiheit ...
für den Rabbiner Josef Jehuda ...
Gattinara]
Anm.: 22 Seiten
62. Dat tiv'it v'dat elohit. Haskafá kiali
al-pi m'korot hajahadut [!] haatikim
[Da'at tiv'it ve-da'at elohit. Haschqafa
klalit al-pi meqorot ha-Yehadut ha-
atiqim]
BUDAPEST: Gewürcz ny. 1941
[= Natürliche Religion und göttliche

Religion – Allgemeine Auffassung
nach den alten Quellen des Juden-
tums]
Anm.: 11 Seiten
HABE, Hans
63. Hárman a határon át. Hontalanok
regénye
Übers.: Angyádi Mihály
BUDAPEST: Nova 1937
(= Drei über die Grenze, Union
1937)
HAUSER, Heinrich
64. Ausztrália
Übers.: Csordás Nóra
BUDAPEST: Athenaeum 1940
(= Australien. Der menschliche
Kontinent, 1938)
HEYMANN, Fritz
65. Geldern lovag
Übers.: Mihály Gábor
BUDAPEST: Tábor 1938
(= Der Chevalier von Geldern,
Querido 1937)
HOFFMANN-HARNISCH, Wolfgang
66. Brazília egy forróövi nagybirodalom
BUDAPEST: Athenaeum 1942
(= Brasilien. Bildnis eines tropischen
Großreiches, Hamburg 1938)
HOLLAND, Katrin
67. Egyedül...mindörökké!
Übers.: Gáspár Miklós
BUDAPEST: Nova 1941
(= Einsamer Himmel, Orell Füssli
1938)
68. Carlotta Torresani
Übers.: Gáspár Margit
BUDAPEST: Nova 1942
(= Carlotta Torresani, Orell Füssli
1938)
69. ...És újra kezdödik az élet
Übers.: Boni Gáspár Gitta
BUDAPEST: Nova 1942, 43
(= Vierzehn Tage mit Edith, Orell
Füssli 1939)
70. Helene
Übers.: Boni Gáspár Gitta
BUDAPEST: Nova 1943, 44
(= Helene, Orell Füssli 1940)
JACOB, Heinrich Eduard
71. A régi Bécs. Johann Strauss élete
Übers.: Berend Miklósné
BUDAPEST: Grill 1939
(= Johann Strauss und das neunzehn-
te Jahrhundert, Querido 1937)

KAHN, Fritz
72. Nemi életünk. Vezérfonal és tanácsa-
     dó mindenki számára
     Übers.: Weininger Antal
     BUDAPEST: Attika 1943
     (= Unser Geschlechtsleben, 1937)
73. Az emberi test csodái. A mai orvos-
     tudomány és a modern élettan ....
     Übers.: Szalai Sándor
     BUDAPEST: Dante 1943
     [= Das Wunder des menschlichen
     Körpers]
KASTEIN, Josef
74. A zsidó történelem értelme
     BUDAPEST: Fraternitas ny. [1941]
     (= Eine Geschichte der Juden, 1931)
KATZ, Henry William
75. Kivándorlók
     Übers.: Horváth Zoltán
     BUDAPEST: Tábor 1939
     (= Die Fischmanns (?), de Lange
     1938)
KATZ, Richard
76. Kert a hegyek között
     Übers.: Déry Tibor/Fenyö László
     BUDAPEST: Grill 1937
     (= Einsames Leben, E. Rentsch
     1935)
KAUS, Gina
77. Ami a szerelemnél is erösebb
     Übers.: Fischer Annie
     BUDAPEST: Nova 1934
     (= Die Überfahrt, 1932)
78. Nagy Katalin
     Übers.: Roboz Andor
     BUDAPEST: Rózsavölgyi 1935
     (= Katharina die Große, de Lange
     1935)
KEUN, Irmgard
79. A müselyemlány
     Übers.: Gáspár Miklós (d.i. Gáspár
     Margit)
     BUDAPEST: Nova 1933
     (= Das kunstseidene Mädchen,
     1932)
80. Gilgi, egy lány a sok közül
     Übers.: Bozzay Margit
     BUDAPEST: Athenaeum 1934
     (= Gilgi, eine von uns, 1931)
KISCH, Egon Erwin
81. Amerika, Kína, Oroszország
     Übers.: Balog István
     BUDAPEST: Phönix 1934
     [= Amerika, China, Russland]

KLOPSTOCK, Robert*
82. Adatok a lépes tüdö [Wabenlunge]
     kórképéhez
     BUDAPEST: Franklin 1936
     [= Daten zum Krankheitsbild der
     Wabenlunge]
     Anm.: Co-Autor: Polgár Ferenc;
     Buch nur in Ungarn erschienen
KOERBER, Lenka von
83. Oroszország küzdelme a bünözés
     ellen
     Übers.: Koch F. Erick [d.i. Zala Imre]
     BUDAPEST: Phönix 1934
     (= Sowjetrußland kämpft gegen das
     Verbrechen, 1933)
     Anm.: Buch in Ungarn beschlag-
     nahmt
KÖRBER, Lili
84. Ruth és a harmadik birodalom
     Übers.: Gergely Janka
     BUDAPEST: Kosmos 1934
     (= Eine Jüdin erlebt das neue
     Deutschland, Wien 1934)
     Anm.: Buch in Österreich verboten
85. Begegnungen im Fernen Osten
     BUDAPEST: Biblos 1936
     Anm.: Buch nur in Ungarn erschie-
     nen
LANGER, Felix
86. Whitemann úr 7 napja
     Übers.: Dietl Fedor
     BUDAPEST: Palladis 1938
     [= Herrn Whitmanns 7 Tage]
LEDERER, Joe
87. Egy egyszerü szív
     Übers.: Berend Miklósné
     BUDAPEST: Nova 1939
     (= Ein einfaches Herz, Wien 1938)
LOTHAR, Ernst
88. Beethoven-románc
     Übers.: Ruzitska Mária
     BUDAPEST: Singer és Wolfner
     [= Romanze in F-dur, 1935]
LUDWIG, Emil
89. A Nílus
     Übers.: Déry Tibor
     BUDAPEST: Athenaeum 1936
     (= Der Nil. Lebenslauf eines Stro-
     mes, Bd.1., Querido 1935)
90. A Nílus Egyiptomban
     Übers.: Csánk Endre
     BUDAPEST: Athenaeum 1937
     (= Der Nil. Lebenslauf eines
     Stromes, Bd. 2., Querido 1937)

91. Kleopátra. Egy királynö életregénye
Übers.: Sátori Béla
BUDAPEST: Athenaeum 1938
(= Cleopatra. Geschichte einer Königin, Querido 1937)

92. Roosevelt
Übers.: Sátori Béla
BUDAPEST: Athenaeum 1938
(= Roosevelt. Studie über Glück und Macht, Querido 1938)

MANN, Heinrich
93. Nehéz élet
Übers.: Pálmai Jenö
BUDAPEST: Athenaeum 1935
(= Ein ernstes Leben, 1932)

94. Egy király ifjúsága
Übers.: G. [ermanusné] Hajnóczi Rózsa
BUDAPEST: Fövárosi kiadó 1944
(= Die Jugend des Königs Henri IV., Querido 1935)

MANN, Thomas
95. Jákob
Übers.: Sárközi György
BUDAPEST: Athenaeum 1934
(= Die Geschichten Jakobs, Bermann-Fischer 1933)

96. József
Übers.: Sárközi György
BUDAPEST: Athenaeum 1934
(= Der junge Joseph, Bermann-Fischer 1934)
Anm.: deutsche und ungarische Ausgabe erschienen gleichzeitig!

97. Mesterek szenvedése és nagysága
Übers.: Sárközi György et alii
BUDAPEST: Athenaeum 1936
(= Leiden und Größe der Meister, Bermann-Fischer 1935)

98. József Egyiptomban
Übers.: Sárközi György
BUDAPEST: Athenaeum 1936
(= Joseph in Ägypten, Bermann-Fischer 1936)

99. Wälsungvér testvérek
Übers.: Fenyö László
BUDAPEST: Renaissance 1937
(= Wälsungenblut, 1906)

100. ...összes novellái
Übers.: Kosztolányi Dezsö, Lányi Viktor, Sárközi György
BUDAPEST: Athenaeum 1937
[= Gesammelte Novellen]

101. Lotte Weimarban
Übers.: Vajda Endre
BUDAPEST: Rózsavölgyi 1940, 42
(= Lotte in Weimar, Bermann-Fischer 1939)

102. Az elcserélt fejek. Indiai legenda
Übers.: Horváth Henrik
BUDAPEST: Béta 1941
(= Die vertauschten Köpfe, Bermann-Fischer 1940)

103. ...összes kisregényei
Übers.: Lányi Viktor, Sárközi György, Kosztolányi Dezsö
BUDAPEST: Béta 1943
(= Gesammelte Kurzromane in 4 Bänden:
1. Band: Tonio Kröger, 1903; Herr und Hund, 1919
2. Band: Tristan, 1903; Mario und der Zauberer, 1930
3. Band: u.a. Der kleine Herr Friedemann, 1897
4. Band: Der Tod in Venedig, 1912; Das Wunderkind, 1903)

MANNHEIM, Karl (Károly)
104. A modern háborúk keletkezésének pszichológiájához
BUDAPEST: Pantheon 1937
(= aus »Mensch und Gesellschaft im Zeitalter des Umbaus«)
Anm.: Sonderdruck aus »Szép Szó« Hefte 3 und 4/1937, 22 Seiten

MARCU, Valeriu
105. Machiavelli. A hatalom iskolája
Übers.: Szegö István
BUDAPEST: Rekord 1937
(= Machiavelli, de Lange 1937)

MITNITZKY, Mark(us)*
106. Egy munkaszerzési akció elörelátható eredményei Magyarországon
BUDAPEST: Magyar Gazdaságkutató Intézet 1935
[= Die voraussichtlichen Ergebnisse einer Arbeitsbeschaffungsaktion in Ungarn]
Anm.: Co-Autor: Keményffi János

MUCKERMANN, Friedrich
107. Földmüvesek sorsa Szovjetországban
Übers.: Bejczy Gyula
SZEKESFEHERVAR: Bejczy 1938
(= Das Los der Bauern in Sowjet-Rußland, 1932)

NEUMANN, Alfred
108. Uj César
Übers.: Horváth Zoltán
BUDAPEST: Pantheon 1936
(= Neuer Caesar, de Lange 1934)

OTTENSTEIN, Berta*
109. Diastasetherapie bei Tumoren
BUDAPEST: Patria 1935
Anm.: Co-Autor: Pastinszky Stefan
110. A cholesterin-kérdés
BUDAPEST: Athenaeum 1935
[= Die Cholesterin-Frage]
Anm.: Co-Autor: Nekam Lajos jun.
PERUTZ, Leo
111. A svéd lovas
Übers.: Benedek Marcell
BUDAPEST: Dante 1938
(= Der schwedische Reiter, Wien
1936)
REICHENBACH, Hans
112. Atom és világegyetem. A jelenkor
fizikai világképe
Übers.: Náray-Szabó István
BUDAPEST: Franklin 1936, 42, 43
(= Atom und Kosmos, 1930)
REMARQUE, Erich Maria
113. Három bajtárs
Übers.: Lorsy Ernö
BUDAPEST: Athenaeum 1938
(= Drei Kameraden, Querido 1938)
RHEINSTROM, Heinrich
114. Die völkerrechtliche Stellung der in-
ternationalen Kanäle
[BUDAPEST:] Révai [1937]
Anm.: Buch nur in Ungarn erschie-
nen
RICHTER, Werner
115. Rudolf trónörökös élete és tragikus
halála
Übers.: Halász Ernö
BUDAPEST: Béta 1942
(= Kronprinz Rudolf von Österreich,
Eugen Rentsch 1941)
116. II. Lajos és Wagner Richard
Übers.: Szöllösy Klára
BUDAPEST: Béta 1943
(= Ludwig II., König von Bayern,
Eugen Rentsch 1939)
RÖPKE, Wilhelm
117. A harmadik út. Korunk társadalmi
válsága
BUDAPEST: Aurora 1943,44
(= Die Gesellschaftskrise der Gegen-
wart, Eugen Rentsch 1942)
ROTH, Joseph
118. Hiob
Übers.: Révay József
BUDAPEST: Káldor 1934
(= Hiob, 1930)
Anm.: 1. Auflage: 1932

119. A Radetzky induló
Übers.: Boldizsár Iván
BUDAPEST: Nova 1935
(= Radetzkymarsch, 1932)
120. Tarabas
Übers.: Supka Géza
BUDAPEST: Nova 1935
(= Tarabas. Ein Gast auf dieser Erde,
Querido 1934)
SALTEN, Felix
121. Perri. Egy mókus regénye
Übers.: Dormándi László
BUDAPEST: Pantheon 1938
(= Die Jugend des Eichhörnchens
Perri, Albert Müller 1938)
122. Bambi gyermekei
Übers.: Juhász Vilmos
BUDAPEST: Pantheon 1940
(= Bambis Kinder, Albert Müller
1940)
Anm.: mit Zeichnungen von Erna
Pinner
123. Renni. Egy szanitéckutya története
Übers.: Juhász Vilmos
BUDAPEST: Pantheon 1941
(= Renni, der Retter. Das Leben
eines Kriegshundes, Albert Müller
1941)
124. Tizenöt nyulacska. Sorsok erdön,
mezön
Übers.: Kassai Zoltán
BUDAPEST: Griff 1943
(= Fünfzehn Hasen, 1929 (?))
125. Jó pajtások. Történetek állatokról,
erdöröl, mezöröl
Übers.: Kassai Zoltán
BUDAPEST: Griff 1944
(= Gute Gesellschaft(?))
SELINKO, Annemarie
126. Becsületszavamra csúnya voltam
Übers.: Fenyö László
BUDAPEST: Renaissance 1941
(= Ich war ein hässliches Mädchen,
Zeitbild 1937)
127. Rövidesen minden jó lesz
Übers.: Fenyö László
BUDAPEST: Renaissance 1941
(= Morgen ist alles besser, Zeitbild
1939)
128. Házasodik a férjem
Übers.: Ladomérszky Margit
BUDAPEST: Hungária 1941
(= Heute heiratet mein Mann, de
Lange 1939)

SOMMER, Ernst
129. Kelt Granadában, 1492...
Übers.: Horváth Zoltán
BUDAPEST: Tábor 1938, 40, 41
(= Botschaft aus Granada, Kittl
1937)
SPEYER, Wilhelm
130. Yü En-Hu a kínai cserkész
Übers.: Rába Léo
BUDAPEST: Hungária 1939
(= Die Stunde des Tigers (?))
THOMAS, Adrienne
131. Andrea
Übers.: Tutsek Anna
BUDAPEST: Singer és Wolfner
1938
(= Andrea, 1937)
132. Viktória. Regény fiatal leányok
számára
Übers.: Kosáryné Réz Lola
BUDAPEST: Singer és Wolfner
1940
(= Viktoria, 1937)
133. A történelem közbeszólt
Übers.: Bársony Imre
BUDAPEST: Hungária 1943
(= Die Kathrin wird Soldat, 1930)
TÜRK, Werner
134. Az asszony elmegy...
Übers.: Tornyos Márta
BUDAPEST: Világosság ny. 1935
(= Ehe im Streit, 1932)
Anm.: Sonderbeilage »Nömunkas«;
24 Seiten
135. Konfekció
Übers.: Kallár Ferenc (d.i. Sándor
Pál)
BUDAPEST: Europa 1943
(= Konfektion, 1932)
WAHL, Fritz
136. Átkos szenvedély
BUDAPEST: Tarka Regénytár 1936
[= Unselige Leidenschaft]
WASSERMANN, Jakob
137. Kerkhoven harmadik élete
Übers.: Szántó Rudolf
BUDAPEST: Athenaeum 1934
(= Joseph Kerkhovens dritte Exi-
stenz, Querido 1934)
138. Ulrike Woytich
Übers.: Tábori Pál
BUDAPEST: Nova 1935
(= Ulrike Woytich, 1923)

139. Christian Wahnschaffe
Übers.: Berend Miklósné
BUDAPEST: Nova 1937
(= Christian Wahnschaffe, 1919
(erw. 1932))
140. Caxamalca aranya
Übers.: Dus László
BUDAPEST: Record 1938
(= Das Gold von Caxamalca, 1928)
141. A hódító. Az óceán Don Quijote-ja
Übers.: Moly Tamás
BUDAPEST: Tábor 1940
(= Christoph Columbus, der Don
Quichote des Ozeans, 1929)
WECHSBERG, Josef
142. Amerikai Vízum. Tanácsadó az
Egyesült Államokba és Kanadába
Übers.: Aradi Péter
BUDAPEST: Dante 1939
(= Visum für Amerika, Kittl 1939)
WERFEL, Franz
143. Barbara
Übers.: Braun Soma
BUDAPEST: Nova 1933
(= Barbara oder die Frömmigkeit,
1929)
144. Verdi
Übers.: Fischer Annie
BUDAPEST: Nova 1934, 41
(= Verdi. Roman der Oper, 1934)
145. Musa Dagh negyven napja
Übers.: Tamás István
BUDAPEST: Nova 1934, 41, 43, 44
(= Die vierzig Tage des Musa Dagh,
1933)
Anm.: in 2 Bände
146. A kispolgár halála
Szükös viszonyok
Elidegenedés
Übers.: Klopstock Gizella
BUDAPEST: Franklin o.J. [1936]
(= Der Tod des Kleinbürgers, 1927;
Kleine Verhältnisse, 1931; Entfrem-
dung (?))
147. Halljátok az igét!
Übers.: Szántó Rudolf
BUDAPEST: Athenaeum 1937; No-
va 1942, 43
(= Höret die Stimme! 1937)
148. Az elsikkasztott mennyország
Übers.: Juhász Vilmos
BUDAPEST: Pantheon 1940, 43
(= Der veruntreute Himmel, Ber-
mann-Fischer 1939)

149. A nápolyi testvérek
Übers.: Szántó Rudolf
BUDAPEST: Nova 1942
(= Die Geschwister von Neapel,
1931)
Anm.: 1. Auflage: 1932
150. Bernadette
Übers.: J. Christianus Mária
BUDAPEST: Pantheon 1942
(= Das Lied von Bernadette, Ber-
mann-Fischer 1942)
WEXBERG, Erwin
151. Az ideges gyermek. Az idegesség
megelözésének és gyógyításának vezér
fonala szülök és nevelök részére
Übers.: Takács Mária
BUDAPEST: Takács 1936
(= Das nervöse Kind, 1926)
Anm.: 1. Auflage: Grünberger 1930
WINDER, Ludwig
152. A trónörökös
Übers.: Gárdos P. Sándor
BUDAPEST: Dante 1938
(= Der Thronfolger, Humanitas
1938)
Anm.: 2 Bände
WINSLOE, Christa
153. Lányok az intézetben
Übers.: Palotai Boris
BUDAPEST: Hungária 1943
(= Das Mädchen Manuela, de Lange
1933)
WITTLIN, Alma Stephanie
154. Izabella, Kasztília királynöje
Übers.: Jékely Zoltán
BUDAPEST: Athenaeum 1937
(= Isabella, Begründerin der Welt-
macht Spanien, Rentsch 1936)
ZAREK, Otto*
155. Vágyak vására
Übers.: Tábori Pál
BUDAPEST: Nova 1933
(= Begierde, 1930)
156. Színház Mária Thul körül
Übers.: Tábori Pál
BUDAPEST: Nova 1934
(= Theater um Maria Thul, 1932)
157. Egy nép szerelme. Kossuth Lajos
életregénye
Übers.: Sebestyén Károly / Horváth
Zoltán
BUDAPEST: Rózsavölgyi 1935
(= Kossuth. Die Liebe eines Volkes,
Bibliothek zeitgenössischer Werke,
1935)

Anm.: mit einem Vorwort von
Ferencz Herczeg
158. Moses Mendelssohn
Übers.: Horváth Zoltán
BUDAPEST: Tábor 1936
(= Moses Mendelssohn. Ein jüdi-
sches Schicksal in Deutschland,
Querido 1936)
ZUCKMAYER, Carl
159. Kristóf Katica
Übers.: Kostolányi Dezsö
BUDAPEST: Krónika 1936
(= Katharina Knie, 1929?)
160. Salware vagy a bozeni Magdolna
Übers.: Benedek Marcell
BUDAPEST: Révai 1937
(= Salware oder die Magdalena von
Bozen, Bermann-Fischer 1936)
Anm.: 2 Bände
ZUR MÜHLEN, Hermynia
161. A kék sugár
Übers.: Darvas S. László
BUDAPEST: Nova 1936
(= Der blaue Strahl, 1922)
Anm.: unter dem Pseudonym H.L.
Desberry erschienen
ZWEIG, Arnold
162. Vihar Palesztína felett
Übers.: Mikes Imre
BUDAPEST: Epocha 1938
(= De Vriendt kehrt heim, 1932)
163. A Verduni iskola
Übers.: Horváth Zoltán
BUDAPEST: Pantheon 1938
(= Erziehung vor Verdun, Querido
1935)
Anm.: in 2 Bände
ZWEIG, Stefan
164. Marie Antoinette
Übers.: Németh Andor
BUDAPEST: Pantheon 1933, 35,
38, 42
(= Marie-Antoinette, 1932)
165. Rotterdami Erasmus diadala és
bukása
Übers.: Horváth Zoltán
BUDAPEST: Rózsavölgyi 1934
(= Triumph und Tragik des
Erasmus von Rotterdam, Reichner
1934)
166. Az érzések zürzavara
Übers.: Kiss Dezsö
BUDAPEST: Franklin 1934, 37
(= Verwirrung der Gefühle, 1927)

167. Buchmendel
Übers.: Haiman-Kner György
GYOMA: Kner 1935
(= Buchmendel, 1930)
168. A lélek orvosai
Übers.: Szegö István/Kovács György/Horváth Zoltán
BUDAPEST: Pantheon 1935, 38, 43
(= Die Heilung durch den Geist,
1931)
169. Stuart Mária
Übers.: Kelen Ferenc/Horváth Zoltán
BUDAPEST: Rózsavölgyi 1935,
43
(= Maria Stuart, Reichner 1935)
170. Emberek
Übers.: Horváth Zoltán
BUDAPEST: Pantheon 1935, 42, 44
[= Menschen]
171. Harc egy gondolat körül
Übers.: Balassa József
BUDAPEST: Rózsavölgyi 1936
(= Castellio gegen Calvin, Reichner
1936)
172. A rendörminiszter. Fouché élete
Übers.: Szinnai Tivadar
BUDAPEST: Pantheon 1936, 41, 43
(= Joseph Fouché. Bildnis eines politischen Menschen, 1929)
Anm.: 1. Auflage 1931
173. Az örök lámpás
Übers.: Horváth Zoltán
BUDAPEST: Rózsavölgyi 1937
(= Der begrabene Leuchter, Reichner
1937)
174. Békét!
Übers.: Vér Andor
BUDAPEST: Tábor 1938
(= Jeremias, 1917)
Anm.: 1. Auflage 1933 (bibliophile
Ausgabe)
175. Magellán. A föld körül hajózása
Übers.: Horváth Zoltán
BUDAPEST: Rózsavölgyi 1938
(= Magellan. Der Mann und seine
Tat, Reichner 1938)
176. Emberek, könyvek, városok. Válogatott tanulmányok
Übers.: Balassa György
BUDAPEST: Rózsavölgyi 1939
(= Begegnungen mit Menschen,
Büchern, Städten, Reichner
1937)
177. Nyugtalan szív
Übers.: Közsegi Imre

BUDAPEST: Athenaeum 1939, 42,
43, 44
(= Ungeduld des Herzens, Bermann-
Fischer 1938)
178. Brazília. A jövö országa
Übers.: Halász Gyula
BUDAPEST: Béta 1941, 43, 44
(= Brasilien, ein Land der Zukunft,
Bermann-Fischer 1941)
179. A nagy pillanat. Történelmi
miniatürök
Übers.: Sebesi Ernö
BUDAPEST: Béta o.J. [1944]
(= Sternstunden der Menschheit,
1927)
ZWEIG-WINTERNITZ, Friderika Maria
180. Pasteur
Übers.: Husztiné Réhegyi Rózsa
BUDAPEST: Franklin 1940
(= Louis Pasteur, Scherz 1939)

II. Außerhalb Ungarns gedruckte Exilliteratur
(In ungarischer Übersetzung)

BEIN, Alexander
001. A cionista mozgalom lényege és története
TEMESCHBURG: Erdély Cionista
Kultúrközpont 1938
[= Das Wesen und die Geschichte der
zionistischen Bewegung]
002. A cionista kolonizáció története
TEMESCHBURG: Erdély Cionista
Kultúrközpont 1939
[= Die Geschichte der zionistischen
Kolonisation]
BRENTANO, Bernard von
003. Theodor Chindler. Egy német család
regénye
Übers.: Leser Lajos (d.i. Ludwig Leser)
PRESSBURG: Prager 1936
(= Theodor Chindler, Oprecht 1936)
Anm.: 2 Bände
FEUCHTWANGER, Lion
004. Vallomás Moszkváról
Übers.: Barkóczy István (d.i. Bodnár
István)
PRESSBURG: Prager 1938
(= Moskau. Ein Reisebericht,
Querido 1937)
Anm.: Verbot in Ungarn

FRANK, Leonhard
005. Az elsodort testvérek
Übers.: Nádass József
PRESSBURG: Prager 1936
(= Bruder und Schwester, 1929)
HEIDEN, Konrad
006. Hitler
Übers.: Kerö Pál (d.i. Kéri Pál)
PRESSBURG: Prager 1938
(= Adolf Hitler, das Leben eines
Diktators, Europa 1936)
Anm.: Verbot in Ungarn
KESTEN, Hermann
007. Ferdinánd és Izabella
Übers.: Barta János
PRESSBURG: Prager 1938
(= Ferdinand und Isabella, de Lange
1936)
KISCH, Egon Erwin
008. Tilos a bemenet
Übers.: Marton János (d.i. Nádass
József)
PRESSBURG: Prager 1936
(= Eintritt verboten, Ed. du Carre-
four 1934)
009. Ázsia újjászületett
Übers.: Leser Lajos (d.i. Ludwig
Leser)
PRESSBURG: Prager 1937
(= Asien gründlich verändert, 1932)
Anm.: Verbot in Ungarn
010. A titkos Kína
Übers.: Barkóczy István
PRESSBURG: Prager 1937
(= China geheim, 1933)
011. A hét gettó
Übers.: Borongó Ferenc
PRESSBURG: Prager 1938
(= Geschichten aus sieben Ghettos,
de Lange 1934)
TSCHUPPIK, Karl
012. Egy jó családból való fiú
Übers.: Hajnal Jenö
PRESSBURG: Prager 1938
(= Ein Sohn aus gutem Hause, de
Lange 1937)

III. In Ungarn für Exilverlage gedruckte Buchpublikationen

BRENTANO, Bernard von
013. Die ewigen Gefühle
AMSTERDAM: Querido 1939
Hungária ny., Budapest
KAUS, Gina
014. Luxusdampfer. Roman einer Über-
fahrt
AMSTERDAM: de Lange 1937
Hungária ny., Budapest
NEUMANN, Robert
015. Eine Frau hat geschrien
ZÜRICH: Humanitas 1938
Hungária ny., Budapest
REINER, Anna
016. Manja. Ein Roman um fünf Kinder
AMSTERDAM: Querido 1938
Hungária ny., Budapest
SEGHERS, Anna
017. Die Rettung
AMSTERDAM: Querido 1937
Hungária ny., Budapest
TSCHUPPIK, Karl
018. Ein Sohn aus gutem Hause
AMSTERDAM: Allert de Lange
1937
Hungária ny., Budapest
WINSLOE, Christa
019. Passagiera
AMSTERDAM: Allert de Lange
1938
Hungária ny., Budapest

1 »Színésznök – könyv mellet« [Schauspielerinnen neben Büchern]. In: *Színházi Élet*, 15.4.1934, Nr. 17, S.68–73. — 2 Schr. Deutsche Gesandtschaft Budapest (künftig: Dt. Ges., Bp.) an Auswärtiges Amt (künftig: AA) v. 2.12.1933. Politisches Archiv des Auswärtigen Amts (künftig: PA AA/Bonn): R 121221. — 3 Schr. Dt. Ges., Bp. an AA v. 3.1.1935. PA AA/Bonn: R 121846. — 4 Schr. Nationalsozialistische Deutsche Arbeiterpartei/Ortsgruppe Budapest an Dt. Ges., Bp. v. 16.1.1935. PA AA/Bonn: Dt. Ges., Bp., Presseangriffe und sonstige Unfreundlichkeiten. — 5 Schr. Dt.Ges., Bp. an AA v. 22.2.1935. PA AA/Bonn: Dt. Ges., Bp., Presseangriffe und sonstige Unfreundlichkeiten. — 6 Schr. Reichsminister für Volksaufklärung und Propaganda an Dt. Ges., Bp. v. 7.3.1939. PA AA/Bonn: Ges. Bp., P6, No2, Bd. 206. — 7 Schr. Dt.Ges., Bp. an AA v. 6.12.1938. PA AA/Bonn: R 123102. — 8 Vgl. Albrecht Betz: *Exil und Engagement. Deutsche Schriftsteller im Frankreich der dreißiger Jahre* (künftig: Betz/Frankreich). München 1986, S. 215–239. — 9 Vgl. *A postai szállitásból kitiltott vagy bíróilag lefoglalt sajtótermékek jegyzéke* [Verzeichnis der Druckerzeugnisse, denen das Postdebit entzogen oder die gerichtlich beschlagnahmt wurden]. Budapest 1938. — 10 Vgl. Ferenc Kollin: *A Prager Könyvkiadó története* [Die Geschichte des Prager-Verlages]. Budapest 1977 (künftig: Kollin/Prager). — 11 Vgl. Horst Halfmann: »Verleger der deutschsprachigen Literatur im Exil«. In: *Beiträge zur Geschichte des Buchwesens*. Leipzig 1969, S. 268–286. — 12 Vgl. Hélène Roussel: »Éditeurs et publications des émigrés allemands«. In: Gilbert Badia et allii: *Les barbelés de l'exil.* Grenoble 1979, S. 369, Anm. 23. — 13 Vgl. Betz/Frankreich, S. 215. — 14 Ungarn zählte 1930 8,68 Millionen Einwohner. Infolge der Gebietszuwächse 1941 9,32 Millionen. — 15 So nach dem für politische Strafverfahren berüchtigten Juristen Jenö Szemák genannt. Später unter Szálasi oberster Kurialrichter. — 16 E. Schwirwind (d.i.?) és Lenka von Koerber: *Oroszország küzdelme a bünözés ellen.* Budapest: Phönix-Kiadás 1934. Übers.: F. Erick Koch (d.i. Imre Zala). — 17 Vgl. *Pester Lloyd* v. 2.12.1934, Nr. 272, S.21. — 18 *Gulliver felfedezi a »Harmadik Birodalmat«* [Gulliver entdeckt das Dritte Reich]. Budapest: Danton Könyvkiadó [1936]. — 19 Arthur Holitscher: »Gulliver felfedezi a ›harmadik Birodalmat‹«, S.3–10; Alfred Kerr: »A ›Harmadik Birodalom‹ színháza« [Das Theater des Dritten Reichs], S.16–19; Ernst Toller: »Egy pillantás – 1933-ra« [Ein Blick auf das Jahr 1933], S.23–27. — 20 Zitiert nach: *A cenzúra árnyékaban* [Im Schatten der Zensur]. Budapest 1966, S.406f. Eine andere 1936 im linken Cserepfalvi-Verlag u.d.T. *Húsz riport bemutatja a világot* [Zwanzig Reportagen stellen die Welt vor] erschienene Anthologie mit u.a. Texten von E.E. Kisch und Arthur Holitscher scheint dagegen der Zensur nicht zum Opfer gefallen zu sein. — 21 Ebd., S.409f. — 22 Arthur Koestler: »Im Harem des Emirs von Buchara«. In: *Pester Lloyd* (künftig: PL) v. 30.7.1933, Nr. 171; »Bei den Juden von Buchara«. In: PL v. 17.9.1933, Nr. 211; »Opferfest auf dem Berge Gerizim«. In: PL v. 1.10.1933, Nr. 223. — 23 *Államrendészeti zsebkönyv:* auch »Fekete könyv« (Schwarzbuch) genannt. 6 Bände. Budapest: o.J., S.521. — 24 Lajos Hatvany (1880–1961). Schriftsteller, Literaturhistoriker, Großindustrieller. 1918 Mitglied des Nationalrates der bürgerlichen Revolution. 1919 Emigration nach Wien, danach bis 1927 in Berlin. Nach 1933 in Ungarn hilfreicher Gönner vieler deutschsprachiger Emigranten. — 25 Karl Mannheim hielt im April 1934 einen Vortrag in Budapest; ein ganzseitiges Interview mit ihm veröffentlichte der *Pesti Napló* im Juli 1937, als er sich privat in Budapest aufhielt. Im selben Jahr veröffentlichte die Literaturzeitschrift *Szép Szó* einen 22seitigen Auszug aus *Mensch und Gesellschaft im Zeitalter des Umbaus.* — 26 PL Nr. 268 v. 15. u. 22.11.1936. — 27 Dieser Eindruck wird bestätigt durch den wesentlich breiteren Kreis von Exilautoren, die in der ungarischen Presse Beiträge veröffentlichen konnten. — 28 László Dormándi (1898 Dormánd – 1967 Paris). Schriftsteller, Übersetzer, Herausgeber. Bis 1938/39 Direktor des Pantheon-Verlages. — 29 Schr. Pantheon-Verlag an László Dormándi v. 19.12.1939. Petöfi Irodalmi Muzeum (künftig: PIM): Dormándi-Nachlaß: V 4766/292/64. — 30 Schr. Pantheon-Verlag an László Dormándi v. 18.1.1940, PIM: Dormándi-Nachlaß: V 4766/2992/68. — 31 PL v. 10.11.1935. — 32 Zitiert nach L. Nagy Zsuzsa: *Liberális pártmozgalmak* [Liberale Parteibewegungen] *1931–1945.* Budapest 1986, S.169. — 33 Vgl. Ránki György / Hajdu Tibor / Tilkovszky Lórant (Hg.): *Magyarországi Története* [Die Geschichte Ungarns] *1918–1945.* Bd. 2. Budapest 1988, S.1102. — 34 Vgl. »Szocializmus liberális szemmel« [Sozialismus aus liberaler

264 René Geoffroy

Sicht]. In: *Népszava* v. 4.2.1936, Nr. 28, S.2. — **35** Vgl. »A harmadik út. Röpke Vilmos svájci egyetemi tanár könyve a gazdasági humanizmusról«. In: *Az Ujság* v. 23.8.1942. — **36** Wilhelm Röpke: »A kapitalizmus és az imperializmus« [Kapitalismus und Imperialismus]. In: *Az Ujság* v. 5.3.1944, S.5–6. — **37** Schr. Wilhelm Röpke an Franklin Verlag v. 9.10.1943. Ungarische Nationalbibliothek (künftig OSzK): Fond 2/143, Nr.4396. — **38** Zur Besetzung Ungarns siehe: György Ránki: *Unternehmen Margarethe. Die deutsche Besetzung Ungarns.* Wien-Köln-Graz 1984. — **39** Berechnung R.G. nach der Bibliographie I, Buchpublikationen bei Betz/Frankreich, S.225–239. — **40** Lili Körber emigrierte erst 1938 aus Wien. Da sie vor 1933 aber auch in Berlin gelebt hatte, ihre Bücher im »Dritten Reich« mit einem Gesamtverbot belegt und in Österreich teilweise verboten waren, haben wir sie in unsere Bibliographie mitaufgenommen. — **41** Siehe Annonce im *Ost-Kurier* v. 15.1.1938, Nr. 1–2, S.26. — **42** *Magyar Könyvészet 1921–1944* (7 Bde.). Budapest 1980–1992. — **43** Nachlaß Dormándi im PIM und Nachlaß Dante-Verlag in der OSzK. — **44** Nachlaß Dante-Verlag, OSzK: Fond 6/40. — **45** Ebd. — **46** Dormándi-Nachlaß, PIM: V 4766/441/1–10. — **47** Ebd. — **48** Schr. Pantheon-Verlag an László Dormándi v. 18.2.1939, PIM: Dormándi-Nachlaß V 4766/292/25. — **49** Dormándi-Nachlaß, PIM V 47667292. — **50** Diese Prospekte sollten dem Zentralorgan des Ungarischen Roten Kreuzes beigefügt werden. Schr. Pantheon-Verlag an László Dormándi, PIM V 4766/292/30. — **51** Alle Angaben laut Schriftwechsel Pantheon-Verlag Budapest – László Dormándi, Budapest. PIM, bzw. Nachlaß Dante-Verlag in der OSzK. — **52** Untertitel des Buches. — **53** Zitiert nach: *Munkásmozgalom és Kultúra 1867–1945* [Arbeiterbewegung und Kultur]. Budapest 1979, S.354. — **54** Verlagsverträge zwischen Querido, Amsterdam und Athenaeum-Verlag, Budapest v. 19.4.1937 (*Der große Ausverkauf*), v. 20.12.1937 (*Liebe und Tod auf Bali*) und v. 27.6.1939 (*Hotel Shanghai*). Nachlaß Athenaeum-Verlag, OSzK: Fond 3/119. — **55** Schr. Pantheon-Verlag an László Dormándi v. 26.1.1940, PIM V 4766/292/69. — **56** Schr. Heinrich Mann an Athenaeum-Verlag v. 13.8.1936, Nachlaß Athenaeum-Verlag, OSzK: Fond 3/184. — **57** Siehe Notiz über Gründung in *Szinházi Élet* v. 14.10.1934, Nr. 4, S.86. — **58** Schr. Dr. Eugen Kerpel an Thomas Mann v. 9.12.1940. Ungarische Akademie der Wissenschaften, Handschriftenabteilung, Kerpel-Nachlaß: MS 10.854/29. — **59** Schr. Lion Feuchtwanger an László Dormándi v. 2. und v. 9.10.1938. PIM: Dormándi-Nachlaß: V 4766/398–399. — **60** 441 Rezensionen deutschsprachiger Exilwerke konnten bislang in der ungarischen Presse nachgewiesen werden. — **61** Die jüdische Wochenschrift *Egyenlöség* veröffentlichte am 22.9.1934 unter dem Titel »Zsidók a koncentrációs táborban« [Juden im Konzentrationslager] einen Auszug aus dem Buch *Konzentrationslager. Ein Appell an das Gewissen der Welt* (Karlsbad 1934). Zuvor war ein Auszug aus dem Braunbuch u.d.T. »Hét hét a hohensteini táborban« [Sieben Wochen im Lager Hohenstein] in der sozialdemokratischen Tageszeitung *Népszava* (20.8.1933, S.7) erschienen. — **62** Vgl. »Akarja tudni a német eseményeket?« [Möchten Sie sich über die Ereignisse in Deutschland informieren?]. In: *Az Ujság* v. 8.10.1933, S.6. Zu beziehen waren: *Die Wahrheit,* (Prag), *Die neue Weltbühne, Welt im Wort,* (Prag), *Arbeiter-Illustrierte-Zeitung, Das neue Tagebuch, Neue Deutsche Blätter, Die Sammlung, Der Aufruf* (Prag), *Das Blaue Heft.* — **63** Zitiert nach Kollin/Prager, S.128. — **64** Dokument wieder abgedruckt in: *A cenzúra árnyékaban* [Im Schatten der Zensur]. Budapest 1966, S.115–119.

Rezensionen

Exil in der Schweiz

Picard, Jacques: *Die Schweiz und die Juden 1933–1945. Schweizerischer Antisemitismus, jüdische Abwehr und internationale Migrations- und Flüchtlingspolitik.* Zürich (Chronos) 1994, 560 S., Pb.
Wichers, Hermann: *Im Kampf gegen Hitler. Deutsche Sozialisten im Schweizer Exil 1933–1940.* Zürich (Chronos) 1994, 428 S., Pb.
Weber, Charlotte: *Gegen den Strom der Finsternis. Als Betreuerin in Schweizer Flüchtlingsheimen 1942–1945.* Zürich (Chronos) 1994, 288 S., Pb.

Mit dem allseits bekannten Schlagwort »Das Boot ist voll« ist die Flüchtlingspolitik der Schweiz in den Jahren 1933 bis 1945 auf den Punkt gebracht worden. Entsprechend dieser Devise wurde eine restriktive Aufnahmepolitik betrieben, obwohl die Schweizer Selbstdarstellung in dieser Zeit noch an eine stolze Asyltradition anzuknüpfen versuchte. Dieser Mythos ist spätestens seit den fünfziger Jahren auch in wissenschaftlicher Aufarbeitung vom Thron gestoßen worden. An der Haltung der Schweiz gegenüber den Emigranten der Hitlerzeit gibt es nichts zu beschönigen, und dies wird auch in einigen Neuerscheinungen zum Thema unterstrichen.
Jacques Picard beleuchtet in aller Ausführlichkeit das Verhältnis der Schweiz zu ihren eigenen Juden und zeigt damit die Folie, vor der sich die jüdische Emigration abspielte. Der Antisemitismus war in der Schweiz vielleicht nicht so stark wie in anderen Ländern, er konnte aber auch nicht als importiert gelten. Im ersten Teil geht Picard der Mentalitätsgeschichte dieses Antisemitismus nach. Stationen sind hier das Konstruieren einer »Judenfrage« im 19. Jahrhundert, die Hakenkreuzbewegung in den zwanziger und faschistische Fronten in den dreißiger Jahren. Die vor 1933 einsetzende Stilisierung der »Judenfrage« fand in den Anfangsjahren der NS-Herrschaft ihren Höhepunkt, indem man sich der antisemitischen Welle der Nazis anschloß und eine fremden- und judenfeindliche Haltung propagierte, deren Auswirkungen die Schweizer Juden ebenso zu spüren bekamen wie die jüdischen Flüchtlinge. Diskriminierung und Ausgrenzung sowie die Nichtanerkennung der Juden als politische Flüchtlinge waren die Folge. Gleichwohl sah sich die schweizerische Politik in einem Zwiespalt. Trotz der originären und weitverbreiteten Sympathie mit dem nationalsozialistischen Antisemitismus ging man zu einer Tabuisierung der »Judenfrage« über, um ein befürchtetes Eingreifen Deutschlands zu verhindern. Diese »Verschweizerung« des Antisemitismus prägte dann die behördliche Politik gegenüber eigenen und fremden Juden. Dazu gehörte, daß der Schutz von Schweizer Juden im Ausland nicht wahrgenommen wurde, da sie weitgehend als Bürger zweiter Klasse betrachtet wurden. Und während man sich mit nichtjüdischen Prominenten gerne schmückte, fielen jüdische Emigranten dem Antisemitismus zum Opfer. Der deutsch-jüdische Ökonom Edgar Salin, der seit 1927 an der Universität Basel lehrte und 1941 aus Deutschland ausgebürgert wurde, wird von Picard zitiert »als Fallbeispiel und Kronzeuge einer hintertriebenen Einbürgerung«, die während der Kriegsjahre scheiterte.
Der zweite Teil schildert die Instrumentalisierung der eigenen Juden zur Um-

setzung dieser Politik. Die Schweizer Juden befanden sich in einer doppelten Zwangslage. Einerseits ging es um die Wahrung und Verteidigung der eigenen Stellung und Rechte, andererseits stellte die Versorgung der jüdischen Flüchtlinge eine nicht zu umgehende Bewährungsprobe dar. Um beides zu gewährleisten, entwickelten die jüdischen Organisationen anfänglich eine offensive Abwehrstrategie. Veränderungen setzten ein, als die nazistische Bedrohung zunehmend als Druck von außen auf die Schweiz erlebt wurde. Um die Schweiz überhaupt als möglichen Zufluchtsort für die jüdischen Emigranten zu erhalten, paßten die Schweizer Juden sich dem behördlichen Druck an und waren bemüht, keine Angriffsflächen zu bieten und nicht aufzufallen. Das jüdische Niedrigprofil in der politischen Öffentlichkeit, gefaßt unter dem Begriff »Minhag Suisse«, bestimmte dann maßgeblich die Flüchtlingspolitik. So kam es zur Übernahme der Transmigrationsthese – die Schweiz hielt hartnäckig daran fest, kein Exilland, sondern lediglich ein Transitland zu sein. Aufgabe der jüdischen Organisationen war deshalb vor allem die Weiterleitung der Flüchtlinge in andere Länder. Auch die Finanzierung der Flüchtlingspolitik, soweit sie die Juden betraf, wurde auf die Schweizer Juden abgewälzt. Deren vielfältige Bemühungen, die Flüchtlingspolitik möglichst reibungslos abzuwickeln, werden von Picard detailreich dargestellt. Er betont jedoch, daß die Anpassungsstrategie der Schweizer Juden mit Bezug auf die Flüchtlingspolitik als gescheitert zu betrachten ist. Weder konnte sie die Einführung des Judenstempels und die Schließung der Grenzen für jüdische Flüchtlinge 1941 verhindern, noch konnte sie unter veränderten Umständen ein Abweichen vom Transmigrationsprinzip erreichen. Eine andere Flüchtlingsgruppe, die

im Gegensatz zu den Juden nicht grundsätzlich vom Status des politischen Flüchtlings ausgeschlossen blieb, waren die Sozialisten. Hermann Wichers untersucht in seiner als Dissertation verfaßten Studie Sozialdemokraten, Kommunisten und sozialistische Splittergruppen im Schweizer Exil. Entgegen vielfach verbreiteten Erwartungen sahen sich auch die politischen Flüchtlinge mit der allgemeinen Fremdenfeindlichkeit konfrontiert, ferner mit einem besonderen Mißtrauen, das sich gegen die politische Linke richtete. So hielt man zum Beispiel Kommunisten nicht für »asylwürdig«. Die restriktive Schweizer Flüchtlingspolitik spielte auch hier eine Rolle, und zu deren Richtlinien gehörte nun einmal das Beharren auf dem Status als Transitland und das Verweigern jedweder Arbeitserlaubnis. Diese Eckpunkte markierten auch die Lebensbedingungen der sozialistischen Emigration in der Schweiz. Ganz allgemein wurde die Versorgung der sozialistischen Emigranten ihren Schweizer Gesinnungsgenossen überlassen. Die verschiedenen Gruppen halfen zwar meist nur den Flüchtlingen der eigenen Couleur, doch zeigten sie ein hohes Maß an Hilfsbereitschaft und Solidarität. Die Unterstützung richtete sich nicht nur auf das materielle Überleben der Emigranten, sondern ermöglichte auch ein zum Teil illegales publizistisches Tätigwerden in der Schweiz. Eine ausführliche Darstellung findet das Bemühen der Emigranten um Widerstand und antifaschistischen Kampf. Die Nähe zum Deutschen Reich begünstigte die Zusammenarbeit von Emigranten und deutschen Widerstandsgruppen im Grenzgebiet. Wichers geht den Aktivitäten von KPD und oppositionellen Kommunisten sowie von Sozialdemokraten und sozialistischen Gruppen, darunter *Neu Beginnen* und die Sozialistische Arbeiterpartei Deutschlands, nach. Dabei präsentiert er Unternehmungen, deren Verworrenheit ebenso augenscheinlich werden wie ein Durchsetzungs- und Kompetenzgerangel innerhalb der Emigrantengruppen, das oft in einen unfairen Kampf um Einfluß ausartete. Trotz beachtenswerter Einzelerfolge stellt der Autor langfristig ein Scheitern fest: der politische Kampf der Emigranten erscheint als ein symbolischer, der eher die eigene Moral stärkte und dessen reale Wirkungen gering blieben. Dies lag nicht nur an den zahlenmäßig kleinen Flüchtlingsgruppen, vielmehr beruhte es auf einer Fehleinschätzung der Situation im Reich. Auf tragische Weise wird dieses deutlich, wenn Wichers, dessen Studie umfangreiches Archivmaterial verarbeitet, die Widerständler und ihre Aktivitäten anhand von Gestapo-Akten skizziert. Das Ausmaß, in dem der politische Gegner die Widerstandsgruppen verfolgte und zerschlug, ist ein hinreichender Beleg für die Erfolglosigkeit des antifaschistischen Kampfes der Emigranten.

Der engagierte Erlebnisbericht von Charlotte Weber ist verfaßt anhand von Briefen, Tagebüchern, Berichten und Fotografien, die der damaligen Zeit entstammen, und ergänzt eindrucksvoll den Blick auf das Exil in der Schweiz. Zum einen rückt sie einen Aspekt in den Mittelpunkt, der in den beiden anderen Büchern nur am Rande gestreift wurde: die Internierung von Emigranten in Lagern und Heimen, in denen sie gemäß einer Weisung von 1940 zur Zwangsarbeit verpflichtet wurden. Zum anderen dokumentiert sie die Perspektive der Flüchtlinge und gibt so einen Eindruck von den Auswirkungen der Schweizer Flüchtlingspolitik auf die Betroffenen.

Die Autorin leitete von 1942 bis Anfang 1944 das Interniertenheim Bienenberg für Frauen und Kinder. Sie stößt sich schnell daran, daß die Flüchtlinge nur als Teile eines Kollektivs betrachtet werden und versucht, der Flüchtlingserfahrung, lediglich eine Nummer zu sein, etwas Menschlichkeit entgegenzusetzen. Ihre Tätigkeit ist geprägt von dem Bemühen, Großzügigkeit und Wärme in den Heimalltag der Emigranten zu bringen. So entwickelt sich in Bienenberg unter ihrer Anleitung ein reges kulturelles Leben; Musik, Theater und Handwerk werden ebenso zum Bestandteil des Alltags wie die Pflege der jiddischen Sprache. Doch die eigenmächtige Umgehung von Vorschriften, in denen Weber nur Stumpfsinn erkennt, führt immer wieder zu Konflikten mit der zentralen Lagerleitung. Deren bürokratische Anweisungen fügen sich bestens in das bekannte Bild behördlicher Politik gegenüber den Flüchtlingen. So zitiert Weber ein Merkblatt für Heimleiter, welches die Disziplinierung der Flüchtlinge mit einer Überheblichkeit fordert, in der der Emigrant nur noch als zu bevormundendes Wesen wahrgenommen wird. Die Autorin bringt viele Beispiele der Ignoranz gegenüber dem Flüchtlingselend, die häufig von Fremdenfeindlichkeit und Antisemitismus gestützt wird. »Man hat sie hier nicht gewünscht. Sie können ja dorthin zurückgehen, woher sie gekommen sind und müssen immer daran denken, daß sie hier nur tolerierte Gäste sind!« Einer solchen Haltung muß Weber ständig Rechnung tragen, und ihr Widerstand, sich diese Maxime zu eigen zu machen, trägt ihr im November 1943 eine Versetzungsverfügung ein.

Doch sie läßt sich nicht entmutigen und verwirklicht ihren Plan eines Berufsschullagers für junge Mädchen auf Schloß Hilfikon. Nach dessen Auflösung betreute sie 1945 auf dem Zugerberg Jungen aus dem Konzentrationslager Buchenwald, die entsprechend dem

Transmigrationsprinzip nur zur Erholung in der Schweiz aufgenommen wurden. Der Umgang mit diesen Jungen unterliegt der gleichen bürokratischen Enge wie die Behandlung der Flüchtlinge allgemein. Ein authentischer und kritischer Bericht über den Zugerberg von einem Kollegen Webers durfte dann auch nicht veröffentlicht werden, da er nicht der offiziellen Meinung entsprach. Am Ende steht der Kommentar Webers: »Es steckt ein unguter Geist in der Wohltätigkeit unseres Landes.«

»Das Boot ist voll« – ein Spruch, der auch in gegenwärtigen Asyldiskussionen gern zitiert wird. Für die Flüchtlingspolitik der Schweiz in den Jahren 1933 bis 1945 bedeutet er, daß kein Interesse daran bestand, mögliche Spielräume auszuloten. Hier regierte allein Entschlossenheit, den »fremden Elementen«, zu denen Sozialisten ebenso wie die Juden gezählt wurden, keinen Platz im Land einzuräumen.

Perdita Ladwig

Spalek, John M., Konrad Feilchenfeldt und Sandra H. Hawrylchak (Hg.): *Deutschsprachige Exilliteratur seit 1933.* Bd. 4: *Bibliographien. Schriftsteller, Publizisten und Literaturwissenschaftler in den USA.* 3 Teile. Bern – München (K.G. Saur) 1994, 2110 S., Ln.

Wer über das deutschsprachige Exil in den Vereinigten Staaten von Amerika arbeitet, weiß John Spaleks grundlegende bibliographische Arbeit zu schätzen. Ohne seinen akribischen Spürsinn und seine beispielgebende methodische Aufbereitung hätte die Forschung heute sicher nicht ihren bemerkenswerten Entwicklungsstand erreicht (vgl. dazu meine Rezension in EXILFORSCHUNG Bd. 12/1994). Nach seinem mehrbändigen Nachlaß-Verzeichnis bietet auch die vorliegende Übersicht eine unschätzbare Hilfe. Sie enthält 225 Personalbibliographien, die die von Spalek 1989 herausgegebene Aufsatzsammlung über die *Deutschsprachige Exilliteratur seit 1933* in New York abschließen. Einmal mehr bestätigt dieses monumentale Unternehmen die zeitgenössische ironische Charakterisierung New Yorks als »Fourth Reich on the Hudson«. Kam nämlich Spaleks frühe Untersuchung über Kalifornien, das zweite große amerikanische Zufluchtszentrum, noch mit zwei (Halb)Bänden für die monographische und bibliographische Darstellung aus, so liegen für New York nunmehr fünf veritable Bände mit fast 4.000 Seiten vor.

Im Zentrum der Bibliographien stehen belletristische Schriftsteller und Publizisten, daneben präsentieren die drei Teilbände jedoch auch die Schriftenverzeichnisse aus anderen Disziplinen und Milieus. Zu nennen wären hier zahlreiche Wissenschaftler – nicht nur Literaturwissenschaftler, wie der Titel nahelegt – und vor allem Frauen. Spalek und sein Team konnten dafür auf zahlreiche in den vergangenen Jahren entstandene Erhebungen und Untersuchungen in Fest- und Jubiläumsschriften, aus der Frauenforschung etc. zurückgreifen, so für Hannah Arendt, Albert Einstein, Alfred Kantorowicz, Robert M. W. Kempner oder Klaus Mann, um nur einige Beispiele zu nennen.

Die Bände dokumentieren den Fortschritt der Exilforschung in den vergangenen Jahren, indem sie auffallend viele, bisher kaum bekannte oder inzwischen vergessene Autorinnen und Autoren vorstellen. Von den 225 Personen, deren Bibliographien präsentiert werden, sind knapp ein Viertel nicht im *Biographischen Handbuch* von Röder/Strauss verzeichnet; das gilt insbesondere für zahlreiche Schriftstellerinnen. Bemerkenswert ist weiterhin, daß mehr als 30 ehemalige Exil-Autoren noch selbst bei der Zusammenstellung ihres Materials mitgearbeitet haben. Ohne die Zusammenarbeit zahlreicher Helfer und Informanten wäre das Werk so wohl nicht zustande gekommen. Um nur einen Autor als Beispiel herauszugreifen: Erst in den achtziger Jahren ist Henry William Katz nach der Wiederauflage seiner Romane *Die Fischmanns* und *No. 21 Castle Street (Schloßgasse 21)* von 1938 bzw. 1940 neu entdeckt worden. Noch kurz vor seinem Tode 1992 hat er in verschiedenen Städten der Bundesrepublik aus seinen Werken vorgetragen, doch deren weitere Rezeption hat bisher nicht stattgefunden. So ist man auf das vorliegende Verzeichnis angewiesen, um überhaupt erst einmal zu ermitteln, wo über diesen Autor etwas zu finden ist. Es informiert nicht nur über Katz' weitere Schriften aus den dreißiger Jahren – in der amerikanischen Emigration arbeitete er dann als Unternehmer –, sondern bietet eine wohl lückenlose Übersicht über die bisher vorliegenden bibliographischen Hinweise. Das reicht von den frühen Rezensionen bis in die Feuilletons der Gegenwart. Dafür wurden nicht nur die großen deutschsprachigen und amerikanischen Zeitungen erfaßt, sondern Spalek suchte die Spuren selbst in der abgelegenen Provinzpresse. Der Leser erfährt so unter anderem, daß *Die Fischmanns* bereits 1938 im *Springfield Republican* besprochen wurden und in jüngster Zeit – 1988, also vor dem Ende der DDR – die *Volkswacht* in Gera an diesen Autor erinnerte. Zwei Drittel der Bibliographien sind hier erstmalig zusammengestellt worden. Einmal mehr wird damit unterstrichen, daß trotz der in den letzten beiden Jahrzehnten erheblich vorangeschrittenen Forschung nach wie vor

nennenswerte Lücken zu schließen sind. So dürften diese Bände, die zudem mustergültig konzipiert sind, zu einer unverzichtbaren Hilfe der weiteren Arbeit werden.

Claus-Dieter Krohn

Fladhammer, Christa, Michael Wildt (Hg.): *Max Brauer im Exil. Briefe und Reden aus den Jahren 1933–1946.* Hamburg (Hans Christians Verlag) 1994, 359 S., Ln.

Max Brauer, einer der bedeutenden sozialdemokratischen Kommunalpolitiker in der Weimarer Republik und der frühen Bundesrepublik, von 1924 bis 1933 Oberbürgermeister im preußischen Altona und nach 13 Jahren Exil von 1946 bis 1953 sowie 1957 bis 1960 Erster Bürgermeister Hamburgs, ist historiographisch bisher nahezu unbeachtet geblieben. Und das, obwohl er beispielhaft die sozialen Aufstiegsmobilitäten der Arbeiterbewegung in Deutschland nach 1918, untypische Exilerfahrungen außerhalb des engeren Parteimilieus nach 1933 und schließlich den zweiten Versuch eines demokratischen Neuanfangs in Deutschland nach 1945 repräsentiert. Die Gründe dafür sind in der spärlichen Überlieferung zu suchen. Nach seinem Tode 1973 waren lediglich Nachlaßsplitter an das Hamburger Staatsarchiv gegangen, einzelne Stücke erschienen auch achtlos auf dem lokalen Antiquariatsmarkt. Nennenswertes Material konnte erst gesichert werden, als 1986 weitere Unterlagen im Hause eines später verstorbenen Freundes gefunden wurden. Sie umfaßten vor allem die in dem vorliegenden Band abgedruckten Korrespondenzen und Redemanuskripte aus Brauers Exiljahren.

Der Leser erfährt, wie der Altonaer Bürgermeister mit seiner Familie nach einer von den Nationalsozialisten inszenierten Betrugsaffäre im März 1933 überstürzt außer Landes fliehen mußte. Durch Vermittlung französischer Sozialisten und mit diesen befreundeter Völkerbundsbeamter in Genf erhielten er und andere emigrierte preußische Verwaltungsexperten – so auch der Freund und ehemalige Altonaer Stadtverordnete Rudolf Katz – eine Anstellung der Kuomintang-Regierung in China, um Empfehlungen für eine Modernisierung der Administration zu erarbeiten. Der hierzu abgedruckte Schriftwechsel ist besonders wichtig, weil über diesen Ausschnitt der Emigration und die Umstände der Tätigkeit dort bisher kaum Genaueres bekannt war. Der Aufenthalt der Gruppe in China dauerte allerdings nur knapp ein Jahr; auf Druck der NS-Regierung wurden ihre Verträge nicht verlängert. Nach einem einjährigen Zwischenaufenthalt in Paris siedelte Brauer in die USA über, wo er zusammen mit Katz 1939 zu den Gründern der German Labor Delegation (GLD) gehörte. Die beiden nahmen zwar die amerikanische Staatsbürgerschaft an, doch nach Ende des Zweiten Weltkrieges suchten sie die erste Gelegenheit, um nach Deutschland zurückzukehren. Im Auftrage der American Federation of Labor reisten sie im Sommer 1946 nach Hamburg – die westlichen Besatzungszonen waren zu der Zeit noch für ehemalige Emigranten gesperrt –, um den Wiederaufbau der deutschen Gewerkschaften zu untersuchen – tatsächlich aber, um sich sogleich in die von der britischen Besatzungsmacht inzwischen zugelassene Kommunalpolitik einzumischen. Brauer und Katz kehrten nicht in die USA zurück, auch die Gewerkschaftsanalyse kam nie zustande.
Detailliert beleuchtet der Band das En-

gagement eines sozialdemokratischen Politikers im Exil außerhalb des vom Vorstand der Sopade in Prag geknüpften politischen Netzwerks. Über die Einzelheiten von Brauers Tätigkeit und seine Lebensumstände in China erfährt man allerdings vergleichsweise wenig; auch dort war seine Welt die Sozialdemokratie, deren Scheitern 1933 und künftige Perspektiven das immer wiederkehrende Thema der Briefe aus Ostasien sind. Unbeirrt über all die Jahre blieben Brauers Glaube an die »geschichtliche Mission der Arbeiterklasse« und seine Hoffnung auf einen bevorstehenden »Verfall des Regimes« in Deutschland, da es für ihn nur eine Minderheit repräsentierte. Diese Illusion führte während des Krieges unter anderem auch zu den offensiven Forderungen der GLD nach territorialer Unversehrtheit Deutschlands in den Grenzen des Versailler Vertrages bei dem zu erwartenden Sieg der Anti-Hitler-Koalition. Hierzu enthält das Brauer-Material interessante kontroverse Belege, die das amerikanische Unverständnis über solche unsensible Maßlosigkeit und historisch fragwürdigen Traditionsbindungen dokumentieren.
Daneben spiegeln die Texte facettenreich den alltäglichen Überlebenskampf des Exils wider. Brauers Familie, Frau und zwei Kinder, war während seines China-Aufenthalts in Genf den Schikanen der Schweizer Behörden ausgesetzt und wurde schließlich nach Frankreich abgeschoben. Er selbst kam während seines Aufenthalts in Paris aufgrund eines nationalsozialistischen Haftbefehls vorübergehend in Abschiebehaft. Von der zu dieser Zeit mit unzähligen Hilfsgesuchen überfluteten Sopade erhielt er nur minimale Unterstützungen, zeitweise lebte er von persönlichen Zuwendungen Friedrich Wilhelm Foersters, den Brauer wiederum nach dem Kriege unterhielt.

Mit einem umfassenden in den historischen Kontext eingebundenen biographischen Abriß des gelernten Glasbläsers Brauer runden die Herausgeber diesen außerordentlichen, viele neue Aspekte des Exils erhellenden Band ab.

Claus-Dieter Krohn

Henry Schwab: *The Echoes that Remain. [A Postal History of the Holocaust.]* Weston, Massachusetts (Cardinal Spellman Philatelic Museum) 1992, 185 S., Ln.

Aus recht ungewöhnlicher Perspektive geht dieser Band der Verfolgung und Vernichtung der jüdischen Bevölkerung nach. Der Autor – 1922 in Franken geboren und 1936 in die USA geflohen – hat postalische Zeugnisse, Postkarten, Briefumschläge und andere Korrespondenzen zusammengestellt, die nicht nur in ihren inhaltlichen Mitteilungen, sondern durch die unscheinbaren äußeren Chiffren und Symbole des Postverkehrs die zunächst alltäglichen Diskriminierungen und Verfolgungen in Deutschland, dann die Dispersion der Flüchtlinge auf ihren Wegen über den Globus und schließlich den administrativ eingeleiteten Holocaust dokumentieren. Im Mittelpunkt stehen Zeugnisse aus der eigenen Familie, angereichert durch in Jahrzehnten gesammelte weitere Schriftstücke; sie wurden in verschiedenen Ausstellungen in den USA gezeigt und werden hier als Faksimiles und kommentiert einem weiteren Publikum vorgestellt.

Das abgebildete Material visualisiert die abgefeimten, bis in die banalsten Details reichenden staatlichen Haßkampagnen unter dem Nationalsozialismus. Durch postalische Stempelaufdrucke

mischte sich das System mit systematischer Hetze in den privaten Briefverkehr ein, kulminierend beispielsweise im propagandistischen Werbefeldzug zum Besuch der großen Wanderausstellungen »Der ewige Jude« oder »Bolschewismus ohne Maske«. Nach der Stigmatisierung der jüdischen Bevölkerung 1938 durch die Namenszusätze »Sara« und »Israel« wurden Postkarten von oder an Juden mit dem Hinweis »In hebräischer und jiddischer Sprache verboten« versehen. Andere Korrespondenzen zeigen die überhastete Flucht der Verfolgten; an sie gerichtete Post ging an die Absender im Ausland mit dem Vermerk »Abgereist ohne Angabe der Adresse« zurück, nicht ohne zuvor noch von der deutschen Post geöffnet worden zu sein. An die Flüchtenden adressierte Schriftstücke andererseits vermitteln einen Eindruck von den zum Teil atemberaubenden Fluchtwegen und den häufig nicht erreichten Fluchtzielen. Dokumentiert wird unter anderem das Beispiel Kuba. Bekannt ist das Schicksal der Flüchtlinge auf dem HAPAG-Dampfer »St. Louis«. Ähnliches erlitten weitere 200 jüdische Passagiere auf dem Schwesterschiff »Orinoco«, das einige Tage später in See gegangen war und noch in europäischen Gewässern zur Rückkehr gezwungen wurde; die an die Reisenden nach Havanna gesandte Post erreichte die Adressaten nie.

Die makabersten Teile der Dokumentation umfassen die verklausulierten Hilferufe der Gequälten aus den deutschen Konzentrations- und dann den Vernichtungslagern, aber auch aus den Internierungslagern der Alliierten nach Kriegsausbruch. Mit eindrucksvollen Belegen zeigt Schwab, daß Lager für die unerwünschten Flüchtlinge weltweit – von Australien über Mauritius bis hin in die USA – zur Signatur der Epoche gehörten. Viele dieser Einrichtungen sind heute kaum noch bekannt. Wurden dort aber immerhin noch zivile Standards wie das Postgeheimnis formal gewahrt, so mußten die Korrespondenzen aus den deutschen KZ unverschlossen geschehen, und sie unterlagen weiteren Schikanen und Repressionen. Die aus dem NS-Herrschaftsbereich abgebildeten Zeugnisse zeigen, daß die Lagerinsassen zum einen häufig nicht mehr als 25 Worte schreiben und zum anderen über ihre tatsächliche Lage nicht berichten durften. Die hier abgedruckten Mitteilungen auf vorgefertigten Lager-Postkarten berichten stereotyp von der eigenen Gesundheit, die menschlichen Qualen erscheinen nur andeutungsweise in den Fragen nach dem Befinden der Angehörigen. Ebenso wird dem heutigen Leser kaum mehr nachvollziehbar sein, was ein Achtundzwanzigjähriger kurz vor seiner Deportation gefühlt haben mochte, als er im Juli 1942 den Verwandten im Ausland schrieb: »Am kommenden Sonntag gehen wir nun auch auf Reisen und ich weiß nicht, ob wir unsere Eltern am Ziel treffen werden.«

Über die Ratio der administrierten Barbarei ist in den letzten Jahren viel diskutiert worden. Schwabs Band bietet dafür weitere irritierende Facetten – bis hinein in den Kreis der Opfer. Im Unterschied zu den bekannten, in den einzelnen Lagern und Ghettos umlaufenden speziellen Zahlungsmitteln lehnte die SS die vom Judenrat des Warschauer Ghettos geforderte Genehmigung zur Ausgabe von eigenen Briefmarken für den inneren Postverkehr ab. Daraufhin ordnete dieser an, Postwertzeichen insgeheim herzustellen. Die abgedruckten Beispiele lassen einmal mehr erschaudern. Mit primitiven Mitteln hergestellte Linolschnitte suchen ein Stück geordneter Normalität zu suggerieren. Die Zeichen erschienen nicht nur in den üblichen abgestuften Werteinheiten, sogar die Perforierung wie bei richtigen Briefmarken wurde nicht vergessen, auch wenn dieses aus technischen Gründen nur auf den optischen Eindruck beschränkt blieb.

Claus-Dieter Krohn

Musik in der Emigration 1933–1945. Verfolgung – Vertreibung – Rückwirkung. Hg. von Horst Weber. Stuttgart (J. B. Metzler) 1994, 292 S., kart.

Vom 10. bis 13. Juni 1992 veranstaltete die Folkwang-Hochschule Essen ein Symposium zum Thema »Musik in der Emigration«, dessen Beiträge nun in einem Buch gleichen Titels herausgebracht werden. Zuallererst muß darauf hingewiesen werden, daß die gewählte Überschrift dem Umfang der Untersuchungen nicht ganz genau entspricht: »Musik in der europäischen Emigration« wäre zutreffender gewesen, beschäftigte sich doch das Kolloquium nicht mit den Vereinigten Staaten, der bedeutendsten Zufluchtsstätte für deutschsprachige Musiker. In der Einleitung des Herausgebers erfährt man aber, daß eine zweite Tagung über »The Musical Migration, Austria/Germany to the United States« im Mai 1994 in Harvard geplant war. Wir können nur auf eine Publikation des Symposiumsberichts hoffen.

Die Beiträge können in drei Gruppen gegliedert werden. Ein erster Teil besteht aus Untersuchungen zu den Bedingungen, die zur Auswanderung vieler deutscher Berufsmusiker in den ersten Jahren des »Dritten Reichs« führten. Sehr akribisch werden die allmähliche, doch konsequent durchgeführte Säuberung der Reichsmusikkammer nach einer kurzen Periode der scheinbaren Toleranz (Gerhard Splitt) sowie die

Gleichschaltung des musikalischen Hochschulwesens am Beispiel der Berliner Musikhochschule (Albrecht Dümling) dargestellt.

Der zweite Teil, der den eigentlichen Kern des Bandes bildet, bemüht sich, eine Geographie der musikalischen Emigration zu rekonstruieren und dem Spezifischen jedes Bestimmungsorts gerecht zu werden. Aus diesen Schilderungen läßt sich der Schluß ziehen, daß Prag und Böhmen (Jaromir Paclt) den deutschen Musikern bis zur NS-Okkupation die besten Lebens- und Arbeitsmöglichkeiten boten. Orchestermusiker (sowohl aus der U- als auch aus der E-Musikbranche), Sänger, Dirigenten wie Walter Süsskind und Schönbergs Schwager Alexander Zemlinsky fanden dort neue Wirkungsmöglichkeiten. Neben dem bereits existierenden Prager Neuen Deutschen Theater wurden zwei Sinfonieorchester gegründet (die Prager Philharmonie, später zum »Orchester der Arbeitslosen« umbenannt, und das Prager Sinfonieorchester), die hauptsächlich aus deutschsprachigen Mitgliedern bestanden. Der Selbsthilfeschutzverband tschechoslowakischer Berufsmusiker »SOS« zählte 1500 deutsche Mitglieder, und Leo Kestenberg konnte seine in Deutschland begonnene Reform des Musikunterrichts in den Schulen fortsetzen. Die Sowjetunion (Gregorij Pantielev) war viel weniger verlockend für Durchschnittsmusiker, aber sie bot erstaunlich vielen großen Dirigenten Asyl, die sich dort manchmal endgültig niederließen. Leo Blech wurde zum Generalmusikdirektor in Riga, wo einer seiner Vorgänger ein gewisser Richard Wagner war; Oskar Fried entschied sich 1940 für die sowjetische Staatsbürgerschaft, Fritz Stiedry leitete die Leningrader Philharmoniker zwischen 1933–37 und Kurt Sanderling blieb in der UdSSR bis 1960.

Die Fälle Paris (Matthias Broszka) und London (Erik Levi) sehen ganz anders aus. Die beiden Städte erscheinen hier eher als einfache Zwischenstationen auf dem Weg in die USA. In Frankreich gab es zwar seit 1928 ein Comité Central d'assistance aux émigrés juifs, das sich 1933 Comité Central de secours aux victimes de l'antisémitisme en Allemagne nannte und über die Unterstützung der Regierung verfügte. Aber seine Leitlinie bestand darin, nur eine begrenzte Zahl von Elitekünstlern und -wissenschaftlern zu unterstützen. Aufschlußreich ist zum Beispiel, daß Bruno Walter die französische Staatsangehörigkeit sofort angeboten wurde, während sie Schönberg-Schüler Max Deutsch, der seit den zwanziger Jahren in Frankreich ansässig war, erst 1945 erhielt, nachdem er an der Résistance teilgenommen hatte. Frankreich bedrohte jeden, der keine gültige Arbeitserlaubnis hatte, mit sofortiger Ausweisung: Diese Anordnung traf die Orchestermusiker am schwersten, die kaum Auftrittsmöglichkeiten hatten. Deutsche Komponisten konnten sich im Pariser Konzertleben so gut wie nicht durchsetzen, außer im Bereich der Operette, der Filmmusik oder des Schlagers: Kurt Weills *Sieben Todsünden* wurden 1933 nach einigen Aufführungen abgesetzt, wobei der berühmte französische Komponist Florent Schmitt im Zuschauerraum »Vive Hitler!« ausgerufen haben soll.

In England war die Lage durchaus vergleichbar. Kurt Weill, Hanns Eisler, Ernst Toch hielten sich dort nur kurz auf, bevor sie nach Amerika auswanderten. Besser eingelebt haben sich Berthold Goldschmidt, dessen Werke (vgl. die Oper *Der gewaltige Hahnrei*) kürzlich auf spektakulärste Weise wiederentdeckt, damals aber kaum gespielt wurden; ebenso der Hindemith-Schüler Franz Reizenstein, der auch bei Ralph

Vaughan Williams Unterricht nahm, oder die Dirigenten Fritz Busch, Mitgründer des Glyndebourne Festivals, und Walter Goehr, der Werke von Britten und Tippett zur Uraufführung brachte. Aber das waren Ausnahmen. Die Verantwortlichen des englischen Musiklebens waren den deutschen Musikern gegenüber recht mißtrauisch und verweigerten ihnen systematisch jede Lehr- oder Orchesterstelle. Nur Musikwissenschaftler wie Alfred Einstein oder Manfred Bukofzer und Verleger wie Eulenburg oder Peters konnten sich etablieren, da die Nachfrage in diesen Bereichen damals sehr groß war.

Eine dritte Gruppe von Beiträgen befaßt sich schließlich mit der Rückkehr der Emigranten, sei es aus der Sicht der »inneren« Rückkehr jüdischer Musiker als menschlicher und künstlerischer Erfahrung (Alexander Ringer), oder des Beitrags der Remigranten wie Eisler, Dessau, Meyer zum Aufbau der DDR (Frank Schneider). Einen Überblick zur gesamten Emigrationsfrage im musikalischen Bereich bietet uns gewissermaßen der Artikel Anton Haefelis über den Einfluß der Emigranten auf die Internationale Gesellschaft für Neue Musik an: hier wird man sich bewußt, daß der Spielraum der deutschen Exilmusiker um so begrenzter war als sie von niemandem als Kollektiv betrachtet wurden.

Christian Merlin

Kurzbiographien der Autorinnen und Autoren

Sabina Becker, geb. 1961. Studium der Germanistik, Komparatistik und Hispanistik in Saarbrücken, Promotion 1992. Seit 1988 wissenschaftliche Mitarbeiterin am Germanistischen Institut der Universität des Saarlandes. Forschungsschwerpunkte: Literatur der Weimarer Republik, Exilliteratur.

René Geoffroy, geb. 1951. Studium der Germanistik und Geschichte an der Universität Paris VIII, Promotion 1988 mit einer Arbeit über Ernst Glaeser; 1990–1994 wissenschaftlicher Angestellter am Deutschen Institut der Universität Mainz. Derzeitiger Forschungsschwerpunkt: Ungarn als Zufluchtsort und Wirkungsstätte deutschsprachiger Emigranten.

Juan Goytisolo, geb. 1931 in Barcelona. Schriftsteller nach abgebrochenem Jura-Studium, lebt seit 1957 in Paris; nach 1969 Gastprofessor an verschiedenen amerikanischen Universitäten. Romane in deutscher Übersetzung u. a. »Die Falschspieler« (1958), »Trauer im Paradies« (1958), »Johann ohne Land« (1981), die sich mit der spanischen Gesellschaft unter Franco und den arabisch-jüdischen Einflüssen auf die spanische Kultur auseinandersetzen.

Josef Helf, M.A. Studium der Germanistik und Allgemeinen Rhetorik in Tübingen und Paris VIII; arbeitet an einer Dissertation über Kurt Tucholsky.

Jost Hermand, geb. 1930. Studium der Germanistik, Geschichte, Philosophie und Kunstgeschichte in Marburg, Dr. phil.; seit 1958 Professor of German Literature and Culture an der University of Wisconsin, Madison. Forschungsschwerpunkte: Deutsche Kultur seit 1871, deutsch-jüdische Geschichte, Heinrich Heine, Methodik der Literaturwissenschaft und Aspekte der Interdisziplinarität.

Claus-Dieter Krohn, geb. 1941. Studium der Geschichte, Germanistik und Politikwissenschaft in Hamburg, Berlin und Zürich. Promotion 1973, anschließend wissenschaftlicher Assistent an der Freien Universität Berlin, Habilitation 1979; lehrt Sozial- und Kulturgeschichte an der Universität Lüneburg. Arbeiten zur Sozial-, Wirtschafts- und Kulturgeschichte des 19. und 20. Jahrhunderts mit Schwerpunkten Weimarer Republik und Emigration.

Barbara von der Lühe, M.A. (Geschichte und Publizistik), Lehrbeauftragte und Doktorandin an der TU Berlin, Thema der Dissertation: »Das deutschsprachige Musik-Exil in Palästina 1933–1948«. Veröffentlichungen zur Geschichte und Kultur der Juden in Deutschland, zum jüdischen Exil und zur Geschichte und Medientherorie von Film und Fernsehen.

Joachim Schlör, geb. 1960. Studium der Empirischen Kulturwissenschaft und Politikwissenschaft in Tübingen, Promotion 1990. Wissenschaftlicher Mitarbeiter am Moses Mendelssohn Zentrum für europäisch-jüdische Studien, Universität Potsdam. Arbeiten zur Stadtgeschichte, zur deutschjüdischen Geschichte und zur Emigration nach Palästina.

Ingolf Schulte, geb. 1938. Gibt die Werke Soma Morgensterns heraus.

Thomas Strack, geb. 1964. Studium der Germanistik, Geschichte und Volkswirtschaft in Siegen, Houston und Los Angeles, Promotion 1993; seitdem Assistant Professor an der University of Connecticut. Publikationen zu Literatur, Philosophie und Anthropologie im 17. und 18. Jahrhundert, zum Film und zur Fremdsprachenpädagogik.

Frank Trommler, geb. 1939. Professor für deutsche und vergleichende Literaturwissenschaft an der University of Pennsylvania, Philadelphia. Arbeiten über moderne deutsche Literatur und Geschichte, Technik, Kulturpolitik und Intellektuelle, deutsch-amerikanische Beziehungen, German Studies in den USA. Einzelstudien zu Toller, Th. Mann, Roth, Dorst, A. Kiefer.

Regina Weber, geb. 1942. Studium der Germanistik, Romanistik und Kunstgeschichte in Bonn und Tübingen, 1983 Promotion mit einer Arbeit über Gottfried Benn in Tübingen. Von 1986 bis 1993 wissenschaftliche Mitarbeiterin am Deutschen Literaturarchiv in Marbach am Neckar. Publikationen zur Geschichte der Germanistik mit Schwerpunkt Wissenschaftsemigration (u. a. über Richard Alewyn, Bernhard Blume, Heinz Politzer).

Lutz Winckler, geb. 1941. Lehrt an der Universität Poitiers. Forschungsschwerpunkte: Literatursoziologie, Exilliteratur; letzte Publikation zusammen mit Hélène Roussel »Deutsche Exilpresse und Frankreich 1933–1940« (1992).

Exilforschung
Ein internationales Jahrbuch

Herausgegeben von Claus-Dieter Krohn, Erwin Rotermund, Lutz Winckler und Wulf Koepke

Band 1/1983

Stalin und die Intellektuellen und andere Themen

391 Seiten

»... der erste Band gibt in der Tat mehr als nur eine Ahnung davon, was eine so interdisziplinär wie breit angelegte Exilforschung sein könnte.«

Neue Politische Literatur

Band 2/1984

Erinnerungen ans Exil – kritische Lektüre der Autobiographien nach 1933

415 Seiten

»Band 2 vermag mühelos das Niveau des ersten Bandes zu halten, in manchen Studien wird geradezu außergewöhnlicher Rang erreicht...«

Wissenschaftlicher Literaturanzeiger

Band 3/1985

Gedanken an Deutschland im Exil und andere Themen

400 Seiten

»Die Beiträge beschäftigen sich nicht nur mit Exilliteratur, sondern auch mit den Lebensbedingungen der Exilierten. Sie untersuchen Möglichkeiten und Grenzen der Mediennutzung, erläutern die Probleme der Verlagsarbeit und verfolgen ›Lebensläufe im Exil‹.«

Neue Zürcher Zeitung

Band 4/1986

Das jüdische Exil und andere Themen

310 Seiten

Hannah Arendt, Bruno Frei, Nelly Sachs, Armin T. Wegner, Paul Tillich, Hans Henny Jahnn und Sergej Tschachotin sind Beiträge dieses Bandes gewidmet. Ernst Loewy schreibt über den Widerspruch, als Jude, Israeli, Deutscher zu leben.

Band 5/1987

Fluchtpunkte des Exils und andere Themen

260 Seiten

Das Thema »Akkulturation und soziale Erfahrungen im Exil« stellt neben der individuellen Exilerfahrung die Integration verschiedener Berufsgruppen in den Aufnahmeländern in den Mittelpunkt. Bisher wenig bekannte Flüchtlingszentren in Lateinamerika und Ostasien kommen ins Blickfeld.

Band 6/1988

Vertreibung der Wissenschaften und andere Themen

243 Seiten

Der Blick wird auf einen Bereich gelenkt, der von der Exilforschung bisher kaum wahrgenommen wurde. Das gilt sowohl für den Transfer denkgeschichtlicher/theoretischer Traditionen und die Wirkung der vertriebenen Gelehrten auf die Wissenschaftsentwicklung in den Zufluchtsländern wie auch für die Frage nach dem »Emigrationsverlust«, den die Wissenschaftsemigration für die Forschung im NS-Staat bedeutete.

Band 7/1989

Publizistik im Exil und andere Themen

249 Seiten

Der Band stellt neben der Berufsgeschichte emigrierter Journalisten in den USA exemplarisch Persönlichkeiten und Periodika des Exils vor, vermittelt an deren Beispiel Einblick in politische und literarische Debatten, aber auch in die Alltagswirklichkeit der Exilierten.

Band 8/1990

Politische Aspekte des Exils

243 Seiten

Der Band wirft Schlaglichter auf ein umfassendes Thema, beschreibt Handlungsspielräume in verschiedenen Ländern, stellt Einzelschicksale vor. Der Akzent auf dem kommunistischen Exil, dem Spannungsverhältnis zwischen antifaschistischem Widerstand und politischem Dogmatismus, verleiht ihm angesichts der gegenwärtigen politischen Umwälzungen Aktualität.

Band 9/1991

Exil und Remigration

263 Seiten

Der Band lenkt den Blick auf die deutsche Nachkriegsgeschichte, untersucht, wie mit rückkehrwilligen Vertriebenen aus dem Nazi-Staat in diesem Land nach 1945 umgegangen wurde.

Band 10/1992

Künste im Exil

212 Seiten. Zahlreiche Abbildungen

Beiträge zur bildenden Kunst und Musik, zu Architektur und Film im Exil stehen im Mittelpunkt dieses Jahrbuchs. Fragen der kunst- und musikhistorischen Entwicklung werden diskutiert, die verschiedenen Wege der ästhetischen Auseinandersetzung mit dem Faschismus dargestellt, Lebens- und Arbeitsbedingungen der Künstler beschrieben.

Band 11/1993

Frauen und Exil

283 Seiten

Der Band trägt zur Erforschung der Bedingungen und künstlerischen wie biographischen Auswirkungen des Exils von Frauen bei. Literaturwissenschaftliche und biographische Auseinandersetzungen mit Lebensläufen und Texten ergänzen feministische Fragestellungen nach spezifisch »weiblichen Überlebensstrategien« im Exil.

Band 12/1994

Aspekte der künstlerischen Inneren Emigration 1933 bis 1945

236 Seiten

Der Band will eine abgebrochene Diskussion über einen kontroversen Gegenstandsbereich fortsetzen: Zur Diskussion stehen Literatur und Künste in der Inneren Emigration zwischen 1933 und 1945, Möglichkeiten und Grenzen einer innerdeutschen politischen und künstlerischen Opposition.

Murray G. Hall
Der Paul Zsolnay Verlag
Von der Gründung bis zur Rückkehr aus dem
Exil

*1994. X, 841 Seiten. Kart. DM 264.– / ÖS 2059.–
/ SFr 264.–. ISBN 3-484-35045-8 (Band 45)*

Der im Spätherbst 1923 in Wien gegründete Paul
Zsolnay Verlag war der führende belletristische
Verlag Österreichs in der Zwischenkriegszeit und
pflegte schwerpunktmäßig nicht nur deutsche,
sondern auch ausländische Literatur. Die sich auf
das umfangreiche Verlagsarchiv stützende Darstellung präsentiert die Gründung, die Pro-
grammentwicklung, die Produktionsbedingungen und die intensiven Beziehungen zwischen
dem Verleger und seinen Autoren sowie die vielfältigen Verflechtungen zwischen Literatur und
Politik bis Kriegsende. Der Anhang verzeichnet
die Verlagsproduktion 1924–1945 vollständig.

Bert Kasties
Walter Hasenclever
Eine Biographie der deutschen Moderne

*1994. 420 Seiten. Kart. DM 156.– / ÖS 1217.– /
SFr 156.–. ISBN 3-484-35046-6 (Band 46)*

Wie kaum ein anderer Dichter seiner Epoche
drückte Walter Hasenclever (1890–1940) die
idealistische Aufbruchsstimmung der Generation der um 1890 Geborenen aus, die in der Tradition Nietzsches nach radikalen gesellschaftlichen Veränderungen verlangten. Sein Schicksal
ist exemplarisch für das vieler vom Expressionismus beeinflußter Autoren, deren künstlerische Triebfeder von einer revolutionären Inten-
tion geprägt war und deren unangepaßte Welt-
anschauungen im nationalsozialistischen Deutschland geächtet wurden.

Unter der Coupole
Die Paris-Feuilletons Hermann Wendels
1933–1936
Herausgegeben und kommentiert von
LUTZ WINCKLER

*1995. V, 410 Seiten. Kart. DM 98.– / ÖS 764.– /
SFr 98.–. ISBN 3-484-35047-4 (Band 47)*

Der Band enthält eine kommentierte Sammlung
der Paris-Feuilletons des im französischen Exil
gestorbenen Journalisten und Schriftstellers Hermann Wendel (1884–1936). Die mehr als 90 zwischen 1933 und 1936 in den »Straßburger Neuesten Nachrichten« und im »Pariser Tageblatt«
erschienenen Texte schließen eine Lücke in der
deutschen Parisliteratur. Vom Umfang, der literarischen Qualität, ihrem publizistischen Engage-

ment her fordern die Paristexte Hermann Wendels zum Vergleich mit den gleichzeitig entstandenen Texten Kurt Tucholskys und Siegfried
Kracauers heraus.

Reinhard Alter
Die bereinigte Moderne
Heinrich Manns »Untertan« und politische
Publizistik in der Kontinuität der deutschen
Geschichte zwischen Kaiserreich und Drittem
Reich

*1995. V, 128 Seiten. Kart. DM 48.– / ÖS 374.– /
SFr 48.–. ISBN 3-484-35049-0 (Band 49)*

Im Mittelpunkt der vorliegenden Studie stehen
die in Heinrich Manns Roman »Der Untertan«
aufgedeckten ökonomischen, sozialpsychischen
und soziokulturellen Spannungen und Widersprüche im raschen Übergang von der traditionellen Stände- zur modernen Klassengesell-
schaft. Dieser Spannung inhärent ist das auffälli-
ge Mißverhältnis von Pessimismus auf kurze
Frist und längerfristigem Optimismus, einem
Realismus der Diagnose und einem Idealismus
der Prognose, welches für Manns politisches Dilemma am Scheideweg der Revolution von 1918/
19 und bis zum Niedergang der Weimarer Republik konstitutiv wurde.

Zensur und Kultur
Zwischen Weimarer Klassik und Weimarer
Republik mit einem Ausblick bis heute
Herausgegeben von JOHN A. MCCARTHY und
WERNER VON DER OHE

*1995. VI, 243 Seiten. Kart. DM 124.– / ÖS 967.–
/ SFr 124.–. ISBN 3-484-35051-2 (Band 51)*

Namhafte Historiker und Literaturwissenschaftler stellen hier eine Vielfalt von Phänomenen zur
Diskussion, die mit unterschiedlichen Arten
staatlicher und privater Überwachung symbolischer Sinnstiftung zu tun haben. Zensur wird als
eine äußerst komplexe und spannungsreiche Beziehung zwischen Geist und Macht verstanden.
Die chronologische Spannweite will ein überre-
gionales Bild der positiven sowie auch negativen
Kontrollinstanzen während der kulturellen und
politischen Umwälzungen in Deutschland zwischen Weimarer Klassik und Weimarer Republik
(1787–1933) entstehen lassen. In einem »Nach-
spiel der Machtspiele« erweitern Ausführungen
zur amerikanischen Rezeption der Bücherver-
brennung vom 10. Mai 1933 sowie eine Auswertung von Zensurbelegen des Archivs des Kultur-
ministeriums der ehemaligen DDR die Perspektive der Zensurerfahrungen um eine besonders
aktuelle Dimension.

Niemeyer

www.ingramcontent.com/pod-product-compliance
Lightning Source LLC
Chambersburg PA
CBHW030348270326
41926CB00009B/1002